MÉMOIRES

DE

BARRY LYNDON

DU ROYAUME D'IRLANDE

IMPRIMERIE GÉNÉRALE DE CH. LAHURE
Rue de Fleurus, 9, à Paris

MÉMOIRES

DE

BARRY LYNDON

DU ROYAUME D'IRLANDE

CONTENANT LE RÉCIT
DE SES AVENTURES EXTRAORDINAIRES, DE SES INFORTUNES
DE SES SOUFFRANCES AU SERVICE DE FEU SA MAJESTÉ PRUSSIENNE
DE SES VISITES A PLUSIEURS COURS DE L'EUROPE, DE SON MARIAGE
DE SA SPLENDIDE EXISTENCE EN ANGLETERRE ET EN IRLANDE
ET DE TOUTES LES CRUELLES PERSÉCUTIONS
CONSPIRATIONS ET CALOMNIES DONT IL A ÉTÉ VICTIME

PAR W. M. THACKERAY

ROMAN ANGLAIS

TRADUIT AVEC L'AUTORISATION DE L'AUTEUR
PAR LÉON DE WAILLY

PARIS

LIBRAIRIE DE L. HACHETTE ET Cie
BOULEVARD SAINT-GERMAIN, N° 77

1865

MÉMOIRES

DE

BARRY LYNDON, ESQ.

CHAPITRE PREMIER.

*Ma généalogie et ma famille. — Je subis l'influence
de la tendre passion.*

Depuis Adam, il n'y a guère eu de méfait en ce monde où une femme ne soit entrée pour quelque chose. Depuis que notre famille existe (et cela doit remonter bien près de l'époque d'Adam, tant les Barry sont anciens, nobles et illustres, comme chacun sait), les femmes ont joué un rôle important dans les destinées de notre race.

Je présume qu'il n'est pas un gentilhomme en Europe qui n'ait entendu parler de la maison de Barry de Barryogue, du royaume d'Irlande, car on ne trouverait pas un nom plus fameux dans Gwillim ou d'Hozier; et, bien que, comme homme du monde, j'aie appris à mépriser de tout cœur les prétentions à une haute naissance qu'affichent certaines gens qui n'ont pas plus de généalogie que le laquais qui nettoie mes bottes, et quoique je rie de pitié de la gloriole d'un bon nombre de mes compatriotes qui tous, à les en croire, descendent des rois d'Irlande, et vous parlent d'un domaine qui ne suffirait pas à nourrir un cochon, comme si c'était une principauté; cependant la vérité m'oblige à déclarer que ma famille était la plus noble de l'île, et peut-être de l'univers entier; et que leurs possessions, maintenant insignifiantes, et arrachées de nos mains par la guerre, par la trahison, par la négligence, par la prodigalité de nos ancêtres, par la fidélité à l'ancienne foi et à l'ancien monarque, étaient jadis prodigieuses, et embrassaient plusieurs comtés, à une époque où l'Irlande était bien autrement prospère qu'aujourd'hui. Je placerais la couronne irlandaise au-dessus de mon écusson, si tant de sots qui usurpent cette distinction ne la rendaient pas commune.

Qui sait si, sans la faute d'une femme, je ne porterais pas, à l'heure qu'il est, cette couronne? Vous faites un mouvement d'incrédulité. Et pourquoi pas? Si mes compatriotes avaient eu, pour les conduire, un vaillant chef, au lieu de ces plats coquins qui plièrent le genou devant Richard II, ils auraient pu être libres; s'il y avait eu un homme résolu pour tenir tête à cet infâme assassin d'Olivier Cromwell, nous nous serions à tout jamais débarrassés des Anglais. Mais il n'y avait pas, sur le champ de bataille, de Barry pour lutter contre l'usurpateur; au contraire, mon ancêtre, Simon de Barry, arriva avec le susdit monarque, et épousa la fille du roi de Munster, dont il avait massacré les fils dans le combat.

Du temps d'Olivier, il était trop tard, pour un chef du nom de Barry, de lever son étendard contre celui du sanguinaire brasseur. Nous n'étions plus princes du pays; notre infortunée race avait perdu ses possessions un siècle auparavant, et par la trahison la plus honteuse. Je sais que c'est un fait, car ma mère m'a souvent conté cette histoire, et l'avait consignée dans une tapisserie généalogique qui était appendue dans le salon jaune de Barryville, où nous vivions.

Ce même domaine, que les Lyndon possèdent aujourd'hui en Irlande, appartenait jadis à ma famille. Rory Barry de Barryogue en était propriétaire du temps d'Élizabeth, et de la moitié du Munster en outre. Le Barry était toujours en guerre avec les O'Mahony, à cette époque; et il arriva qu'un certain colonel anglais passa par le pays du Barry avec une troupe d'hommes d'armes, le jour même où les O'Mahony avaient fait une incursion sur nos terres et enlevé un nombre effroyable de nos troupeaux.

Ce jeune Anglais, dont le nom était Roger Lyndon, Linden, ou Lyndaine, ayant été reçu avec beaucoup d'hospitalité par le Barry, et le voyant sur le point de faire à son tour une incursion sur les terres des O'Mahony, lui offrit l'aide de son épée et de ses lances, et se comporta si bien, à ce qu'il paraît, que les O'Mahony furent complétement battus, que tout ce qu'avait perdu le Barry fut recouvré, et qu'en sus, dit la vieille chronique, il en prit aux O'Mahony deux fois autant.

On était au commencement de la saison d'hiver; le jeune soldat fut pressé par le Barry de ne pas quitter sa maison de Barryogue, et il y resta plusieurs mois, ses hommes étant logés avec les gallowglasses de Barry, homme pour homme, dans les chaumières aux alentours. Ils se conduisirent, comme c'est leur coutume, avec la plus intolérable insolence envers les Irlandais; à tel point qu'il s'ensuivait continuellement des combats et des meurtres, et que les habitants jurèrent de les exterminer.

Le fils du Barry (duquel je descends) était aussi hostile aux Anglais qu'aucun homme de son domaine; et comme ils ne voulurent pas s'en aller quand on le leur enjoignit, lui et ses amis se consultèrent ensemble et arrêtèrent de détruire ces Anglais jusqu'au dernier.

Mais ils avaient mis une femme du complot, et c'était la fille du Barry. Elle était amoureuse de l'Anglais Lyndon, et lui révéla tout le secret; et ces lâches d'Anglais prévinrent leur juste massacre en tombant sur les Irlandais et en tuant Phaudrig Barry, mon ancêtre, et plusieurs centaines de ses hommes. La croix de Barry-Cross, près de Carrignadihioul, est le lieu où se passa cette odieuse boucherie.

Lyndon épousa la fille de Roderick Barry, et revendiqua le bien qu'il laissait; et quoique les descendants de Phaudrig fussent vivants, comme vraiment ils le sont en ma personne [1], sur leurs réclamations auprès des tribunaux d'Angleterre, le domaine fut adjugé à l'Anglais, comme ç'a toujours été le cas, lorsqu'il s'est agi d'Anglais et d'Irlandais.

Ainsi, sans la faiblesse d'une femme, j'aurais eu de naissance ces mêmes biens que j'ai dus plus tard à mon mérite, comme vous le saurez. Mais continuons l'histoire de ma famille.

Mon père était bien connu dans les meilleurs cercles, tant de ce royaume-ci que de celui d'Irlande, sous le nom de *Roaring* (braillard) Harry Barry. Comme beaucoup d'autres jeunes fils de familles distinguées, la robe devait être sa carrière, ayant été mis chez un célèbre procureur de Sackville-Street, dans la ville de Dublin; et d'après ses dispositions remarquables et son aptitude à apprendre, il n'y a pas de doute qu'il n'eût fait grande figure dans sa profession, si ses qualités sociables, son goût pour

---

1. Comme nous n'avons pu trouver de preuves du mariage de mon ancêtre Phaudrig avec sa femme, je ne fais pas de doute que Lyndon détruisit le contrat, et assassina le prêtre et les témoins du mariage. — B. L.

les plaisirs du sport, et la grâce extraordinaire de ses manières
ne l'eussent destiné à une plus haute sphère. Pendant qu'il était
clerc de procureur, il avait sept chevaux de course, et suivait
régulièrement les chasses à courre du Kildare et du Wicklow;
il soutint sur son cheval gris, Endymion, ce fameux pari contre
le capitaine Punter, que se rappellent encore les amateurs du
sport, et dont je fis faire un magnifique tableau qui est accroché
au-dessus de la cheminée de ma salle à manger, dans le château de Lyndon. L'année d'après, il eut l'honneur de monter
ce même Endymion devant feu Sa Majesté le roi George II, à
Epsom Downs, et y obtint le prix et l'attention de cet auguste
souverain.

Quoiqu'il fût le second fils de notre famille, mon cher père
entra naturellement en possession du domaine (alors misérable-
ment réduit à 400 livres par an), car le fils aîné de mon grand-
père, Cornelius Barry (appelé le chevalier Borgne, à cause d'une
blessure qu'il avait reçue en Allemagne), resta fidèle à l'ancienne religion dans laquelle notre famille avait été élevée, et
servit non-seulement à l'étranger avec honneur, mais contre Sa
très-sacrée Majesté George II, dans les malheureux troubles d'É-
cosse, en 45. Il sera parlé plus au long du chevalier ci-après.

Si mon père se convertit, j'ai à en remercier ma chère mère,
miss Bell Brady, fille d'Ulysse Brady, de Castle Brady, comté de
Kerry, Esquire et J. P[1]. C'était la plus belle femme de son époque, à Dublin, et elle y était universellement appelée l'irrésistible. L'ayant vue à l'assemblée, mon père devint passionnément
épris d'elle; mais elle avait l'âme trop haut placée pour épouser
un papiste ou un clerc de procureur; et ainsi, par amour pour
elle, les bonnes vieilles lois étant alors en vigueur, mon cher
père chaussa les pantoufles de mon oncle Cornelius, et prit le
domaine de la famille. Outre l'influence des beaux yeux de ma
mère, plusieurs personnages, et de la société la plus distinguée,
contribuèrent à cet heureux changement, et j'ai souvent entendu raconter en riant l'histoire de la rétractation de mon père,
qui fut solennellement prononcée à la taverne, en présence de
sir Dick Ringwood, de lord Bagwig, du capitaine Punter, et de
deux ou trois autres jeunes petits-maîtres de la ville. Roaring
Harry gagna 800 pièces le même soir, au pharaon, et fit le lendemain matin les poursuites judiciaires qu'il fallait contre son
frère; mais sa conversion jeta du froid entre lui et mon oncle
Corney, qui se joignit aux rebelles en conséquence.

1. Juge de paix. — Tr.

Cette grande difficulté étant levée, mylord Bagwig prêta à mon père son yacht, qui était alors au Pigeon-House, et la charmante Bell Barry se décida à s'enfuir avec lui en Angleterre, quoique ses parents fussent opposés à cette union, et que ses amoureux (comme je l'ai ouï dire des milliers de fois) fussent des plus nombreux et des plus riches de tout le royaume d'Irlande. Ils furent mariés au Savoy, et mon grand-père étant mort très-peu de temps après, Harry Barry, Esquire, prit possession de sa propriété paternelle, et soutint notre illustre nom avec honneur à Londres. Il blessa le fameux comte Tiercelin, derrière Montague-House; il fut membre du club de White, et habitué de tous les chocolatiers; et ma mère, de son côté, ne fit pas une médiocre figure. Enfin, après son grand jour de triomphe devant Sa sacrée Majesté, à Newmarket, la fortune de Harry fut sur le point d'être faite, car le gracieux monarque promit de le pourvoir. Mais, hélas! ce soin fut pris par une autre Majesté, dont la volonté n'admet ni délai ni refus, à savoir, par la mort, qui se saisit de mon père aux courses de Chester, me laissant orphelin et sans ressources. Paix à ses cendres! Il n'était pas sans défauts, et dissipa toute notre fortune princière de famille; mais jamais plus brave compagnon ne vida un rouge-bord ou n'appela un dé, et il allait à six chevaux en homme du grand monde.

Je ne sais si Sa gracieuse Majesté fut très-affectée de cette mort subite de mon père, quoique ma mère dise qu'il versa quelques larmes royales à cette occasion. Mais elles ne nous servirent à rien; et tout ce qui fut trouvé dans la maison pour la femme et les créanciers fut une bourse de quatre-vingt-dix guinées, que ma chère mère prit naturellement avec l'argenterie de sa famille, et la garde-robe de mon père et la sienne; et les mettant dans notre grand carrosse, elle partit pour Holyhead, d'où elle s'embarqua pour l'Irlande. Le corps de mon père nous accompagna dans le plus beau cercueil à panaches que l'argent pût acheter; car bien que, de son vivant, le mari et la femme eussent eu de fréquentes querelles, cependant, à la mort de mon père, sa fière veuve oublia tous ses griefs, l'enterra de la façon la plus grandiose qu'on eût vue de longtemps, et lui érigea un monument (que je payai dans la suite) qui le proclamait le plus sage, le plus irréprochable et le plus affectueux des hommes.

En s'acquittant de ces tristes devoirs envers son époux défunt, la veuve dépensa presque jusqu'à sa dernière guinée, et, vraiment, elle en aurait dépensé bien davantage si elle avait fait droit au tiers des demandes d'argent que lui attirèrent ces céré-

monies. Mais la population qui entourait notre vieille maison
de Barryogue, quoiqu'elle n'aimât point mon père à cause de son
changement de religion, se déclara néanmoins pour lui en ce
moment, et voulait exterminer les pleureurs envoyés par M. Plu-
mer, de Londres, avec les dépouilles mortelles. Le monument et
le caveau, dans l'église, étaient alors, hélas! tout ce qui restait
de mes vastes possessions; car mon père avait vendu jusqu'au
dernier baliveau de la propriété à un certain Notley, un procureur, et nous ne reçûmes qu'un froid accueil dans sa maison,
qui était une misérable vieille masure [1].

La splendeur des funérailles ne manqua pas d'accroître la réputation de la veuve Barry comme femme de cœur et comme
femme à la mode, et lorsqu'elle écrivit à son frère Michael
Brady, ce digne gentilhomme traversa aussitôt tout le pays
pour la serrer dans ses bras, et l'inviter au nom de sa femme
à venir au château de Brady.

Mick et Brady s'étaient querellés, comme font tous les hommes, et avaient échangé de gros mots pendant que Barry faisait la cour à miss Bell. Lorsqu'il l'enleva, Brady jura qu'il ne
pardonnerait jamais ni à Barry ni à Bell; mais étant venu à
Londres dans l'année 46, il se réconcilia avec Roaring Harry,
et demeura dans sa belle maison de Clarges-Street, et perdit
quelques pièces contre lui au jeu, et cassa la tête à un ou deux
watchmen en sa compagnie; souvenirs qui rendirent Bell et
son fils très-chers au bon gentilhomme, et il les reçut à bras ouverts. Mistress Barry ne fit pas d'abord, et peut-être fut-elle sage,
connaître à ses parents quelle était sa position; mais arrivant
dans un grand carrosse doré, avec d'énormes armoiries, elle
fut prise par sa belle-sœur et par le reste du comté pour une
personne d'une fortune considérable et d'une haute distinction.

Pour un temps donc, et comme il était juste et convenable,
mistress Barry donna le ton au château de Brady. Elle faisait
marcher les domestiques, et leur apprenait, ce dont ils avaient
grand besoin, un peu de la bonne tenue qu'on a à Londres; et
l'Anglais Redmond, comme on m'appelait, était traité comme
un petit lord, et avait pour lui une servante et un laquais, et

---

1. Dans une autre partie de ses Mémoires on verra M. Barry décrire
cette maison comme un des plus splendides palais de l'Europe; mais
c'est une habitude qui n'est pas rare chez sa nation; et quant à la principauté irlandaise dont il se targue, il est connu que le grand-père de
M. Barry était procureur et fut l'artisan de sa propre fortune.

le digne Mick payait leurs gages, ce qui était beaucoup plus qu'il ne faisait pour ses propres domestiques, s'efforçant de tout son pouvoir de procurer à sa sœur tout le bien-être que pouvait se permettre une affligée. Maman, en retour, arrêta que, lorsque ses affaires seraient arrangées, elle allouerait à son bon frère une belle somme pour l'entretien de son fils et le sien, et promit de faire venir son riche mobilier de Clarges-Street pour orner les chambres un peu délabrées du château de Brady. Mais il advint que le coquin de propriétaire saisit toutes les chaises et tables qui devaient de droit appartenir à la veuve. Le bien dont j'étais héritier était aux mains de créanciers rapaces ; et le seul moyen de subsistance qui restât à l'enfant était une rente de cinquante livres sur la propriété de mylord Bagwig, qui avait fait plusieurs affaires de turf avec le défunt. Et ainsi les libérales intentions de ma chère mère à l'égard de son frère ne furent, comme de raison, jamais remplies.

Il faut avouer, et cela fait fort peu d'honneur à mistress Brady, de Castle Brady, que lorsque la pauvreté de sa belle-sœur fut ainsi dévoilée, elle oublia tous les égards qu'elle avait coutume de lui témoigner, mit à la porte mes domestiques mâle et femelle, et dit à mistress Barry qu'elle pouvait les suivre aussitôt qu'elle voudrait. Mistress Mick était d'une famille de bas étage, et avait des sentiments sordides : après une couple d'années (durant lesquelles elle avait économisé presque tout son petit revenu), la veuve se rendit au désir de mistress Brady. En même temps, cédant à un ressentiment fort juste, mais prudemment diminué, elle fit vœu de ne jamais repasser la porte du château de Brady, tant qu'en vivrait la maîtresse.

Elle meubla sa nouvelle demeure avec beaucoup d'économie et considérablement de goût ; et jamais, malgré toute sa pauvreté, elle ne rabattit rien de la considération qui lui était due, et que tout le voisinage lui accordait. Comment, en effet, refuser du respect à une dame qui avait vécu à Londres, qui y avait fréquenté la société la plus fashionable, et avait été présentée (comme elle le déclara solennellement) à la cour ? Ces avantages lui donnaient un droit qui paraît être exercé en Irlande sans beaucoup de retenue par les gens du pays qui le possèdent : le droit de regarder avec mépris toute personne qui n'a pas eu l'occasion de quitter la mère patrie et d'habiter quelque temps l'Angleterre. Ainsi toutes les fois que mistress Brady se montrait dans une nouvelle toilette, sa belle-sœur disait : « Pauvre créature ! comment peut-on s'attendre à ce qu'elle connaisse rien de la mode ? » Et quoique satisfaite, comme elle l'était, d'être ap-

pelée la belle veuve, mistress Barry était plus satisfaite encore
d'être appelée la veuve anglaise.

Mistress Brady, pour sa part, n'était pas lente à la riposte ;
elle avait coutume de dire que le défunt Barry était un banqueroutier et un mendiant ; et que, quant à la société fashionable
qu'il voyait, il la voyait de la petite table de mylord Bagwig,
dont il était connu pour être le flatteur et le parasite. Sur le
compte de mistress Barry, la dame du château de Brady faisait
des insinuations encore plus pénibles. Mais pourquoi irions-nous
reproduire ces accusations, ou ramasser des caquets vieux de
cent ans ? C'était sous le règne de George II que les susdits personnages vivaient et se querellaient ; bons ou mauvais, beaux
ou laids, riches ou pauvres, ils sont tous égaux maintenant,
et les feuilles du dimanche et les tribunaux ne nous fournissent-
ils pas chaque semaine des diffamations plus nouvelles et plus
intéressantes ?

En tout cas, il faut avouer que mistress Brady, après la mort
de son mari et sa retraite, vécut d'une façon à défier la médi-
sance ; car, tandis que Bell Brady avait été la fille la plus coquette de tout le comté de Wexford, ayant la moitié des célibataires à ses pieds et force sourires et encouragements pour chacun d'eux, Bell Barry adoptait une réserve pleine de dignité
qui allait presque jusqu'à l'ostentation, et était aussi empesée
qu'aucune quakeresse. Plus d'un, qui avait été épris des charmes
de la fille, renouvela ses offres à la veuve ; mais mistress Barry
refusa toute offre de mariage, déclarant qu'elle ne vivait plus
que pour son fils et pour la mémoire du saint qu'elle avait
perdu.

« Quel saint, miséricorde ! disait la méchante mistress Brady.
Harry Barry était un aussi gros pécheur que pas un, et il est
notoire que Bell et lui se détestaient. Si elle ne veut pas se marier maintenant, soyez-en sûr, l'artificieuse n'en a pas moins
un mari en vue, et elle attend seulement que lord Bagwig soit
veuf. »

Et quand cela eût été, eh bien, après ? La veuve d'un Barry
n'était-elle pas un parti convenable pour n'importe quel lord
d'Angleterre ? et n'avait-il pas toujours été dit qu'une femme
rétablirait la fortune de la famille Barry ? Si ma mère s'imaginait qu'elle devait être cette femme, je pense que c'était de sa
part une idée très-légitime, car le comte (mon parrain) était
toujours très-attentif pour elle ; et je n'ai jamais su à quel point
cette idée de m'assurer une bonne position dans le monde s'était
emparée de l'esprit de maman, jusqu'au mariage de Sa Sei-

gneurie, en 57, avec miss Goldmore, la riche fille du nabab indien.

En attendant, nous continuâmes de résider à Barryville, et, à considérer l'exiguïté de notre revenu, nous avions un état de maison merveilleux. Dans la demi-douzaine de familles qui formaient la congrégation de Brady's Town, il n'y avait pas une seule personne dont l'extérieur fût aussi respectable que celui de la veuve, qui, quoique toujours vêtue de deuil, en mémoire de feu son mari, prenait soin que ses habits fussent faits de manière à faire ressortir le plus possible ses avantages, et passait bien, je crois, six heures chaque jour de la semaine à les couper, garnir et ajuster à la mode. Elle avait les plus vastes des paniers, et le plus beau des falbalas, et une fois par mois (sous le couvert de mylord Bagwig) arrivait une lettre de Londres contenant les bulletins de modes les plus nouveaux. Son teint était si éclatant qu'elle n'avait pas à mettre de rouge, comme c'était la mode à cette époque. Non, elle laissait le rouge et le blanc, disait-elle (et le lecteur peut conclure de là combien ces deux dames se haïssaient) à mistress Brady, dont aucun plâtre ne pouvait éclaircir le teint jaune. En un mot, c'était une beauté si accomplie, que toutes les femmes du pays se modelaient sur elle, et que les jeunes gens venaient de dix milles à la ronde à l'église de Castle Brady, rien que pour la voir.

Mais si (comme toutes les autres femmes que j'ai vues dans le monde ou dans les livres) elle était fière de sa beauté, c'est une justice à lui rendre, elle était encore plus fière de son fils, et elle m'a dit mille fois que j'étais le plus beau garçon du monde. C'est affaire de goût. Un homme de soixante ans, néanmoins, peut bien convenir, sans grande vanité de ce qu'il était à quatorze, et je dois dire que je pense que l'opinion de ma mère n'était pas sans quelque fondement. Le plaisir de la bonne âme était de me parer; et, les dimanches et jours de fête, je sortais en habit de velours avec une épée à poignée d'argent à mon côté, et une jarretière d'or à mon genou, aussi pimpant qu'aucun lord du pays. Ma mère me broda plusieurs vestes splendides, et j'avais quantité de dentelles pour mes manchettes, et un ruban neuf pour mes cheveux, et quand nous nous rendions à pied à l'église le dimanche, l'envieuse mistress Brady elle-même était forcée de reconnaître qu'il n'y avait pas un plus joli couple dans le royaume.

Comme de raison, aussi, la dame de Castle Brady avait coutume de ricaner, parce que, dans ces occasions, un certain Tim, qu'on appelait mon valet, nous suivait, ma mère et moi, à l'église, portant un gros livre de prières et une canne, et revêtu de la livrée d'un de nos beaux laquais de Clarges-Street, laquelle, Tim ayant les jambes tortues, ne lui allait par parfaitement b'en. Mais, quoique pauvres, nous étions des gentilshommes, et des sarcasmes ne pouvaient nous faire renoncer à ces distinctions qui étaient l'apanage de notre rang. Nous nous rendions donc à notre banc avec autant d'apparat et de gravité qu'auraient pu le faire la femme et la fille du lord-lieutenant. Une fois là, ma mère donnait les *répons* et les *amen* d'une voix haute et digne que c'était plaisir d'entendre ; elle avait, en outre, une belle et forte voix pour le chant, art dans lequel elle s'était perfectionnée à Londres sous un maître à la mode, et elle exerçait son talent de telle sorte que vous auriez eu de la peine à entendre aucune autre des voix de la petite congrégation qui voulaient se joindre au psaume. Continuellement elle nous parlait, aux voisins et à moi, de son humilité et de sa piété, nous les démontrant si bien que j'aurais défié le plus obstiné de ne la point croire.

Quand nous quittâmes Castle Brady, nous vînmes occuper une maison dans Brady's Town, que maman baptisa Barryville. Je conviens que c'était bien peu de chose, mais vraiment nous en tirâmes grand parti. J'ai fait mention de la généalogie de famille qui était dans le salon, appelé par maman le salon jaune ; ma chambre à coucher était appelée la chambre à coucher rose, et la sienne la chambre orange (comme je me les rappelle bien toutes !) ; et, à l'heure du dîner, Tim sonnait régulièrement une grosse cloche, et nous avions chacun pour boire un gobelet d'argent, et ma mère se vantait avec justice que j'avais à mon côté une bouteille d'aussi bon claret qu'aucun squire du pays. Et je l'avais effectivement, mais il ne m'était pas permis, comme de raison, dans mes tendres années, de boire une seule goutte de ce vin, qui atteignit ainsi un âge considérable, même dans le carafon.

L'oncle Brady (en dépit des querelles de famille) découvrit le fait ci-dessus un jour qu'il vint à Barryville à l'heure du dîner, et qu'il eut le malheur de goûter le vin. Si vous aviez vu comme il cracha et fit la grimace ! Pourtant le digne homme n'était pas difficile pour son vin ni pour la compagnie dans laquelle il le buvait. Il se grisait, ma foi ! indifféremment avec le prêtre protestant ou le prêtre catholique ; avec ce dernier, à la grande indignation de ma mère, car, en vraie Nassauïte, elle méprisait cordialement tous ceux de l'ancienne foi, et c'est tout au plus si elle se serait assise dans la même chambre qu'un de ces aveu-

gles papistes. Mais le squire n'avait pas de tels scrupules; c'était
l'être le plus facile à vivre, le plus oisif, le meilleur qu'on eût jamais vu, et il passait bien des heures à tenir compagnie à la veuve,
lorsqu'il était las chez lui de mistress Brady. Il m'aimait, disait-
il, autant qu'aucun de ses fils, et à la fin, après que la veuve
eut tenu bon pendant une couple d'années, elle consentit à me
permettre de retourner au château; mais, quant à elle, elle garda
résolûment le serment qu'elle avait fait au sujet de sa belle-sœur.

Le premier jour que je retournai à Castle Brady, mes épreuves, on peut le dire en un sens, commencèrent. Mon cousin,
master Mick, un énorme monstre de dix-neuf ans (qui me haïssait, et je le lui rendais bien, je vous le promets), m'insulta à
dîner sur la pauvreté de ma mère, et fit rire toutes les filles de
la famille. Aussi, quand nous allâmes à l'écurie, où Mick allait
toujours fumer sa pipe de tabac après dîner, je lui en touchai
deux mots, et il y eut un combat d'au moins dix minutes, dans
lequel je lui tins tête comme un homme, et lui pochai l'œil gauche, quoique je n'eusse alors, moi-même, que douze ans. Comme
de raison, il me rossa; mais, une rossée ne fait que peu d'impression sur un garçon de cet âge, comme je l'avais prouvé
maintes fois auparavant avec les galopins de Brady's Town,
dont pas un, à mon âge, n'était de ma force. Mon oncle fut enchanté quand il apprit ma prouesse; ma cousine Nora apporta
du papier brouillard et du vinaigre pour mon nez, et je m'en
allai, ce soir-là, avec une pinte de claret dans l'estomac, n'étant
pas médiocrement fier, permettez-moi de vous le dire, de m'être
défendu si longtemps contre Mick.

Et, quoiqu'il persistât à me maltraiter, et qu'il fût dans l'usage
de m'accueillir à coups de canne toutes les fois que je me trouvais sur son chemin, cependant j'étais très-content maintenant,
à Castle Brady, de la compagnie qui était là, et de mes cousins,
ou de quelques-uns d'entre eux, et des bontés de mon oncle,
dont j'étais devenu un prodigieux favori. Il m'acheta un petit
cheval, et m'apprit à monter dessus. Il me mena chasser à
courre et à l'oiseau, et m'enseigna à tirer au vol. Et à la fin, je
fus délivré de la persécution de Mick, car son frère, master
Ulick, qui revenait du collège de la Trinité, et haïssait son frère
aîné, comme c'est l'habitude dans les familles du grand monde,
me prit sous sa protection; et, depuis lors, comme Ulick était
beaucoup plus grand et plus fort que Mick, l'Anglais Redmond,
comme on m'appelait, fut laissé tranquille, excepté quand le
premier jugeait convenable de me battre, ce qui arrivait toutes
les fois que la chose lui convenait.

Et mon éducation n'était pas négligée sous le rapport des talents d'agrément, car j'avais des dispositions naturelles tout à fait extraordinaires pour beaucoup de choses, et j'eus bientôt dépassé la plupart des personnes qui étaient autour de moi. J'avais beaucoup d'oreille et une belle voix, que ma mère cultivait de son mieux, et elle m'enseigna à danser le menuet avec grâce et gravité, et jeta ainsi les fondements de mes futurs succès dans le monde. Les danses ordinaires, je les appris, peut-être ne devrais-je pas l'avouer, à l'office, qui, vous pouvez en être sûrs, n'était jamais sans un ménétrier, et où j'étais considéré comme sans rival pour le hornpipe et la gigue.

Quant à ce qui est de la lecture, j'eus toujours un goût prononcé pour les pièces de théâtre et les romans, comme la meilleure partie de l'éducation d'un gentilhomme, et je ne laissais jamais passer un colporteur dans le village, si j'avais un sou, sans lui acheter une ou deux ballades. Pour ce qui est de votre ennuyeuse grammaire, du grec, du latin et autre fatras semblable, je les ai toujours détestés depuis mon enfance, et j'ai dit très-formellement que je n'en voulais pas entendre parler.

Ceci, je le prouvai d'une façon assez claire à l'âge de treize ans, lorsque ma tante Biddy Brady légua cent livres sterling à maman, qui songea à employer cette somme à mon éducation, et m'envoya à la fameuse académie du docteur Tobias Tickler, à Ballywhacket,-Backwhacket (coup sur le derrière), comme mon oncle avait coutume de l'appeler. Mais, six semaines après qu'on m'eut confié à Sa Révérence, je reparus soudain à Castle Brady, ayant fait à pied quarante milles pour fuir cet odieux endroit, et laissé le docteur dans un état voisin de l'apoplexie. Le fait est qu'aux billes, aux barres ou à la boxe, j'étais à la tête de l'école, mais qu'on ne put m'amener à me distinguer dans les classes; et après y avoir été sept fois, sans que cela me fît le moindre bien pour mon latin, je refusai tout à fait de me soumettre (ayant vu que c'était inutile), à une huitième application de verges. « Essayez de quelque autre moyen, monsieur. » dis-je au maître, quand il s'apprêta à me fustiger une fois de plus; mais il ne voulut pas; sur quoi, et pour me défendre, je lui lançai une ardoise, et terrassai un maître d'études écossais, avec un encrier de plomb. Tous les élèves poussèrent des houras, et quelques-uns des domestiques essayèrent de m'arrêter; mais, tirant de ma poche un grand couteau que m'avait donné ma cousine Nora, je jurai de le plonger dans le ventre du premier qui oserait me retenir; et, ma foi! ils me laissèrent passer. Je couchai cette nuit à vingt milles de Ballywhacket, dans la maison d'un paysan,

qui me donna des pommes de terre et du lait, et à qui je donnai,
moi, cent guinées plus tard, lorsque je vins visiter l'Irlande aux
jours de ma grandeur. Je voudrais bien avoir cet argent-là maintenant. Mais à quoi servent les regrets? J'ai eu maint lit plus
dur que celui où je coucherai cette nuit, et maint repas plus
maigre que celui que me donna le brave Phil Murphy, le soir que
je m'enfuis de l'école.

Ainsi donc, six semaines d'études, ce fut tout ce que j'eus jamais. Et je dis cela, pour apprendre aux parents ce que valent
les études; car, bien que j'aie rencontré dans le monde des gens
qui ont parlé davantage sur les bouquins, particulièrement un
grand lourdaud de vieux docteur aux yeux châssieux, qu'ils
appelaient Johnson, et qui vivait dans une *court*, du côté de
Fleet-Street, à Londres, cependant je le réduisis joliment vite
au silence, dans une discussion (au café de Button), et en cela,
et en poésie, et dans ce que j'appelle la philosophie naturelle ou
la science de la vie, et en fait d'équitation, de musique, d'agilité
à sauter, d'escrime, de connaissance des chevaux ou de combat
de coqs, et de manières de gentilhomme accompli et d'homme à
la mode, je puis dire de moi que Redmond Barry a rarement
trouvé son égal. « Monsieur, » dis-je à M. Johnson dans la circonstance à laquelle je fais allusion, (il était accompagné par
M. Boswell, d'Écosse, et j'avais été présenté au club par un
M. Goldsmith, un homme de mon pays) « monsieur, dis-je en
réponse à une grande citation de grec fulminée par ce maître
d'école, vous vous figurez en savoir beaucoup plus long que moi,
parce que vous citez votre *Aristotle* et votre *Pluton*, mais pouvez-
vous me dire quel cheval gagnera à Epsom Downs la semaine
prochaine?—Pouvez-vous courir six milles sans prendre haleine?
—Pouvez-vous toucher l'as de pique dix fois sans manquer? si
vous le pouvez, alors, parlez-moi de votre Aristotle et de votre
Pluton.

—Savez-vous à qui vous parlez? rugit avec son accent écossais M. Boswell.

— Taisez-vous, monsieur Boswell, dit le maître d'école. Je
n'avais aucun droit d'étaler mon grec devant monsieur, et il m'a
très-bien répondu.

—Docteur, dis-je en le regardant d'un air malin, connaissez-
vous une rime à *Aristotle*?

— Port, s'il vous plaît, » dit M. Goldsmith en riant. Et nous
eûmes *six rimes à Aristotle* [1] avant de quitter le café ce soir-là.

1. La rime est *bottle*, bouteille. *Port*, c'est-à-dire du vin de Porto.—Tr.

Cela devint une plaisanterie habituelle ensuite quand j'eus conté
l'histoire; et chez White ou au Cacaotier, vous auriez entendu
les élégants dire : « Garçon, apportez une des rimes à Aristotle
du capitaine Barry! » Une fois, comme j'étais en train dans ce
dernier endroit, le jeune Dick Sheridan m'appela un grand Sta-
gyrite, plaisanterie que je n'ai jamais pu comprendre. Mais je
m'écarte de mon histoire, et il faut que je revienne à la maison
et à la chère vieille Irlande.

J'ai fait depuis connaissance avec les gens les plus hupés du
pays, et mes manières, comme je l'ai dit, sont telles que je puis
aller de pair avec eux tous; peut-être vous étonnerez-vous qu'un
petit campagnard, comme je l'étais, élevé parmi les squires irlandais et leurs inférieurs de l'écurie, et de la ferme, en soit
arrivé à avoir des manières aussi élégantes qu'on m'en reconnaît
sans contestation. Le fait est que j'eus un précieux instituteur
en la personne d'un vieux garde-chasse, qui avait servi le roi
de France à Fontenoy, et qui m'enseigna les danses et les cou-
tumes, et une teinture de la langue de ce pays, tout en m'apprenant à manier l'épée et le sabre. Que de milles j'ai faits à son
côté, dans ma jeunesse, l'écoutant me raconter de merveilleuses
histoires du roi de France et de la brigade irlandaise, et du maréchal de Saxe, et des danseurs de l'Opéra! Il avait connu aussi
mon oncle, le chevalier Borgne, et avait, en vérité, mille talents
qu'il m'enseigna en secret. Je n'ai jamais connu d'homme comme
lui, pour faire ou lancer une mouche, pour médicamenter un
cheval, ou le dresser, ou le choisir; il m'apprit toutes sortes de
mâles exercices, à commencer par celui de dénicher les oiseaux,
et je considérerai toujours Phil Purcell comme le meilleur des
précepteurs que j'aie pu avoir. Son défaut était de boire; mais,
là-dessus, j'ai toujours fermé un œil; et il détestait mon cousin
Mick comme du poison, mais je pouvais aussi lui pardonner
cela.

Grâce à Phil, à l'âge de quinze ans j'étais plus accompli
qu'aucun de mes cousins; et je crois que la nature, aussi, avait
été plus généreuse envers moi, sous le rapport de l'extérieur.
Quelques-unes des filles du château de Brady (comme il vous
sera dit présentement) m'adoraient. Aux foires et aux courses,
plusieurs des jolies fillettes présentes disaient qu'elles aimeraient
à m'avoir pour galant; et cependant, de façon ou d'autre, il faut
en convenir, je n'étais point populaire.

En premier lieu, chacun savait que j'étais terriblement pauvre; et je crois que c'était peut-être la faute de ma bonne mère,
si j'étais, aussi, terriblement orgueilleux. J'avais l'habitude de

me vanter en compagnie de ma naissance, et de la splendeur
de mes équipages, jardins, celliers et domestiques, et cela devant des gens qui étaient parfaitement au fait de ma position
réelle. Si c'étaient des jeunes gens, et qu'ils se permissent de ricaner, je les battais, ou me faisais assommer; et maintes fois, on
m'a rapporté à la maison presque tué par un ou plusieurs d'entre
eux; et quand ma mère me questionnait, je disais que c'était une
querelle de famille. « Soutenez votre nom de votre sang, Reddy,
mon enfant, » disait cette sainte les larmes aux yeux; et elle en
aurait fait autant de la voix, et même des dents et des ongles.

Ainsi, à quinze ans, il n'y avait guère de garçon de vingt ans,
à une demi-douzaines de milles à la ronde, que je n'eusse battu
pour une cause ou une autre. Il y avait les deux fils du vicaire
de Castle-Brady; — comme de raison, je ne pouvais frayer avec
de pareils mendiants, et nous eûmes plus d'une bataille à qui
prendrait le haut du pavé dans Brady's Town; il y avait Pat
Lurgan, le fils du forgeron, qui eut quatre fois l'avantage sur
moi avant le combat décisif, où j'eus le dessus; et je pourrais
citer une vingtaine d'autres prouesses de ce genre; n'était que
ces hauts faits à coups de poing sont d'ennuyeuses choses à
narrer et à discuter devant des personnes de distinction.

Mais il est un autre sujet, mesdames, sur lequel je puis discourir, et qui n'est jamais hors de propos. Jour et nuit vous
aimez à l'entendre; jeunes et vieilles, vous en rêvez et vous y pensez. Belles et laides (et ma foi, avant cinquante ans je n'ai jamais
vu de femmes laides), c'est le sujet qui vous tient le plus à cœur,
toutes que vous êtes; et je pense que vous devinez mon énigme
sans peine. L'*amour!* vraiment, ce mot est formé à dessein des
plus jolies et plus douces voyelles et consonnes de la langue, et
celui ou celle qui ne se soucie pas de lire ce qui s'écrit sur un
pareil sujet, n'est pas digne de m'occuper un seul instant.

La famille de mon oncle se composait de dix enfants, qui,
comme c'est la coutume dans les nombreuses familles, étaient
divisés en deux camps; les uns étant du côté de leur maman,
les autres prenant parti pour mon oncle, dans toutes les fréquentes querelles qui s'élevaient entre sa femme et lui. A la tête
de la faction de mistress Brady, était Mick, le fils aîné, qui me
haïssait tant et détestait son père, qui l'empêchait d'entrer en
jouissance de ses propriétés; tandis qu'Ulick, le second frère,
était l'enfant chéri de son père; et, en revanche, master Mick
avait une peur effroyable de lui. Je n'ai pas besoin de nommer
les filles; j'eus dans la suite assez d'ennuis avec elles, Dieu
sait! et l'une d'elles fut la cause de mes premiers chagrins. C'é-

tait (quoique assurément toutes ses sœurs prétendissent le contraire), c'était la belle de la famille, miss Honoria Brady de son nom.

Elle disait n'avoir que dix-neuf ans à cette époque, mais je pouvais lire aussi bien qu'un autre la feuille volante de la Bible de famille (c'était un des trois livres qui, avec le trictrac, formaient la bibliothèque de mon oncle), et je savais qu'elle était née l'année 37, et avait été baptisée par le docteur Swift, doyen de Saint-Patrick, à Dublin; elle avait donc vingt-trois ans à l'époque où elle et moi étions si souvent ensemble.

Quand je me mets à songer à elle maintenant, je me rends bien compte qu'elle ne pouvait pas être jolie, car sa face était des plus grasses et sa bouche des plus grandes; elle était toute marquée de taches de rousseur comme un œuf de perdrix, et ses cheveux étaient de la couleur d'un certain légume que nous mangeons avec le bœuf bouilli, pour me servir du terme le plus doux. Mainte et mainte fois, ma mère faisait ces remarques-là sur elle, mais je n'en croyais rien alors, et de façon ou d'autre, j'en étais venu à considérer Honoria comme un être angélique, bien au-dessus de tous les autres anges de son sexe.

Et comme nous savons très-bien qu'une dame habile à danser ou à chanter ne peut jamais se perfectionner sans étudier beaucoup en son particulier, et que le chant ou le menuet qu'on exécute avec une aisance si gracieuse dans l'assemblée a demandé beaucoup de travail et de persévérance, ainsi en est-il des chères créatures qui sont expertes dans l'art de la coquetterie. Honoria, par exemple, s'exerçait toujours, et c'était votre serviteur qu'elle prenait pour sujet de ses exercices; moi ou l'employé de l'accise, quand il venait faire sa tournée, ou l'intendant ou le pauvre curé, ou le garçon apothicaire de Brady's Town, que je me rappelle d'avoir battu une fois pour cette raison. S'il est encore en vie, je lui fais mes excuses. Pauvre diable! comme si c'était sa faute, à lui, s'il était victime des artifices d'une des plus grandes coquettes (eu égard à sa vie obscure et à son éducation rustique) qu'il y eût au monde.

S'il faut dire la vérité, et chaque mot de ce récit de ma vie est de la plus religieuse véracité, ma passion pour Nora commença d'une façon très-vulgaire et très-peu romanesque. Je ne sauvai pas ses jours; au contraire, je faillis presque la tuer une fois, comme il vous sera dit. Je ne l'aperçus pas au clair de la lune jouant de la guitare, et je ne la sauvai pas des mains des brigands, comme fit Alfonso de Lindamira dans le roman; mais un jour, après dîner, à Brady's Town, en été, étant allé au jardin cueillir des groseilles à maquereau pour mon dessert, et ne pensant qu'aux groseilles, j'en jure sur l'honneur, je tombai sur miss Nora et sur une de ses sœurs (avec laquelle elle était amie pour le moment), qui prenaient toutes deux cette même distraction.

« Comment s'appellent en latin les groseilles à maquereau, Redmond? » dit-elle. Elle était toujours à vous larder de ses plaisanteries, *poking her fun*, comme disent les Irlandais.

« Je sais le mot latin pour oie, dis-je.

— Et qu'est-ce que c'est? s'écria miss Mysie, aussi impertinente qu'un paon.

« A vous le paquet, » dis-je (car jamais je n'ai manqué de repartie); et là-dessus nous nous mîmes à attaquer le groseillier, riant et causant aussi heureux que possible. Dans le cours de notre divertissement, Nora trouva moyen de s'égratigner le bras, et il saigna, et elle cria, et il était extrêmement rond et blanc, et je le bandai, et je crois qu'elle me permit de lui baiser la main; et quoique ce fût une main aussi grosse et aussi peu élégante que vous en ayez jamais vu, cependant je considérai cette faveur comme la plus enivrante qui m'eût jamais été accordée, et retournai à la maison dans le ravissement.

J'étais un garçon beaucoup trop simple pour déguiser aucun des sentiments qu'il m'arrivait d'éprouver à cette époque, et il n'y eut pas une des huit filles de Castle Brady qui ne fût bientôt instruite de ma passion et ne plaisantât et complimentât Nora sur son galant.

Les tourments de jalousie que la cruelle coquette me fit endurer furent horribles. Elle me traitait tantôt comme un enfant, tantôt comme un homme. Elle m'abandonnait toujours lorsqu'arrivait un étranger.

« Car, après tout, Redmond, disait-elle, vous n'avez que quinze ans, et vous n'avez pas une guinée au monde. » Sur quoi je jurais que je deviendrais le plus grand héros qui fût jamais sorti de l'Irlande, et je faisais vœu d'avoir assez d'argent, avant l'âge de vingt ans, pour acheter un domaine six fois grand comme Castle Brady. Toutes vaines promesses que je ne tins pas, comme de raison; mais je ne fais pas de doute qu'elles influèrent sur la première partie de ma vie, et qu'elles me firent faire les grandes actions pour lesquelles j'ai été célèbre, et que je raconterai bientôt dans leur ordre.

Il faut que j'en dise une, afin que mes jeunes lectrices sachent ce qu'était Redmond Barry, et quel courage et quelle indomptable passion il avait. Je demande si aucun des muguets d'aujourd'hui en ferait moitié autant en face du danger.

Vers cette époque, je dois commencer par le dire, le Royaume-Uni était en grande fermentation, sous la menace généralement accréditée d'une invasion française. Le prétendant, disait-on, était en grande faveur à Versailles ; on songeait surtout à une descente en Irlande, et les grands seigneurs et autres gens de condition, dans ce pays-là et dans toutes les autres parties du royaume, témoignaient de leur loyauté en levant des régiments de cavalerie et d'infanterie, pour résister aux envahisseurs. Brady's Town envoya une compagnie se joindre au régiment de Kilwangan, dont master Mick était le capitaine ; et nous eûmes une lettre de master Ulick qui était au collége de la Trinité, disant que l'Université avait aussi formé un régiment, dans lequel il avait l'honneur d'être caporal. Combien je les enviais tous deux ! surtout cet odieux Mick, quand je le vis en uniforme rouge galonné, avec un ruban à son chapeau, marcher à la tête de ses hommes ! Lui, ce pauvre hère sans énergie, il était capitaine, et moi rien, moi qui me sentais autant de courage que le duc de Cumberland lui-même, et qui sentais aussi qu'un habit rouge m'irait si bien ! Ma mère disait que j'étais trop jeune pour faire partie du nouveau régiment ; mais le fait est que c'était elle qui était trop pauvre, car la dépense d'un uniforme aurait englouti une demi-année de notre revenu, et elle voulait que si son enfant se montrait, ce fût sur un pied digne de sa naissance, qu'il montât les plus beaux chevaux de course, fût des mieux vêtus, et fréquentât la compagnie la plus distinguée.

Or donc, tout le pays était tenu en éveil par la crainte de la guerre, les trois royaumes retentissant de musique militaire, et chaque homme de mérite rendant ses devoirs à la cour de Bellone, tandis que moi, hélas ! j'étais obligé de rester à la maison, dans ma veste de futaine, et de soupirer pour la gloire en secret. M. Mick venait à tout instant de son régiment, et amenait quantité de ses camarades. Leur costume et leurs airs fanfarons me remplissaient de douleur, et les invariables attentions de miss Nora pour eux me rendaient à moitié fou. Personne, néanmoins, ne mettait cette tristesse sur le compte de la jeune personne, mais plutôt sur celui de mon désappointement de ne pouvoir embrasser la profession militaire.

Un des officiers de la milice donna un grand bal à Kilwangan auquel, cela va sans dire, furent invitées toutes les dames de Castle Brady (et il y en avait une assez laide charretée). Je savais à quelles tortures cette odieuse petite coquette de Nora me mettrait par ses éternelles coquetteries avec les officiers, et refusai longtemps d'aller à ce bal. Mais elle avait une manière de venir à bout de moi, contre laquelle toute résistance de ma part était vaine. Elle jura que la voiture la rendait toujours malade. « Et comment puis-je aller au bal, dit-elle, à moins que vous ne me preniez en croupe sur Daisy? » Daisy était une bonne jument de race appartenant à mon oncle, et, à une proposition pareille, impossible de dire non. Nous nous rendîmes donc à cheval, sains et saufs, à Kilwangan, et je me sentis aussi fier qu'aucun prince lorsqu'elle promit de danser avec moi une gigue.

Quand la gigue fut finie, l'ingrate petite coquette me dit qu'elle avait tout à fait oublié son engagement, et se mit à danser la contredanse avec un Anglais! J'ai enduré des tourments dans ma vie, mais jamais comme celui-là. Elle essaya de se faire pardonner sa négligence, mais je ne voulus pas. Quelques-unes des plus jolies filles s'offraient pour me consoler, car j'étais le meilleur danseur du bal. J'essayai une fois, mais j'étais trop malheureux pour continuer, et je restai seul toute la nuit au supplice. J'aurais bien joué, mais je n'avais pas d'argent, je n'avais que la pièce d'or que ma mère m'avait enjoint d'avoir toujours dans ma bourse, comme le doit un gentilhomme Je ne me souciais pas de boire, et ne connaissais point cette terrible consolation; mais je songeais à tuer Nora et moi, et très-certainement à me défaire du capitaine Quin.

Enfin, au matin, le bal finit. Le reste de nos dames s'en alla dans le vieux carrosse criard; Daisy fut amenée, et miss Nora prit place derrière moi, ce que je la laissai faire sans dire une parole. Mais nous n'avions pas fait un demi-mille, qu'elle commença à essayer, par ses câlineries et ses gracieusetés, de dissiper ma mauvaise humeur.

« Il fait un froid pénétrant, cher Redmond, et vous vous enrhumerez sans mouchoir à votre cou. » A cette remarque sympathique du coussinet, la selle ne fit aucune réponse.

« Avez-vous passé une soirée agréable avec miss Clancy, Redmond? Vous êtes restés ensemble toute la nuit, à ce que j'ai vu. » A ceci la selle ne répliqua qu'en grinçant des dents, et en donnant un coup de fouet à Daisy.

« Oh! miséricorde! vous faites ruer Daisy, sans-souci que vous êtes, et vous savez, Redmond, que je suis si peureuse! » Le coussinet, là-dessus, avait passé son bras autour de la taille de la selle, peut-être même l'avait pressée le plus légèrement du monde.

« Je déteste miss Clancy, vous le savez bien! » répond la selle, et je n'ai dansé avec elle que parce que.... parce que.... la personne avec laquelle je comptais danser a trouvé bon de s'occuper ailleurs toute la nuit.

— Mais il y avait mes sœurs, dit le coussinet, riant sans se contraindre, dans la conscience orgueilleuse de sa supériorité; et quant à moi, mon cher, je n'ai pas été cinq minutes dans la salle que j'étais engagée pour chaque danse.

— Étiez-vous obligée de danser cinq fois avec le capitaine Quin? » dis-je; et, oh! l'étrange et délicieux charme de la coquetterie, je crois que miss Nora Brady, à vingt-trois ans qu'elle avait, éprouva un saisissement de joie en pensant qu'elle avait un tel pouvoir sur un innocent de quinze ans.

Comme de raison, elle répondit qu'elle ne se souciait nullement du capitaine Quin, qu'il dansait joliment, à la vérité, et qu'il babillait assez agréablement, qu'il avait bonne mine, aussi, dans son uniforme; et s'il avait eu l'idée de l'inviter à danser, comment pouvait-elle le refuser?

— Mais vous m'avez refusé, Nora?

— Oh! je puis danser avec vous tous les jours de la vie, repartit miss Nora en secouant la tête; et danser avec son cousin au bal, il semble qu'on n'ait pas pu trouver d'autre cavalier. D'ailleurs, » dit Nora, — et ce fut là un coup douloureux et cruel qui montrait quel pouvoir elle avait sur moi, et comme elle en usait sans pitié, — « d'ailleurs, Redmond, le capitaine Quin est un homme, et vous n'êtes qu'un enfant!

— Si jamais je le retrouve, m'écriai-je avec un jurement, vous verrez quel est le plus homme des deux. Je me battrai avec lui à l'épée ou au pistolet, tout capitaine qu'il est. Un homme, vraiment! je me battrai avec n'importe quel homme, avec tous les hommes! Est-ce que je n'ai pas tenu tête à Mick Brady à l'âge de onze ans? Est-ce que je n'ai pas rossé Tom Sullivan, cette grande brute, qui en a dix-neuf? Est-ce que je n'ai pas fait son affaire au sous-maître français? Oh! Nora, c'est cruel à vous de me railler ainsi! »

Mais Nora avait cette nuit-là l'humeur railleuse, et elle poursuivit ses sarcasmes, et elle expliqua que le capitaine Quin était déjà connu pour un vaillant soldat, fameux comme homme à la mode à Londres, et que Redmond pouvait fort bien se vanter de rosser des maîtres d'études et des fils de fermiers, mais que se battre avec un Anglais, c'était toute autre chose.

Alors elle se mit à parler de l'invasion, et des affaires militaires en général, du roi Frédéric (qu'on appelait alors le héros protestant), de M. Thurot et de sa flotte, de M. Conflans et de son escadre, de Minorque, comment on l'avait attaquée, et où elle était située, et tous deux nous tombâmes d'accord que ce devait être en Amérique, et espérâmes que les Français y pourraient être rossés ferme.

Je soupirai après un moment (car je commençais à mollir) et dis combien j'avais envie d'être soldat : sur quoi, Nora eut recours à son infaillible : « Ah ! vous voulez donc me quitter? Mais, vraiment, vous n'êtes pas de taille à faire autre chose qu'un petit tambour. » A cela je répliquai, en jurant que je serais soldat, et général aussi.

Comme nous jasions de ces niaiseries, nous arrivâmes à un endroit qui, depuis, a toujours été appelé le pont du Saut-de-Redmond. C'était un vieux pont très-haut, jeté sur une rivière suffisamment profonde et rocheuse; et comme la jument Daisy passait ce pont avec sa double charge, miss Nora, donnant carrière à son imagination, et toujours fidèle à son thème militaire (je gagerais qu'elle pensait au capitaine Quin), miss Nora dit : « Supposez, maintenant, Redmond, vous qui êtes un tel héros, que vous traversez ce pont, et que les ennemis sont de l'autre côté!

— Je tirerais mon épée, et me frayerais un passage au travers d'eux.

— Quoi! avec moi en croupe? Voudriez-vous me tuer, pauvre moi? (mademoiselle était perpétuellement à dire : pauvre moi!)

— Eh bien, alors, je vais vous dire ce que je ferais. Je ferais sauter Daisy dans la rivière et j'aborderais à la nage, avec vous deux, là où aucun ennemi ne pourrait nous suivre.

— Un saut de vingt pieds! vous n'oseriez pas faire une pareille chose sur Daisy. Voici le cheval du capitaine, George le Noir! j'ai entendu dire que le capitaine Qui.... »

Elle ne put finir le mot; car, rendu fou par le continuel retour de cet odieux monosyllabe, je lui criai de me bien tenir par la taille, et, donnant de l'éperon à Daisy, à l'instant je sautai avec Nora, par-dessus le parapet, au plus profond de l'eau. Je ne sais pas pourquoi maintenant; si c'était que je voulais me noyer avec Nora, ou faire un acte devant lequel reculerait même le capitaine Quin, ou si je m'imaginais que l'ennemi était réellement en face de nous, je ne puis le dire, mais je sautai. Le cheval s'enfonça par-dessus la tête, la fille cria en s'enfonçant, et cria en remontant, et je l'amenai à moitié évanouie au bord, où nous fûmes bientôt trouvés par les gens de mon oncle, qui étaient revenus en entendant des cris. Je rentrai à la maison, et fus bientôt pris d'une fièvre qui me tint six semaines dans mon lit, et je le quittai prodigieusement grandi, et en même temps plus violemment épris encore qu'auparavant.

Au commencement de ma maladie, miss Nora avait été passablement assidue à mon chevet, oubliant pour moi la querelle de ma mère avec sa famille, que ma bonne mère voulut bien aussi oublier de la manière la plus chrétienne. Et, permettez que je vous le dise, ce n'était pas un acte peu méritoire de la part d'une femme de sa disposition hautaine, qui avait pour règle de ne pardonner à personne, que de renoncer pour l'amour de moi à son hostilité envers miss Brady, et de la recevoir avec bonté. Car, comme un jeune fou que j'étais, c'était Nora que je demandais sans cesse dans mon délire; je ne voulais accepter de médicaments que de sa main, et n'avais que des regards rudes et maussades pour la bonne mère, qui m'aimait mieux que tout au monde, et qui, pour me rendre heureux, renonçait même à ses habitudes favorites et à ses légitimes et convenables jalousies.

A mesure que je me rétablissais, je vis que les visites de Nora devenaient chaque jour plus rares. « Pourquoi ne vient-elle pas ? » disais-je avec humeur une douzaine de fois par jour. Pour répondre à cette question, mistress Barry était obligée d'alléguer les meilleures excuses qu'elle pouvait trouver, comme de dire que Nora s'était foulé le pied, ou qu'elles s'étaient querellées, ou quelque autre réponse pour me calmer. Et mainte fois la bonne âme m'a quitté pour aller se soulager le cœur toute seule dans sa chambre, et revenir le visage souriant, de façon que je ne susse rien de sa mortification. Il est vrai que je ne prenais pas beaucoup de peine pour m'en assurer; et même, je le crains, je n'aurais pas été très-touché si j'avais découvert la chose, car le moment où l'on devient homme, est, je pense, celui de notre plus grand égoïsme. Nous avons alors un tel désir de prendre notre vol, et de quitter le nid, qu'il n'est larmes, prières ou sentiments d'affection qui puissent contre-balancer cette irrésistible ardeur d'indépendance. Elle a dû être bien triste, cette pauvre mère, — que le ciel soit bon pour elle ! — à cette période de ma vie; et elle m'a souvent dit depuis quelle angoisse de cœur c'était pour elle de voir tant d'années de sollicitude et d'affection oubliées par moi en une minute, et cela pour une petite coquette sans cœur, qui ne faisait que jouer avec moi en attendant qu'elle trouvât un meilleur galant. Car le fait est que durant les quatre dernières semaines de ma maladie, le capitaine Quin en personne était à demeure au château de Brady, et faisait la cour en forme à miss Nora; et ma pauvre mère n'osa pas me donner cette nou-

velle, et vous pouvez être sûr que Nora elle-même la tint secrète ;
ce ne fut que par hasard que je la découvris.

Vous dirai-je comment ? La friponne était venue me voir un
jour, que j'étais au lit sur mon séant, et en convalescence, et elle
était si animée et si gracieuse et bonne pour moi, que mon
cœur déborda de joie, et que ce matin-là j'eus même pour ma
pauvre mère un mot aimable et un baiser ; je me sentais si bien
que je mangeai tout un poulet, et promis à mon oncle, qui était
venu me voir, d'être prêt, pour l'ouverture de la chasse, à l'accompagner, comme c'était ma coutume.

Le surlendemain était un dimanche, et j'avais pour ce jour-là
un projet que j'étais déterminé à réaliser, en dépit de tous les
docteurs et des injonctions de ma mère, qui étaient que je ne
devais pour aucun motif quitter la maison, attendu que l'air frais
me serait mortel.

Or, j'étais couché merveilleusement tranquille, composant une
pièce de vers, la première que j'aie faite de ma vie, et je les
donne ici avec l'orthographe dans laquelle ils furent écrits à
cette époque où je n'en savais pas davantage. Et quoiqu'ils ne
soient pas aussi polis et élégants que « Ardélia, soulage un
malheureux berger, » et, « Quand le soleil reluit aux champs des
pâquerettes, » et autres lyriques effusions de moi qui me firent
tant de réputation plus tard, je les trouve assez bons pour un
humble garçon de quinze ans :

LA ROSE DE FLORE

*Envoyée par un jeune homme de qualité à miss Br—dy
de C—stle Br—dy.*

Sur la tour de Brady (qui viendra, la verra),
Croît de toutes les fleurs la fleur la plus jolie.
Au château de Brady vit la jeune Nora,
(Et nul ne sait combien je l'aime à la folie).
« Cette fleur, c'est Nora, dit Flore, qui l'aura ; »
Et Flore la lui donne à peine épanouie.

La déesse des fleurs lui dit : « Chère lady,
J'ai plus d'un beau parterre où la rose étincelle ;
Il est sept autres fleurs sur les tours de Brady.
Mais Nora que ses sœurs est vraiment bien plus belle.
Le Comté ni l'Irlande, au nord comme au midi,
N'ont pas un seul traisor qui soit aussi beau qu'elle.

> Quelle joue est plus rouge, et quel œil est plus bleu ?
> Il faux donc que Nora n'ait vécu que de roses !
> La violette au bois brille moins que ses yeux,
> Quand les pleurs du matin sur son velour reposes.
> Le lis n'est pas si blanc, j'en atteste les dieux,
> Que son cou, que ses bras, et que bien d'autres choses.
>
> « Ma belle, allons, dit Flore, il vous faut un mari ;
> Écoutez la nature et son ordre suprême.
> Vous avez un poëte ici, de vous épri
> Qui soupire si fort qu'il en est maigre et blême :
> Prenez-le pour mari, ce cher Redmond Barry :
> La rime et la raizon vous l'ordonnes de même. »

Le dimanche, ma mère ne fut pas plutôt allée à l'église, que j'appelai Phil, mon valet, et exigeai qu'il m'apportât mes plus beaux habits, dont je me parai, quoique forcé de reconnaître que j'avais tellement grandi pendant ma maladie qu'ils étaient devenus déplorablement trop petits pour moi, et, ma remarquable pièce de vers en main, je courus vers le château de Brady, bien résolu à voir ma beauté. L'air était si frais et le ciel si brillant, les oiseaux chantaient si haut et les arbres étaient si verts, que je me sentis plus animé que je ne l'étais depuis deux mois, et je m'élançai dans l'avenue (dont mon oncle avait abattu jusqu'au dernier arbre, soit dit en passant), aussi léger qu'un jeune faon. Le cœur commença à me battre quand je montai les marches verdâtres de la terrasse et que je passai par la porte vermoulue du vestibule. Monsieur et madame étaient à l'église, me dit M. Screw, le maître d'hôtel, après avoir reculé d'étonnement de me voir si changé, si allongé et si maigre, et six des demoiselles y étaient aussi.

« Miss Nora était-elle du nombre ? demandai-je.

— Non, Miss Nora n'était pas du nombre, dit M. Screw, prenant un air fort embarrassé, et capable cependant.

— Où était-elle ? » A cette question il répondit, ou plutôt me fit croire qu'il répondait avec l'ingénuité irlandaise, et me laissa à décider si elle était allée à Kilwangan en croupe derrière son frère, ou si elle était à la promenade avec sa sœur, ou malade dans sa chambre ; et tandis que je réglais cette question, M. Screw me quitta brusquement.

Je courus à l'arrière-cour, où étaient les écuries du château de Brady, et là je trouvai un dragon qui sifflait le « Roast-beef de la vieille Angleterre, » tout en étrillant un cheval de cavalerie. « A qui est ce cheval, brave homme ? criai-je.—Brave homme, en vérité! repartit l'Anglais; le cheval appartient à mon capitaine, qui est un peu plus brave que vous ; sachez-le bien. »

Je ne m'arrêtai pas pour l'assommer, comme j'aurais fait dans une autre circonstance, car un horrible soupçon m'avait traversé l'esprit, et je passai au jardin aussi vite que je pus.

J'avais un pressentiment de ce que j'y verrais. J'y vis le capitaine Quin et Nora qui suivaient l'allée ensemble. Elle lui donnait le bras, et le misérable caressait et pressait la main qui reposait tout contre son odieuse veste ; à quelque distance en arrière d'eux était le capitaine Fagan du régiment de Kilwangan, qui faisait la cour à Mysie, la sœur de Nora.

Il n'est vivant ou mort qui me fasse peur; mais, à cette vue, mes genoux se mirent à trembler violemment sous moi, et je me sentis si malade, que je fus forcé de m'asseoir sur le gazon près d'un arbre contre lequel je m'appuyai, et je perdis pour une minute ou deux presque entièrement connaissance ; alors je me remis, et m'avançant vers le couple de l'allée, je tirai la petite épée à poignée d'argent que je portais toujours dans son fourreau; car j'étais résolu à la passer au travers du corps des coupables, à les embrocher comme des pigeons. Je ne dirai pas quels sentiments autres que ceux de la rage me traversèrent la cervelle, quel amer désappointement, quel sauvage désespoir, quelle sensation comme si l'univers s'écroulait sous moi : je ne fais aucun doute que mon lecteur a été joué maintes fois par les femmes; je m'en rapporte donc à ses souvenirs pour se rendre compte de l'effet de ce premier choc.

« Non, Norelia, disait le capitaine (car c'était alors la mode entre amoureux de s'appeler des noms les plus prétentieux tirés des romans), à l'exception de vous et de quatre autres, j'en atteste tous les dieux, nulle n'a fait sentir à mon cœur la douce flamme.

— Ah! messieurs les hommes, messieurs les hommes! Eugenio, dit-elle (le nom de l'animal était John), votre passion n'est pas égale à la nôtre. Nous sommes semblables... semblables à une plante dont j'ai lu l'histoire, nous ne portons qu'une fleur, et puis nous mourons !

— Voulez-vous dire que vous n'avez jamais senti d'inclination pour un autre? demanda le capitaine Quin.

— Jamais, mon Eugenio, que pour toi! Comment pouvez-vous faire une telle question à une nymphe pudibonde?

— Norelia chérie ! » dit-il en portant la main de Nora à ses lèvres.

J'avais un nœud de rubans cerise qu'elle avait pris à son corsage pour me le donner, et que j'avais toujours sur moi. Je le tirai de mon sein et le jetai à la face du capitaine Quin, et me précipitai, ma petite épée nue, en criant :

« Elle en a menti ! elle en a menti, capitaine Qüin ! Dégainez, monsieur, et défendez-vous, si vous êtes un homme ! »

Et à ces mots je sautai sur le monstre, et le pris au collet, tandis que Nora faisait retentir l'air de ses cris, auxquels accoururent l'autre capitaine et Mysie.

Quoique j'eusse grandi comme une asperge dans ma maladie, et que j'eusse alors presque atteint mes cinq pieds six pouces, cependant je n'étais qu'un échalas à côté de l'énorme capitaine anglais, qui avait des mollets et des épaules comme n'en eut jamais aucun porteur de chaises de Bath. Il devint très-rouge, et puis excessivement pâle, à cette attaque de ma part ; et il reculait et saisissait son épée, quand Nora, en proie à la terreur, jeta ses bras autour de lui en criant : « Eugenio ! capitaine Quin ! pour l'amour du ciel épargnez ce garçon, ce n'est qu'un enfant !

— Et qui mériterait le fouet pour son impudence, dit le capitaine ; mais n'ayez pas peur, miss Brady, je ne le toucherai pas. Votre *favori* n'a rien à craindre de moi ! »

A ces mots, il se baissa et ramassa le nœud de rubans que j'avais jeté aux pieds de Nora, et, le lui présentant, dit d'un ton de sarcasme :

« Quand les dames font des présents aux messieurs, c'est le moment pour les autres de se retirer.

— Bonté divine, Quin ! s'écria la jeune fille, il n'est qu'un enfant.

— Je suis un homme, hurlai-je, et je le prouverai.

— Et il n'a pas plus d'importance que mon perroquet ou mon bichon. Ne puis-je pas donner un bout de ruban à mon cousin ?

— Vous êtes parfaitement libre, miss, continua le capitaine, d'en donner autant d'aunes qu'il vous plaira.

— Monstre ! s'écria la chère fille ; votre père était un tailleur, et la caque sent toujours le hareng. Mais j'aurai ma vengeance, entendez-vous bien ! Reddy, est-ce que vous me laisserez insulter ?

— Moi, miss Nora ! dis-je, j'aurai son sang aussi sûr que mon nom est Redmond.

— J'enverrai chercher le maître d'étude pour vous rosser, mon petit garçon, dit le capitaine recouvrant sa présence d'esprit; mais quant à vous, miss, j'ai l'honneur de vous souhaiter le bonjour. »

Il ôta son chapeau sans beaucoup de cérémonie, fit une profonde révérence, et allait se retirer, quand Mick, mon cousin, arriva, ayant aussi entendu le cri.

« Holà! holà! Jack Quin, qu'est-ce qu'il y a? dit Mick; Nora en pleurs, le fantôme de Redmond l'épée nue, et vous, faisant la révérence?

— Je vais vous dire ce qu'il y a, monsieur Brady, répondit l'Anglais : j'ai assez de miss Nora que voici, et de vos manières irlandaises. Je n'y suis pas habitué, monsieur.

— Eh bien! eh bien! qu'est-ce que c'est? dit Mick d'un ton enjoué (car il devait beaucoup d'argent à Quin, comme on le sut plus tard); nous vous habituerons à nos manières ou nous adopterons celles de l'Angleterre.

— Les manières des dames anglaises ne sont point d'avoir deux amoureux (des dames hanglaises, comme les appela le capitaine); et ainsi, monsieur Brady, je vous serai obligé de me rembourser la somme que vous me devez, et je renonce à toutes prétentions sur mademoiselle. Si elle a du goût pour les écoliers, qu'elle les prenne, monsieur.

— Bah! bah! Quin, vous plaisantez, dit Mick.

— Je ne fus jamais plus sérieux, répliqua l'autre.

— Par le ciel, alors prenez garde à vous! cria Mick. Infâme séducteur! trompeur infernal! Vous êtes venu enlacer dans vos filets cette angélique victime; vous lui prenez son cœur et vous la quittez, et vous vous figurez que son frère ne la défendra pas? Dégainez à l'instant, misérable! il faut que je vous entaille le cœur.

— C'est un assassinat en règle, dit Quin en reculant; m'en voilà deux sur les bras à la fois. Fagan, vous ne me laisserez pas assassiner.

— Ma foi! dit le capitaine Fagan, qui semblait fort amusé, vous pouvez vider votre querelle vous-même, capitaine Quin; » et, venant à moi, il me dit tout bas : « Retombe sur lui, mon petit gaillard.

— Dès lors que M. Quin renonce à ses prétentions, dis-je comme de juste, je ne dois pas intervenir.

— J'y renonce, monsieur, j'y renonce, dit M. Quin de plus en plus troublé.

— Alors défendez-vous en homme, de par tous les diables! s'écria Mick de nouveau. Mysie, emmenez cette pauvre victime; Redmond et Fagan veilleront à ce que tout se passe loyalement entre nous.

— Eh mais... je ne... donnez-moi du temps... je suis embarrassé... je... je ne sais quel parti prendre.

— Comme l'âne entre les deux boisseaux d'avoine, dit sèchement M. Fagan, et il y a de quoi se régaler de chaque côté. »

CHAPITRE II.

Dans lequel je me montre homme de cœur.

Durant cette dispute, ma cousine Nora fit la seule chose que
puisse une femme en pareille circonstance : elle s'évanouit en
forme. J'étais en pleine altercation avec Mick en ce moment; sans
quoi naturellement j'aurais volé à son secours; mais le capitaine
Fagan (c'était un gaillard assez sec que ce Fagan) m'en empêcha en disant : « Je vous conseille de laisser cette demoiselle à
elle-même, master Redmond ; soyez sûr qu'elle reviendra à elle. »
Et, en effet, elle ne tarda pas à le faire, ce qui m'a prouvé depuis
que Fagan connaissait assez bien le monde, car dans la suite
j'ai vu nombre de femmes reprendre leurs sens de la même manière. Quin ne fit pas mine de l'assister, vous pouvez le croire,
car, au milieu de la diversion opérée par les cris qu'elle jeta, le
fanfaron sans foi s'esquiva.

« A qui de nous deux le capitaine Quin doit-il avoir affaire ? »
dis-je à Mick ; car c'était mon premier duel, et j'en étais aussi
fier que d'un habit de velours galonné. « Est-ce à vous ou à moi,
cousin Mick, que doit revenir l'honneur de châtier cet insolent
Anglais ? » et je lui tendais la main en parlant, car mon cœur
était entraîné vers mon cousin dans le triomphe du moment.

Mais il rejeta mon témoignage d'amitié. « Vous !... vous ! dit-
il tout courroucé. Diable soit de vous, petit brouillon, vous êtes
toujours à fourrer votre nez partout. Quel besoin aviez-vous de
venir brailler et quereller ici avec un gentilhomme qui a quinze
cents livres de rente?

— Oh ! soupira Nora sur le banc de pierre, j'en mourrai; je le
sais bien. Jamais je ne quitterai cette place.

— Le capitaine n'est pas encore parti, » murmura Fagan ; sur
quoi Nora, lui jetant un regard indigné, se leva en bondissant et
prit le chemin du château.

« En même temps, continua Mick, quel besoin avez-vous, infâme brouillon, de vous occuper d'une fille de cette maison ?

— Infâme vous-même ! criai-je ; donnez-moi encore un nom semblable, Mick Brady, et je vous enfonce mon épée dans le ventre. Souvenez-vous que je vous ai tenu tête quand je n'avais que onze ans. Je suis votre homme, maintenant, et, par Jupiter, provoquez-moi, et je vous battrai comme.... comme votre frère cadet a toujours fait. » C'était un coup sanglant, et je vis Mick bleuir de fureur.

« Voilà une jolie manière de vous faire bienvenir de la famille, dit Fagan d'un ton conciliant.

— Cette fille est assez âgée pour être sa mère, grommela Mick.

— Agée ou non, répliquai-je, écoutez ceci, Mick Brady (et je proférai un jurement terrible, inutile à répéter ici) : l'homme qui épousera Nora Brady devra d'abord me tuer ; songez à cela !

— Bah ! monsieur, dit Mick en se détournant, vous tuer ? vous fouetter, voulez-vous dire. Je vais envoyer chercher Nick le piqueur pour le faire. » Et il s'en alla.

Le capitaine Fagan alors vint à moi, et, me prenant amicalement par la main, dit que j'étais un garçon de cœur, et qu'il aimait mon énergie. « Mais, continua-t-il, ce que dit Brady est vrai. C'est une chose difficile que de donner un conseil à un garçon aussi monté que vous l'êtes ; cependant, croyez-moi, je connais le monde, et si vous voulez suivre mon avis, vous n'en aurez pas de regret. Nora Brady n'a pas un sou, et vous n'êtes pas plus riche. Vous n'avez que quinze ans, et elle en a vingt-quatre. Dans dix ans, quand vous serez d'âge à vous marier, elle sera une vieille femme ; et, mon pauvre enfant, ne voyez-vous pas, quoique ce soit dur à voir, que c'est une coquette, qui ne se soucie ni de vous ni de Quin ? »

Mais qui est-ce qui en amour (ou sur tout autre point, quant à cela) écoute un avis ? Je ne l'ai jamais fait, et je dis tout net au capitaine Fagan que Nora pouvait m'aimer ou non, comme il lui plairait, mais que le capitaine Quin se battrait avec moi avant de l'épouser ; cela, je le jurais.

« Ma foi, dit Fagan, je vous crois un garçon à tenir votre parole ; » et me regardant fixement une seconde ou deux, il s'en alla aussi en fredonnant un air, et je vis qu'il se retournait pour me regarder en sortant du jardin par la vieille porte. Et lorsqu'il fut parti, et que je fus tout seul, je me jetai sur le banc où Nora avait fait semblant de s'évanouir, et avait laissé son

mouchoir, et le ramassant, je m'y cachai le visage, et éclatai
en sanglots tels, que pour rien au monde je n'aurais voulu alors
que personne en fût témoin. Le ruban froissé que j'avais jeté
à Quin était par terre dans l'allée, et je restai là des heures,
aussi malheureux qu'aucun homme en Irlande, je crois, pour
le moment. Mais ce monde est bien variable! quand nous considérons combien grands nous semblent nos chagrins, et combien petits ils sont en réalité, combien nous sommes persuadés
que nous mourrons de douleur, et combien vite nous oublions,
m'est avis que nous devrions être honteux de notre humeur
volage. Car, après tout, quel besoin a le temps de nous apporter des consolations? Dans le cours de mes nombreuses aventures et de mon expérience, je ne suis peut-être pas tombé sur
la femme qu'il me fallait, et j'ai oublié, au bout de peu de
temps, chacune des créatures que j'adorais; mais je pense que,
si j'étais tombé juste, mon amour aurait duré toujours.

Je dus rester plusieurs heures à me lamenter sur ce banc du
jardin, car c'était dans la matinée que j'étais venu au château de
Brady, et ce fut la cloche du dîner qui, en sonnant comme de
coutume à trois heures, me tira de ma rêverie. Bientôt je ramassai le mouchoir et repris le ruban. Comme je traversais les
communs, je vis que la selle du capitaine était toujours accro-
chée à la porte de l'écurie, et j'aperçus son odieuse brute de
valet en habit rouge qui faisait le fanfaron avec les laveuses de
vaisselle et les gens de la cuisine.

« L'Anglais est encore là, master Redmond, me dit une des
servantes (une fille sentimentale aux yeux noirs, attachée au
service des demoiselles). Il est là dans le parloir, avec une délicieuse rouelle de veau; entrez, et ne vous laissez pas déconte-
nancer par lui, master Redmond. »

Et j'entrai, et pris place au bas de la grande table, et mon
ami le maître d'hôtel m'apporta promptement un couvert.

« Holà, Reddy, mon garçon! dit mon oncle; debout, et bien?
A la bonne heure!

— Il serait mieux chez lui avec sa mère, grommela ma tante.

— Ne faites pas attention à elle, dit l'oncle Brady; c'est l'oie
froide qu'elle a mangée à déjeuner qui ne lui passe pas. Prenez
un verre de liqueur, mistress Brady, à la santé de Redmond. »
Il était clair qu'il ne savait point ce qui était arrivé; mais Mick,
qui était à dîner aussi, et Ulick et presque toutes les filles avaient
la mine excessivement sombre, et le capitaine l'air bête; et
miss Nora, qui était à côté de lui, semblait près de pleurer.
Le capitaine Fagan était là souriant, et moi, l'air froid comme

une pierre. Je crus que le dîner m'étoufferait ; mais j'étais déterminé à faire bonne contenance ; et quand la nappe fut enlevée, je remplis mon verre comme les autres, et nous bûmes au roi et à l'Église, comme le doivent des gentilshommes. Mon oncle était de très-bonne humeur, et toujours à plaisanter Nora et le capitaine. C'était : « Nora, rompez cette lunette de poulet avec le capitaine, et voyez qui sera marié le premier. — Jack Quin, mon cher garçon, ne vous préoccupez pas d'avoir un verre blanc pour le claret, nous sommes à court de cristal à Castle-Brady ; prenez celui de Nora, et le vin n'en aura pas plus mauvais goût pour cela ; » et ainsi de suite. Il était d'une gaieté folle, je ne savais pas pourquoi. Y avait-il eu une réconciliation entre la parjure et son amant, depuis qu'ils étaient revenus à la maison ?

J'appris bientôt la vérité. Au troisième toast, c'était toujours la coutume des dames de se retirer ; mais mon oncle les retint cette fois, en dépit des représentations de Nora, qui disait : « O papa, laissez-nous partir ! » Et il dit : « Non, mistress Brady et mesdames, s'il vous plaît ; c'est une sorte de toast qui se porte beaucoup trop rarement dans ma famille, et vous voudrez bien le recevoir avec tous les honneurs de la guerre. AU CAPITAINE ET A MISTRESS JOHN QUIN, et qu'ils vivent longuement ! Embrassez-la, Jack, fripon que vous êtes ; car, ma foi, vous avez là un trésor !

— Il a déjà.... criai-je, en me levant subitement.

— Tenez votre langue, imbécile, tenez votre langue ! » dit le gros Ulick qui était assis près de moi ; mais je ne voulus rien entendre.

« Il a déjà, criai-je, été souffleté ce matin, le capitaine John Quin ; il a déjà été traité de lâche, le capitaine John Quin, et voici comme je bois à sa santé. A votre santé, capitaine John Quin ! » Et je lui jetai un verre plein de claret à la face. Je ne sais pas quel air il eut après cela, car l'instant d'après j'étais moi-même sous la table, terrassé par Ulick, qui me donna un violent coup sur la tête au moment où je tombai ; et j'eus à peine le temps d'entendre le cri général et le vacarme qui eut lieu au-dessus de moi, étant si fort occupé des coups de pied, des coups de poing, et des imprécations dont Ulick m'accablait. « Imbécile ! criait-il, grand butor ! petit sot ! petit mendiant (un coup par épithète) ! tenez votre langue ! » Ces coups d'Ulick, comme de raison, je ne m'en préoccupais pas, car il avait toujours été mon ami, et dans l'habitude de me rosser toute ma vie.

Quand je sortis de dessous la table, les dames étaient parties, et j'eus la satisfaction de voir que le nez du capitaine saignait, comme le mien aussi ; mais le sien était coupé en travers, et sa beauté gâtée à tout jamais. Ulick se secoua, se rassit tranquillement, remplit son verre et me poussa la bouteille. « Tenez, jeune baudet, dit-il, buvez-moi cela, et qu'on ne vous entende plus braire.

— Au nom du ciel ! que signifie tout ce tapage ? dit mon oncle. Est-ce que ce garçon a de nouveau la fièvre ?

— Tout cela c'est votre faute, dit Mick d'un ton bourru, à vous et à ceux qui l'ont amené ici.

— Cessez ce bruit, Mick, dit Ulick en se tournant sur lui ; soyez poli pour mon père et pour moi, et ne me forcez pas de vous apprendre à avoir des manières.

— Oui, c'est votre faute, répéta Mick. Qu'est-ce que ce vagabond a à faire ici ? Si j'étais mon maître, je lui ferais donner le fouet et je le mettrais à la porte.

— C'est ce qu'on devrait faire, dit le capitaine Quin.

— Vous ferez bien de ne pas l'essayer, Quin, » dit Ulick, qui prenait toujours mon parti ; et se tournant vers son père : « Le fait est, monsieur, que ce petit singe est tombé amoureux de Nora, et que l'ayant trouvée qui remontait du jardin avec le capitaine, aujourd'hui, il a voulu tuer Jack Quin.

— Eh bien ! il commence de bonne heure, dit mon oncle de la meilleure humeur du monde. Ma foi, Fagan, ce garçon-là est un Brady, des pieds à la tête.

— Écoutez-moi, monsieur B., s'écria Quin se hérissant ; j'ai été insulté grossièrement dans cette maison ; je ne suis pas du tout satisfait de vos manières d'agir ici. Je suis Anglais, entendez-vous, et j'ai de la fortune ; et je... je...

— Si vous avez été insulté, et que vous n'ayez pas de satisfaction, rappelez-vous que nous sommes deux, Quin ; » dit Ulick d'un air brutal. Sur quoi, le capitaine se mit à laver son nez dans l'eau, sans rien répondre.

« M. Quin, dis-je du ton le plus digne que je pus prendre, peut aussi avoir satisfaction quand il lui plaira, en s'adressant à Redmond Barry, esquire, de Barryville, » discours auquel mon oncle éclata de rire (comme il faisait de tout), et à ce rire, à ma grande mortification, se joignit le capitaine Fagan. Je me tournai vivement sur lui, et lui signifiai que, tout enfant que j'étais pour mon cousin Ulick, qui avait été, toute ma vie, mon meilleur ami, et dont j'avais pu supporter jusqu'ici les mauvais traitements, de lui-même j'étais résolu à n'en plus supporter ; et, à plus forte raison, toute autre personne qui voudrait prendre avec moi les mêmes libertés verrait à ses dépens que j'étais un homme. « M. Quin, ajoutai-je, sait fort bien cela ; et, s'il est un homme, lui, il saura où me trouver. »

Mon oncle, alors, fit observer qu'il était tard, et que ma mère serait inquiète de moi. « L'un de vous ferait mieux de le ramener chez lui, dit-il en se tournant vers ses fils, ou le drôle fera encore d'autres escapades. » Mais Ulick dit, en faisant un signe de tête à son frère : « Nous reconduirons tous les deux Quin.

— Je n'ai pas peur des gens de Freeny, dit le capitaine, essayant faiblement de rire ; mon homme est armé, et je le suis aussi.

— Vous savez très-bien faire usage de vos armes, Quin, dit Ulick, et personne ne doute de votre courage ; mais, Mick et moi, nous ne vous en accompagnerons pas moins chez vous.

— Mais vous ne serez pas de retour avant le matin, garçons ; Kilwangan est à dix bons milles d'ici.

— Nous coucherons au quartier de Quin, répliqua Ulick ; *nous allons y passer une semaine.*

— Je vous remercie, dit Quin d'une voix défaillante ; c'est très-aimable à vous.

— Vous seriez trop seul sans nous, vous savez.

— Oh ! oui, trop seul ! dit Quin.

— Et la *semaine d'après,* mon garçon, dit Ulick (et il marmotta quelque chose à l'oreille du capitaine, où je crus saisir les mots de mariage, de ministre, et sentis revenir toute ma fureur).

— Comme il vous plaira, » soupira le capitaine ; et les chevaux furent promptement amenés, et les trois cavaliers partirent.

Fagan demeura, et, sur l'injonction de mon oncle, traversa avec moi le vieux parc dépouillé d'arbres. Il dit qu'après la querelle du dîner, il pensait que je n'avais guère besoin de voir les dames ce soir-là, opinion que je partageai entièrement ; et, là-dessus, nous nous mîmes en route sans faire d'adieux.

« Vous avez fait là une jolie besogne, master Redmond, dit-il. Eh quoi ! vous, un ami des Brady, sachant le besoin que votre oncle a d'argent, vous essayez de rompre un mariage qui doit apporter quinze cents livres sterling de rente dans la famille ! Quin a promis de payer les quatre mille livres qui tourmentent si fort votre oncle. Il prend une fille sans le sou, une fille qui n'a pas plus de beauté que le bœuf que voilà. C'est bon, c'est bon, ne prenez pas cet air furieux ; disons qu'elle est belle, il ne faut pas disputer des goûts ; une fille qui s'est jetée à la tête de tous les hommes de ce pays-ci, depuis dix ans, et les a manqués tous. Et vous, aussi pauvre qu'elle, un garçon de quinze ans.... eh bien, soit, disons seize, et un garçon qui devrait être attaché à son oncle comme à un père.....

— Et je le suis, dis-je.

— Et c'est comme cela que vous reconnaissez ses bontés ! Ne vous a-t-il pas recueilli chez lui, quand vous étiez orphelin, et ne vous loge-t-il pas gratis, là-bas, dans votre belle maison de Barryville? Et maintenant que ses affaires peuvent être mises en ordre, et qu'il s'offre à lui une chance d'être à son aise sur ses vieux jours, qui est-ce qui vient le contrecarrer et entraver sa fortune? Vous, entre tous les autres ! l'homme du monde qui lui a le plus d'obligation ! c'est mal, c'est ingrat, c'est dénaturé. D'un garçon de votre énergie, j'attends un plus vrai courage.

— Je n'ai peur d'aucun homme vivant, m'écriai-je (car cette dernière partie de l'argument du capitaine m'avait un peu ébranlé, et je voulais, comme de raison, la tourner, comme on fait d'un ennemi qui est trop fort) ; et c'est moi qui suis la partie lésée, capitaine Fagan. Personne, depuis que le monde existe, n'a jamais été traité ainsi. Regardez, regardez ce ruban ; je le porte depuis six mois sur mon cœur. Je l'ai eu là tout le temps de ma fièvre. Est-ce que ce n'est pas Nora qui l'a tiré de son sein et me l'a donné ? Ne m'a-t-elle pas donné un baiser en me le donnant, et ne m'a-t-elle pas appelé son bien-aimé Redmond ?

— Elle s'exerçait, répliqua M. Fagan avec un rire sardonique. Je connais les femmes, monsieur. Donnez-leur le temps, et que personne autre ne vienne à la maison, elles deviendront amoureuses du ramoneur. Il y avait une demoiselle à Fermoy.....

— Une demoiselle au fin fond des enfers ! m'écriai-je. Écoutez bien, advienne que pourra, je jure que je me battrai avec l'homme qui prétendra à la main de Nora Brady. Je le suivrai, fût-ce dans l'église, et il aura affaire à moi. J'aurai son sang ou il aura le mien ; et on en trouvera ce ruban teint. Oui ! et si je le tue, je le lui attacherai sur la poitrine ; et alors, elle pourra aller reprendre son gage d'amour. » Je dis cela, parce que j'étais très-échauffé dans le moment, et parce que ce n'était pas pour rien que j'avais lu des romans et des drames romanesques.

« Eh bien, dit Fagan après une pause, si cela doit être, que cela soit. Pour un jeune garçon, vous êtes bien sanguinaire. Quin est un gaillard déterminé, lui aussi.

— Voulez-vous lui porter mon message? dis-je vivement.

— Chut ! dit Fagan ; votre mère est peut-être aux aguets. Nous voici tout près de Barryville.

— Faites attention ! pas un mot à ma mère, » dis-je, et j'entrai à là maison, gonflé d'orgueil et triomphant de l'idée que j'allais pouvoir en venir aux mains avec l'Anglais que je haïssais tant.

Tim, mon domestique, avait été envoyé à Castle-Brady par ma mère, au sortir de l'église, car la bonne dame était assez alarmée de mon absence et soupirait après mon retour. Mais il m'avait vu aller dîner, sur l'invitation de la sentimentale femme de chambre, et, lorsqu'il eut pris sa part des bonnes choses qui se trouvaient dans la cuisine, qui était toujours mieux fournie que la nôtre, il était revenu annoncer à sa maîtresse où j'étais, et lui raconter, sans aucun doute, à sa façon, tous les événements qui étaient arrivés au château. En dépit donc de mes précautions pour assurer le secret, je soupçonnai à demi que ma mère savait tout, d'après la manière dont elle m'embrassa à mon arrivée et reçut notre hôte, le capitaine Fagan. La pauvre âme avait l'air un peu inquiet, et de temps en temps elle regardait le capitaine dans les yeux; mais elle ne dit pas un mot de la querelle, car elle avait un noble cœur, et elle aurait autant aimé voir un des siens pendu que s'esquivant du champ d'honneur. Que sont devenus aujourd'hui ces généreux sentiments? il y a soixante ans, un homme était un homme, et l'épée qu'il portait à son côté était prête à s'enfoncer dans le cœur du premier venu pour le plus léger différend. Mais, le bon vieux temps et les anciens usages s'en vont vite; il est rare, à présent, d'entendre parler d'une belle rencontre, et l'usage de ces lâches pistolets, au lieu de l'honorable et virile arme des gentilshommes, a introduit dans la pratique du duel une forte dose de coquinerie qui ne saurait être trop déplorée.

Quand j'arrivai au logis, je sentis que j'étais un homme tout de bon; et, disant au capitaine Fagan qu'il était le bienvenu à Barryville, et le présentant à ma mère, d'un air digne et majestueux, j'ajoutai que le capitaine devait être altéré, après la marche, et j'ordonnai à Tim d'apporter une bouteille du vin de Bordeaux à cachet jaune, avec des verres et des gâteaux, immédiatement.

Tim regarda sa maîtresse tout ébahi, et le fait est que six heures auparavant j'aurais aussi bien songé à brûler la maison qu'à demander une bouteille de claret pour mon compte; mais je sentais que j'étais homme à présent, et que j'avais droit de commander; et ma mère le sentit aussi, car elle se tourna vers le valet et lui dit vivement : «N'entendez-vous pas ce que dit *votre maître*, drôle que vous êtes? Allez sur-le-champ chercher le vin, les gâteaux et les verres.» Puis (vous pouvez bien croire qu'elle ne donna pas à Tim les clefs de notre petite cave) elle alla elle-même

chercher le vin, et Tim l'apporta en forme sur le plateau d'argent.
Ma chère mère versa le vin, et but à la bienvenue du capitaine ;
mais j'observai que sa main tremblait très-fort en s'acquittant
de ce devoir de courtoisie, et la bouteille faisait ding, ding,
contre le verre. Quand elle eut porté les lèvres au sien, elle dit
qu'elle avait mal à la tête, et qu'elle irait au lit ; et là-dessus, je
demandai sa bénédiction, comme il sied à un fils soumis (les
élégants modernes ont abandonné le cérémonial respectueux qui
distinguait de mon temps un gentilhomme), et elle me laissa causer avec le capitaine Fagan, de notre importante affaire.

« Vraiment, dit le capitaine, je ne vois pas d'autre moyen de
sortir de là qu'une rencontre. Le fait est qu'il en a été causé à
Castle-Brady, après votre attaque contre Quin, cette après-midi,
et il a juré qu'il vous mettrait en pièces ; mais les larmes et les
supplications de miss Honoria l'ont décidé, quoique bien à contre-
cœur, à ne pas donner suite à la querelle. Mais maintenant les
choses sont allées trop loin. Aucun officier, porteur d'un brevet
de Sa Majesté, ne saurait recevoir un verre de vin sur le nez
(votre claret est très-bon, soit dit en passant, et avec votre permission, nous sonnerons pour en avoir une autre bouteille) sans
ressentir un tel affront. Vous devez vous battre, et Quin est un
gros et vigoureux luron.

— Il en offrira plus de prise, dis-je. Je n'ai pas peur de lui.

— Sur ma foi, dit le capitaine, je crois que non ; pour un
adolescent, je n'ai jamais vu plus de toupet de ma vie.

— Regardez cette épée, monsieur, dis-je en montrant une arme
élégante montée en argent dans un fourreau de chagrin blanc,
qui était suspendue à la cheminée, sous le portrait de mon père,
Harry Barry. Ce fut avec cette épée, monsieur, que mon père
perça Mohawk O'Discol, à Dublin, en 1740 ; avec cette épée,
monsieur, qu'il tint tête à sir Huddlestone Fuddlestone, le baronnet du Hampshire, et qu'il la lui passa au travers du cou.
Ils se battirent à cheval, à l'épée et au pistolet, à Hounslow
Heath, comme, je présume, vous l'avez entendu raconter, et
les pistolets que voici (ils étaient accrochés de chaque côté du
portrait) sont ceux dont le vaillant Barry se servit. Il était tout
à fait dans son tort, ayant insulté lady Fuddlestone, étant pris
de vin, à l'assemblée de Brentford. Mais, en gentilhomme, il
dédaigna de faire des excuses, et sir Huddlestone reçut une balle
au travers de son chapeau, avant qu'ils en vinssent à l'épée. Je
suis le fils de Harry Barry, monsieur, et j'agirai comme il sied à
mon nom et à ma qualité.

— Embrassez-moi, mon cher garçon, dit Fagan les larmes

aux yeux, vous êtes selon mon cœur. Tant que Jack Fagan
vivra, vous ne manquerez jamais d'un ami ou d'un second. »

Le pauvre diable! six mois après, il était tué en portant des
ordres à milord George Sackville, à Minden, et je perdis par
là un excellent ami. Mais nous ignorons ce qui nous est réservé, et cette soirée-là, du moins, fut joyeuse. Nous eûmes une
seconde bouteille et une troisième aussi (je pouvais entendre
chaque fois ma pauvre mère descendre l'escalier, mais elle ne
les apportait point dans le parloir, et les envoyait par le som-
melier, M. Tim), et nous nous séparâmes enfin, lui s'engageant
à convenir de tout le soir même avec le second de M. Quin, et
à venir m'informer dans la matinée du lieu choisi pour la rencontre. J'ai souvent songé depuis à tout ce qu'il y aurait de
différent dans ma destinée, si, à cet âge précoce, je n'étais pas
tombé amoureux de Nora, et si, en jetant un verre de vin à la
face de Quin, je ne m'étais pas attiré ce duel. J'aurais pu, sans
cela, m'établir en Irlande (car miss Quinlan était une héritière
à vingt milles de nous, et Peter Brucke, de Kilwangan, laissa à
sa fille Judy 700 livres de rente, et j'aurais pu avoir l'une ou
l'autre, si j'avais attendu quelques années). Mais il était dans
ma destinée de mener une vie errante, et ce duel avec Quin me
fit courir le monde de très-bonne heure, comme vous verrez
bientôt.

Jamais je ne dormis d'un sommeil plus profond; cependant je
m'éveillai un peu plus tôt que de coutume, et vous pouvez bien
croire que ma première pensée fut pour l'événement du jour,
auquel j'étais pleinement préparé. J'avais plume et encre dans
ma chambre. N'avais-je pas écrit la veille ces vers à Nora, comme
un pauvre sot amoureux que j'étais? Alors donc je me mis à
écrire une couple de lettres; elles seraient peut-être, me dis-je,
les dernières que j'écrirais de ma vie. La première était à ma
mère. « Honorée madame, écrivais-je, cette lettre ne vous sera
remise que si je tombe sous les coups du capitaine Quin, avec
qui je me mesure aujourd'hui au champ d'honneur, à l'épée
et au pistolet. Si je meurs, c'est en bon chrétien et en gentilhomme; comment serais-je autrement ayant été élevé par une
mère telle que vous? Je pardonne à tous mes ennemis, je vous
demande votre bénédiction, en fils soumis. Je désire que ma
jument Nora, dont mon oncle m'a fait cadeau, et à qui j'ai donné
le nom de la plus déloyale des femmes, soit renvoyée au château de Brady, et que vous donniez mon épée à poignée d'argent
à Phil Purcell, le garde-chasse. Présentez mes devoirs à

mon oncle et à Ulick, et à toutes les filles qui sont de mon parti
là-bas. Et je reste votre obéissant fils, REDMOND BARRY. »

A Nora, j'écrivais : « Cette lettre sera trouvée dans mon sein,
avec le gage que vous m'avez donné ; il sera teint de mon sang
(à moins que je n'aie celui du capitaine Quin, que je hais,
mais à qui je pardonne), et sera un joli ornement pour vous le
jour de votre mariage. Portez-le, et pensez au pauvre garçon
à qui vous l'avez donné et qui est mort (comme il a toujours
été prêt à le faire) pour vous. REDMOND. »

Ces lettres écrites et scellées avec le grand sceau d'argent de
mon père aux armes des Barry, je descendis déjeuner au parloir où ma mère était à m'attendre, comme vous pouvez le penser. Nous ne dîmes pas un mot de ce qui allait avoir lieu ; au
contraire, nous parlâmes de tout autre chose ; des personnes qui
étaient la veille à l'église, et du besoin que j'avais d'habits neufs,
maintenant que j'avais tant grandi. Elle dit qu'il fallait que j'eusse
un habillement complet pour l'hiver, si.... si ses moyens le permettaient. Cette restriction lui fit une impression pénible, le ciel
la bénisse ! Je sais ce qu'elle avait dans l'esprit. Et alors elle se
mit à me parler du cochon noir qu'il fallait tuer, et à me dire
qu'elle avait trouvé le matin la cachette de la poule tachetée,
dont j'aimais tant les œufs, et autres bagatelles. J'eus quelques-
uns de ces œufs à déjeuner, et je les mangeai de bon appétit ;
mais, en prenant du sel, je le renversai, sur quoi elle se leva en
poussant un cri : « Dieu merci ! dit-elle, il est tombé de mon
côté. » Et alors, son cœur étant trop plein, elle quitta la
chambre. Ah ! elles ont leurs défauts, les mères, mais est-il
d'autres femmes comme elles ?

Quand elle fut partie, j'allai décrocher l'épée avec laquelle
mon père avait vaincu le baronnet du Hampshire, et, le croiriez-vous ? la courageuse femme avait noué *un ruban neuf* à la
poignée, car vraiment elle avait l'intrépidité d'une lionne et
d'une Brady réunies. Et alors je décrochai les pistolets, qui
étaient toujours tenus brillants et bien huilés, et les garnis de
pierres neuves que j'avais, et préparai des balles et de la poudre en attendant l'arrivée du capitaine. Il y avait du claret et
un poulet froid pour lui sur le buffet, et un flacon de vieille
eau-de-vie aussi, avec une couple de petits verres sur le plateau
d'argent aux armes des Barry. Dans la suite, au milieu de ma
fortune et de ma splendeur, je payai trente-cinq guinées et
presque une fois autant pour les intérêts, à l'orfèvre de Londres
qui avait fourni ce même plateau à mon père. Plus tard, un coquin de prêteur sur gages ne voulut me l'acheter que seize,

tant il y a peu à compter sur l'honneur de ces gredins de marchands.

A onze heures, le capitaine Fagan arriva à cheval avec un
dragon derrière lui. Il fit honneur à la collation que ma mère
avait eu soin de lui préparer, puis il dit:

« Voyez-vous, Redmond, c'est une sotte affaire. Cette fille
épousera Quin, retenez ce que je vous dis: et aussi sûr qu'elle
le fera, vous l'oublierez. Vous n'êtes qu'un enfant. Quin est disposé à vous considérer comme tel. Dublin est une belle ville, et
si vous avez envie de faire une promenade par là et d'y passer
un mois, voici vingt guinées à votre service. Faites des excuses
à Quin, et décampez.

— Un homme d'honneur, monsieur Fagan, dis-je, meurt,
mais ne fait pas d'excuses. Que le capitaine soit pendu avant
que j'en fasse!

— Alors, il n'y a plus qu'une rencontre.

— Ma jument est sellée et toute prête, dis-je; où est le lieu
du rendez-vous, et quel est le second du capitaine?

— Vos cousins sont avec lui, répondit M. Fagan.

— Je sonnerai mon groom pour qu'il amène ma jument, dis-
je, dès que vous vous serez reposé. »

Tim fut donc dépêché vers Nora, et je partis à cheval, mais
sans prendre congé de mistress Barry. Les rideaux de la fenêtre
de sa chambre à coucher étaient baissés, et ils ne bougèrent que
quand nous montâmes à cheval et partîmes au trot.... *mais
deux heures plus tard*, il aurait fallu la voir lorsqu'elle descendit
en chancelant l'escalier, et entendre le cri qu'elle poussa lorsqu'elle serra contre son cœur son fils qui revenait sans aucune
blessure.

Ce qui était advenu, je puis aussi bien le dire ici. Quand nous
arrivâmes sur le terrain, Ulick, Mick et le capitaine y étaient
déjà. Quin, tout flambant dans son uniforme rouge, l'être le plus
monstrueux qui eût jamais commandé une compagnie de grenadiers. Mes gens riaient ensemble de quelque plaisanterie de
l'un ou de l'autre, et je dois dire que je trouvai ce rire fort in-
convenant de la part de mes cousins, qui allaient peut-être assister à la mort d'un des leurs.

« J'espère gâter leur plaisir, dis-je tout en fureur au capitaine Fagan, et je compte bien voir mon épée dans le corps de
ce gros fanfaron.

— Oh! c'est au pistolet que nous nous battons, repartit
M. Fagan. Vous n'êtes pas de la force de Quin à l'épée.

— Je suis de la force de tout homme à l'épée, dis-je.

« — Mais l'épée est impossible aujourd'hui ; le capitaine Quin est.... est estropié. Il s'est cogné le genou contre la barrière du parc hier au soir, comme il s'en retournait à cheval chez lui, et c'est à peine s'il peut le remuer.

— Pas contre celle de Castle-Brady, répliquai-je, qui depuis un an n'est plus sur ses gonds. »

Là-dessus, Fagan dit que ce devait être quelque autre, et répéta ce qu'il m'avait dit à M. Quin et à mes cousins, lorsque, mettant pied à terre, nous joignîmes et saluâmes ces messieurs.

« Oh ! oui, cruellement estropié, dit Ulick en venant me donner une poignée de main, tandis que le capitaine Quin ôtait son chapeau et devenait extrêmement rouge ; et c'est fort heureux pour vous, Redmond, mon garçon, continua Ulick ; autrement, vous étiez un homme mort, car le capitaine est un diable d'homme.... N'est-ce pas, Fagan ?

— Un vrai Turc, » répondit Fagan.

Et il ajouta :

« Je n'ai jamais encore connu personne qui ait pu tenir tête au capitaine Quin.

— Maudite affaire ! dit Ulick ; je la déteste ; j'en suis honteux. Dites que vous êtes fâché, Redmond ; il vous est facile de dire cela.

— Si le jeune garçon veut aller à *Dubling*, comme il a été proposé.... intervint ici M. Quin, qui, du reste, ne venait pas donner une leçon de langage.

— Je ne suis *pas* fâché ; je ne ferai *pas* d'excuses, et j'irai au diable plutôt qu'à *Dubling !* dis-je en frappant du pied.

— Il n'y a plus rien à dire à cela, dit en riant Ulick à Fagan. Mesurez le terrain, Fagan ; douze pas, je suppose ?

— Dix, monsieur, dit M. Quin avec une grosse voix ; et faites-les courts. Vous entendez, capitaine Fagan ?

— Ne faites pas le fendant, monsieur Quin, dit Ulick d'un ton morose. Voici les pistolets. »

Et, s'adressant à moi, il ajouta avec quelque émotion :

« Dieu vous bénisse, mon garçon ! et quand j'aurai compté trois, tirez. »

M. Fagan me mit mon pistolet dans la main, c'est-à-dire pas un des miens (qui devaient servir, si besoin était, pour la fois suivante), mais un de ceux d'Ulick.

« Ils ont tout ce qu'il faut, dit-il. N'ayez pas peur ; et, Redmond, visez-le au cou ; visez-le sous le hausse-col. Voyez comme l'imbécile se découvre. »

Mick, qui n'avait pas proféré une parole, Ulick et le capitaine se mirent de côté, et Ulick donna le signal. Il fut donné lentement, et j'eus le loisir de bien ajuster mon homme. Je le vis changer de couleur et trembler quand les coups furent frappés. Au troisième, nos deux pistolets partirent. J'entendis quelque chose me siffler à l'oreille, et mon adversaire poussa un horrible gémissement, chancela en arrière et tomba.

« Il est par terre! il est par terre! » crièrent les seconds en courant à lui.

Ulick le releva. Mick lui prit la tête.

« Il est touché au cou, » dit Mick.

Et, ouvrant l'habit, on vit le sang qui sortait de dessous son hausse-col, à l'endroit même que j'avais visé.

« Comment vous sentez-vous? dit Ulick. Est-il réellement touché? » dit-il en le regardant avec attention.

L'infortuné ne répondit pas; mais, quand Ulick eut retiré le bras qui lui soutenait le dos, il poussa un nouveau gémissement et retomba en arrière.

« Le jouvenceau a bien débuté, dit Mick d'un air sombre. Vous feriez mieux de détaler avant que la police soit sur pied. Elle a eu vent de l'affaire avant notre départ de Kilwangan.

— Est-il mort? dis-je.

— Parfaitement mort, répondit Mick.

— Eh bien, le monde est débarrassé *d'un poltron*, dit le capitaine Fagan poussant du pied avec mépris ce gros corps étendu à terre. Tout est fini pour lui, Reddy, il ne bouge pas.

— Nous ne sommes pas des poltrons, nous, Fagan, dit Ulick avec rudesse, qu'il soit ce qu'il voudra! Que ce garçon parte aussi vite que possible. Votre homme ira chercher une charrette et emportera le corps de ce malheureux. Vous venez de rendre là un triste service à notre famille, Redmond Barry : vous nous avez fait perdre 1500 liv. de rente.

— C'est la faute de Nora, dis-je, et non la mienne. » Je tirai de ma veste le ruban qu'elle m'avait donné, ainsi que la lettre, et je les jetai sur le cadavre du capitaine Quin. « Tenez, dis-je, portez-lui ces rubans. Elle saura ce qu'ils signifient; et c'est là tout ce qui lui reste de deux amoureux qu'elle avait et dont elle a causé la perte. »

Je n'éprouvai ni horreur ni crainte, tout jeune que j'étais, en voyant mon ennemi gisant à terre; car je savais que je l'avais vaincu honorablement sur le terrain, comme il convenait à un homme de qualité.

« Et maintenant, au nom du ciel! que cet enfant prenne le large, » dit Mick.

Ulick dit qu'il m'escorterait, et, en conséquence, nous partîmes au galop, sans ralentir le pas jusqu'à la porte de ma
mère. Là, Ulick dit à Tim de donner à manger à ma jument,
car elle aurait du chemin à faire aujourd'hui, et l'instant d'a-
près, j'étais dans les bras de ma pauvre mère.

Je n'ai pas besoin de dire quels furent son orgueil et sa joie
lorsqu'elle apprit d'Ulick comment je m'étais comporté dans le
duel. Il ajouta, toutefois, qu'il fallait me cacher quelque temps;
et il fut arrêté entre eux que je quitterais mon nom de Barry
et, prenant celui de Redmond, irais à Dublin, pour y attendre
que les choses fussent apaisées. Cet arrangement n'avait pas été
adopté sans discussion; car pourquoi n'étais-je aussi bien en
sûreté à Barryville, dit-elle, que mon cousin et Ulick à Castle-
Brady? Les sergents et les créanciers n'approchaient jamais
d'eux : pourquoi des constables pourraient-ils mettre la main
sur moi? Mais Ulick insista sur la nécessité de mon départ im-
médiat, opinion à laquelle je me rangeai, étant, je dois l'avouer,
fort désireux de voir le monde; et ma mère fut amenée à comprendre que dans notre petite maison de Barryville, au milieu
du village, et n'ayant pour garde qu'une couple de domestiques,
il me serait impossible d'échapper aux poursuites. La bonne
âme fut donc forcée de céder aux instances de mon cousin, qui
lui promit, du reste, que l'affaire serait bientôt arrangée et que
je lui serais rendu. Ah! combien il savait peu ce que me réservait la fortune!

Ma chère mère avait des pressentiments, je crois, que notre
séparation serait de longue durée, car elle me dit que, toute la
nuit elle avait consulté les cartes sur le résultat du duel, et que
tous les signes annonçaient une séparation; et, tirant un bas de
son secrétaire, la bonne âme mit vingt guinées dans une bourse
pour moi (elle n'en avait elle-même que vingt-cinq) et fit une
petite valise, destinée à être placée sur la croupe de ma jument,
et dans laquelle étaient mes habits, du linge et le nécessaire de
toilette en argent de mon père. Elle me dit aussi de garder l'épée
et les pistolets dont j'avais su me servir en homme. Alors elle
pressa mon départ (quoique son cœur fût plein, je le sais) et une
demi-heure à peine après mon arrivée à la maison, j'étais de
nouveau en route, avec l'univers, pour ainsi dire, devant moi.
Je n'ai pas besoin de dire que Tim et la cuisinière pleurèrent en
me voyant partir, et peut-être que moi-même j'eus une ou deux
larmes dans les yeux; mais on n'est jamais bien triste à seize
ans, quand on a pour la première fois sa liberté et vingt guinées
en poche; et je partis pensant moins, je le confesse, à la tendre

mère qui allait rester seule, et à notre logis que j'abandonnais, qu'au lendemain et à toutes les merveilles qu'il allait m'apporter.

CHAPITRE III.

Je débute mal dans le monde élégant.

J'allai ce soir-là jusqu'à Carlow, où je descendis à la meilleure auberge, et lorsque mon nom me fut demandé par le maître de la maison, je donnai celui de Redmond, suivant les instructions de mon cousin, et dis que j'étais de la famille des Redmond du comté de Waterford, et en route pour le collége de la Trinité, à Dublin, où j'allais faire mon éducation. Voyant ma bonne mine, mon épée à poignée d'argent et ma valise bien remplie, mon hôte se permit de m'envoyer un pot de claret sans que je l'eusse demandé, et, vous pouvez le croire, me le fit bel et bien payer dans sa note. Aucun gentilhomme, à cette bonne vieille époque, n'allait au lit sans s'être disposé au sommeil par de copieuses libations, et, ce premier jour de mon entrée dans le monde, je me fis un point d'honneur d'agir en parfait gentilhomme, et je réussis, je vous l'assure, à jouer mon rôle admirablement. L'excitation des événements de la journée, mon départ de chez nous, ma rencontre avec le capitaine Quin suffisaient pour me troubler la cervelle, sans le claret, qui servit à m'achever complétement. Je ne rêvai pas de la mort de Quin, comme auraient peut-être fait quelques poules mouillées ; je n'ai même jamais eu de ces absurdes remords à la suite d'aucune de mes affaires d'honneur, ayant toujours considéré, dès la première, que lorsqu'un gentilhomme risque sa vie dans un mâle combat, il serait stupide à lui d'être honteux d'avoir eu le dessus. Je dormis à Carlow aussi profondément qu'il est possible de dormir, pris un pot de petite bière et une rôtie à mon déjeuner, et changeai la première de mes pièces d'or pour régler mon compte, n'oubliant pas de payer tous les domestiques libéralement et comme le doit faire un gentilhomme. Je commençai ainsi le premier jour de ma vie, et ainsi ai-je continué. Personne n'a été dans de plus grands embarras que moi et n'a plus souffert de la pauvreté, mais personne ne peut dire de moi que, lorsque j'avais une guinée, je n'en disposais pas largement et que je ne la dépensais pas aussi bien qu'un lord l'aurait pu faire.

Je ne doutais pas de l'avenir, pensant qu'un homme de mon apparence, de mon mérite et de mon courage pourrait faire son chemin n'importe où. D'ailleurs, j'avais vingt guinées en poche, somme que je calculai (bien à tort) devoir me durer quatre mois au moins, et d'ici là il m'arriverait bien quelque moyen de faire fortune. Je repartis donc, chantant tour à tour ou causant avec les passants, et toutes les filles sur la route disaient : « Bonté divine, voilà un charmant gentilhomme! » Quant à Nora et à Castle-Brady, entre hier et aujourd'hui, il semblait y avoir au moins une dizaine d'années d'intervalle. Je fis vœu de n'y jamais rentrer que quand je serais un personnage, et j'ai tenu ma parole, comme on le verra en temps et lieu.

Il y avait plus de mouvement et de vie sur la grande route à cette époque que dans nos jours de voitures publiques qui vous emportent d'un bout du royaume à l'autre en quelques vingtaines d'heures. On allait sur des chevaux ou dans des carrosses, et on mettait trois jours à faire un voyage qui maintenant demande dix heures; en sorte qu'une personne qui se rendait à Dublin ne manquait pas de compagnie. Je fis une partie du trajet de Carlow à Naas avec un gentilhomme de Kilkenny bien armé, en habit vert à ganse d'or, un emplâtre sur l'œil, et montant une vigoureuse jument. Il me questionna sur les nouvelles du jour, me demanda où j'allais, et si ma mère n'avait pas peur des voleurs, qu'elle laissait voyager ainsi un jeune homme de mon âge. Mais je répondis, tout en en tirant un d'une fonte, que j'avais une paire de bons pistolets qui avaient déjà fait leur devoir, et qui étaient prêts à le faire encore, et là-dessus, un homme marqué de la petite vérole étant arrivé, il éperonna sa jument baie et me quitta. C'était une bête bien plus vigoureuse que la mienne, et, d'ailleurs, je ne voulais pas fatiguer mon cheval, désirant entrer à Dublin ce soir-là et en un état décent.

Comme j'allais vers Kilcullen, je vis une foule de paysans assemblés autour d'une chaise à un cheval, et mon ami en vert détalant, à ce qu'il me sembla, et déjà à un demi-mille sur la colline. Un laquais, de toute sa voix, criait : « Au voleur! » Mais les gens du pays ne faisaient que rire de sa détresse, et échangeaient toutes sortes de plaisanteries sur l'aventure qui venait d'arriver.

« Vraiment, vous auriez pu l'tenir à distance avec vot'espingole, disait un d'entre eux.

— Oh! l'poltron! vous laisser mâter par le capitaine, lui qui n'a qu'un œil, disait un autre.

— La première fois que milady voyagera, elle fera mieux de vous laisser à la maison, dit un troisième.

— Quel est ce bruit, braves gens? » dis-je, en m'avançant au milieu d'eux; et, voyant dans la voiture une dame très-pâle et effrayée, je jouai du fouet et ordonnai à ces drôles aux jambes rouges de se tenir à l'écart. « Qu'est-il arrivé, madame, de fâcheux à Votre Seigneurie? » dis-je, ôtant mon chapeau et faisant avancer mon cheval en caracolant à la portière de la chaise.

La dame m'expliqua la chose. Elle était femme du capitaine Fitzsimons et se hâtait de rejoindre son mari à Dublin. Un voleur avait arrêté sa chaise; son grand idiot de domestique était tombé à genoux, tout armé qu'il était; et quoiqu'il y eût dans le champ voisin une trentaine d'hommes qui travaillaient quand le brigand l'avait attaquée, pas un d'eux n'était venu à son secours, mais, au contraire, ils avaient souhaité bonne chance au capitaine, comme ils appelaient le voleur.

« Certainement, il est l'ami du pauvre, dit un homme, et j'lui souhaitons bonne chance.

— Est-ce que c'était not'affaire? » demanda un autre. Et un autre dit, en riant, que c'était le fameux capitaine Freny, qui, ayant gagné le jury et s'étant fait acquitter, il y avait deux jours, aux assises de Kilkenny, était remonté à cheval à la porte de la prison, et le lendemain même avait dévalisé deux avocats qui se rendaient aux assises.

J'enjoignis à ce tas de gredins de retourner à leur ouvrage, sans quoi ils tâteraient de ma lanière, et je me mis à consoler de mon mieux mistress Fitzsimons de ses infortunes. « Avait-elle beaucoup perdu? — Tout; sa bourse, contenant plus de cent guinées; ses bijoux, ses tabatières, ses montres, et une paire de boucles de souliers en diamant appartenant au capitaine. » Je pris sincèrement part à sa mésaventure, et la reconnaissant pour Anglaise à son accent, je déplorai la division qui existait entre les deux pays, et dis que dans le *nôtre* (entendant l'Angleterre) de pareilles atrocités étaient inconnues.

« Vous aussi, vous êtes Anglais? » dit-elle d'un ton de surprise. Sur quoi je répondis que j'étais fier de l'être, comme, en effet, je l'étais; et je n'ai jamais connu un vrai gentilhomme tory d'Irlande qui n'ait souhaité d'en pouvoir dire autant.

J'escortai la chaise de mistress Fitzsimons jusqu'à Naas, et comme on lui avait volé sa bourse, je lui demandai la permission de lui prêter une couple de pièces d'or pour payer sa dépense à l'auberge, laquelle somme elle daigna gracieusement accepter, et elle fut en même temps assez bonne pour m'inviter à partager son dîner. Aux questions de la dame sur ma naissance et ma parenté, je répondis que j'étais un jeune gentilhomme de grande fortune (ce n'était pas vrai ; mais à quoi sert de crier : mauvais poisson ? Ma chère mère m'avait enseigné de bonne heure cette sorte de prudence) et de bonne famille, du comté de Waterford ; que j'allais à Dublin pour mes études, et que ma mère m'allouait cinq cents livres par an. Mistress Fitzsimons fut également communicative. Elle était fille du général Granby Somerset, du Worcestershire, dont naturellement j'avais entendu parler (et quoique cela ne fût pas, naturellement j'étais trop bien élevé pour le dire) ; et elle confessa que, pour se marier, elle s'était fait enlever par l'enseigne Fitzgerald Fitzsimons. Avais-je été dans le Donegal ? non ! c'était dommage. « Le père du capitaine y possède cent mille acres de terre, et le château de Fitzsimonsburgh est le plus beau manoir de l'Irlande. Le capitaine Fitzsimons est le fils aîné ; et, quoique brouillé avec son père, il doit hériter de cette vaste propriété. » Elle se mit à me parler ensuite des bals de Dublin, des banquets du château, des courses de chevaux du Phœnix, des ridottos et des raouts ; si bien que je fus pris d'une grande envie de goûter ces plaisirs, et mon seul regret était de penser que ma position me rendrait la reclusion nécessaire, et m'empêcherait d'être présenté à la cour, dont les Fitzsimons étaient le plus bel ornement. Quelle différence de son babil animé à celui de ces filles vulgaires des assemblées de Kilwangan ! A chaque phrase, elle citait un lord ou une personne de qualité. Évidemment, elle parlait le français et l'italien ; quant à la première de ces deux langues, j'ai dit que j'en connaissais quelques mots ; et quant à son accent anglais, peut-être n'en étais-je pas juge, car, pour dire la vérité, elle était la première personne réellement anglaise que j'eusse jamais rencontrée. Elle me recommanda, après cela, d'être très-circonspect relativement à la compagnie que je verrais à Dublin, qui abondait en coquins et en aventuriers de tous pays ; et on peut s'imaginer ma joie et ma reconnaissance envers elle, lorsque, notre entretien étant devenu plus intime (nous étions alors au dessert), elle voulut bien m'offrir de loger chez elle, où son Fitzsimons, dit-elle, serait heureux d'accueillir son jeune et vaillant sauveur.

« Vraiment, madame, dis-je, je ne vous ai sauvée de rien ; » ce qui était parfaitement vrai ; car n'étais-je pas arrivé trop tard après le vol pour empêcher le bandit d’emporter son argent et ses perles ?

« Et ma foi, madame, c’était pas grand’chose, dit maladroitement Sullivan, le domestique qui avait été effrayé à l’approche de Freny, et qui nous servait à dîner ; ne vous a-t-il pas rendu les treize pence en cuivre et la montre, en disant que ce n’était que du chrysocale ? »

Mais sa maîtresse le traita d’impertinent drôle, et le renvoya aussitôt de la chambre, me disant, lorsqu’il fut parti, que le sot ne savait pas la valeur d’un billet de cent livres qui était dans le portefeuille que Freny lui avait pris.

Peut-être si j’avais eu un peu plus d’expérience du monde, j’aurais commencé à voir que Mme Fitzsimons n’était pas la personne de qualité qu’elle prétendait être ; mais, enfin, je pris toutes ses histoires pour des vérités, et quand l’hôte apporta la note du dîner, je le payai d’un air de grand seigneur. Du reste, elle ne fit aucunement mine de tirer de sa poche les deux pièces que je lui avais prêtées ; et, là-dessus, nous nous mîmes en route lentement pour Dublin, où nous fîmes notre entrée au tomber de la nuit. Le bruit et la splendeur des carrosses, l’éclat des torches, le nombre et la magnificence des maisons, me frappèrent de l’admiration la plus vive ; quoique j’eusse soin de déguiser ce sentiment, conformément aux instructions de ma mère, qui me dit que c’était la marque d’un homme de qualité de ne s’émerveiller de rien, et de ne jamais admettre qu’aucun équipage, maison ou compagnie qu’il pût voir, fût plus spendide ou plus distingué que ce dont il avait l’habitude chez lui.

Nous nous arrêtâmes, enfin, à une maison de piètre apparence, et fûmes introduits dans un passage beaucoup moins propre que celui de Barryville, où l’on sentait une forte odeur de souper et de punch. Un gros homme à face rouge, sans perruque, et en robe de chambre et bonnet en loques, sortit du parloir et embrassa sa femme (car c’était le capitaine Fitzsimons) avec beaucoup de cordialité. Le fait est que lorsqu’il vit qu’elle était accompagnée d’un étranger, il l’embrassa avec plus de transport qu’auparavant. En me présentant, elle persista à dire que j’étais son sauveur, et fit l’éloge de ma bravoure comme si j’eusse tué Freny, au lieu d’arriver quand le vol était consommé. Le capitaine dit connaître intimement les Redmond de Waterford, assertion qui m’alarma, car je ne savais rien de la famille à laquelle j’avais déclaré appartenir. Mais je l’embarrassai en lui demandant lequel des Redmond il connaissait, car je n’avais jamais entendu prononcer son nom dans notre famille : il ré-

pondit qu'il connaissait les Redmond de Redmonstown. » Oh!
dis-je, les miens sont les Redmond de Castle-Redmond ; » et ainsi
je lui fis perdre la piste. J'allai mettre mon cheval en pension
dans une écurie tout près de là, où étaient le cheval et la chaise
du capitaine, et je revins trouver mon hôte.

Quoiqu'il y eût un reste de côtelettes de mouton aux oignons
sur un plat ébréché devant lui, le capitaine dit : « Mon amour,
je voudrais avoir su votre arrivée ; car Bob Moriarty et moi
nous venons justement de finir le plus délicieux pâté de venaison, que Sa Grâce le lord-lieutenant nous a envoyé, avec un
flacon de Sillery de sa propre cave. Vous connaissez ce vin, ma
chère ! mais comme ce qui est fait est fait, et sans remède, que
dites-vous d'un beau homard et d'une bouteille d'aussi bon claret qu'il y en ait en Irlande ? Betty, débarrassez la table de
ceci, et veillez à bien recevoir votre maîtresse et notre jeune
ami. »

N'ayant pas de monnaie, M. Fitzsimons me demanda de lui
prêter vingt sous pour acheter un plat de homards ; mais sa
femme, tirant une des guinées que je lui avais données, dit à la
fille de changer cela et de se procurer à souper, ce qu'elle fit
présentement, ne rapportant à sa maîtresse que très-peu de
shillings sur la guinée, attendu que le marchand de poissons
avait gardé le reste pour un vieux compte. « Et vous n'en êtes
qu'une plus grosse bête de lui avoir donné la pièce d'or, » cria
M. Fitzsimons ; j'oublie combien de centaines de guinées il dit
avoir payées à ce drôle dans le cours de l'année.

Notre souper fut assaisonné, sinon par une grande élégance,
du moins par une foule d'anecdotes sur les plus hauts personnages de la ville, avec lesquels, à l'en croire, le capitaine vivait
sur le pied de la plus grande intimité. Pour ne pas rester en
arrière, je parlai de mes terres et de ma fortune comme si j'étais
aussi riche qu'un duc. Je lui racontai tout ce que je savais
d'histoires sur la noblesse, par ma mère, et quelques autres encore que, peut-être, j'avais inventées ; et j'aurais dû m'apercevoir que mon hôte était lui-même un imposteur, puisqu'il ne découvrait pas mes bévues et mes inexactitudes ; mais la jeunesse
est toujours trop confiante. Je fus quelque temps avant de reconnaître que je n'avais pas une très-désirable connaissance en
la personne du capitaine Fitzsimons et de sa femme ; et même
j'allai me coucher en me félicitant de ma merveilleuse chance
d'être tombé, au début de mes aventures, sur un couple si distingué.

L'aspect de la chambre que j'occupais aurait bien pu me faire imaginer que l'héritier du château de Fitzsimonsburgh, comté de Donegal, n'était pas encore réconcilié avec ses riches parents ; et, si j'avais été Anglais, il est probable que mes soupçons et ma méfiance se seraient éveillés immédiatement ; mais, comme le lecteur le sait peut-être, nous ne sommes pas si difficiles en Irlande qu'on l'est dans ce pays formaliste. Le désordre de ma chambre à coucher ne me frappa donc pas tant ; car les fenêtres n'étaient-elles pas toutes brisées et bourrées de chiffons à Castle Brady même, ce superbe manoir de mon oncle ? S'y trouvait-il une serrure aux portes, ou un bouton à la serrure, ou un crochet pour les attacher ? Aussi, quoique ma chambre à coucher présentât ces inconvénients, et quelques autres encore ; quoique ma courte-pointe fût évidemment une robe de brocart toute graissée de mistress Fitzsimons, et que mon miroir cassé ne fût pas plus grand qu'une demi-couronne, cependant j'étais accoutumé à ces sortes de choses dans les maisons irlandaises, et je me croyais toujours dans celle d'un homme de qualité. Il n'y avait pas de serrure aux tiroirs, qui, lorsqu'ils s'ouvraient, étaient pleins des pots de rouge, des souliers, des corsets et des chiffons de mon hôtesse ; en sorte que je laissai ma garde-robe dans ma valise ; mais j'étalai mes objets de toilette en argent sur la nappe en lambeaux qui couvrait la commode, où ils avaient une mine admirable.

Quand Sullivan parut le matin, je lui demandai des nouvelles de ma jument, qu'il m'assura être en bonne santé ; je lui dis alors d'un ton digne de m'apporter de l'eau chaude pour ma barbe.

« De l'eau chaude pour votre barbe ? » dit-il en éclatant de rire, et, je l'avoue, non sans raison. « Est-ce vous que vous allez raser ? dit-il ; et peut-être bien qu'en vous apportant l'eau, je dois vous apporter aussi le chat, et que c'est lui que vous raserez ? »

Je lançai une botte à la tête du drôle en réponse à son impertinence, et je fus bientôt au parloir, où mes amis m'attendaient pour déjeuner. J'eus un accueil cordial, et la même nappe qui avait servi la veille, comme je le reconnus à la marque noire qu'avait laissée le plat de côtelettes, et à la tache faite par le pot de porter.

Mon hôte me fit beaucoup d'amitié ; mistress Fitzsimons dit que je figurerais merveilleusement au parc du Phœnix ; et vraiment, sans vanité, je puis dire de moi-même qu'il y avait à Dublin des gens de moins bonne mine. Je n'avais pas la puissante poitrine et les proportions musculaires que j'ai eues depuis (pour les échanger, hélas ! contre des jambes goutteuses et

de la craie dans mes doigts ; mais ainsi va le monde !) ; toutefois, j'étais presque arrivé à mes cinq pieds six pouces actuels,
et avec mes cheveux en boucles, un jabot et des manchettes de
belle dentelle à ma chemise, et une veste de peluche rouge à
raies d'or, j'avais l'air du gentilhomme que j'étais. Je portais
mon habit noisette à boutons de métal, qui était devenu trop
petit pour moi, et je tombai tout à fait d'accord avec le capitaine
Fitzsimons que je devais rendre visite à son tailleur, afin de
m'en procurer un qui allât mieux à ma taille.

« Je n'ai pas besoin de vous demander si vous avez eu un bon
lit, dit-il. Le jeune Fred Pimpleton (le second fils de lord Pimpleton) y a couché les sept mois qu'il m'a fait l'honneur de
demeurer avec moi, et, s'il a été satisfait, je ne sais pas qui
pourrait ne pas l'être. »

Après le déjeuner, nous sortîmes pour voir la ville, et M. Fitzsimons me présenta à plusieurs de ses connaissances que nous
rencontrâmes, comme son ami particulier, M. Redmond, du
comté de Waterford ; il me présenta aussi à son chapelier et à
son tailleur, comme un gentilhomme qui avait une fortune considérable et de grandes espérances : et quoique j'eusse dit à ce
dernier que je ne lui payerais pas comptant plus d'un habit,
lequel m'allait à la perfection, il insista pour m'en faire plusieurs,
que je n'aimai point à refuser. Le capitaine aussi, qui certainement avait besoin de renouveler sa garde-robe, dit au tailleur de
lui envoyer un bel habit d'uniforme qu'il avait choisi.

Alors nous allâmes retrouver au logis mistress Fitzsimons, qui
alla dans sa chaise au Phœnix Park, où on passait une revue,
et où elle fut entourée d'une foule de jeunes gentilshommes
auxquels elle me présenta comme son sauveur. Elle s'exprimait
sur mon compte dans des termes si flatteurs, qu'avant une demi-
heure j'en étais venu à être considéré comme un jeune homme
de la plus grande famille du pays, apparenté à toute la principale noblesse, cousin du capitaine Fitzsimons et héritier de dix
mille livres sterling de rente. Fitzsimons dit avoir parcouru à cheval mon domaine d'un bout à l'autre ; et, ma foi, comme il lui avait
plu de faire ces histoires pour moi, je le laissai faire ; et même je
n'étais pas médiocrement satisfait (comme le sont les jeunes
gens) de l'importance qu'on me donnait et de passer pour un
grand personnage. Je ne soupçonnais guère alors que j'étais au
milieu d'un tas d'imposteurs : que le capitaine Fitzsimons n'était
qu'un aventurier, et sa femme fort peu de chose ; mais tels sont
les dangers auxquels la jeunesse est perpétuellement exposée, et
que les jeunes gens prennent leçon de moi.

Je passe rapidement à dessein sur le récit de cette partie de ma vie où les incidents sont pénibles, sans grand intérêt, excepté pour votre infortuné serviteur, et où mes compagnons n'étaient assurément pas d'une espèce qui convînt à ma qualité. Le fait est qu'un jeune homme pouvait difficilement tomber dans des mains pires que celles où je me trouvais. J'ai été depuis dans le Donegal, et je n'ai jamais vu le fameux château de Fitzsimonsburgh, qui est également inconnu aux plus anciens habitants de ce comté; et les Granby Somerset ne sont guère mieux connus dans le Hampshire. Le couple aux mains de qui j'étais tombé était d'une espèce beaucoup plus commune qu'elle ne l'est aujourd'hui, car les guerres considérables des derniers temps ont rendu fort difficile aux laquais et aux parasites des grands seigneurs de se procurer des commissions ; et telle avait été, par le fait, dans le principe, la condition du capitaine Fitzsimons. Si j'eusse connu son origine, comme de raison, je serais plutôt mort que de frayer avec lui ; mais, dans la simplicité de ma jeunesse, je pris ses histoires pour argent comptant, et me regardai comme trop heureux d'être, à mon début dans la vie, introduit dans une telle famille. Hélas ! nous sommes le jouet de la destinée. Quand je considère quelles petites circonstances ont décidé tous les grands événements de ma vie, j'ai peine à croire que j'aie été autre chose qu'un pantin aux mains du sort, qui m'a joué les tours les plus fantasques.

Le capitaine avait été valet de chambre, et sa femme n'était pas d'un rang plus élevé. La société que voyait ce digne couple, il la voyait à une espèce de table d'hôte qu'il tenait, et où ses amis étaient toujours les bienvenus en payant pour leur dîner une certaine somme assez modeste. Après le dîner, vous pouvez être sûr que les cartes ne manquaient pas, et que la compagnie qui jouait là ne jouait pas simplement pour l'honneur. Des gens de toute sorte venaient à ces soirées : de jeunes élégants des régiments en garnison à Dublin ; de jeunes commis du Château ; des hommes à la mode, grands monteurs de chevaux, grands videurs de flacons, grands rosseurs de watchmen, tels qu'il en existait alors à Dublin plus qu'en aucune autre ville d'Europe, à ma connaissance. Je n'ai jamais vu de jeunes gens faire une telle figure, et avec si peu de moyens. Je n'ai jamais vu de jeunes gens pousser à tel point ce que je puis appeler le génie de l'oisiveté ; et tandis qu'un Anglais, avec cinquante guinées par an, n'est guère capable que de crever de faim et de travailler comme un esclave à une profession, un jeune mirliflor irlandais, avec la même somme, aura ses chevaux, boira sa bouteille de vin, et vivra aussi paresseux qu'un lord. Il y avait là un docteur qui n'avait jamais eu un malade, côte à côte avec un procureur qui n'avait jamais eu un client; pas un d'eux n'avait une guinée : chacun d'eux avait un bon cheval à monter dans le Parc, et les meilleurs habits sur le dos. Un ecclésiastique sans bénéfices, grand amateur de *sport;* plusieurs jeunes négociants en vins qui consommaient plus de liquide qu'ils n'en avaient ou n'en vendaient; et des gens du même acabit formaient la société de la maison où ma mauvaise étoile m'avait jeté. D'une telle compagnie pouvait-il arriver autre chose que des malheurs? (Je n'ai pas parlé des femmes, qui ne valaient peut-être pas mieux que les hommes). En peu de temps, très-peu de temps, je devins leur proie.

Quant à mes pauvres vingt guinées, au bout de trois jours je vis, à mon grand effroi, qu'elles étaient réduites à huit : les théâtres et les tavernes avaient déjà fait de si cruels ravages dans ma bourse! J'avais perdu au jeu, il est vrai, une couple de pièces; mais voyant que chacun autour de moi jouait sur l'honneur et faisait des billets, comme de raison, j'aimais mieux cela que de donner de l'argent comptant, et, quand je perdais, je payais de cette manière.

Avec les tailleurs, selliers et autres, j'employais le même moyen, et en cela du moins l'idée qu'avait donnée de moi M. Fitzsimons me fit du bien, car les marchands le crurent sur parole au sujet de ma fortune (j'ai su depuis que le gredin plumait plusieurs autres jeunes gens riches), et pour un peu de temps, ils me fournirent tout ce qu'il me plaisait de leur commander. A la fin, mes fonds étant très-bas, je fus forcé de mettre en gage quelques-uns des habits que le tailleur m'avait faits; car je n'aimais pas à me défaire de ma jument, sur laquelle j'allais chaque jour au Parc, et à laquelle je tenais comme m'ayant été donnée par mon cher oncle. Je me procurai aussi un peu d'argent à l'aide de quelques bijoux que j'avais achetés d'un joaillier, qui avait voulu à toute force me faire crédit, et je pus encore ainsi pour quelque temps sauver les apparences.

Je demandais souvent à la poste des lettres pour M. Redmond, mais il n'y en avait point, et, ma foi, je me sentais toujours plutôt soulagé quand on me répondait que non, car je n'étais pas très-désireux que ma mère apprît la vie extravagante que je menais à Dublin. Cette vie ne pouvait pas durer longtemps, toutefois; car lorsque ma bourse fut tout à fait épuisée, et que je rendis une seconde visite au tailleur, pour lui demander de me faire d'autres habits, le drôle grommela, s'étonna, et eut l'im-

pudence de me demander le payement de ceux qu'il m'avait
déjà fournis : sur quoi, lui disant que je lui retirerais ma pratique, je le quittai brusquement. Le joaillier aussi, un gueux de
juif, refusa de me laisser emporter une chaîne d'or dont j'avais
fantaisie, et je me trouvai, pour la première fois, dans un certain embarras. Pour surcroît d'ennui, un des jeunes gentilshommes qui fréquentaient la pension de M. Fitzsimons avait
reçu de moi, au jeu, un billet de dix-huit livres qu'il m'avait
gagnées au piquet, et il l'avait donné en payement à M. Cur-
byn, l'homme qui gardait nos chevaux en pension. Figurez-
vous ma fureur et mon étonnement lorsqu'en allant chercher
ma jument il refusa positivement de la laisser sortir de l'écurie
avant que j'eusse fait honneur à ma signature ! C'est en vain
que je lui offris le choix entre quatre billets que j'avais dans ma
poche, un de Fitzsimons, pour vingt livres, un du conseiller
Mulligan, etc. Notre homme, qui était du Yorkshire, secoua la
tête, rit à chacun d'eux, et dit :

« Écoutez bien, monsieur Redmond ; vous paraissez un jeune
homme de naissance et de fortune, et laissez-moi vous dire à
l'oreille que vous êtes tombé dans de très-mauvaises mains.
C'est une véritable bande d'escrocs, et un gentilhomme de
votre rang et de votre qualité ne devrait jamais être vu en
pareille compagnie. Rentrez faire votre valise ; payez la petite
bagatelle que vous me devez ; montez sur votre jument, et retournez chez vos parents : c'est le mieux que vous puissiez
faire. »

Effectivement, j'étais plongé dans un joli repaire ! On eût dit
que toutes les infortunes allaient m'accabler à la fois ; car,
comme je rentrais et montais à ma chambre dans un état de
désolation, j'y trouvai le capitaine et sa femme, ma valise ouverte, ma garde-robe gisant sur le plancher, et mes clefs en la
possession des odieux Fitzsimons.

« Qui ai-je abrité sous mon toit ? cria-t-il comme j'entrais.
Qui êtes-vous, drôle ?

— *Drôle !* Monsieur, dis-je, je suis aussi bon gentilhomme que
personne en Irlande.

— Vous êtes un imposteur, jeune homme, un intrigant, un
fourbe ! repartit le capitaine.

— Répétez ce que vous venez de dire, et je vous passe mon
épée au travers du corps ! répliquai-je.

— Ta ! ta ! je suis aussi fort à l'escrime que vous, MON-
SIEUR REDMOND BARRY ! Ah ! vous changez de couleur ! votre
secret est connu, pas vrai ? Vous vous introduisez comme une

vipère au sein d'innocentes familles ; vous vous annoncez comme l'héritier de mes amis les Redmond de Castle Redmond. Je vous présente à tout ce que nous avons de mieux dans la métropole ; je vous mène chez mes fournisseurs qui vous font crédit, et qu'est-ce que je découvre ? que vous avez mis en gage les objets que vous avez pris chez eux !

— Je leur ai fait des billets, monsieur, dis-je d'un air digne.

— *Sous quel nom*, malheureux enfant, sous quel nom ? » cria mistress Fitzsimons.

Et alors, en effet, je me rappelai que j'avais signé Barry Redmond au lieu de Redmond Barry ; mais pouvais-je faire autrement ? Ma mère ne m'avait-elle pas recommandé de ne prendre aucune autre désignation ? Après une furieuse tirade contre moi, dans laquelle il parla de la fatale découverte de mon nom sur mon linge, de sa confiance et de son affection si mal placées, et de la honte qu'il aurait à rencontrer ses fashionables amis et à confesser qu'il avait accueilli un escroc, il ramassa mon linge, mes objets de toilette en argent et le reste de mes effets, disant qu'il allait de ce pas chercher un officier de police, et me livrer à la juste vengeance des lois.

Durant la première partie de son discours, la pensée de l'imprudence que j'avais commise, et de la position où je me trouvais, m'avait tellement abasourdi, que je n'avais rien répondu aux injures de ce drôle, et étais resté tout à fait muet devant lui. Le sentiment du danger, toutefois, me rappela à moi-même. « Écoutez bien, monsieur Fitzsimons, dis-je ; je vais vous dire pourquoi j'ai été obligé de changer mon nom, qui est effectivement Barry, et le meilleur nom d'Irlande. Je l'ai changé, monsieur, parce que, la veille de mon arrivée à Dublin, j'avais tué un homme dans un duel à mort, un Anglais, monsieur, et capitaine au service de Sa Majesté ; et si vous faites mine le moins du monde de me retenir, ce même bras qui l'a tué est prêt à vous punir ; et par le ciel ! monsieur, l'un de nous deux ne sortira pas vivant de cette chambre. »

A ces mots, je tirai mon épée comme l'éclair, et poussant un « Ah ! ah ! » et frappant du pied, je me fendis à un pouce du cœur de Fitzsimons, qui recula pâle comme la mort, tandis que sa femme, avec un cri, se jetait entre nous.

« Cher Redmond, dit-elle, apaisez-vous. Fitzsimons, vous ne voulez pas verser le sang de ce pauvre enfant ! Laissez-le partir ! au nom du ciel, laissez-le partir !

— Il peut aller se faire pendre ailleurs, dit Fitzsimons d'un ton bourru, et il fera bien de partir au plus vite, car le joaillier et le tailleur sont déjà venus, et ils seront ici avant peu. C'est Moïse, le prêteur sur gages, qui l'a dénoncé; c'est de lui que je tiens moi-même la nouvelle. » D'où je conclus que M. Fitzsimons avait été lui porter l'uniforme qu'il s'était procuré chez le tailleur, le jour où ce dernier m'avait fait pour la première fois crédit.

A quoi aboutissait notre conversation? Où trouver un asile pour le descendant des Barry? Notre maison m'était fermée par ce malheureux duel. J'étais expulsé de Dublin par une persécution dont je devais, j'en conviens, accuser ma propre imprudence. Je n'avais pas de temps à perdre pour me décider. Pas de lieu où me réfugier. Fitzsimons, après m'avoir traité comme on l'a vu, avait quitté la chambre en grommelant, mais sans hostilité; sa femme avait insisté pour nous faire donner la main, et pour qu'il promît de ne pas me tourmenter. Le fait est que je ne devais rien à cet homme; au contraire, j'avais en poche un billet de lui pour argent perdu au jeu. Quant à mon amie, mistress Fitzsimons, elle s'assit sur le lit et éclata en sanglots bel et bien. Elle avait ses défauts, mais le cœur était bon; et quoiqu'elle n'eût au monde que trois shillings en argent et quatre pence en cuivre, la pauvre âme me les fit prendre avant de la quitter, — pour aller où? Mon parti était arrêté; il y avait une vingtaine de compagnies de recrutement dans la ville, qui racolaient des hommes pour rejoindre nos vaillantes armées d'Amérique et d'Allemagne. Je savais où en trouver une, m'étant trouvé à côté du sergent à une revue au parc du Phœnix, où il m'avait indiqué les personnages intéressants à connaître, en reconnaissance de quoi je lui avais payé à boire.

Je donnai un de mes shillings à Sullivan, le maître d'hôtel des Fitzsimons, et, gagnant précipitamment la rue, je courus à une petite taverne où logeait ma connaissance, et avant dix minutes j'avais accepté le shilling de Sa Majesté. Je lui racontai franchement que j'étais un jeune gentilhomme dans l'embarras; que j'avais tué un officier en duel, et que j'étais pressé de sortir du pays. Mais j'aurais pu ne pas me mettre en frais d'explications. Le roi Georges avait trop besoin d'hommes pour s'informer d'où ils venaient, et un gaillard de ma taille, dit le sergent, était toujours le bienvenu. Vraiment je ne pouvais pas, dit-il, mieux choisir mon temps. Un bâtiment de transport était à l'ancre à Dunleary, attendant un vent favorable, et, à bord de ce vaisseau, où je me rendis le soir même, je fis des découvertes surprenantes, qui seront rapportées dans le prochain chapitre.

CHAPITRE IV.

Dans lequel Barry voit de près la gloire militaire.

Je n'ai jamais eu de goût que pour la bonne compagnie, et je hais toute description des mœurs vulgaires. Le compte que j'ai à rendre de la société où je me trouvai alors doit nécessairement être court, et la mémoire m'en est même profondément désagréable. Pouah ! le souvenir de l'horrible trou où nous autres, soldats, étions confinés, des misérables avec lesquels nous étions forcés de vivre, des garçons de charrue, des braconniers, des filous qui étaient venus chercher là un refuge contre la pauvreté ou contre la justice, comme, à vrai dire, j'avais fait moi-même, suffit pour faire rougir, même à présent, mes vieilles joues. Je serais tombé dans le désespoir, si heureusement il n'était survenu des événements de nature à relever mes esprits et à me consoler jusqu'à un certain point de mes infortunes.

La première de ces consolations fut une bonne querelle que j'eus, le lendemain de mon entrée sur le bâtiment de transport avec un gros monstre à cheveux roux, un porteur de chaise qui s'était enrôlé pour fuir son dragon de femme qui, tout boxeur qu'il était, avait été trop forte pour lui. Aussitôt que le drôle, — Toole était son nom, je me rappelle, — fut hors des griffes de sa femme la blanchisseuse, son courage et sa férocité naturelle lui revinrent, et il tyrannisa tout ce qui était autour de lui. Toutes les recrues, spécialement, étaient l'objet des insultes et des mauvais traitements de cette brute.

Je n'avais pas d'argent, comme j'ai dit, et j'étais assis très-désolé devant une gamelle de lard rance et de biscuit moisi, quand, mon tour étant venu, on me servit, comme aux autres, un sale pot d'étain, contenant un peu plus d'une demi-pinte d'eau et de rhum. Le pot était si gras et si malpropre, que je ne pus m'empêcher de me tourner vers l'homme qui l'apportait, et de lui dire : « Camarade, donnez-moi un verre ! » Sur quoi tous ces misérables qui étaient autour de moi éclatèrent de rire, le plus bruyant d'entre eux étant, comme de raison, M. Toole. « Apportez à monsieur une serviette pour ses mains, et servez-lui une écuelle de soupe à la tortue ! » beugla le monstre qui était assis ou plutôt accroupi sur le pont en face de moi ; et, comme il parlait, il saisit soudain mon pot de grog et le vida au milieu d'un tonnerre d'applaudissements.

« Si vous voulez le vexer, demandez-y des nouvelles de sa femme la blanchisseuse, qui le bat, me souffla à l'oreille un autre digne personnage, un porteur de torches retiré, qui, dégoûté de sa profession, avait adopté la vie militaire.

— Est-ce une serviette blanchie par votre femme, monsieur Toole? dis-je. J'entends dire qu'elle en avait une avec laquelle elle vous frottait souvent le visage.

— Demandez-y pourquoi il n'a pas voulu la voir hier, quand elle est venue à bord, » continua le porteur de torches.

Et je lui fis plusieurs mauvaises plaisanteries sur les savons qu'elle lui donnait, et la manière dont elle lui lavait la tête, qui mirent notre homme en fureur, et réussirent à provoquer une querelle entre nous. Nous l'aurions vidée sur-le-champ; mais une couple de soldats de marine qui, tout en riant de nous entendre, montaient la garde à la porte, de crainte que le repentir de notre marché ne nous donnât l'envie de nous échapper, s'avancèrent et s'interposèrent entre nous la baïonnette au bout du fusil ; et le sergent, descendant de l'échelle et informé de la dispute, daigna dire que nous pouvions nous battre *des poings* si nous voulions, et que le gaillard d'avant serait à notre disposition pour cela. Mais l'usage des *poings*, comme le disait cet Anglais, n'était pas général alors en Irlande; et il fut convenu que nous aurions une paire de gourdins, avec l'un desquels j'expédiai mon homme en quatre minutes, lui assénant sur son stupide crâne un coup qui l'étendit sans vie sur le pont, sans en avoir reçu moi-même aucun de conséquence.

Cette victoire sur le coq de ce vil fumier me valut la considération des misérables dont je faisais partie, et servit à remonter mes esprits qui, sans cela, s'affaissaient; et ma position devint bientôt plus supportable par l'arrivée à bord d'un ancien ami. Ce n'était autre que mon second dans le fatal duel qui m'avait lancé de si bonne heure dans le monde, le capitaine Fagan. Il y avait un jeune seigneur qui avait une compagnie dans notre régiment (les fantassins de Gale), et qui, préférant les plaisirs du Mail et des clubs aux dangers d'une rude campagne, avait fourni à Fagan l'occasion d'un échange qu'il avait été heureux de faire, n'ayant point d'autre fortune que son épée. Le sergent nous faisait faire l'exercice sur le pont, en vue des officiers et soldats de marine qui nous regardaient en riant, lorsqu'un bateau arriva du rivage amenant notre capitaine à bord, et, quoique j'eusse tressailli et rougi lorsqu'il reconnut un descendant des Barry dans cette position dégradante, je vous promets que la vue de Fagan me fit grand plaisir, car elle m'assurait que j'avais un ami près de moi. Avant cela, j'étais si triste que j'aurais certainement déserté si j'en eusse trouvé le moyen, et que les inévitables soldats de marine n'eussent pas été aux aguets pour empêcher ces sortes d'évasions. Fagan me fit de l'œil un signe d'intelligence, mais ne laissa point voir publiquement qu'il me connaissait, et ce ne fut que deux jours après, et lorsque nous eûmes dit adieu à la vieille Irlande, et que nous étions en pleine mer, qu'il m'appela dans sa cabine, et alors me secouant cordialement la main, il satisfit le besoin que j'avais d'avoir des nouvelles de ma famille. « J'ai eu de vos nouvelles à Dublin, dit-il; ma foi, vous avez commencé de bonne heure, comme le fils de votre père, et je ne pense pas que vous eussiez de meilleur parti à prendre que celui que vous avez pris. Mais pourquoi n'avoir pas écrit à votre pauvre mère? Elle vous a adressé une demi-douzaine de lettres à Dublin. »

Je répondis que j'avais demandé des lettres à la poste, mais qu'il n'y en avait pas pour M. Redmond. Je ne me souciai pas d'ajouter qu'après la première semaine j'avais été honteux d'écrire à ma mère.

« Il faut lui écrire par le pilote, dit-il, qui va nous quitter dans deux heures, et vous pouvez lui dire que vous êtes en sûreté, et marié. »

Je soupirai à ce mot de marié; sur quoi il dit en riant : « Je vois que vous pensez à certaine jeune personne de Brady's Town.

— Miss Brady va-t-elle bien? » dis-je. Et c'est à peine si je pus faire cette question, car je pensais effectivement à elle; et quoique je l'eusse oubliée au milieu des dissipations de Dublin, j'ai toujours remarqué que l'adversité rend l'homme très-affectueux.

« Il n'y a plus que sept miss Brady maintenant, répondit Fagan d'une voix solennelle; pauvre Nora!...

— Bonté divine! que lui est-il arrivé? »

Je la voyais morte de douleur.

« Elle a pris votre départ si fort à cœur qu'elle a été obligée de se marier pour se consoler. Elle est maintenant mistress John Quin.

— Mistress John Quin! Est-ce qu'il y avait un autre M. John Quin? dis-je frappé de stupeur.

— Non, c'est le même, mon garçon. Il s'est remis de sa blessure. La balle dont vous l'avez frappé ne pouvait pas lui faire de mal. Elle était faite d'étoupe. Pensez-vous que les Brady vous auraient laissé leur enlever d'un coup de pistolet quinze cents livres de rente? » Et alors Fagan me raconta qu'afin de m'écarter, car ce poltron d'Anglais ne voulait pas consentir à se marier par peur de moi, on avait conçu le plan de ce duel. « Mais vous l'avez certainement touché, Redmond, et avec un beau petit tampon d'étoupe, et notre homme en fut si effrayé, qu'il fut une heure à reprendre ses sens. Nous avons conté après coup l'histoire à votre mère, et elle a fait une jolie scène; elle vous a expédié une dizaine de lettres à Dublin; mais je suppose qu'elle vous les adressait sous votre nom, qui n'était pas celui sous lequel vous les demandiez.

— Le lâche! dis-je (quoique, je l'avoue, j'eusse l'esprit fort soulagé de penser que je ne l'avais pas tué). Et les Brady de Castle Brady ont consenti à admettre un poltron comme celui-là dans une des plus anciennes et des plus honorables familles du monde?

— Il a remboursé l'hypothèque de votre oncle, dit Fagan; il donne à Nora un carrosse à six chevaux; il va vendre sa compagnie, qui va être achetée par le lieutenant de la milice, Ulick Brady. Ce lâche est la providence de la famille de votre oncle. Ma foi! le tour a été bien joué. » Et alors il me conta en riant comme quoi Mick et Ulick ne l'avaient pas perdu de vue, quoiqu'il voulût se sauver en Angleterre, jusqu'à ce que le mariage fût consommé, et l'heureux couple en route pour Dublin. « Avez-vous besoin d'argent, mon garçon? continua le bon capitaine. Vous pouvez tirer sur moi, car j'ai eu une couple de cent livres de maître Quin pour ma part, et, tant qu'elles dureront, vous ne manquerez de rien. »

Et là-dessus il me fit asseoir et écrire à ma mère, ce que je fis sur-le-champ dans des termes pleins de sincérité et de repentir, disant que j'avais fait des folies, que je n'avais pas su jusqu'à ce moment à quelle fatale erreur j'étais en proie, et que je m'étais embarqué pour l'Allemagne comme volontaire. Et la lettre était à peine finie, que le pilote annonça qu'il allait à terre; et il partit, emportant avec lui, de bien d'autres cœurs émus que le mien, nos adieux à nos amis de la vieille Irlande.

Quoiqu'on m'ait appelé le capitaine Barry pendant bien des années de ma vie, et que j'aie été connu comme tel des premiers personnages de l'Europe, cependant je ferai aussi bien de confesser que je n'ai pas plus de droits à ce titre que tant d'autres qui le prennent, ni même à aucune épaulette ni signe de distinction quelconque au-dessus du galon de laine de caporal. J'obtins ce grade de Fagan durant notre voyage vers l'Elbe, et je fus confirmé dans ce rang *in terra firma*. Il m'avait été promis aussi une hallebarde, et ensuite peut-être un grade d'enseigne, si je me distinguais ; mais il n'était pas dans les intentions du Destin que je restasse longtemps soldat anglais, comme on le verra présentement. En attendant, notre traversée fut très-favorable ; mes aventures furent racontées par Fagan aux autres officiers, qui me traitèrent avec bonté ; et ma victoire sur le gros porteur de chaise, on le sait, m'avait valu la considération de mes camarades de l'avant. Encouragé et fortement exhorté par Fagan, je fis résolûment mon devoir ; mais, quoique affable et de bonne humeur avec les soldats, je ne m'abaissai jamais jusqu'à frayer avec des gens de si bas étage, et entre eux ils m'appelaient généralement : « Milord. » Je crois que ce fut le porteur de torches, un facétieux drôle, qui me donna ce titre, et je me sentais digne de ce rang autant qu'aucun pair du royaume.

Il faudrait un plus grand philosophe et un autre historien que moi pour expliquer les causes de la fameuse guerre de sept ans dans laquelle l'Europe fut engagée ; et, vraiment, son origine m'a toujours paru si compliquée, et les livres écrits làdessus étaient si prodigieusement difficiles à comprendre, que j'ai rarement été plus avancé à la fin d'un chapitre qu'au commencement : en conséquence, je ne fatiguerai pas mon lecteur de mes investigations personnelles à ce sujet. Tout ce que je sais, c'est qu'après que l'amour de Sa Majesté pour ses États de Hanovre l'eut rendu fort impopulaire dans son royaume d'Angleterre, quand M. Pitt était à la tête du parti anti-allemand, tout d'un coup, M. Pitt devenant ministre, le reste de l'empire applaudit à la guerre autant qu'il la détestait auparavant. Les victoires de Dettingen et de Crefeld étaient dans toutes les bouches, et le héros protestant, comme nous appelions cet athée de vieux Frédéric de Prusse, était adoré par nous comme un saint peu de temps après que nous avions été sur le point de lui faire la guerre, de concert avec l'impératrice-reine. Maintenant, de façon ou d'autre, nous étions pour Frédéric ; l'impératrice, les Français, les Suédois et les Russes étaient ligués contre nous, et je me souviens que lorsque la nouvelle de la bataille de Lissa nous arriva au fond de notre Irlande, nous la considérâmes comme un triomphe pour la cause du protestantisme, et illuminâmes, et allumâmes des feux de joie, et eûmes un sermon à l'église, et célébrâmes le jour de naissance du roi de Prusse, à l'occasion de laquelle mon oncle se grisa, comme il faisait, du reste, en toute autre occasion. La plupart des malotrus enrôlés avec moi étaient, comme de raison, papistes (l'armée anglaise était pleine de ces païens-là, qui ne manquent jamais dans notre cher pays); et ces gens-là, ma foi, soutenaient les intérêts du protestantisme avec Frédéric, qui vous battait les protestants suédois et les protestants saxons, aussi bien que les Russes de l'Église grecque, et les troupes papistes de l'Empereur et du roi de France. C'était contre ces derniers que les auxiliaires anglais étaient employés, et nous savons que, la querelle soit ce qu'elle voudra, un Anglais et un Français sont assez disposés à en faire un sujet de bataille.

Nous abordâmes à Cuxhaven, et je n'avais pas été un mois dans l'Électorat, que j'étais transformé en un grand jeune soldat de bonne tenue; et, ayant une aptitude naturelle pour les exercices militaires, je fus bientôt aussi ferré sur la manœuvre que le plus ancien sergent du régiment. Il fait bon, néanmoins, rêver de guerres glorieuses dans un bon fauteuil chez soi, ou de les faire en qualité d'officier, entouré de gens comme il faut, somptueusement habillé, et stimulé par des chances d'avancement. Mais ces chances ne sont pas pour les pauvres diables à galons de laine; le drap grossier de nos habits rouges me rendait honteux quand un de nos officiers passait à côté de moi; j'avais le frisson dans l'âme, lorsqu'en faisant des rondes, j'entendais leurs voix joyeuses à la table de leur pension; mon orgueil se révoltait d'être obligé de m'enduire les cheveux de farine et de suif, au lieu d'employer la pommade qui convenait à un gentilhomme. Oui, mes goûts ont toujours été relevés et élégants, et j'avais mal au cœur de l'horrible compagnie dans laquelle j'étais tombé. Quelles chances d'avancement avais-je? Aucun de mes parents n'avait de quoi m'acheter une commission, et j'entrai bientôt dans un tel découragement, que j'aspirais après une action générale et une balle pour en finir, et que je fis vœu de saisir la première occasion de déserter.

Quand je songe que moi, le descendant des rois d'Irlande, je fus menacé de coups de canne par un polisson qui sortait du collége d'Eton; quand je songe qu'il me proposa d'être son laquais, et que, dans aucun de ces deux cas, je ne l'égorgeai ! La première fois je fondis en larmes, peu m'importe de l'avouer, et je fus sérieusement tenté de me suicider, tant était grande ma mortification. Mais mon cher ami Fagan vint à mon aide en cette circonstance avec une consolation fort opportune. « Mon pauvre enfant, dit-il, il ne faut pas prendre ainsi la chose à cœur. Des coups de canne ne sont qu'une honte relative. Le jeune enseigne Fakenham a été fouetté lui-même à Eton il n'y a qu'un

mois ; je gagerais que ses cicatrices ne sont pas encore guéries.
Il faut reprendre courage, mon garçon ; faites votre devoir, con-
duisez-vous en gentleman, et il ne vous arrivera rien de sérieux. » Et je sus plus tard que mon champion avait pris fort
sévèrement à partie M. Fakenham pour cette menace, et avait
dit que de pareils procédés seraient considérés par lui à l'avenir
comme une insulte personnelle ; sur quoi le jeune enseigne était
devenu civil pour le moment. Quant aux sergents, je dis à l'un
d'eux que si quelqu'un me frappait, quel qu'il fût, ou quelle
que fût la peine, j'aurais sa vie. Et vraiment il y avait dans
mon langage un air de sincérité qui les convainquit tous ; et
tant que je restai au service de l'Angleterre, aucun rotin ne
toucha les épaules de Redmond Barry. Effectivement, j'étais
dans un tel état d'irritation, que j'en avais tout à fait pris mon
parti, et que j'étais sûr comme de mon existence d'entendre
jouer ma marche funèbre. Quand je fus fait caporal, mes maux
diminuèrent en partie ; je mangeais avec les sergents par faveur
spéciale, et je leur payais à boire et perdais au jeu avec ces
gredins l'argent que mon bon ami, M. Fagan, me fournissait
avec ponctualité.

Notre régiment, qui était en quartier aux environs de Stade et
de Lunebourg, reçut bientôt l'ordre de marcher au sud vers le
Rhin, car la nouvelle arriva que notre grand général, le prince
Ferdinand de Brunswick, avait été défait ; non, pas défait, mais
il avait échoué dans son attaque contre les Français, sous les
ordres du duc de Broglie, à Berghen, près de Francfort-sur-le-
Mein, et avait été obligé de se replier ; à mesure que les alliés
battaient en retraite, les Français se précipitaient en avant et
faisaient une pointe hardie sur l'Électorat de notre gracieux monarque en Hanovre, menaçant de l'occuper comme ils avaient
déjà fait quand d'Estrées avait battu le héros de Culloden, le
vaillant duc de Cumberland, et lui avait fait signer la capitula-
tion de Closter-Zeven. Une marche sur le Hanovre causait toujours une grande agitation dans l'auguste sein du roi d'Angleterre ; on nous envoya de nouvelles troupes et des convois
d'argent pour nous et pour les soldats de notre allié le roi de
Prusse ; et quoique, en dépit de toute assistance, l'armée commandée par le prince Ferdinand fût de beaucoup plus faible que
celle des agresseurs, cependant nous avions l'avantage d'avoir
de meilleurs approvisionnements, un des plus grands généraux
du monde, et j'allais ajouter, l'avantage de la valeur britannique ; mais moins nous parlons de cela, mieux cela vaut. Milord
Georges Sackville ne se couvrit pas précisément de lauriers à

Minden, sans quoi il aurait pu se gagner là une des plus grandes victoires des temps modernes.

Se jetant entre les Français et l'intérieur de l'Électorat, le prince Ferdinand prit sagement possession de la ville libre de Brême, dont il fit son dépôt d'approvisionnements et sa place d'armes, et autour de laquelle il rassembla toutes ses troupes, s'apprêtant à livrer la fameuse bataille de Minden.

Si ces mémoires n'étaient pas caractérisés par leur véracité, et si je daignais prononcer une seule parole qui ne fût pas revêtue par ma propre expérience personnelle de la plus haute autorité, j'aurais pu aisément me faire le héros de quelques étranges et populaires aventures, et, à l'exemple des auteurs de romans, introduire mes lecteurs auprès des grands personnages de cette remarquable époque. Ces gens-là (je parle des romanciers), s'ils prennent un tambour ou un laquais pour leur héros, trouvent moyen de le mettre en contact avec les plus grands seigneurs et les plus grandes notoriétés de l'empire, et je garantis bien qu'il n'en est pas un seul qui, en décrivant la bataille de Minden, n'eût fait comparaître le prince Ferdinand, et milord Georges Sackville, et milord Granby. Il m'eût été facile de *dire* que j'étais présent quand l'ordre fut donné à lord Georges de charger avec la cavalerie et d'achever la déroute des Français, et lorsqu'il refusa de le faire et gâta par là cette grande victoire. Mais le fait est que j'étais à deux milles de la cavalerie quand eut lieu la fatale hésitation de Sa Seigneurie, et qu'aucun de nous autres, soldats de la ligne, ne sut ce qui s'était passé que lorsque nous en vînmes à causer du combat, le soir auprès de nos chaudrons, et à nous reposer après les labeurs d'une rude journée. Je ne vis, ce jour-là, personne d'un grade plus élevé que mon colonel et une couple d'officiers d'ordonnance passant à cheval dans la fumée, — *personne de notre côté, c'est-à-dire.* Un pauvre caporal (j'avais alors ce déshonneur) n'est pas généralement invité dans la compagnie des chefs et des grands personnages; mais en revanche je vis, je vous le promets, fort bonne compagnie du côté des Français, car leurs régiments de Lorraine et de Royale-Cravate nous chargèrent tout le jour; et dans cette sorte de mêlée, tous les rangs sont assez également bien reçus. Je déteste la forfanterie, mais je ne puis m'empêcher de dire que je fis connaissance de très-près avec le colonel des Cravates, car je lui passai ma baïonnette au travers du corps, et expédiai un pauvre petit enseigne, si jeune, si mince, si fluet, que j'aurais pu le dépêcher d'un coup de ma queue, je crois, au lieu de la crosse de mon mousquet avec laquelle je l'assommai. Je tuai, de plus, quatre autres officiers et soldats, et dans la poche du pauvre enseigne je trouvai une bourse de quatorze louis d'or et une bonbonnière en argent, et le premier de ces cadeaux me fut fort agréable. Si les gens voulaient faire leurs récits de batailles avec cette simplicité, je crois que la vérité n'en souffrirait pas. Tout ce que je sais de ce fameux combat de Minden (excepté par les livres) est relaté ci-dessus. La bonbonnière d'argent de l'enseigne et sa bourse d'or; la face livide du pauvre diable quand il tomba; les vivats des hommes de ma compagnie quand j'allai le tuer sous un feu très-vif; leurs cris et leurs imprécations quand nous en vînmes aux mains avec les Français; ce ne sont pas là, en vérité, de très-dignes souvenirs, et il vaut mieux passer dessus brièvement. Quand mon bon ami Fagan fut tué, un autre capitaine, et son très-cher ami, se tourna vers le lieutenant Rawson et dit : « Fagan est par terre; Rawson, voilà votre compagnie. » Ce fut là toute l'oraison funèbre qu'eut mon brave patron. « Je vous aurais laissé cent guinées, Redmond, ce furent les derniers mots qu'il me dit, si je n'avais pas eu tant de guignon au pharaon hier au soir; » et il me serra faiblement la main; et comme l'ordre était donné d'avancer, je le quittai. Quand nous revînmes à notre ancien poste, ce qui ne tarda pas, il était encore couché là, mais il était mort. Quelques-uns de nos gens lui avaient déjà arraché ses épaulettes, et, sans aucun doute, lui avaient raflé sa bourse. Les hommes deviennent de tels voleurs et de tels gredins à la guerre ! C'est fort bien aux gentilshommes de parler de l'époque de la chevalerie; mais songer aux brutes affamées qu'elle menait, des hommes nourris dans la pauvreté, d'une ignorance complète, qu'on habituait à s'enorgueillir de verser le sang; des hommes qui n'avaient pas d'autre amusement que l'ivrognerie, la débauche et le pillage! C'est avec ces affreux instruments que nos grands guerriers et monarques ont fait leur œuvre de meurtre dans le monde; et tandis que, par exemple, nous admirons en ce moment le grand Frédéric, comme nous l'appelons, et sa philosophie, et son libéralisme, et son génie militaire, moi qui ai servi sous lui et qui étais pour ainsi dire dans les coulisses de ce grand spectacle, je ne peux l'envisager qu'avec horreur. Que de crimes, de misère, d'esclavage, pour composer ce total de gloire! Je me rappelle un certain jour, environ trois semaines après la bataille de Minden, et une ferme dans laquelle entrèrent quelques-uns de nous, et comme quoi la vieille femme et ses filles nous servirent du vin en tremblant; et comme quoi nous nous grisâmes, et que bientôt la maison fut en flammes ; et malheur à l'infortuné qui, plus tard, revint chez lui pour retrouver sa maison et ses enfants !

CHAPITRE V.

Dans lequel Barry essaye de se tenir autant que possible à distance de la gloire militaire.

Après la mort de mon protecteur, le capitaine Fagan, je suis forcé de confesser que je tombai dans le pire des genres de vie et de société. N'étant lui-même qu'un soldat de fortune, il n'avait jamais été un favori auprès des officiers de son régiment, qui avaient pour les Irlandais le mépris que les Anglais ont quelquefois, et avaient coutume de se moquer de son accent et de ses manières peu raffinées. J'avais été insolent avec un ou deux d'entre eux, et son intervention seule m'avait garanti du châtiment. Son successeur, M. Rawson, particulièrement, n'avait aucun penchant pour moi, et il nomma un autre au grade de sergent qui avait vaqué dans sa compagnie après la bataille de Minden. Cet acte d'injustice me rendit mon service très-désagréable, et au lieu de chercher à triompher des mauvaises dispositions de mes supérieurs, et de conquérir leur bienveillance par ma bonne conduite, je ne cherchai qu'à me rendre ma position plus douce, et saisis avec avidité toutes les occasions de m'amuser. Dans un pays étranger, avec l'ennemi devant nous, et les habitants continuellement mis à contribution d'un côté ou de l'autre, d'innombrables irrégularités étaient permises aux troupes, qui ne l'auraient pas été dans des temps plus paisibles. J'en vins, par degrés, à me mêler aux sergents et à partager leurs amusements ; boire et jouer étaient, je regrette de le dire, nos principaux passe-temps, et je pris si bien leurs habitudes que, quoique je n'eusse que dix-sept ans, j'étais leur maître à tous en fait de déréglements effrontés ; et pourtant il en était parmi eux, je vous le promets, qui étaient bien avancés dans cette science. J'aurais été, pour sûr, aux mains du grand prévôt, si je fusse resté beaucoup plus longtemps dans l'armée ; mais il arriva un accident qui me fit sortir du service d'une façon assez singulière.

L'année de la mort de Georges II, notre régiment eut l'honneur d'être présent à la bataille de Warburg (où le marquis de Granby et son cheval relevèrent la cavalerie du discrédit où elle était tombée depuis la faute de lord Georges Sackville à Minden), et où le prince Ferdinand, une fois de plus, défit complétement les Français. Durant l'action, mon lieutenant, M. Fakenham, de Fakenham, le gentilhomme qui, on s'en souvient, m'avait menacé de coups de canne, fut frappé d'une balle au côté. Il n'avait manqué de courage ni dans cette occasion ni dans aucune autre où il avait été appelé à se mesurer contre les Français; mais c'était sa première blessure, et le jeune gentilhomme en était excessivement effrayé. Il offrit cinq guinées pour être porté dans la ville qui était près de là, et moi et un autre soldat, le prenant dans un manteau, nous trouvâmes moyen de le transporter dans un endroit d'apparence décente, où nous le mîmes au lit, et où un jeune chirurgien, qui ne demandait pas mieux que de se retirer du feu de la mousqueterie, vint bientôt panser sa blessure.

Pour entrer dans cette maison, nous fûmes obligés, il faut l'avouer, de faire feu sur les serrures, sommation qui attira à la porte une des personnes de la maison, une fort jolie jeune femme aux yeux noirs, qui vivait là avec un vieux père à moitié aveugle, *jagd-meister* en retraite du duc de Cassel, qui est tout à côté. Quand les Français étaient dans la ville, la maison du meinherr avait souffert comme celles de ses voisins, et il fut d'abord excessivement peu disposé à recevoir nos gens. Mais le premier coup frappé à sa porte avait eu pour effet d'obtenir une prompte réponse, et M. Fakenham, en tirant une couple de guinées d'une bourse très-pleine, l'eut bientôt convaincu qu'il n'avait affaire qu'à un homme d'honneur.

Laissant le docteur (qui était fort aise de rester) avec son malade, qui me remit la récompense stipulée, je m'en retournais à mon régiment avec mon camarade, après avoir baragouiné en allemand quelques compliments mérités à la belle aux yeux noirs de Warburg, et songeant, non sans beaucoup d'envie, combien il serait agréable d'être logé là, quand le soldat qui était avec moi coupa court à mes rêveries, en me suggérant que nous devrions partager les cinq guinées que m'avait données le lieutenant.

« Voilà votre part, » dis-je en lui donnant une pièce, ce qui était bien assez, puisque j'étais le chef de l'expédition. Mais il jura ses grands dieux qu'il aurait la moitié, et quand je l'envoyai dans un endroit que je ne nommerai pas, le drôle, levant son mousquet, m'en donna un coup de crosse qui m'étendit par terre sans connaissance, et lorsque je revins à moi, je me trouvai saignant d'une large blessure à la tête; je n'eus que le temps de me traîner à la maison où j'avais laissé le lieutenant, et je retombai évanoui à à la porte.

Le chirurgien m'y trouva sans doute en sortant; car, lorsque je repris une seconde fois l'usage de mes sens, j'étais au rez-de-chaussée de la maison, soutenu par la fille aux yeux noirs, tandis que le chirurgien me faisait une abondante saignée au bras. Il y avait un autre lit dans la chambre où l'on avait couché le lieutenant : c'était celui de Gretel, la servante; tandis que Lischen, comme ma belle se nommait, avait jusqu'alors occupé celui où reposait l'officier blessé.

« Qui mettez-vous dans ce lit? » dit-il en allemand, d'une voix languissante; car la balle avait été extraite de son côté avec beaucoup de souffrances et de perte de sang.

On lui dit que c'était le caporal qui l'avait apporté.

« Un caporal? dit-il en anglais; mettez-le à la porte.»

Et vous pouvez penser si je fus sensible au compliment. Mais nous étions trop faibles tous les deux pour nous adresser beaucoup de compliments ou d'injures. Je fus mis soigneusement au lit, et pendant qu'on me déshabillait, j'eus l'occasion de voir que mes poches avaient été vidées par le soldat anglais qui m'avait assommé. Mais j'avais un bon quartier : ma jeune hôtesse m'apportait une boisson restaurante; quand je la pris, je ne pus m'empêcher de serrer la charitable main qui me la donnait, et, à vrai dire, ce témoignage de ma gratitude ne parut pas déplaire.

Cette intimité ne décrut pas avec une plus ample connaissance. Je trouvai dans Lischen la plus sensible des gardes-malades. Toutes les fois qu'on se procurait quelque friandise pour le lieutenant blessé, le lit opposé au sien en avait toujours une part, au grand ennui de notre avaricieux. Sa maladie fut longue. Le second jour, la fièvre se déclara; pendant plusieurs nuits il eut le délire, et je me souviens qu'une fois qu'un officier supérieur inspectait nos quartiers, dans l'intention bien probablement de se loger dans la maison, les hurlements et les extravagances du malade au-dessus de sa tête le frappèrent, et il se retira passablement effrayé. J'étais fort commodément assis au rez-de-chaussée, car ma blessure ne me faisait plus souffrir, et ce fut seulement lorsque l'officier me demanda d'une voix rude pourquoi je n'étais pas à mon régiment, que je commençai à réfléchir à l'agrément de ma position, et que j'étais beaucoup mieux là que sous une odieuse tente avec un tas de soldats ivres, ou à faire des rondes de nuit, ou à me lever longtemps avant le jour pour aller à l'exercice.

Le délire de M. Fakenham me fit naître une idée, et je me déterminai sur-le-champ à *devenir fou*. Il y avait à Brady'Tsown un pauvre fou nommé Billy, dont j'avais souvent contrefait les extravagances quand j'étais enfant, et je me remis à le copier. Le soir même je débutai par Lischen, que j'embrassai avec un glapissement et un éclat de rire qui faillit à elle-même lui faire perdre l'esprit, et chaque fois que quelqu'un entrait, j'étais en délire. Le coup que j'avais reçu à la tête m'avait détraqué la cervelle; le docteur était tout prêt à l'affirmer. Une nuit, je lui dis tout bas que j'étais Jules César, et qu'il était ma fiancée, la reine Cléopatre, ce qui le convainquit de ma démence. Le fait est que si Sa Majesté ressemblait à mon Esculape, elle devait avoir une barbe carotte, chose rare en Égypte.

Un mouvement des Français nous fit avancer rapidement de notre côté. La ville fut évacuée, excepté par quelques troupes prussiennes, dont les chirurgiens devaient visiter les blessés restés sur les lieux; et, quand nous serions guéris, nous devions être dirigés sur nos régiments. Je résolus de ne plus rejoindre le mien. Mon intention était de gagner la Hollande, qui était presque l'unique pays neutre en Europe à cette époque, et de là de passer en Angleterre, de façon ou d'autre, et de rentrer dans ma chère vieille Brady'Tsown.

Si M. Fakenham vit encore, je lui dois des excuses pour ma conduite à son égard. Il était fort riche; il m'avait traité fort mal. Je trouvai moyen de faire partir en l'effrayant son domestique, qui était venu le soigner après l'affaire de Warburg, et, à dater de ce moment, je consentis quelquefois à servir le malade, qui me traitait toujours avec dédain; mais mon but était de l'isoler, et je supportais sa brutalité avec beaucoup de politesse et de douceur, méditant dans mon esprit de lui tenir amplement compte de toutes les faveurs dont il me comblait. Et je n'étais pas la seule personne de la maison avec qui le digne gentilhomme fût incivil. Il faisait aller et venir la jolie Lischen, la courtisait avec impertinence, dénigrait ses soupes, cherchait querelle à ses omelettes, et se plaignait de l'argent qu'on dépensait pour son entretien, si bien que notre hôtesse le détestait autant que, sans vanité, elle avait d'estime pour moi.

Car, s'il faut dire la vérité, je lui avais fait vivement la cour pendant que j'étais sous son toit, comme c'est toujours mon usage avec les femmes, quel que soit leur âge ou leur beauté.

Pour un homme qui a son chemin à faire dans le monde, ces chères filles sont toujours utiles, de façon ou d'autre; peu importe qu'elles repoussent votre passion; en tout cas, elles ne sont jamais offensées de votre déclaration, et ne vous en regardent qu'avec des yeux plus favorables à cause de votre infortune. Quant à Lischen, je lui fis un récit si pathétique de ma vie (infiniment plus romanesque que celui que je donne ici, car je ne me restreignis pas à l'exacte vérité, comme je suis tenu de le faire dans ces pages), que je gagnai entièrement le cœur de la pauvre fille, et, de plus, fis, grâce à elle, des progrès considérables dans la langue allemande. Ne me croyez pas très-cruel et sans cœur, mesdames; celui de Lischen était comme mainte ville du voisinage; il avait été pris d'assaut et occupé plusieurs fois avant que je vinsse l'investir; tantôt hissant les couleurs françaises, tantôt le vert et jaune saxon, tantôt le noir et blanc prussien, selon l'occurrence. La femme qui s'éprend d'un uniforme doit être préparée à changer bientôt d'amant, ou sa vie sera bien triste.

Le chirurgien allemand qui nous soigna après le départ des Anglais ne daigna nous faire que deux visites durant ma résidence, et je pris soin, pour une raison à moi connue, de le recevoir dans une chambre sombre, au grand mécontentement de M. Fakenham, qui y couchait; mais je dis que la lumière me faisait horriblement mal aux yeux depuis mon coup à la tête; je me couvris donc la tête de linges quand vint le docteur, et je lui dis que j'étais une momie d'Égypte, et lui débitai plusieurs absurdités, afin de soutenir mon caractère.

« Quelles sottises débitiez-vous là au sujet d'une momie d'Égypte, camarade? demanda M. Fakenham d'un ton maussade.

— Oh! vous le saurez bientôt, monsieur, » dis-je.

La fois suivante que j'attendais la visite du docteur, au lieu de le recevoir dans une chambre obscure, et la tête enveloppée de mouchoirs, j'eus soin d'être dans la chambre d'en bas, et j'étais à jouer aux cartes avec Lischen lorsqu'il entra. Je m'étais emparé d'une veste de chambre du lieutenant et de quelques autres objets de sa garde-robe qui m'allaient assez bien, et j'avais l'air assez distingué, je m'en flatte.

« Bonjour, caporal, dit le docteur d'un ton passablement bourru, en réponse à mon salut gracieux.

— Caporal! lieutenant, s'il vous plaît, repartis-je en lançant un regard fin à Lischen, que je n'avais pas encore mise du complot.

— Comment, lieutenant ? demanda le chirurgien. Je croyais que le lieutenant, c'était....

— Sur ma parole, vous me faites bien de l'honneur, m'écriai-je en riant ; vous m'avez pris pour ce fou de caporal qui est là-haut. Le drôle a prétendu une ou deux fois être officier, mais mon aimable hôtesse que voici vous dira quel est celui qui l'est.

— Hier il s'imaginait être le prince Ferdinand, dit Lischen ; le jour que vous êtes venu, il disait être une momie d'Égypte.

— En effet, dit le docteur ; je me rappelle ; mais, ah ! ah ! savez-vous, lieutenant, que je vous ai confondus dans mes notes ! »

Lischen et moi, nous rîmes de cette méprise comme de la chose la plus ridicule du monde ; et quand le chirurgien monta examiner son patient, je l'avertis de ne pas lui parler du sujet de sa maladie, attendu qu'il était dans une grande exaltation.

Le lecteur aura pu, d'après la conversation ci-dessus, deviner quel était réellement mon dessein. J'étais décidé à m'évader, et à m'évader sous le nom du lieutenant Fakenham, le lui prenant à sa face, pour ainsi dire, et m'en servant pour obéir à une impérieuse nécessité. C'était un faux et un vol, si vous voulez ; car je lui pris aussi tout son argent et ses habits, je ne chercherai pas à le cacher. Mais le besoin était si pressant, que je ferais encore de même ; et je savais que je ne pourrais pas m'échapper sans sa bourse et sans son nom. C'était donc un devoir pour moi de lui prendre l'un et l'autre.

Comme le lieutenant était toujours couché en haut, je n'hésitai point à mettre son uniforme, surtout après avoir eu soin de m'informer du docteur si ceux de nos hommes qui auraient pu me reconnaître étaient encore dans la ville. Mais il n'y en avait plus, que je susse ; j'allai donc me promener tranquillement avec Mme Lischen, revêtu de l'uniforme du lieutenant ; je m'enquis d'un cheval que j'avais besoin d'acheter, m'annonçai au commandant de la place comme le lieutenant Fakenham, du régiment anglais d'infanterie de Gale, convalescent, et fus invité à dîner par les officiers du régiment prussien à un pitoyable ordinaire qu'ils avaient. Comme Fakenham aurait tempêté s'il eût su l'usage que je faisais de son nom !

Chaque fois que le personnage demandait des nouvelles de ses habits, ce qu'il faisait avec toutes sortes d'imprécations et de serments qu'il me ferait bâtonner au régiment pour mon incurie ; moi, de l'air le plus respectueux, je lui répondais qu'ils étaient en bas parfaitement en sûreté ; et le fait est qu'ils étaient soigneusement empaquetés, et prêts pour le jour où je me proposais de partir. Mais ses papiers et son argent, il les tenait sous son oreiller; et comme j'avais acheté un cheval, il devenait nécessaire de le payer.

A une certaine heure, donc, j'ordonnai au marchand de m'amener l'animal, dont je lui remettrais le prix. Je passerai sous silence mes adieux à ma bonne hôtesse, qui furent vraiment bien trempés de larmes; et, m'armant de résolution, je montai à la chambre de Fakenham en grand uniforme, et son chapeau sur l'œil gauche.

« Ah! guand scéléuat! dit-il avec une foule de jurements; chien de uévolté! que puétends-tu en mettant mon unifome? Aussi sûr que mon nom est Fakenham, quand nous seuons de uetour au uégiment, je te feuai auuacher l'âme du coups.

— Je suis nommé lieutenant, dis-je en ricanant; je viens prendre congé de vous. » Et alors, allant à son lit, je dis : « Il me faut vos papiers et votre bourse. » A ces mots, j'introduisis la main sous son oreiller, ce qui lui fit jeter un cri qui aurait pu m'attirer toute la garnison sur les bras. « Écoutez bien, monsieur, dis-je; plus de bruit, ou vous êtes un homme mort! »

Et prenant un mouchoir, je le lui attachai sur la bouche de manière à le presque étouffer; et tirant les manches de sa chemise, je les nouai ensemble et le laissai ainsi, emportant les papiers et la bourse, comme vous pouvez penser, et lui souhaitant poliment le bonjour.

« C'est ce fou de caporal! » dis-je aux gens d'en bas qui avaient été attirés par le cri parti de la chambre du malade; et là-dessus, prenant congé du vieux jagd-meister aveugle, et faisant à sa fille un adieu plus tendre que je ne puis le dire, je montai sur l'animal que je venais d'acheter; et quand je m'en allai en caracolant et que les sentinelles me présentèrent les armes aux portes de la ville, je me sentis de nouveau dans ma propre sphère, et je résolus de ne plus redescendre du rang de gentilhomme.

Je pris d'abord le chemin de Brême, où était notre armée, et j'étais porteur de rapports et de lettres du commandant prussien de Warburg au quartier général; mais, sitôt que je ne fus plus en vue des sentinelles avancées, je tournai bride et entrai sur le territoire de Cassel, qui heureusement n'est pas très-loin de Warburg; et je vous promets que je fus fort aise de voir les barrières rayées de bleu et de rouge, qui me prouvaient que j'étais hors du pays occupé par mes compatriotes. J'allai à Hof, et le lendemain à Cassel, me donnant comme porteur de dépêches pour le prince Henry; puis je gagnai le Bas-Rhin, et descendis au meilleur hôtel de l'endroit, où les officiers supérieurs de la garnison avaient leur ordinaire. Ces messieurs me régalèrent des meilleurs vins qui se trouvaient dans la maison, car j'étais déterminé à soutenir mon rôle de gentilhomme anglais, et je leur parlais de mes propriétés en Angleterre avec une facilité d'élocution qui me faisait presque croire aux contes que j'inventais. On m'invita même à une assemblée à Wilhelmshöhe, palais de l'Électeur, et j'y dansai un menuet avec la charmante fille du Hof-marschall, et perdis quelques pièces d'or contre Son Excellence le premier veneur de Son Altesse.

A notre table de l'auberge, était un officier prussien qui me traitait avec beaucoup de civilité, et me faisait mille questions sur l'Angleterre, auxquelles je répondais de mon mieux. Mais ce mieux, je suis forcé de le dire, n'était pas grand'chose. Je ne savais rien de l'Angleterre, et de la cour, et des nobles familles de ce pays; mais entraîné par la gloriole de la jeunesse et par le penchant que j'avais à cet âge, mais dont je me suis depuis longtemps corrigé, de me vanter et de parler d'une manière qui n'était pas tout à fait conforme à la vérité), j'inventai mille histoires que je lui débitai, je lui fis le portrait du roi et des ministres, lui dis que l'ambassadeur d'Angleterre à Berlin était mon oncle, et promis même à ma nouvelle connaissance une lettre de recommandation pour lui. Quand l'officier me demanda le nom de mon oncle, je ne fus pas en état de lui dire le véritable, et je répondis qu'il s'appelait O'Grady; c'est un nom qui en vaut un autre, et les O'Grady de Kilballyowen, dans le comté de Cork, sont d'aussi bonne famille que qui que ce soit au monde, à ce que j'ai ouï dire. Quant aux histoires sur mon régiment, celles-là, comme de raison, je n'en manquais pas. Je souhaiterais que les autres eussent été aussi authentiques.

Le matin que je quittai Cassel, mon ami le Prussien vint à moi d'un air ouvert et riant, et me dit qu'il allait aussi à Dusseldorf, où j'avais annoncé que je me rendais; nous partîmes donc à cheval de compagnie. Le pays était désolé au delà de toute expression. Le prince dans les États duquel nous étions était connu pour le plus impitoyable vendeur d'hommes de l'Allemagne. Il en vendait à tous chalands, et, durant les cinq années qu'avait déjà duré la guerre (appelée depuis la guerre de sept ans), il avait tellement épuisé d'hommes sa principauté, que les champs demeuraient sans culture, que même les enfants de douze ans étaient envoyés à la guerre, et que je vis des troupeaux de ces malheureux en marche, escortés de quelques cavaliers, tantôt sous la conduite d'un sergent hanovrien en habit rouge, tantôt sous celle d'un officier prussien, avec lequel parfois mon compagnon échangeait des signes de reconnaissance.

« Il m'est pénible, dit-il, d'être obligé de frayer avec de tels misérables; mais les dures nécessités de la guerre exigent continuellement des hommes, et de là ces recruteurs que vous voyez trafiquer de chair humaine. Ils ont vingt-cinq dollars de notre gouvernement par chaque homme qu'ils amènent. Pour de beaux hommes, pour des hommes tels que vous, ajouta-t-il en riant, nous irions jusqu'à cent. Du temps de l'ancien roi, nous en aurions donné de vous jusqu'à mille, quand il avait son régiment de géants que le roi actuel a licencié.

— J'en ai connu un, dis-je, qui servait avec vous : nous l'appelions Morgan Prusse.

— En vérité? Et qui était ce Morgan Prusse?

— Un de nos grands grenadiers, qui fut happé de façon ou d'autre dans le Hanovre par quelqu'un de vos recruteurs.

— Les gredins! dit mon ami; et ils osèrent prendre un Anglais?

— Ma foi! c'était un Irlandais, et beaucoup trop retors pour eux, comme vous allez voir. Morgan fut donc pris et enrôlé dans la garde géante, et il était presque le plus énorme de tous les colosses qui étaient là. Plusieurs de ces monstrueux hommes se plaignaient de leur vie, et de la bastonnade, et de la longueur des exercices et de l'exiguïté de leur paye; mais Morgan n'était point un de ces grognards. « Il vaut bien mieux, disait-il, en- « graisser ici, à Berlin, que de mourir de faim, en haillons, dans « le Tipperary. »

— Où est le Tipperary? demanda mon compagnon.

— C'est précisément la question que firent les amis de Morgan. C'est un beau district de l'Irlande, dont la capitale est la magnifique cité de Clonmel, une cité, permettez-moi de vous le dire, qui ne le cède qu'à Dublin et à Londres, et bien plus somptueuse qu'aucune ville du continent. Morgan dit donc qu'il était né près de cette cité, et que la seule chose qui le rendît malheureux, c'était la pensée que ses frères mouraient encore de faim au pays, lorsqu'ils pourraient être tellement mieux au service de Sa Majesté.

« Ma foi, dit Morgan au sergent à qui il donnait ce renseignement, c'est mon frère *Bin* qui ferait un beau sergent des gardes, mais tout à fait!

« — Bin est-il aussi grand que vous? demanda le sergent.

« — Aussi grand que moi, vous dites? Eh mais, mon homme, je suis le plus petit de la famille. Il y en a six autres, mais Bin est le plus fort de tous. Ah! mais le plus fort de beaucoup.

Sept pieds (anglais) sans souliers, aussi vrai que mon nom est Morgan!

« — Est-ce que nous pourrions les envoyer chercher, vos frères?

« — Pas vous. Depuis que j'ai été séduit par un de vos gentils-hommes de la canne, ils ont une aversion mortelle pour tous les sergents, répondit Morgan; mais c'est dommage qu'ils ne puissent pas venir, pourtant. Quel colosse ferait Bin sous un bonnet de grenadier! »

« Il n'en dit pas davantage pour le moment au sujet de ses frères, et se contenta de soupirer comme s'il déplorait leur dure destinée. Mais l'histoire fut contée par le sergent aux officiers, et par les officiers au roi lui-même; et Sa Majesté fut prise d'une telle curiosité qu'elle consentit à laisser Morgan aller chercher ses sept énormes frères.

— Et étaient-ils aussi grands que le prétendait Morgan? » demanda mon compagnon.

Je ne pus m'empêcher de rire de sa simplicité.

« Pensez-vous, m'écriai-je, que Morgan revint jamais? Non, non; une fois libre, pas si bête! Il a acheté une jolie petite ferme dans le Tipperary avec l'argent qu'on lui avait donné pour amener ses frères, et je crois que peu d'hommes des gardes ont si bien su profiter de cette sorte d'argent-là. »

Le capitaine prussien rit excessivement de cette histoire; il dit que les Anglais étaient la plus spirituelle nation du monde, et, lorsque je l'eus repris, convint que les Irlandais l'étaient encore davantage; et nous continuâmes d'aller fort satisfaits l'un de l'autre, car il avait à raconter mille histoires sur la guerre, l'habileté et la bravoure de Frédéric, et tous les dangers évités, les victoires et les défaites presque aussi glorieuses que les victoires, par lesquelles le roi avait passé. Maintenant que j'étais un gentilhomme, je pouvais écouter ces récits avec admiration; et cependant le sentiment consigné à la fin du dernier chapitre dominait dans mon esprit il n'y avait que trois semaines, quand je me rappelais que c'était le grand général qui avait la gloire, et le pauvre soldat rien que l'insulte et les coups de canne.

« A propos, à qui portez-vous des dépêches? » demanda l'officier.

C'était une autre question scabreuse à laquelle je me décidai à répondre au hasard, et je dis : «Au général Rolls.» J'avais vu ce général l'année précédente, et je donnai le premier nom qui me vint à la tête. Mon ami s'en contenta parfaitement, et nous continuâmes notre marche jusqu'au soir, que, nos chevaux étant fatigués, il fut convenu que nous ferions halte.

« Il y a là une très-bonne auberge, dit le capitaine, comme
nous nous dirigions vers un endroit qui avait l'air d'être très-
peu fréquenté.

— Ce peut être une très-bonne auberge pour l'Allemagne,
dis-je; mais cela ne passerait pas dans la vieille Irlande. Corbach
n'est qu'à une lieue : poussons jusqu'à Corbach.

— Voulez-vous voir les plus jolies femmes de l'Europe? dit l'officier. Ah ! fripon que vous êtes, je vois que ceci vous influencera. »
Et, à vrai dire, une telle proposition était toujours la bienvenue
avec moi, je ne fais pas difficulté d'en convenir. « Ces gens-là
sont de gros fermiers, dit le capitaine, en même temps qu'ils
sont aubergistes. »

Et, en effet, l'endroit ressemblait plus à une ferme qu'à une
cour d'auberge. Nous entrâmes par une grande porte dans une
cour entourée de murs, et à un bout de laquelle était le bâtiment, sombre d'aspect et délabré. Une couple de chariots couverts
étaient dans la cour, les chevaux étaient abrités sous un han-
gar près de là, et aux alentours allaient et venaient quelques
hommes et deux sergents en uniforme prussien, qui tous deux
portèrent la main à leur chapeau quand passa mon ami le capitaine. Cette formalité habituelle ne me frappa pas comme extraordinaire, mais l'apparence de l'auberge avait quelque chose
d'excessivement glacial et rebutant, et je remarquai que les
hommes fermèrent les grandes portes de la cour dès que nous
fûmes entrés : des détachements de cavalerie française par-
couraient le pays, dit le capitaine, et on ne pouvait prendre
trop de précautions contre de pareils brigands.

Nous entrâmes souper, après que les deux sergents eurent
pris soin de nos chevaux, et que le capitaine eut ordonné à
l'un d'eux de porter ma valise dans ma chambre à coucher.
Je promis à ce brave homme un verre de schnapps pour sa
peine.

Un plat d'œufs frits au lard fut commandé à une hideuse vieille
qui vint nous servir, au lieu de la charmante créature que je
m'attendais à voir ; et le capitaine dit en riant : « Eh bien, notre
repas est frugal, mais un soldat en a souvent de pires. » Et ôtant
son chapeau, son ceinturon et ses gants, avec grande cérémonie, il se mit à table. Je ne voulais pas être en reste de politesse
avec lui, et je mis mon épée en sûreté dans une vieille commode
où était la sienne.

La hideuse vieille dont j'ai parlé nous apporta un pot de vin
fort sur, lequel, joint à sa laideur, me mit de fort mauvaise
humeur.

« Où sont les beautés que vous m'avez promises ? dis-je aussitôt que la sorcière eut quitté la chambre.

— Bah! dit-il en riant et en me regardant fixement, c'était une plaisanterie; j'étais fatigué, et je ne voulais pas aller plus loin. Il n'y a pas ici de plus jolie femme que celle-là. Si elle ne vous convient pas, mon ami, il faut attendre quelque temps. »

Cette réponse accrut ma mauvaise humeur.

« Sur ma parole, monsieur, dis-je sévèrement, je trouve que vous avez agi d'une façon fort cavalière.

— J'ai agi comme j'ai cru devoir le faire, repartit le capitaine.

— Monsieur, dis-je, je suis officier anglais !

— C'est un mensonge, cria l'autre, vous êtes un DÉSERTEUR ! Vous êtes un imposteur, monsieur; voilà trois heures que je le sais. Je vous suspectais hier. Mes soldats avaient entendu dire qu'un homme s'était échappé de Warburg, et je pensais que c'était vous. Vos mensonges et votre folie m'ont confirmé dans cette idée. Vous prétendez porter des dépêches à un général qui est mort depuis dix mois; vous avez un oncle qui est ambassadeur, et dont vous ne savez pas même le nom. Voulez-vous être des nôtres et recevoir la gratification, monsieur, ou aimez-vous mieux être livré ?

— Ni l'un ni l'autre ! » dis-je en sautant sur lui comme un tigre.

Mais, quelque agile que je fusse, il était, de son côté, sur ses gardes. Il prit deux pistolets dans sa poche, en arma un, et dit de l'autre bout de la table où il se tenait pour m'écouter :

« Faites un pas, et je vous envoie cette balle dans la cervelle!»

L'instant d'après, la porte s'ouvrit avec violence, et les deux sergents entrèrent la baïonnette au bout du fusil au secours de leur officier.

La partie était perdue. Je jetai à terre un couteau dont je m'étais armé, car la vieille sorcière, en apportant le vin, avait emporté mon épée.

« Je me rends, dis-je.

— Voilà un bon garçon. Quel nom mettrai-je sur ma liste?

— Écrivez Redmond Barry de Bally Barry, dis-je avec hauteur; un descendant des rois d'Irlande!

— J'ai été dans le temps avec la brigade irlandaise de Roche, dit le recruteur en ricanant, pour voir si je trouverais quelques beaux hommes parmi le peu de compatriotes à nous qui sont dans cette brigade, et ils descendaient à peu près tous des rois d'Irlande. »

— Monsieur, dis-je, roi ou non, je suis gentilhomme, ainsi que vous pouvez voir.

— Oh ! vous en trouverez beaucoup d'autres dans notre corps, répondit le capitaine toujours ricanant. Donnez vos papiers, monsieur le gentilhomme, et voyons qui vous êtes réellement. »

Comme mon portefeuille contenait quelques billets de banque avec les papiers de M. Fakenham, je ne me souciais pas de m'en dessaisir, soupçonnant à bon droit que c'était une ruse du capitaine pour me le prendre.

« Peu vous importe quels sont mes papiers, dis-je : j'ai été enrôlé sous le nom de Redmond Barry.

— Donnez-moi ce portefeuille, drôle, dit le capitaine, en levant sa canne.

— Je ne le donnerai pas ! répondis-je.

— Chien, est-ce que tu te révoltes ? » s'écria-t-il; et, en même temps, il me donna un coup de canne à travers le visage, et dont le résultat prévu fut d'amener une lutte.

Je m'élançai sur lui ; les deux sergents se jetèrent sur moi, je fus renversé à terre et de nouveau sans connaissance, ayant été frappé sur mon ancienne blessure à la tête. Je saignais considérablement ; quand je revins à moi, mon uniforme m'avait été arraché, ma bourse et mes papiers étaient partis, et j'avais les mains liées derrière le dos.

Ce grand et illustre Frédéric avait tout autour des frontières de son royaume des vingtaines de ces marchands d'esclaves blancs, qui débauchaient les troupes ou enlevaient les paysans, et ne reculaient devant aucun crime pour approvisionner ses brillants régiments de chair à canon ; et je ne puis m'empêcher de raconter ici avec quelque satisfaction ce qui finit par arriver à l'atroce gredin qui, violant toutes les lois de l'amitié et de la camaraderie, venait de réussir à me prendre au piége. Cet individu était d'une grande famille et connu pour ses talents et son courage; mais il avait une propension au jeu et à la dépense, et trouvait son métier d'attrape-recrues bien plus profitable que sa paye de capitaine en second dans la ligne. Le roi, aussi, trouva probablement ses services plus utiles en cette première qualité. Son nom était M. de Galgenstein, et il était un des plus heureux à cet infâme commerce. Il parlait toutes les langues, connaissait tous les pays; aussi n'eut-il aucune difficulté à démasquer un innocent petit hâbleur tel que moi.

Vers 1765, toutefois, il reçut enfin son juste châtiment. A cette époque, il habitait Kehl, en face de Strasbourg, et avait coutume de se promener sur le pont, et d'entrer en conversation avec les sentinelles françaises avancées, auxquelles il promettait monts et merveilles, comme disent les Français, si elles voulaient prendre du service en Prusse. Un jour, il y avait sur le pont un superbe grenadier, que Galgenstein accosta, et à qui il promit une compagnie pour le moins, s'il voulait s'enrôler sous Frédéric.

« Demandez à mon camarade là-bas, dit le grenadier; je ne peux rien faire sans lui. Nous sommes nés et avons été élevés ensemble, nous sommes de la même compagnie, de la même chambrée, nous allons toujours par paire. S'il veut vous suivre et que vous le nommiez capitaine, j'irai aussi.

— Amenez votre camarade à Kehl, dit Galgenstein ravi; je vous donnerai le meilleur des dîners, et puis vous promettre de vous contenter tous les deux.

— Ne feriez-vous pas mieux de lui parler sur le pont? dit le grenadier. Je n'ose pas quitter mon poste, mais vous n'avez qu'à passer et à causer de la chose. »

Galgenstein, après avoir un peu parlementé, dépassa la sentinelle; mais aussitôt une panique le prit et il revint sur ses pas. Mais le grenadier présenta sa baïonnette au Prussien, et lui dit de s'arrêter, qu'il était son prisonnier.

Le Prussien, toutefois, voyant le danger, sauta par-dessus le parapet dans le Rhin, où, jetant son mousquet, l'intrépide factionnaire le suivit. Le Français était le meilleur nageur; il se saisit du recruteur et l'emmena sur la rive de Strasbourg, où il le livra.

« Vous méritez d'être fusillé, dit le général au soldat, pour avoir abandonné votre poste et vos armes; mais vous méritez une récompense pour votre acte de courage et d'audace. Le roi préfère vous récompenser. » Et l'homme reçut de l'argent et de l'avancement.

Quant à Galgenstein, il déclina ses qualités de noble et de capitaine au service de Prusse, et on fit demander à Berlin si ses allégations étaient vraies. Mais le roi, quoiqu'il employât des hommes de cette espèce (des officiers pour séduire les sujets de ses alliés), ne pouvait reconnaître sa propre honte. On répondit de Berlin qu'il existait une famille de ce nom dans le royaume, mais que l'individu qui prétendait lui appartenir devait être un imposteur, attendu que tous les officiers de ce nom étaient à leur régiment et à leur poste. Ce fut l'arrêt de mort de Galgenstein, et il fut pendu comme espion à Strasbourg.

« Mettez-le dans le chariot avec le reste, » dit-il dès que j'eus repris mes sens.

CHAPITRE VI.

Le chariot du racoleur. — Épisodes militaires.

Le chariot couvert vers lequel on m'ordonna de marcher était, comme j'ai dit, dans la cour de la ferme, côte à côte avec un autre lugubre véhicule de même espèce. Tous deux étaient assez bien remplis d'hommes que l'atroce racoleur qui s'était emparé de moi avait enrôlés sous les bannières du glorieux Frédéric ; et je pus voir à la lueur des lanternes des sentinelles, lorsqu'elles me jetèrent sur la paille, une douzaine de sombres figures entassées pêle-mêle dans l'horrible prison mouvante où j'allais être confiné. Un cri et une imprécation de mon voisin d'en face me prouvèrent qu'il devait être blessé comme je l'étais moi-même ; et durant toute cette déplorable nuit, les pauvres diables dont je partageais la captivité exécutèrent sans interruption un douloureux chœur de gémissements et de sanglots, qui m'empêcha de chercher dans le sommeil aucun soulagement à mes maux. A minuit (autant que j'en pus juger), les chevaux furent mis aux chariots, et les lourdes et criardes machines se mirent en mouvement. Une couple de soldats armés jusqu'aux dents étaient assis sur le banc extérieur du chariot, et de temps en temps ils passaient leurs affreux visages avec leurs lanternes à travers les rideaux de grosse toile, afin de compter leurs prisonniers. Ces brutes étaient à moitié ivres et chantaient des chansons d'amour et de guerre, telles que : *O Gretchen mein Taübchen mein Herzenstrompet, Mein Kanon mein Heerpauk und meine Musket; Prinz Eugen der edle Ritter*, et autres semblables ; leurs cris sauvages et leurs *jodels* étant en déplorable désaccord avec nos lamentations, à nous autres captifs, dans les chariots. Maintes fois depuis j'ai entendu chanter ces chansons-là pendant la marche, ou dans la caserne, ou, la nuit, autour du feu des bivouacs.

J'étais loin d'être aussi malheureux, après tout, que lors de mon premier enrôlement en Irlande. « Du moins, me disais-je, si j'ai la honte d'être simple soldat, aucune de mes connaissances n'en sera témoin, et c'est là le point que j'ai toujours eu le plus à cœur. Il n'y aura personne pour dire : « Voilà le jeune Red-« mond Barry, le descendant des Barry, le jeune fashionable de « Dublin, qui blanchit son ceinturon et qui porte le mousquet. »

Vraiment, n'était cette opinion du monde au niveau de laquelle il est nécessaire que tout homme de cœur se maintienne, pour mon compte, j'aurais toujours était satisfait de la plus humble part. Or ici, à tous égards, on était aussi loin du monde que dans les déserts de la Sibérie ou dans l'île de Robinson Crusoë. Et je raisonnais ainsi avec moi-même : « Te voilà pris, il ne sert à rien de se lamenter ; tire le meilleur parti de ta situation, et donne-toi toutes les jouissances que tu pourras. Il y a mille occasions de pillage, etc., qui s'offrent au soldat en temps de guerre, et dont tu peux tirer plaisir et profit ; saisis-les, et sois heureux. D'ailleurs, tu es extraordinairement brave, beau et spirituel ; et qui sait si tu n'obtiendras pas de l'avancement dans ton nouveau service ? »

C'est avec cette philosophie que je considérai mes infortunes, déterminé à ne point me laisser abattre par elles, et je supportai mes maux et ma tête brisée avec une parfaite magnanimité. Pour le moment, ma blessure ne me demandait pas de minces efforts de résignation ; car les secousses du chariot étaient terribles, et il me semblait que chaque cahot allait me fendre le crâne. Quand vint le jour, je vis que mon voisin, maigre créature à cheveux jaunes, vêtu de noir, avait sous sa tête un oreiller de paille.

« Êtes-vous blessé, camarade ? lui dis-je.

— Dieu soit loué ! dit-il ; je suis bien mal de corps et d'esprit, et mes membres sont tout moulus ; mais blessé, je ne le suis pas. Et vous, pauvre jeune homme ?

— Je suis blessé à la tête, dis-je, et j'ai besoin de votre oreiller : donnez-le moi, j'ai un couteau dans ma poche ! »

Et en même temps je lui lançais un terrible regard, qui voulait dire (comme c'était bien mon intention, car, voyez-vous, à la guerre comme à la guerre, et je ne suis pas une de vos poules mouillées) que, s'il ne me cédait pas son oreiller, je lui ferais tâter de mon couteau.

« Je vous l'aurais donné sans ces menaces, mon ami, » dit l'homme aux cheveux jaunes avec douceur ; et il me passa son petit sac de paille.

Il s'adossa alors aussi commodément qu'il put au chariot, et se mit à répéter :

« *Ein fester Burg ist unser Gott*, » d'où je conclus que j'étais en compagnie d'un prêtre. A chaque secousse de la voiture, à chaque accident du voyage, les gestes et les exclamations de mes compagnons montraient de quels éléments divers notre société était composée. De temps à autre un campagnard fondait en larmes ; on entendait une voix de Français dire : « O mon Dieu ! mon Dieu ! » Deux autres individus de la même nation juraient dans leur baragouin et babillaient sans relâche ; et certaine allusion à ses yeux et à ceux des autres[1], qui partait d'une robuste figure à l'autre bout, me prouva qu'il y avait certainement un Anglais dans notre bande.

Mais je fus bientôt délivré de l'ennui et des incommodités du voyage. En dépit du coussin de l'ecclésiastique, ma tête, qui se fendait de douleur, se trouva brusquement en contact avec la paroi du chariot : elle recommença à saigner ; j'entrai presque en délire. Je me rappelle seulement d'avoir bu de l'eau de temps en temps, et qu'une fois nous nous arrêtâmes à une ville fortifiée où un officier nous compta ; tout le reste du voyage se passa dans une stupeur somnolente ; et lorsque j'en sortis, je me trouvai dans un lit d'hôpital, ayant pour garde-malade une religieuse en coiffe blanche.

« Ils sont dans de tristes ténèbres spirituelles, dit une voix qui partait du lit voisin du mien, quand la religieuse eut achevé ses bons offices et se fut retirée ; ils sont dans la nuit de l'erreur, et cependant il y a une lueur de foi dans ces pauvres créatures. » ,

C'était mon camarade du chariot, enfoncé dans ses draps, et, sa grosse et large face sortant seule comme d'un brouillard de dessous son bonnet de coton blanc.

« Quoi ! vous ici, *herr* pasteur ! dis-je.

— Candidat seulement, monsieur, répondit le bonnet de coton. Mais le ciel en soit loué ! Vous avez repris le dessus. Vous avez passé un terrible quart d'heure. Vous parliez en anglais (et je connais cette langue) de l'Irlande, et d'une jeune personne, et de Mick, et d'une autre demoiselle, et d'une maison en feu ; et des grenadiers anglais, sur lesquels vous nous chantiez des fragments de ballades, et de nombre d'autres choses relatives, sans doute, à votre histoire personnelle.

— Elle a été fort étrange, dis-je ; et peut-être il n'y a pas au

---

1. Les yeux jouent un grand rôle dans les jurements anglais.
(Note du traducteur.)

monde d'homme de ma naissance dont les infortunes puissent se comparer aux miennes. »

Je ne fais pas difficulté d'avouer que je suis disposé à me targuer de ma naissance et de mes autres avantages, car j'ai toujours remarqué que si un homme ne se fait pas valoir lui-même, ce ne sont pas ses amis qui le feront pour lui.

« Je suis persuadé, dit mon voisin de lit, que votre histoire est étrange, et je serai charmé de l'entendre bientôt; mais, pour l'instant, il ne faut pas vous laisser parler beaucoup, car votre fièvre a duré longtemps et vous a bien épuisé.

— Où sommes-nous? » demandai-je; et le candidat à la prêtrise m'informa que nous étions dans l'évêché et la ville de Fulde, présentement occupés par les troupes du prince Henry. Il y avait eu une escarmouche avec un poste avancé des Français près de la ville, et une balle, pénétrant dans le chariot, avait blessé le pauvre aspirant.

Comme le lecteur sait déjà mon histoire, je ne prendrai pas la peine de la répéter ici, ni de donner les additions dont je favorisai mon compagnon d'infortune. Mais je confesse que je lui dis que notre famille était la plus noble et notre palais le plus beau de l'Irlande, que nous étions énormément riches, parents de toute la pairie, issus des anciens rois, etc.; et, à ma grande surprise, je m'aperçus, dans le cours de notre conversation, que mon interlocuteur en savait beaucoup plus que moi sur l'Irlande. Quand, par exemple, je parlai de ma descendance :

« De quelle race de rois? dit-il.

— Oh! dis-je (car ma mémoire en fait de dates n'était jamais très-sûre), des plus anciens de tous les rois.

— Eh quoi! pouvez-vous suivre votre origine jusqu'aux fils de Japhet? dit-il.

— Oui, ma foi! répondis-je, et même plus loin, jusqu'à Nabuchodonosor, si vous voulez.

— Je m'aperçois, dit le candidat en souriant, que vous voyez ces légendes avec incrédulité. Ces Partholan et Némédian, dont vos écrivains se complaisent à faire mention, ne peuvent être considérés comme authentiques dans l'histoire. Et je ne crois pas que les récits qui les concernent aient plus de fondement que les légendes relatives à Joseph d'Arimathie et au roi Brute, qui prévalaient il y a deux siècles dans l'Ile-sœur. »

Et alors il se mit à discourir sur les Phéniciens, les Scythes ou Goths, le Tuath de Danans, Tacite, et le roi Mac Neil; et, pour dire la vérité, c'était la première fois que j'entendais nommer ces personnages. Quant à l'anglais, il le parlait aussi bien que moi, et avait, en outre, disait-il, sept autres langues également à sa disposition ; car lorsque je citai le seul vers latin que je connusse, celui du poëte Homère, qui dit :

As in præsenti perfectum fumat in avi,

il se mit à me parler latin : sur quoi je fus forcé de lui dire que nous le prononcions différemment en Irlande, et me tirai ainsi d'affaire.

L'histoire de mon digne ami était curieuse, et elle peut être racontée ici pour montrer de quels éléments variés nos levées se composaient.

« Je suis, dit-il, Saxon de naissance ; mon père était pasteur du village de Pfannkuchen, où j'ai reçu les premiers rudiments de l'instruction. A seize ans (j'en ai maintenant vingt-trois), possédant les langues grecque et latine, ainsi que le français, l'anglais, l'arabe et l'hébreu, et ayant été mis en possession d'un legs de cent rixdalers, somme amplement suffisante pour défrayer mes études à l'université, j'allai à la fameuse académie de Gottingue, où je consacrai quatre ans aux sciences exactes et à la théologie. Je me donnai aussi les talents d'agrément que je pouvais me permettre, prenant un maître de danse à un groschen la leçon, des leçons d'escrime d'un Français, et suivant un cours de science équestre au manége d'un célèbre professeur de cavalerie. Mon opinion est qu'un homme doit savoir autant de choses qu'il peut, qu'il doit compléter le cercle de son expérience, et qu'une science étant aussi nécessaire qu'une autre, il lui convient, suivant sa capacité, de les acquérir toutes. Il est maintes branches de l'enseignement corporel (en tant que distingué du spirituel, quoique je ne sois pas en mesure de dire que la distinction soit exacte), pour lesquelles je confesse m'être trouvé peu de dispositions. J'essayai de la danse sur la corde avec un artiste bohémien qui venait à notre académie ; mais je ne réussis pas, m'étant déplorablement brisé le nez dans une chute que je fis. Je voulus aussi mener une voiture à quatre chevaux qu'un étudiant anglais, Herr Graff lord Von Martingale, conduisait à l'université. J'échouai également et renversai la voiture à la poterne, en face de la porte de Berlin, avec l'amie de Sa Seigneurie, Fräulein, Mlle Kitty Coddlins qui était dedans. Je donnais des leçons de langue allemande à ce jeune seigneur quand ledit accident eut lieu, et à la suite de cela je fus remercié. Mes moyens ne me permettaient pas de poursuivre davantage ce *curriculum* (vous me pardonnerez ce jeu de mots) ;

autrement, je ne doute pas que je n'eusse été capable de prendre place dans n'importe quel hippodrome du monde, et de manier les guides (comme ce jeune seigneur si bien né avait coutume de le dire) en perfection.

« A l'université, je prononçai une thèse sur la quadrature du cercle, qui, je pense, vous intéresserait; et je soutins une discussion en arabe contre le professeur Strumpff, dans laquelle, à ce qu'il fut dit, j'eus l'avantage. J'acquis, comme de raison, les langues de l'Europe méridionale; et, pour une personne ferrée sur le sanscrit, les idiomes du Nord n'offrent aucune difficulté. Si vous avez jamais essayé du russe, vous avez dû voir que ce n'était qu'un jeu d'enfant, et ce sera toujours une source de regret pour moi de n'avoir aucune connaissanc● du chinois (aucune, du moins, qui vaille la peine qu'on en parle); et sans l'embarras où je me trouve, mon intention était de me rendre en Angleterre à cet effet, et d'obtenir mon passage sur un des vaisseaux de la compagnie anglaise en destination pour Canton.

« Je ne suis pas très-économe : aussi ma petite fortune de cent rixdalers, qui aurait fait vivre un homme prudent une vingtaine d'années, ne suffit qu'à mes cinq ans d'études; après quoi elles furent interrompues, je perdis mes élèves, et je fus obligé de consacrer une grande partie de mon temps à ressemeler des souliers afin de mettre de l'argent de côté, et de pouvoir, plus tard, reprendre mes travaux à l'académie. Durant cette période, je contractai un attachement (ici le candidat prêtre soupira un peu) avec une personne qui, bien qu'elle ne fût pas belle, et qu'elle eût quarante ans, m'eût probablement rendu heureux ; et un mois après, mon excellent ami et patron, le prorecteur de l'université, docteur Nasenbrumm, m'ayant informé que le Pfrarrer de Rumpelwitz était mort, me demanda si je voulais que mon nom fût mis sur la liste des candidats, et si j'étais disposé à prêcher un sermon d'épreuve. Comme l'obtention de ce bénéfice devait favoriser mon union avec Amalia, j'y consentis avec joie et préparai mon discours.

« Si vous voulez, je vais vous le réciter. Non? Eh bien, je vous en donnerai des extraits, quand nous serons en marche. Pour continuer, donc, cette esquisse biographique, qui maintenant touche presque à sa fin, ou, comme il serait plus correct de dire, qui m'a presque amené à la période où nous sommes, je prêchai ce sermon à Rumpelwitz, et je me flatte que la question babylonienne y fut vidée d'une manière assez satisfaisante. Je le prêchai devant le herr baron et sa noble famille, et quelques officiers de distinction qui se trouvaient à son château. M. le docteur Moser de Halle fit, après moi, le discours du soir; mais, quoique son exercice fût savant et qu'il eût fait justice d'un passage d'Ignace, qu'il prouva être une interpolation manifeste, je ne pense pas que son sermon ait produit autant d'effet que le mien, et que les Rumpelwitzers l'aient goûté beaucoup. Après le sermon, tous les candidats sortirent ensemble de l'église, et soupèrent amicalement au *Cerf bleu*, à Rumpelwitz.

« Tandis que nous étions ainsi occupés, un garçon entra et dit qu'une personne au dehors désirait parler à l'un des révérends candidats, au grand. Ce ne pouvait être que moi; car j'avais la tête de plus qu'aucun des révérends assistants. Je sortis pour voir quelle était la personne qui avait à m'entretenir, et je trouvai un individu que je n'eus aucune peine à reconnaître pour être de la religion juive.

« Monsieur, me dit cet Hébreu, j'ai su d'un ami, qui était aujourd'hui dans votre église, les principaux points de l'admirable discours que vous avez prononcé. Il m'a affecté profondément, très-profondément. Il n'en est qu'un ou deux sur lesquels je suis encore dans le doute, et, si Votre Honneur daignait m'éclairer là-dessus, je pense.... je pense que Salomon Hirsch serait un converti, grâce à votre éloquence.

— Quels sont ces points, mon bon ami? » lui dis-je, et je lui énumérai les vingt-quatre points de mon sermon, en lui demandant sur lesquels il avait des doutes.

« Nous nous promenions devant l'auberge pendant cette conversation; mais les fenêtres étant ouvertes, mes camarades, qui avaient déjà entendu mon discours dans la matinée, me requirent, d'un ton assez maussade, de ne point le recommencer en ce moment. J'allai donc plus loin avec mon disciple, et, à sa prière, je débitai sur-le-champ mon sermon, car j'ai la mémoire excellente, et je puis répéter par cœur tout livre que j'ai lu trois fois.

« Je prononçai donc sous les arbres, et à la paisible lueur de la lune, ce discours que j'avais prononcé à la clarté resplendissante du midi. Mon Israélite ne m'interrompait que par des exclamations de surprise, d'assentiment, d'admiration et de conviction croissante : « Prodigieux! » disait-il; « *Wunderschön!* » s'écriait-il à la fin de quelque éloquent passage; en un mot, il épuisa les formules complimenteuses de notre langue, et quel homme est ennemi des compliments? Je crois que nous avions bien fait deux milles quand nous en fûmes à mon troisième point, et mon compagnon me pria d'entrer dans la maison dont nous étions près, et de boire avec lui un verre de bière, ce à quoi je n'eus jamais de répugnance.

« Cette maison, monsieur, était l'auberge dans laquelle vous aussi, si j'ai bien jugé, vous avez été pris. Je ne fus pas plutôt dedans, que trois racoleurs se jetèrent sur moi, me dirent que j'étais un déserteur et leur prisonnier, et me sommèrent de leur remettre mon argent et mes papiers, ce que je fis en protestant solennellement de mon sacré caractère. Le tout se composait de mon sermon manuscrit, de la lettre de recommandation du prorecteur Nasenbrumm, qui prouvait mon identité, et de trois groschen quatre pfennigs en cuivre. Il y avait déjà vingt-quatre heures que j'étais dans le chariot, quand vous arrivâtes dans cette maison. L'officier français qui était couché en face de vous, celui qui cria quand vous lui marchâtes sur le pied, car il était blessé, avait été amené peu d'instants avant votre arrivée. Il avait été pris avec ses épaulettes et son uniforme, et déclina ses nom et qualités; mais il était seul (je crois que c'était quelque affaire de cœur avec une dame hessoise qui l'avait empêché de se faire accompagner), et, comme les individus aux mains desquels il est tombé tireront plus de profit de lui comme recrue que comme prisonnier, on lui fait partager notre sort. Il n'est pas le premier, il s'en faut de beaucoup, qu'on ait ainsi capturé. Un des cuisiniers de M. de Soubise, et trois acteurs d'une troupe qui était dans le camp français, plusieurs déserteurs de vos troupes anglaises (on entraîne les hommes en leur disant qu'on ne fouette pas au service de Prusse), et trois Hollandais ont été pris en outre.

— Et vous, dis-je, vous qui étiez sur le point d'obtenir un bénéfice avantageux, vous qui avez tant de savoir, n'êtes-vous pas indigné de cette violence?

— Je suis Saxon, dit le candidat, et l'indignation ne sert à rien. Voilà cinq ans que notre gouvernement est écrasé sous le talon de Frédéric, et je pourrais aussi bien espérer merci du grand Mogol. Et puis, à vrai dire, je ne suis pas mécontent de mon lot; j'ai vécu tant d'années avec deux sous de pain, que les rations de soldat seront un luxe pour moi. Que me fait plus ou moins de coups de canne? Tous ces maux-là sont passagers, et par conséquent supportables. Dieu aidant, je ne tuerai jamais un homme; mais j'ai quelque curiosité d'éprouver sur moi-même l'effet de la passion de la guerre, qui a exercé une si grande influence sur la race humaine. C'est pour la même raison que je suis décidé à épouser Amalia, car un homme n'est pas un *Mensch* complet, tant qu'il n'est pas père de famille, ce qui est une condition de son existence, et par conséquent un devoir de son éducation. Amalia devra attendre; elle est à l'abri du besoin,

étant cuisinière de la *Frau Prorectoriñn Nasenbrumm*, femme de
mon digne patron. J'ai avec moi un ou deux livres que personne
ne me prendra probablement, et un autre dans mon cœur qui est le
meilleur de tous. S'il plaît au ciel de terminer ici mon existence,
avant que je puisse pousser plus loin mes études, quel sujet ai-je
de me plaindre? Dieu veuille que je ne me trompe pas, mais je
crois n'avoir fait tort à personne et n'avoir commis aucun péché
mortel. Si je l'ai fait, je sais à qui demander de la clémence;
et si je meurs, comme j'ai dit, sans savoir tout ce que je
désire d'apprendre, ne me trouverai-je pas en situation d'apprendre *toutes choses?* et que peut souhaiter de plus l'âme humaine?

« Pardonnez-moi de dire si souvent *je*, poursuivit le candidat; mais quand un homme parle de lui-même, c'est la manière la plus courte et la plus simple de parler. »

En quoi, peut-être, quoique je déteste les gens personnels, je
pense que mon ami avait raison. Quoiqu'il se reconnût pour un
homme de sentiments vulgaires, n'ayant pas d'autre ambition
que de connaître le contenu de quelques livres moisis, je crois
qu'il avait du bon en lui, surtout dans la résolution avec laquelle
il supportait ses calamités. Plus d'un galant homme des plus
honorables n'est souvent pas à l'épreuve de ces sortes de choses,
et a été vu au désespoir pour un mauvais dîner, ou dans l'abattement pour un trou à son coude. Ma maxime, à moi, est de tout
supporter, de m'accommoder de l'eau si je ne puis avoir du
vin de Bourgogne, et si je n'ai pas de velours, de me contenter
de drap de Frise. Mais le vin de Bourgogne et le velours valent
mieux, bien entendu, et il faut être un sot pour ne pas s'emparer
de ce qu'il y a de mieux quand on a des pieds et des mains.

Les points de son sermon dont mon ami le théologien se proposait de me régaler, je ne les entendis jamais; car, après notre
sortie de l'hôpital, il fut dirigé sur un régiment aussi éloigné
que possible de son pays natal, en Poméranie, tandis que je fus
incorporé dans le régiment de Bulow, dont le quartier général
ordinaire était à Berlin. Il est rare que les régiments prussiens
changent de garnison comme font les nôtres; car la crainte des
désertions est si grande, qu'il devient nécessaire de connaître
les traits de tous les individus au service; et, en temps de paix,
les hommes vivent et meurent dans la même ville. Ceci, comme
on le pense bien, n'ajoute pas aux agréments de la vie du soldat. C'est de peur qu'aucun jeune gentilhomme comme moi ne
prenne goût à la carrière militaire, et ne s'imagine que la vie
d'un simple soldat est tolérable, que je donne ces descriptions,

morales je l'espère, de ce que nous autres pauvres diables nous souffrions en réalité dans les rangs.

Dès que nous fûmes rétablis, nous fûmes envoyés, loin des religieuses et de l'hôpital, à la prison de ville de Fulde, où nous fûmes traités comme des esclaves et des criminels, avec des artilleurs mèche allumée aux portes des cours et de l'immense et sombre dortoir où nous couchions par centaines, en attendant qu'on nous expédiât à nos différentes destinations. On vit bientôt à l'exercice quels étaient les anciens soldats parmi nous, et quels les recrues; et pour les premiers, tandis que nous étions en prison, il y avait un peu plus de loisir, quoique, s'il est possible, encore plus de surveillance que pour les pauvres hères démoralisés qui étaient entrés par force ou par ruse au service. Décrire les caractères qui se trouvaient rassemblés là demanderait le pinceau même de M. Gillray. Il y avait des hommes de toutes les nations et de toutes les professions. Les Anglais boxaient et faisaient les matamores; les Français jouaient aux cartes, dansaient et faisaient des armes; les lourds Allemands fumaient leur pipe et buvaient de la bière, quand ils avaient de quoi en acheter. Ceux qui avaient quelque chose à risquer, jouaient, et, pour ma part, je fus assez heureux; car, n'ayant pas le sou quand j'entrai au dépôt (ayant été dépouillé de tout par ces gueux de racoleurs), je gagnai près d'un dollar dans ma première partie de cartes avec un des Français, qui ne songea pas à demander si je pouvais payer ou non en cas de perte. Tel est, au moins, l'avantage d'avoir l'air distingué; cela m'a sauvé maintes fois depuis, en me procurant du crédit lorsque mes fonds étaient au plus bas.

Il y avait parmi les Français un magnifique soldat, dont nous ne sûmes jamais le vrai nom, mais dont l'histoire, en définitive, lorsqu'elle vint à être connue, ne causa pas une médiocre sensation dans l'armée prussienne. Si la beauté et le courage sont des preuves de noblesse, comme je n'en doute pas (quoique j'aie vu dans l'aristocratie quelques-uns des plus vilains chiens et des plus grands poltrons du monde), ce Français devait être d'une des meilleures familles de France, tant ses manières étaient grandes et nobles, tant sa personne était superbe. Il n'était pas tout à fait aussi grand que moi; il était blond, tandis que je suis brun, et, s'il est possible, un peu plus large d'épaules. C'est le seul homme que j'aie jamais rencontré plus fort que moi à l'épée; il me touchait quatre fois sur moi trois. Quant au sabre, j'aurais pu le mettre en morceaux, et je sautais plus loin et portais plus lourd que lui. Mais c'est être trop personnel : ce

Français, avec lequel je devins assez intime, car nous étions, pour ainsi dire, les deux coqs du dépôt, et nous n'avions ni l'un ni l'autre de basse jalousie, était appelé, faute d'un meilleur nom, le Blondin, à cause de son teint. Il n'était pas déserteur, mais il était venu du Bas-Rhin, et des Évêchés, à ce que je crois, la fortune, probablement, lui ayant été défavorable au jeu, et s'étant trouvé dépourvu d'autres moyens d'existence. Je soupçonne que la Bastille l'attendait dans son propre pays, s'il lui eût pris la fantaisie d'y retourner.

Il aimait passionnément à jouer et à boire : ainsi nous avions beaucoup de sympathie; et, soit le jeu, soit la boisson, quand nous étions montés, nous devenions terribles. Moi, pour ma part, je puis supporter assez bien et le vin et la mauvaise chance; aussi avais-je un grand avantage sur lui dans nos parties, et je lui gagnais assez d'argent pour rendre ma position tenable. Il avait une femme en ville (qui, je présume, était la cause de ses malheurs et de sa brouille avec sa famille), et elle avait la permission de venir le voir deux ou trois fois par semaine, et ne venait jamais les mains vides; une petite brune à la brillante prunelle, dont les œillades avaient fait la plus vive impression sur tout le monde.

Cet homme fut dirigé sur un régiment qui était en quartier à Neiss, en Silésie, ce qui n'est qu'à une courte distance de la frontière autrichienne; il soutint toujours le même caractère d'audace et d'habileté, et était accepté comme chef de la république secrète qui existe toujours au régiment, aussi bien que la hiérarchie militaire régulière. C'était un admirable soldat, comme j'ai dit, mais hautain, dissolu et ivrogne. Un homme de cette trempe, s'il n'a soin de cajoler et de flatter ses officiers (ce que je faisais toujours), est sûr d'être mal avec eux. Le capitaine du Blondin était son ennemi juré, et ses punitions étaient fréquentes et sévères.

Les femmes du régiment, y compris la sienne (c'était après la paix), faisaient un petit commerce de contrebande par la frontière de l'Autriche, où leurs opérations étaient surveillées des deux côtés; et, conformément aux instructions de son mari, cette femme, de chacune de ses excursions, rapportait un peu de poudre et de balles, articles que ne peut se procurer le soldat prussien, et qui étaient mis de côté secrètement pour le jour du besoin. On devait en avoir besoin, et bientôt.

Le Blondin avait organisé une grande et extraordinaire conspiration. Nous ne savons pas jusqu'où elle alla, combien de centaines ou de milliers d'adhérents elle eut; mais étranges étaient

les histoires qui couraient sur ce complot parmi nous autres
soldats, car la nouvelle s'en était répandue de garnison en garnison, et on en parlait dans l'armée, en dépit de tous les efforts
du gouvernement pour l'étouffer. L'étouffer, ah! bien oui! J'ai
été du peuple moi-même, j'ai vu la rébellion irlandaise, et je
sais ce que c'est que la franc-maçonnerie du pauvre.

Il se mit à la tête du complot. Il n'y avait ni écrits ni papiers;
pas un des conspirateurs ne communiquait avec aucun autre que
le Français. Il avait tout disposé pour un soulèvement général
de la garnison; à midi, un certain jour, on devait s'emparer du
corps de garde de la ville, tuer les sentinelles, et qui sait le
reste? Plusieurs des nôtres disaient que la conspiration s'éten-
dait dans toute la Silésie, et que le Blondin devait être fait général au service d'Autriche.

A midi, et en face du corps de garde, près de la Böhmer-
Thor de Neiss, une trentaine d'hommes flânaient en petite tenue,
et le Français se tenait à côté de la sentinelle du corps de garde,
aiguisant une hachette sur une pierre. Au coup de midi, il se
leva, fendit la tête de la sentinelle avec son arme, et les trente
hommes, se précipitant dans le corps de garde, s'y emparèrent
des armes et marchèrent aussitôt sur la porte. Le factionnaire
qui la gardait essayait d'abaisser la barre; mais le Français
s'élança sur lui, et, d'un autre coup de hache, il lui coupa la
main droite, dont il tenait la chaîne. Voyant les hommes sortir
armés, la garde en dehors de la porte se rangea en travers de
la route pour les empêcher de passer; mais les trente soldats du
Français tirèrent dessus, la chargèrent à la baïonnette, et,
après avoir tué plusieurs hommes et mis le reste en fuite, pas-
sèrent tous les trente. La frontière n'est qu'à une lieue de Neiss,
et ils se dirigèrent rapidement de ce côté.

Mais l'alarme avait été donnée dans la ville, et ce qui la sauva
fut que l'horloge sur laquelle s'était réglé le Français était en
avance d'un quart d'heure sur toutes les autres horloges de la
ville. On battit la générale, les troupes crièrent aux armes, de
façon que les hommes qui devaient attaquer les autres corps de
garde furent obligés d'entrer dans les rangs, et leur projet fut
déjoué. Ceci, toutefois, rendit la découverte des conspirateurs
impossible; car personne ne pouvait trahir son camarade, et,
comme de raison, ne voulait s'incriminer lui-même.

On envoya de la cavalerie à la poursuite du Français et de ses
trente hommes, qui étaient en ce moment bien près de la frontière de Bohême. Quand la cavalerie les eut rejoints, ils se re-
tournèrent, la reçurent à coups de fusil et de baïonnette, et la

repoussèrent. Les Autrichiens étaient dehors, aux barrières, regardant la lutte avec un vif intérêt. Les femmes, qui étaient aussi aux aguets, apportèrent de nouvelles munitions à ces intrépides déserteurs, et ils rengagèrent le combat et refoulèrent plusieurs fois les dragons. Mais, dans ces engagements plus glorieux que profitables, il se perdait beaucoup de temps; bientôt arriva un bataillon qui entoura les trente braves, et le sort des pauvres diables fut décidé. Ils se battirent avec la rage du désespoir; pas un d'eux ne demanda quartier. Quand les munitions leur manquèrent, ils se battirent à l'arme blanche, et furent tués sur place à coups de fusil ou de baïonnette. Le Français fut le dernier atteint : il reçut une balle dans la cuisse, tomba, et, dans cet état, on se rendit maître de lui, après qu'il eut tué l'officier qui s'avança le premier pour s'emparer de lui.

Avec le très-petit nombre de ses camarades qui avaient survécu, il fut ramené à Neiss, et immédiatement, comme chef de l'émeute, il fut traduit devant un conseil de guerre. Il refusa de répondre aux questions qui lui furent faites sur son vrai nom et sur sa famille. « Que vous importe qui je suis? dit-il; vous me tuerez et vous me fusillerez. Mon nom ne me sauverait pas, si fameux qu'il pût être. » Il se refusa de même à toute révélation au sujet du complot. « C'est moi qui ai tout fait, dit-il; chaque homme qui en faisait partie ne connaissait que moi et ignore quels sont ses camarades. Moi seul je suis dans le secret, et le secret mourra avec moi. » Quand les officiers lui demandèrent quel était le motif qui avait pu l'engager à méditer un crime si horrible : « C'est votre infernale brutalité et tyrannie, dit-il. Vous êtes tous des bouchers, des scélérats et des tigres, et c'est à la lâcheté de vos hommes que vous devez de n'être pas égorgés depuis longtemps. »

Là-dessus son capitaine se répandit en exclamations des plus furieuses contre le blessé, et s'élançant sur lui, lui asséna un coup de poing. Mais le Blondin, tout blessé qu'il était, aussi prompt que la pensée, saisit la baïonnette de l'un des soldats qui le soutenaient, et la plongea dans la poitrine de l'officier. « Misérable monstre, dit-il, j'aurai la consolation de t'envoyer hors de ce monde avant de mourir. » On le fusilla le jour même. Il offrit d'écrire au roi, si les officiers consentaient à ce que sa lettre fût remise cachetée aux mains du directeur de la poste; mais ils craignaient sans doute qu'il ne dît quelque chose de nature à les inculper, et ils refusèrent la permission. A la revue qui suivit, Frédéric les traita, dit-on, avec une grande sévérité, et leur reprocha de n'avoir pas fait droit à la requête du Français.

Toutefois, c'était l'intérêt du roi de cacher la chose, et elle fut, comme je l'ai dit, étouffée, si bien étouffée que cent mille soldats dans l'armée la savaient, et que beaucoup d'entre nous ont bu à la mémoire du Français comme à celle d'un martyr de la cause du soldat. J'aurai indubitablement des lecteurs qui se récrieront sur ce que j'encourage l'insubordination et que je plaide en faveur de l'assassinat. Si ces messieurs avaient servi comme simples soldats dans l'armée prussienne de 1760 à 1765, ils ne seraient pas si disposés à réclamer. Cet homme tua deux sentinelles pour recouvrer sa liberté. Combien de centaines, de milliers d'hommes de son peuple et du peuple autrichien, le roi Frédéric fit-il périr, parce qu'il lui prit envie d'avoir la Silésie? Ce fut la maudite tyrannie de ce système qui aiguisa la hache dont furent frappées les deux sentinelles de Neiss; et ainsi que ce soit une leçon pour les officiers, et qu'ils y regardent à deux fois avant de donner des coups de canne à de pauvres diables.

Je pourrais raconter bien d'autres histoires sur l'armée; mais comme, ayant été soldat moi-même, toutes mes sympathies sont pour mes camarades, évidemment mes récits seraient accusés de tendance immorale; je ferai donc mieux d'être bref. Imaginez ma surprise, étant dans ce dépôt, lorsqu'un jour une voix bien connue frappa mon oreille, et que j'entendis un maigre jeune homme qui était amené par une couple de cavaliers et avait reçu de l'un d'eux plusieurs coups sur les épaules, dire dans le meilleur anglais : « Infernal guedin que vous êtes, je me vengerai de ceci. J'écrirai à mon ambassadeur, aussi sûr que mon nom est Fakenham de Fakenham. » A ces mots je partis d'un éclat de rire : c'était ma vieille connaissance dans mon habit de caporal. Lischen avait juré énergiquement que c'était bien lui qui était le soldat, et le pauvre diable avait été emmené, et allait partager notre sort. Mais je n'ai pas de rancune, et, après avoir fait pâmer la salle en lui racontant la façon dont j'avais attrapé le pauvre garçon, je donnai à ce dernier un avis qui lui procura sa liberté.

« Allez trouver l'officier inspecteur, dis-je; si une fois il vous fait entrer en Prusse, c'en est fait de vous; jamais ils ne vous lâcheront. Allez de ce pas trouver le commandant du dépôt, promettez-lui cent.... cinq cents guinées pour être mis en liberté; dites que le capitaine racoleur a vos papiers et votre portefeuille (c'était vrai); surtout prouvez-lui que vous avez le moyen de lui payer la somme promise, et je vous garantis que vous serez mis en liberté. »

Il suivit mon conseil, et, lorsqu'on nous fit mettre en marche,

M. Fakenham trouva moyen d'obtenir d'aller à l'hôpital ; et pendant qu'il était à l'hôpital, l'affaire s'arrangea comme je l'avais recommandé. Il avait failli néanmoins compromettre son succès par sa lésinerie en concluant le marché, et il ne me témoigna aucune reconnaissance, à moi son bienfaiteur.

Je ne vais pas donner une relation romanesque de la guerre de Sept ans. Lorsqu'elle se termina, l'armée prussienne, si renommée pour sa valeur et sa discipline, avait pour officiers et sous-officiers des Prussiens, mais se composait, pour la plus grande partie, d'hommes achetés ou volés, comme moi, dans presque toutes les nations de l'Europe. La désertion y était prodigieuse. Dans mon seul régiment (celui de Bulow), avant cette guerre-ci, il n'y avait pas moins de **six** cents Français ; et comme ils sortaient de Berlin pour entrer en campagne, un d'eux avait un mauvais violon sur lequel il jouait un air français, et ses camarades dansaient plutôt qu'ils ne marchaient à sa suite, chantant : « Nous allons en France. » Deux années après, lorsqu'ils revinrent à Berlin, il ne restait plus que six de ces hommes ; le reste avait fui ou était mort sur le champ de bataille. La vie que menait le simple soldat était effroyable pour tout autre que des gens d'une patience et d'un courage de fer.. Il y avait par chaque trois hommes un caporal, marchant derrière eux et usant de la canne impitoyablement, à tel point qu'on disait que dans l'action il y avait un premier rang de soldats et un second rang de sergents et de caporaux pour les pousser en avant. Beaucoup d'hommes s'abandonnaient aux actes les plus terribles de désespoir sous ces persécutions et ces tortures incessantes, et dans plusieurs régiments de l'armée il avait surgi un horrible usage qui, pendant quelque temps, causa la plus grande alarme au gouvernement : c'était l'étrange et abominable coutume de l'infanticide. Les hommes disaient que la vie était intolérable, que le suicide était un crime, et qu'afin de l'éviter et d'en finir avec l'insupportable misère de leur position, le meilleur moyen était de tuer un petit enfant, qui, étant innocent, était sûr d'aller au ciel, et, le meurtre commis, d'aller se livrer à la justice. Le roi lui-même, ce héros, ce sage, ce philosophe, ce prince qui avait toujours la libéralité sur les lèvres, et qui affectait l'horreur de la peine capitale, fut effrayé de cette redoutable protestation des malheureux qu'il avait fait enlever contre sa tyrannie, et son seul moyen de remédier au mal fut de défendre strictement que ces sortes de criminels fussent assistés d'aucun ecclésiastique, et de les priver de toute consolation religieuse.

Les punitions étaient incessantes. Chaque officier était libre de les infliger, et en paix elles étaient plus cruelles qu'en guerre : car lorsque vint la paix, le roi renvoyait ceux de ses officiers qui n'étaient pas nobles, quels qu'eussent été leurs services. Il appelait un capitaine devant la compagnie, et disait : « Il n'est pas noble, qu'il s'en aille. » Nous avions peur de lui, et nous rampions devant lui comme des bêtes sauvages devant leur gardien. J'ai vu les hommes les plus braves de l'armée pleurer comme des enfants d'un coup de canne ; j'ai vu un petit enseigne de quinze ans faire sortir des rangs un homme de cinquante, un homme qui avait été à cent batailles, et il s'est tenu présentant les armes en sanglotant et beuglant comme un marmot, tandis que le jeune misérable lui cinglait des coups de bâton sur les bras et les cuisses. Un jour d'action, cet homme osait tout. Il pouvait avoir mis un bouton de travers alors, et personne ne le touchait ; mais quand la brute avait cessé de se battre, ils la poussaient de nouveau, à force de coups de fouet, à l'insubordination. Nous cédions presque tous à ce talisman ; à peine en était-il un qui pût rompre le charme. L'officier français que j'ai dit avoir été pris en même temps que moi était dans ma compagnie, et bâtonné comme un chien. Vingt ans après, je le rencontrai à Versailles, et il devint pâle et défaillant quand je lui parlai des anciens jours. « Pour l'amour de Dieu ! dit-il, ne me parlez pas de ce temps-là ; aujourd'hui même encore, je m'éveille la nuit tremblant et tout en pleurs. »

Quant à moi, après un laps de temps très-court pendant lequel, il faut l'avouer, je tâtai de la canne, comme mes camarades, et après que j'eus trouvé l'occasion de me faire connaître comme un brave et adroit soldat, j'usai du moyen que j'avais adopté dans l'armée anglaise, pour me préserver à l'avenir de toute dégradation de ce genre. Je portais au cou une balle que je ne prenais pas la peine de cacher, et j'expliquai qu'elle était destinée à celui, soldat ou officier, qui me ferait châtier. Et il y avait quelque chose dans mon caractère qui faisait que mes supérieurs me croyaient ; car cette balle avait déjà servi à tuer un colonel autrichien, et je l'aurais envoyée à un Prussien avec aussi peu de remords. Que m'importaient leurs querelles, ou que l'aigle sous laquelle je marchais eût une ou deux têtes ? Tout ce que je dis, ce fut : « Personne ne me trouvera manquant à mon devoir, mais personne ne mettra jamais la main sur moi. » Et je m'en tins à cette maxime tant que je restai au service.

Je n'ai pas l'intention de faire l'histoire de mes batailles, pas plus au service prussien qu'au service anglais. J'y fis mon devoir aussi bien qu'un autre, et lorsque ma moustache fut d'une certaine longueur, ce qui arriva quand j'eus vingt ans, il n'y avait pas un plus brave, un plus habile, un plus beau soldat, et, je dois l'avouer, un plus mauvais garnement dans l'armée prussienne. Je m'étais formé à la condition d'une vraie bête de combat; un jour d'action, j'étais féroce et heureux; hors du champ de bataille, je prenais tout le plaisir que je pouvais et n'étais nullement délicat sur la qualité ou sur la manière de me le procurer. La vérité est, toutefois, qu'il y avait parmi nos hommes un bien meilleur ton que parmi ces lourdauds de l'armée anglaise, et notre service était généralement si strict que nous avions peu de temps pour mal faire. Je suis très-brun et basané de teint, et j'étais appelé par mes camarades le noir Anglais, le *Schwartzer Englander*, ou le diable anglais. S'il y avait quelque service à faire, j'étais sûr qu'il me revenait. Je recevais de fréquentes gratifications, mais point d'avancement; et ce fut le lendemain du jour où je tuai le colonel autrichien (un grand officier de uhlans, que j'avais attaqué seul et à pied) que le général Bulow, mon colonel, me donna deux frédérics d'or, en tête du régiment, et dit : « Je te récompense maintenant, mais je crains d'avoir à te faire pendre un jour ou l'autre. » Je dépensai l'argent et celui que j'avais pris sur le corps du colonel, jusqu'au dernier groschen, ce soir-là, avec mes joyeux compagnons; mais, tant que la guerre dura, je ne fus jamais sans un dollar dans ma bourse.

CHAPITRE VII.

Barry mène une vie de garnison et trouve là beaucoup d'amis.

Après la guerre, notre régiment eut pour garnison la capitale, la moins ennuyeuse peut-être de toutes les villes de la Prusse; mais ce n'est pas dire grand'chose pour sa gaieté. Notre service, qui était toujours sévère, nous laissait pourtant quelques heures de la journée à nous, pendant lesquelles nous étions libres de prendre du plaisir, si nous avions le moyen de le payer. Beaucoup d'hommes de notre chambrée avaient la permission de travailler de leurs métiers; mais je n'en avais pas, et, d'ailleurs, mon honneur me le défendait : car, comme gentilhomme, je ne pouvais me souiller par une occupation manuelle. Mais notre

paye était tout juste suffisante pour nous empêcher de mourir
de faim; et comme j'ai toujours aimé le plaisir, et que la position
où nous étions à présent, au milieu de la capitale, nous interdi-
sait de recourir à ces moyens de lever des contributions qui
sont toujours assez faciles en temps de guerre, je fus obligé
d'adopter le seul qui me restât de pourvoir à mes dépenses, et,
en un mot, je devins l'ordonnance ou le valet de chambre militaire confidentiel de mon capitaine. J'avais dédaigné cet office
plusieurs années auparavant, quand on me l'avait offert au service anglais; mais la position est différente à l'étranger; d'ailleurs, pour dire la vérité, après cinq années passées dans les
rangs, la fierté d'un homme se soumet à mainte humiliation qui
lui serait insupportable dans une position indépendante.

Le capitaine était un jeune homme et s'était distingué pendant
la guerre, sans quoi il ne serait jamais arrivé à ce grade de si
bonne heure. Il était, de plus, neveu et héritier du ministre de
la police, M. de Potzdorff, parenté qui, sans aucun doute, avait
aidé à l'avancement du jeune gentilhomme. Le capitaine de Potzdorff était un officier passablement sévère à la parade ou à la
caserne, mais il était assez facile à mener par la flatterie. Je lui
gagnai le cœur en premier lieu par la manière dont je faisais ma
queue (le fait est qu'elle était plus joliment arrangée que celle
d'aucun homme du régiment), et ensuite je gagnai sa confiance
par mille petits moyens et compliments que, étant moi-même
gentilhomme, je savais mettre en usage. Il était homme de
plaisir, et il l'était plus ouvertement que la plupart des gens
dans cette rigide cour du roi; il était généreux, ne regardait
point à l'argent, et avait une grande affection pour le vin du
Rhin, toutes choses en quoi je sympathisais sincèrement avec
lui, et dont je profitais, comme de juste. Il n'était point aimé au
régiment, parce qu'on lui supposait des relations trop intimes
avec son oncle, le ministre de la police, à qui, donnait-on à entendre, il rapportait les nouvelles du corps.

Avant longtemps, je m'étais mis tout à fait dans les bonnes
grâces de mon officier, et je savais la plupart de ses affaires. De la sorte, j'étais soulagé de bien des exercices et des
parades, que, sans cela, il m'aurait fallu subir, et j'avais une
foule de revenants-bons qui me mettaient à même d'être sur un
pied d'élégance, et de figurer avec éclat dans une certaine, mais,
il faut l'avouer, très-humble société de Berlin. Je fus toujours
le favori des dames, et je me conduisais envers elles avec tant
d'urbanité qu'elles ne pouvaient comprendre comment j'avais
reçu au régiment cet effroyable sobriquet de Diable-Noir. « Il

n'est pas si noir qu'on le fait, » disais-je en riant ; et la plupart de ces dames s'accordaient à reconnaître que le soldat était tout aussi bien élevé que le capitaine ; et, en effet, comment en eût-il été autrement, vu mon éducation et ma naissance ?

Quand je fus suffisamment bien dans ses papiers, je lui demandai la permission d'adresser une lettre en Irlande à ma pauvre mère, à qui je n'avais pas donné de mes nouvelles depuis longues années, car les lettres des soldats étrangers n'étaient jamais reçues à la poste, de peur de réclamations et de tracasseries de la part de leurs parents. Mon capitaine se chargea de faire parvenir la lettre, et, comme je savais qu'elle serait ouverte, j'eus soin de la lui remettre cachetée, lui témoignant ainsi ma confiance. Mais la lettre, comme vous pouvez l'imaginer, était écrite de façon à ne pas me faire de tort si elle était interceptée. Je priais mon honorée mère de me pardonner d'avoir fui de chez elle. Je disais que mon extravagance et les folies que j'avais faites dans mon pays y avaient, je le savais bien, rendu mon retour impossible ; mais que, du moins, elle serait aise d'apprendre que j'étais très-bien et très-heureux au service du plus grand monarque de l'univers, et que la vie de soldat m'était très-agréable ; et j'ajoutais que j'avais trouvé un bon protecteur et patron, qui, je l'espérais, ferait quelque jour pour moi ce que je la savais hors d'état de faire elle-même. J'offrais mes souvenirs à toutes les filles du château de Brady, les nommant toutes, de Biddy à Becky, et je signais, comme je pouvais le faire en toute sincérité, son affectionné fils, Redmond Barry, de la compagnie du capitaine Potzdorff, régiment d'infanterie de Bulow, en garnison à Berlin. Je lui racontai aussi une charmante histoire du roi chassant à coups de pied dans l'escalier le chancelier et trois juges, ce qu'il avait fait un jour que j'étais de garde à Potsdam, et je dis que j'espérais que nous aurions bientôt une autre guerre, où je pourrais devenir officier. Dans le fait, vous auriez pu croire que ma lettre était du plus heureux garçon du monde, et je n'étais pas du tout fâché d'abuser ma bonne mère à cet égard.

Je fus sûr que ma lettre avait été lue, car le capitaine Potzdorff, quelques jours après, se mit à me questionner sur ma famille, et, tout bien considéré, je lui dis assez franchement ce qui en était. J'étais un cadet de bonne famille ; mais ma mère était presque ruinée, et avait tout juste de quoi vivre avec ses huit filles, que je nommai. J'étais allé étudier le droit à Dublin, où j'avais fait des dettes et vu mauvaise compagnie ; j'avais tué un homme en duel, et je serais pendu ou emprisonné par sa puissante famille si

j'y retournais. Je m'étais enrôlé au service anglais, où il s'était
offert à moi une telle occasion de m'évader, que je n'avais pu y
résister, et, là-dessus, je lui contai l'histoire de M. Fakenham de
Fakenham, de façon à le faire pâmer de rire, et il me dit, plus
tard, qu'il l'avait à son tour racontée un soir chez Mme de Ka-
meke, où tout le monde mourait du désir de voir le jeune Anglais.

« Est-ce que l'ambassadeur d'Angleterre y était? » demandai-
je du ton le plus alarmé.

Et j'ajoutai :

« Pour l'amour du ciel, monsieur, ne lui dites pas mon nom,
ou il pourrait réclamer mon extradition, et je n'ai nulle envie
d'aller me faire pendre dans mon cher pays natal. »

Potzdorff répondit en riant qu'il prendrait soin que je restasse
où j'étais, sur quoi je lui jurai une éternelle reconnaissance.

Quelques jours après, et avec une mine assez grave, il me dit :

« Redmond, j'ai parlé de vous à votre colonel, et comme je
m'étonnais qu'un garçon de votre courage et de votre mérite
n'eût pas eu d'avancement pendant là guerre, le général m'a
répondu qu'on avait eu les yeux ouverts sur vous ; que vous
étiez un brave soldat, et étiez évidemment sorti d'une bonne
souche ; qu'aucun homme du régiment n'avait été moins souvent
trouvé en défaut, mais qu'aucun homme ne méritait moins d'a-
vancement ; que vous étiez paresseux, dissolu et sans principes ;
que vous aviez fait beaucoup de mal par votre exemple, et qu'a-
vec votre mérite et votre bravoure, il était sûr que vous n'arri-
veriez à rien de bien.

— Monsieur, dis-je, étonné qu'aucun homme au monde eût
pris une telle opinion de moi, j'espère que le général Bulow s'est
mépris sur mon caractère. Je suis tombé en mauvaise compagnie, c'est vrai ; mais je n'ai fait que ce qu'ont fait les autres
soldats, et surtout je n'ai jamais eu encore un bon ami et protecteur à qui je pusse montrer que j'étais capable de mieux faire.
Le général peut dire que je suis un garçon perdu et m'envoyer
au diable ; mais, soyez sûr de ceci, c'est que j'irais au diable
pour vous servir. »

Je vis que ce discours plaisait fort à mon patron, et, comme
j'étais discret et lui étais utile dans mille circonstances délicates,
il en vint bientôt à se prendre d'un véritable attachement pour
moi. Un jour, ou plutôt une nuit qu'il était tête à tête avec la
femme du *Tabaks Rath von Dose*, par exemple, je…. Mais à quoi
bon vous parler de choses qui ne concernent personne à présent?

Quatre mois après ma lettre à ma mère, j'eus, sous le couvert du capitaine, une réponse qui me donna un violent désir de revoir mon pays, et une mélancolie que je ne puis décrire. Il y avait cinq ans que je n'avais vu de l'écriture de la chère âme. Les jours d'autrefois, et le frais et heureux soleil de mes vieux champs verts d'Irlande, et son amour, et mon oncle, et Phil Purcel, et tout ce que j'avais fait et pensé, tout cela me revint à l'esprit en lisant cette lettre, et, quand je fus seul, je pleurai dessus comme je n'avais pas fait depuis le jour où Nora s'était jouée de moi. Je pris soin de ne pas laisser voir mon émotion au régiment ou à mon capitaine; mais, ce soir-là, où je devais prendre le thé au jardin public, hors la porte de Brandebourg, avec Fräuleine Lottchen (la dame de compagnie de la Tabaks Räthinn), je n'eus pas le courage d'y aller. Je m'excusai et allai me coucher de bonne heure à la caserne, où j'allais et venais maintenant à peu près comme il me plaisait, et je passai une longue nuit à pleurer et à penser à la chère Irlande.

Le lendemain, mes esprits se relevèrent; je fis escompter un billet de dix guinées, que ma mère m'avait envoyé dans sa lettre, et je régalai magnifiquement quelques personnes de ma connaissance. La lettre de la pauvre âme était toute tachée de larmes, pleine de citations de la Bible, écrite avec le plus grand désordre d'idées. Elle disait qu'elle était ravie de penser que je servais sous un prince protestant, quoiqu'elle craignît bien qu'il ne fût pas dans la bonne voie. Cette bonne voie, disait-elle, elle avait eu le bonheur de la trouver sous la direction du révérend Joshua Jowls, dont elle suivait l'Église. Elle disait que c'était un précieux vase d'élection, un suave onguent et une précieuse boîte de nard, et elle faisait usage d'un grand nombre d'autres phrases que je ne pouvais pas comprendre; mais ce qui était clair, au milieu de tout ce jargon, c'est que la bonne âme aimait toujours son fils, et priait jour et nuit pour son écervelé de Redmond. N'est-il pas venu tout d'un coup à l'esprit de maint pauvre diable, pendant une faction solitaire ou dans le chagrin, la maladie ou la captivité, qu'à cet instant même, bien probablement, sa mère priait pour lui? J'ai eu souvent de ces pensées; mais elles ne sont pas des plus gaies, et il est tout aussi bien qu'elles ne vous viennent pas en compagnie : car que deviendrait alors une réunion de bons vivants? Ils seraient aussi muets que des croque-morts à un enterrement, je vous le promets. Je bus rasade à la santé de ma mère ce soir-là, et vécus en gentilhomme tant que dura l'argent. Elle s'était bien gênée pour me l'envoyer, à ce qu'elle m'apprit plus tard; et M. Jowls était très-courroucé contre elle.

Si l'argent de la bonne âme fut assez vite dépensé, je ne fus pas long à m'en procurer d'autre; car j'avais cent moyens pour cela, et étais devenu le favori du capitaine et de ses amis. Tantôt c'était Mme Von Dose qui me donnait un frédéric d'or pour lui avoir apporté un bouquet ou une lettre du capitaine; tantôt c'était, au contraire, le vieux conseiller privé qui me régalait d'une bouteille de vin du Rhin, et me glissait dans la main un ou deux dollars, afin d'avoir de moi des renseignements sur la liaison de mon capitaine et de sa femme. Mais quoique je ne fusse pas assez sot pour ne pas prendre son argent, vous pouvez être sûr que je n'étais pas assez peu honorable pour trahir mon bienfaiteur, et le mari tirait fort peu de chose de moi. Quand le capitaine et la dame se brouillèrent, et qu'il se mit à faire la cour à la riche fille du ministre de Hollande, je ne sais combien de lettres et de guinées l'infortunée Tabaks Räthinn me donna, afin que je lui ramenasse son amant. Mais ces retours sont rares en amour; et le capitaine ne faisait que rire de ses soupirs et de ses supplications. Dans la maison de Mynheer Van Guldensack, je me rendis si agréable du petit au grand, que j'y devins tout à fait intime, et y eus connaissance d'un ou deux secrets d'État qui surprirent et charmèrent très-fort mon capitaine. Ces petits renseignements, il les porta à son oncle, le ministre de la police, qui, sans nul doute, en fit son profit; et je commençai ainsi à être reçu sur un pied tout à fait confidentiel par la famille Potzdorff, et je devins un soldat purement nominal, ayant la permission de paraître en habit bourgeois (et en habit fort bien fait, je vous assure) et de me donner une foule de jouissances qu'enviaient mes pauvres diables de camarades. Quant aux sergents, ils étaient aussi civils pour moi que pour un officier; c'eût été risquer leurs galons que d'offenser une personne qui avait l'oreille du neveu du ministre. Il y avait dans ma compagnie un jeune garçon du nom de Kurz, qui avait cinq pieds six pouces en dépit de son nom, et à qui j'avais sauvé la vie à la guerre. Le drôle ne s'avisa-t-il pas, après que je lui eus raconté une de mes aventures, de m'appeler espion et délateur, et de m'inviter à ne plus le tutoyer, comme c'est l'usage entre les jeunes gens lorsqu'ils sont très-intimes! Je ne pus faire autrement que de lui demander raison; mais je ne lui en voulais pas. Je le désarmai en un clin d'œil; et, quand je fis voler son épée par-dessus sa tête, je lui dis : « Kurz, avez-vous jamais connu un homme coupable d'une bassesse qui fasse ce que je fais en ce moment? » Cela fit taire le reste des mécontents, et personne ne se railla de moi après cela.

On ne saurait supposer que, pour une personne de ma sorte, il fût agréable de me morfondre dans les antichambres, à écouter la conversation des laquais et des parasites. Mais ce n'était pas plus dégradant que la caserne, dont je n'ai pas besoin de dire que j'étais complétement dégoûté. Mes protestations d'amour pour l'armée avaient toutes pour but de jeter de la poudre aux yeux de mon patron. J'aspirais à sortir d'esclavage. Je savais que j'étais né pour faire figure dans le monde. Si j'avais été un des hommes de la garnison de Neiss, je me serais battu pour ma liberté à côté du vaillant Français; mais ici ce n'était que par artifice que je pouvais atteindre mon but, et n'étais-je pas justifié d'user de ruse? Mon plan était celui-ci : « Je puis me rendre si nécessaire à M. de Potzdorff, qu'il m'obtiendra ma liberté. Une fois libre, avec ma belle tournure et ma bonne famille, je ferai ce qu'ont fait avant moi dix mille gentilshommes irlandais; j'épouserai une femme riche et de qualité. » Et la preuve que j'étais, sinon désintéressé, du moins conduit par une noble ambition, est celle-ci : il y avait à Berlin une grasse veuve d'épicier, avec six cents thalers de rente, et un bon commerce, qui me donna à entendre qu'elle me rachèterait si je voulais l'épouser; mais je lui dis franchement que je n'étais pas né pour être épicier, et perdis de gaieté de cœur une chance de liberté qu'elle m'offrait.

Et j'étais reconnaissant envers mes patrons, plus reconnaissant qu'ils ne l'étaient envers moi. Le capitaine était endetté, et avait affaire aux juifs, à qui il faisait des billets payables à la mort de son oncle. Le vieux Herr von Potzdorff, voyant la confiance que son neveu avait en moi, essaya de me corrompre pour savoir quelle était la position réelle du jeune homme. Mais qu'est-ce que je fis? J'informai du fait M. Georges von Potzdorff; et nous dressâmes, de concert, une liste de petites dettes, si modestes qu'elles apaisèrent le vieil oncle au lieu de l'irriter, et qu'il les paya, heureux d'en être quitte à si bon marché.

Et je fus joliment récompensé de ma fidélité. Un matin, le vieux gentilhomme, étant enfermé avec son neveu (il avait coutume de venir aux informations sur ce que faisaient les jeunes officiers du régiment; si celui-ci ou celui-là jouait; qui avait une intrigue, et avec qui; qui était au Ridotto telle soirée; qui avait des dettes, et qui n'en avait pas : car le roi aimait à connaître les affaires de chaque officier de son armée), je fus envoyé avec une lettre au marquis d'Argens (qui, plus tard, épousa Mlle Cochois, l'actrice), et rencontrant le marquis à quelques pas de là dans la rue, je rendis mon message, et revins chez le capitaine. Son digne oncle et lui avaient pris mon indigne personne pour sujet de conversation.

« Il est noble, disait le capitaine.

— Bah! répliquait l'oncle, que j'aurais été capable d'étrangler pour son insolence. Tous les gueux d'Irlandais qui s'enrôlent font la même histoire.

— Il a été enlevé par Galgenstein, reprit l'autre.

— Un déserteur enlevé, dit M. Potzdorff, la belle affaire!

— Enfin, j'ai promis à ce garçon que je demanderais qu'il fût libéré; et je suis sûr que vous pouvez en tirer parti.

— Vous avez demandé qu'il fût libéré, répondit le vieux en riant. Bon Dieu! vous êtes un modèle de probité! Vous ne me succéderez jamais, Georges, si vous ne devenez pas plus sensé que vous ne l'êtes en ce moment. Il a de bonnes manières et la physionomie ouverte. Il sait mentir avec une assurance que je n'ai jamais vu surpasser, et se battre, dites-vous, quand on le pousse à bout. Le drôle ne manque pas de bonnes qualités; mais il est vain, dépensier et bavard. Tant que vous aurez un régiment comme une menace au-dessus de lui, vous pourrez faire de lui ce que vous voudrez. Mettez-lui la bride sur le cou, et mon homme vous glissera dans la main. Persistez à lui faire des promesses; la promesse de le faire général, si vous voulez. Que diantre m'importe! Il y a assez d'espions disponibles sans lui dans la ville. »

C'était ainsi que les services que je rendais à M. Potzdorff étaient qualifiés par ce vieil ingrat; et je m'esquivai de la chambre, l'esprit fort troublé de penser qu'un autre de mes chers rêves était ainsi dissipé, et que mes espérances de sortir de l'armée, en étant utile au capitaine, étaient entièrement vaines. Pour quelque temps, mon désespoir fut tel que je songeai à épouser la veuve; mais les simples soldats ne peuvent jamais se marier sans une permission directe du roi; et il était fort douteux que Sa Majesté permît à un jeune garçon de vingt-deux ans, le plus bel homme de son armée, de s'accoupler à une vieille veuve bourgeonnée de soixante ans, qui avait tout à fait passé l'âge où son mariage pouvait promettre de multiplier les sujets de Sa Majesté. Cette espérance de liberté était donc illusoire, et je ne pouvais pas non plus espérer d'acheter ma libération, à moins qu'une âme charitable ne voulût me prêter une grosse somme d'argent; car, bien que j'en gagnasse beaucoup, comme j'ai dit, j'ai toujours eu toute ma vie un goût insurmontable de dépense, et (telle est la générosité de mon caractère) je n'ai jamais été sans dettes depuis que je suis né.

Mon capitaine, le rusé gredin, me donna de sa conversation avec son oncle une version très-différente de celle que je savais être la véritable, et me dit en souriant : « Redmond, j'ai parlé au ministre de tes services [1], et ta fortune est faite. Nous te ferons sortir de l'armée, nous te nommerons au bureau de police, et te procurerons une place d'inspecteur des douanes ; enfin, nous te mettrons à même de te mouvoir dans une sphère meilleure que celle où la fortune t'a placé jusqu'ici. »

Quoique je ne crusse pas un mot de ce discours, j'affectai d'en être très-touché, et, comme de raison, je jurai une éternelle reconnaissance au capitaine pour ses bontés envers le pauvre proscrit irlandais.

« Votre service chez le ministre de Hollande m'a beaucoup plu. Voici une autre occasion dans laquelle vous pouvez nous être utile ; et si vous réussissez, comptez sur votre récompense.

— Quel est ce service, monsieur ? dis-je ; je ferai tout au monde pour un si bon maître.

— Il est arrivé depuis peu à Berlin, dit le capitaine, un gentilhomme au service de l'impératrice-reine, qui s'appelle le chevalier de Balibari, et porte le cordon rouge et le crachat de l'ordre papal de l'Éperon. Il parle italien ou français indifféremment ; mais nous avons quelque raison de supposer que ce M. de Balibari est de votre pays d'Irlande. Avez-vous jamais entendu parler de ce nom de Balibari en Irlande ?

—Balibari ! Ballyb... ? » Une idée soudaine me traversa l'esprit. « Non, monsieur, dis-je, je n'en ai jamais entendu parler.

— Il faut entrer à son service. Comme de raison, vous ne saurez pas un mot d'anglais ; et si le chevalier vous fait des questions au sujet de votre accent, dites que vous êtes Hon-

---

1. Les services dont parle ici M. Barry ont été, et à dessein, nous le supposons, décrits par lui dans des termes très-ambigus. Il est fort probable qu'il était employé à servir à la table des étrangers à Berlin, et à rapporter au ministre de la police toutes les nouvelles relatives à ceux qui pouvaient intéresser le moins du monde le gouvernement. Le grand Frédéric ne recevait jamais personne sans prendre ces précautions hospitalières ; et quant aux duels qu'a M. Barry, nous sera-t-il permis d'émettre un doute sur le nombre de ses combats ? On remarquera, dans un ou deux autres passages de ses Mémoires, que toutes les fois qu'il est dans une fausse position, ou fait quelque chose que le monde ne considère pas d'ordinaire comme très-honorable, un duel, où il est victorieux, est sûr d'arriver ; d'où il conclut qu'il est un homme d'un honneur incontestable.

grois. Le domestique qui est venu avec lui sera renvoyé aujour-
d'hui, et la personne à laquelle il s'est adressé pour avoir un
garçon fidèle vous recommandera. Vous êtes Hongrois; vous
avez servi dans la guerre de Sept ans; vous avez quitté l'armée
à cause d'une faiblesse dans les reins. Vous avez servi deux ans
M. de Quellenberg; il est maintenant avec l'armée de Silésie,
mais voici votre certificat signé de lui. Vous avez ensuite vécu
chez le docteur Mopsius, qui répondra de vous si besoin est;
et le maître de l'hôtel de l'Étoile certifiera, cela va sans dire,
que vous êtes un honnête sujet; mais son attestation ne compte
pas. Quant au reste de votre histoire, vous pouvez la fabriquer
comme vous voudrez, et la faire aussi romanesque ou aussi co-
mique que votre imagination vous le dictera. Tâchez, toutefois,
de gagner la confiance du chevalier en excitant sa compassion.
Il joue beaucoup et *gagne.* Connaissez-vous bien les cartes?

— Très-peu, comme font les soldats.

— Je vous croyais plus expert. Il faut découvrir si le chevalier triche; si cela est, nous le tenons. Il voit continuellement
les envoyés d'Angleterre et d'Autriche, et les jeunes gens des
deux ambassades soupent fréquemment chez lui. Sachez ce dont
ils parlent, ce que chacun joue, surtout si aucun d'eux joue sur
parole. Si vous lisez ses lettres particulières, vous le saurez
comme de raison; mais pour celles qui sont mises à la poste,
ne vous en occupez pas, nous les regardons là. Mais ne le voyez
jamais écrire un billet sans découvrir à qui il va, et par quel canal
ou quel messager. Il dort avec les clefs de sa boîte à dépêches
attachées par un cordon autour de son cou. Vingt frédérics si
vous prenez l'empreinte des clefs. Vous irez, comme de juste,
en habit bourgeois. Vous ferez bien d'ôter la poudre de vos cheveux et de les attacher simplement avec un ruban; naturellement votre moustache devra être rasée. »

Avec ces instructions, et une gratification fort mince, le capitaine me laissa. Quand je le revis, il fut amusé du changement qui s'était opéré en moi. J'avais, non sans chagrin (car
elle était noire comme du jais et élégamment frisée), j'avais rasé
ma moustache; j'avais ôté de mes cheveux la farine et l'odieuse
graisse que j'ai toujours abominées; j'avais mis un modeste
habit gris français, des culottes de satin noir, une veste de
peluche marron et un chapeau sans cocarde. J'avais l'air humble et doux autant que peut l'avoir domestique sans place; et je
crois que mon propre régiment, qui était en ce moment à la
revue à Potsdam, ne m'aurait pas reconnu. Ainsi accoutré,
j'allai à l'hôtel de l'Étoile où était cet étranger, le cœur me bat-

tant d'anxiété, et quelque chose me disant que ce chevalier de Balibari n'était autre que Barry de Ballybarry, le frère aîné de mon père, qui avait abandonné ses biens par suite de son attachement obstiné à la superstition de Rome. Avant de me présenter à lui, j'allai dans les remises regarder son carrosse. Avait-il les armes des Barry? Oui, elles y étaient, d'argent à la bande de gueules accompagnée de quatre coquilles, les anciennes armoiries de ma maison. Elles étaient peintes sur une brillante voiture magnifiquement dorée, dans un écu environ aussi grand que mon chapeau, surmonté d'une couronne et ayant pour supports huit ou neuf Cupidons, cornes d'abondance et corbeilles de fleurs, suivant l'étrange mode héraldique de cette époque. Ce devait être lui! Je me sentis défaillir en montant l'escalier. J'allais me présenter à mon oncle en qualité de domestique!

« Vous êtes le jeune homme que M. de Seebach a recommandé? »

Je saluai et lui présentai une lettre de ce gentilhomme, dont mon capitaine avait eu soin de me munir. Pendant qu'il la regardait, j'eus le loisir de l'examiner. Mon oncle était un homme de soixante ans, magnifiquement vêtu, habit et culottes de velours abricot, veste de satin blanc brodée d'or comme l'habit. Il portait le cordon violet de son ordre de l'Éperon, et le crachat de l'ordre, un crachat énorme, étincelait sur sa poitrine. Il avait des bagues à tous les doigts, une couple de montres dans ses goussets, un superbe solitaire sur le ruban noir qui entourait son cou et était attaché à la bourse de sa perruque; ses manchettes et son jabot étalaient une profusion de dentelles des plus riches. Il avait des bas de soie rose roulés au-dessus du genou et attachés avec des jarretières d'or, et d'énormes boucles en diamant à ses souliers à talons rouges. Une épée à monture d'or et à fourreau de chagrin blanc, et un chapeau richement galonné et garni de plumes blanches, qui étaient posés sur la table à côté de lui, complétaient le costume de ce splendide gentilhomme. Il avait à peu près ma taille, c'est-à-dire cinq pieds six pouces et demi; ses traits étaient singulièrement pareils aux miens et extrêmement distingués; un de ses yeux, toutefois, était caché par un morceau de taffetas noir; il avait un peu de blanc et de rouge, ornement qui n'était nullement rare en ce temps-là, et une paire de moustaches qui tombait par-dessus sa lèvre et cachait une bouche que je trouvai plus tard avoir une expression assez désagréable. Quand il écartait sa moustache, on voyait que les dents d'en haut avançaient beaucoup; et sur son visage était un affreux sourire immobile qui ne plaisait nullement.

Ce fut fort impudent à moi; mais quand je vis la splendeur de son aspect, la noblesse de ses manières, il me fut impossible de garder mon déguisement avec lui; et lorsqu'il dit : « Ah! vous êtes Hongrois, à ce que je vois! » je n'y tins plus.

« Monsieur, dis-je, je suis Irlandais, et mon nom est Redmond Barry de Ballybarry. » A ces mots, je fondis en larmes; je ne saurais dire pourquoi; mais je n'avais vu aucun membre de ma famille depuis six ans, et mon cœur avait soif d'en voir un.

CHAPITRE VIII.

Barry dit adieu à la profession militaire.

Vous qui n'êtes jamais sorti de votre pays, vous ne savez pas ce que c'est que d'entendre une voix amie dans la captivité, et bien des gens ne comprendront pas la cause de l'explosion de sensibilité que j'ai confessé avoir eu lieu à la vue de mon oncle. Il ne pensa pas une minute à mettre en question la vérité de ce que je disais. « Mère de Dieu ! s'écria-t-il, c'est le fils de mon frère Harry ! » Et je crois du fond du cœur qu'il était aussi affecté que moi en retrouvant d'une manière si subite un de ses parents; car lui aussi il était exilé, et une voix amie lui remettait en mémoire son ancien pays et les jours de son enfance.

« Je donnerais cinq ans de ma vie pour les revoir encore, dit-il après m'avoir fait de chaudes caresses.

— Voir quoi ? lui dis-je.

— Eh mais, répliqua-t-il, les champs verts, et la rivière, et la vieille tour ronde, et le cimetière de Ballybarry. Ce fut honteux à votre père, Redmond, de se défaire d'une terre qui avait si longtemps porté notre nom. »

Il se mit alors à me faire des questions sur moi-même, et je lui contai mon histoire assez au long, dont le digne gentilhomme se prit à rire à plusieurs reprises, disant que j'étais un Barry de la tête aux pieds. Au milieu de mon récit, il m'arrêta pour me demander de me mesurer avec lui, dos à dos (par quoi je constatai que nous étions de même taille, et que mon oncle avait, de plus que moi, un genou roide qui le faisait marcher d'une manière particulière), et il poussa, pendant le cours de ma narration, cent exclamations de pitié, de tendresse et de sympathie. C'était à tout instant : « Bienheureux saints ! » et : « Mère du ciel ! » et : « Bienheureuse Marie ! » d'où je conclus, et avec justice, qu'il était toujours fidèle à l'ancienne foi de la famille.

Ce ne fut pas sans difficulté que j'en vins à lui expliquer la dernière partie de mon histoire, à savoir que j'étais mis à son service pour surveiller ses actions, dont je devais rendre compte dans un certain quartier. Quand je lui eus dit la chose (avec beaucoup d'hésitation), il éclata de rire, et goûta merveilleusement la plaisanterie.

« Les gredins ! dit-il ; ils croient m'attraper, n'est-ce pas ? Eh ! Redmond, ma principale conspiration est une banque de pharaon ; mais le roi est si soupçonneux, qu'il voit un espion dans chaque personne qui visite sa misérable capitale et son grand désert de sable. Ah ! mon garçon, il faut que je vous montre Paris et Vienne ! »

Je répondis que je ne désirais rien tant que de voir toute autre ville que Berlin, et que je serais ravi d'être délivré de cet odieux service militaire. Le fait est que d'après la splendeur de son aspect, toutes les coûteuses babioles de la chambre, le carrosse doré dans la remise, je supposais à mon oncle une fortune considérable, et qu'il m'achèterait une douzaine, que dis-je ! tout un régiment de remplaçants, pour me rendre à la liberté.

Mais je me trompais dans mes calculs à son égard, comme ce qu'il me raconta de son histoire ne tarda pas à me le prouver : « J'ai roulé de par le monde, dit-il, depuis l'année 1742 où mon frère, votre père, à qui Dieu pardonne ! me coupa l'herbe sous le pied et m'escamota mon patrimoine en se faisant hérétique, afin d'épouser votre pie-grièche de mère ; mais ce qui est passé est passé. Il est probable que j'aurais dissipé ce petit bien comme il le fit à ma place, et j'aurais eu à commencer un ou deux ans plus tard la vie que j'ai menée depuis que j'ai été forcé de quitter l'Irlande. Mon enfant, j'ai été à tous les services ; et, entre nous, je dois de l'argent dans toutes les capitales de l'Europe. J'ai fait une campagne ou deux avec les Pandours, sous l'Autrichien Trenck ; j'ai été capitaine de la garde de Sa Sainteté le pape ; j'ai fait la campagne d'Écosse avec le prince de Galles, un mauvais garnement, mon cher, qui se souciait plus de sa maîtresse et de sa bouteille d'eau-de-vie que des couronnes des Trois-Royaumes ; j'ai servi en Espagne et en Piémont ; mais j'ai été la pierre qui roule, mon bon ami. Le jeu, le jeu a été ma ruine ! cela et la beauté ! » Ici il me lança du coin de l'œil un regard qui, je dois l'avouer, n'était rien moins que séduisant; et puis, le rouge dont ses joues étaient enduites avait tout coulé sous les larmes qu'il avait versées en me recevant. « Les femmes m'ont fait faire bien des sottises, mon cher Redmond : j'ai le cœur tendre, de ma nature, et en ce moment même, à soixante-deux ans, je n'ai pas plus d'empire sur moi-même que lorsque Peggy O'Dwyer se jouait de moi à seize.

— Ma foi, monsieur, dis-je en riant, je crois que cela tient de famille. »

Et je lui décrivis, à son grand amusement, ma passion romanesque pour ma cousine, Nora Brady. Il reprit son récit :

« Les cartes sont maintenant mon seul moyen d'existence. Quelquefois je suis en veine, et alors j'emploie mon argent à acheter les bijoux que vous voyez. C'est un avoir, voyez-vous bien, Redmond, et le seul moyen que j'aie trouvé de garder quelque chose. Quand la chance tourne contre moi, eh bien, mon cher, mes diamants vont chez les prêteurs sur gages, et je porte du faux. L'ami Moïse, l'orfévre, me rendra visite aujourd'hui même, car le sort m'a été contraire toute la semaine passée, et il faut que je me procure de l'argent pour la banque de ce soir. Connaissez-vous les cartes? »

Je répondis que je savais jouer comme le savent les soldats, mais que je n'étais pas très-habile.

« Nous nous exercerons ce matin, dit-il, et je vous enseignerai une ou deux choses qui valent la peine d'être sues. »

Naturellement j'étais bien aise de trouver une telle occasion de m'instruire, et je témoignai la satisfaction que j'aurais à recevoir les leçons de mon oncle.

Ce que le chevalier me raconta de lui me fit une impression assez désagréable. Toute sa fortune était sur son dos, comme il disait. Son carrosse, si bien doré, faisait partie de son fonds de commerce. Il avait une espèce de mission de la cour d'Autriche : c'était de découvrir si une certaine quantité de ducats altérés, dont on avait suivi la trace jusqu'à Berlin, provenaient du trésor du roi; mais le but réel de M. de Balibari était le jeu. Il y avait là un jeune attaché de l'ambassade d'Angleterre, milord Deuceace, plus tard vicomte et comte de Crabs dans la pairie anglaise, qui jouait gros jeu; et ce fut sur la nouvelle de la passion de ce jeune seigneur anglais que mon oncle, alors à Prague, se détermina à visiter Berlin et à le provoquer au jeu; car il existe une sorte de chevalerie parmi les gentilshommes du cornet : la réputation des grands joueurs est répandue par toute l'Europe. J'ai vu le chevalier de Casanova, par exemple, faire six cents milles de Paris à Turin, pour jouter avec M. Charles Fox, alors le brillant fils de lord Holland, plus tard le plus grand des orateurs et des hommes d'État de l'Europe.

Il fut convenu que je conserverais mon rôle de valet; qu'en présence des étrangers je ne saurais pas un mot d'anglais; que j'aurais l'œil sur les atouts, en servant le vin de Champagne et le punch; et comme j'avais une vue remarquable et une grande aptitude naturelle, je fus promptement à même de prêter à mon cher oncle une grande assistance contre ses antagonistes du tapis vert. Il est des personnes prudes qui pourront affecter de s'indigner de la franchise de ces confessions, mais que le ciel les ait en pitié! Supposez-vous qu'un homme qui a perdu ou gagné cent mille guinées au jeu se refusera les moyens de succès dont use son voisin? Ils sont tous les mêmes; mais il n'y a que les imbéciles qui *trichent*, qui ont recours aux expédients vulgaires des dés pipés et des cartes biseautées. Un tel homme est sûr de mal finir un jour ou l'autre, et il n'est pas fait pour jouer dans la société d'un galant homme; l'avis que je donne aux gens qui voient un être aussi vulgaire à l'œuvre est, comme de raison, de parier pour lui quand il joue, mais de ne jamais, au grand jamais, avoir affaire avec lui. Jouez grandement, honorablement; ne vous laissez point abattre, cela va sans dire, quand vous perdez; mais, par-dessus tout, ne soyez pas âpre au gain, comme le sont les âmes viles; et, vraiment, malgré toute l'habileté et les avantages que l'on peut avoir, ce gain est souvent problématique : j'ai vu un véritable ignorant, qui ne savait pas plus le jeu que l'hébreu, vous gagner en quelques coups cinq mille livres, à force de bévues. J'ai vu un gentilhomme et son compère jouer contre un autre qui avait aussi son compère; on n'est sûr de rien en pareil cas; et quand on considère le temps et la peine que cela coûte, le génie, l'anxiété, la mise de fonds qu'il faut, le nombre des mauvais payeurs (car on trouve des gens malhonnêtes aux tables de jeu comme partout ailleurs), je dis, pour ma part, que la profession est mauvaise; et, en effet, j'ai rarement rencontré un homme qui, en fin de compte, y ait fait fortune. J'écris maintenant avec l'expérience d'un homme du monde. A l'époque dont je parle, j'étais un jeune garçon ébloui à l'idée de la richesse, et respectant beaucoup trop, certainement, la supériorité d'âge et de position de mon oncle.

Il n'est pas besoin de particulariser ici les petits arrangements faits entre nous; les joueurs d'aujourd'hui ne manquent pas d'instruction, je présume, et le public prend peu d'intérêt à la chose. Mais la simplicité était notre secret: tout ce qui réussit

est simple. Si, par exemple, j'essuyais la poussière d'une chaise
avec ma serviette, c'était pour indiquer que l'ennemi était fort
en carreau ; si je la poussais, il avait l'as et le roi ; si je disais :
« Punch ou vin, milord ? » cela voulait dire cœur ; si : « Vin ou
punch ? » trèfle ; si je me mouchais, c'était pour annoncer que l'an-
tagoniste avait aussi un compère ; et alors, je vous le garantis, il
se faisait de jolis tours d'adresse. Milord Deuceace, quoique si
jeune, était très-fort aux cartes, de toute manière ; et ce ne fut
qu'en entendant Frank Punter, qui était venu avec lui, bâiller
trois fois quand le chevalier avait l'as d'atout, que je sus que
nous étions grecs contre grecs.

J'étais d'une innocence parfaite ; et M. de Potzdorff en riait de
tout cœur, quand je lui portais mes petits rapports au pavillon
en dehors de la ville où il me donnait rendez-vous. Il va sans
dire que ces rapports étaient concertés d'avance entre mon oncle
et moi. J'avais pour instructions (et cela vaut toujours bien
mieux) de dire autant la vérité que mon histoire pouvait l'admettre. Lorsque, par exemple, il me demandait :

« Que fait le chevalier dans la matinée ?

— Il va régulièrement à l'église (il était très-religieux) , et
après la messe il rentre déjeuner. Puis il prend l'air dans sa voiture jusqu'au dîner , qui se sert à midi. Après dîner, il écrit ses
lettres, s'il en a à écrire ; mais il a fort peu de chose à faire
en ce genre. Ses lettres sont à l'envoyé autrichien , avec lequel
il correspond, mais qui ne le reconnaît pas, etc.; et, étant écrites
en anglais, comme de raison je regarde par-dessus son épaule.
Il écrit en général pour demander de l'argent. Il dit en avoir
besoin pour gagner les secrétaires du trésor afin de découvrir
d'où viennent réellement les ducats altérés ; mais, dans le fait,
il en a besoin pour jouer le soir , et faire sa partie avec Calsa-
bigi, l'entrepreneur de la loterie, les attachés russes, deux attachés de l'ambassade anglaise , milords Deuceace et Punter,
qui jouent un jeu d'enfer, et quelques autres. La même société
se réunit tous les soirs à souper ; il est rare qu'il y ait des femmes ; celles qui viennent sont principalement des Françaises ,
appartenant au corps de ballet. Il gagne souvent , mais pas toujours. Lord Deuceace est un très-beau joueur. Le chevalier El-
liot , le ministre d'Angleterre , vient quelquefois , et alors les
secrétaires ne jouent pas. M. de Balibari dîne aux ambassades ,
mais en petit comité , et non les jours de grande réception. Cal-
sabigi, je crois , est son compère au jeu. Il a gagné dernière-
ment, mais la semaine d'avant il avait mis son solitaire en gage
pour quatre cents ducats.

— Les attachés anglais et lui parlent-ils ensemble leur langue ?

— Oui ; l'envoyé et lui ont causé hier une demi-heure de la nouvelle danseuse et des troubles d'Amérique, principalement de la nouvelle danseuse ! »

On verra que les renseignements que je donnais étaient très-minutieux et très-exacts, quoi que très-peu importants. Mais tels qu'ils étaient, ils furent portés aux oreilles de ce fameux héros et guerrier, le philosophe de Sans-Souci ; et il n'entrait pas un étranger dans la capitale dont les actions ne fussent également espionnées et rapportées au grand Frédéric.

Tant que le jeu se restreignit aux jeunes gens des différentes ambassades, Sa Majesté ne voulut pas l'empêcher ; il encourageait même le jeu dans toutes les missions, sachant bien qu'on peut faire parler un homme dans l'embarras, et qu'un rouleau de frédérics donné à propos lui obtenait souvent un secret qui en valait des milliers. Il se procura de cette manière certains papiers de l'ambassade française ; et je n'ai pas de doute que milord Deuceace ne lui eût fourni des renseignements aux mêmes conditions, si le caractère de ce jeune seigneur n'eût été moins bien connu de son chef, qui, comme c'est ordinairement le cas, faisait faire le travail par un roturier dont il était sûr, tandis que les jeunes mirliflores de sa suite étalaient leurs broderies aux bals, ou secouaient leurs manchettes de Malines au-dessus des tapis verts du pharaon. J'en ai vu depuis des vingtaines de ces freluquets, eux et leurs chefs, et mon Dieu ! quelle sotte engeance ! quelle fatuité stupide ! quelles buses ! quels étourneaux ! quels cerveaux vides ! C'est un des mensonges du monde que cette diplomatie ; sans cela, comment supposer que, si cette profession était aussi difficile que veut nous le faire croire la race solennelle des gens à portefeuille, ils choisiraient invariablement pour la remplir de petits écoliers à face rose, qui n'y ont d'autre droit que le titre de leur maman, et qui sont tout au plus capables de juger d'un *curricle*, d'une danse nouvelle, ou d'une botte bien faite.

Mais lorsqu'il fut connu des officiers de la garnison qu'il y avait en ville une table de pharaon, ce fut à qui s'y ferait admettre ; et, en dépit de mes représentations, mon oncle ne fut pas fâché que ces jeunes gens tentassent leur chance, et une ou deux fois il leur tira de la poche une bonne somme. Vainement je lui dis que je serais forcé d'en porter la nouvelle à mon capitaine, devant qui ses camarades ne manqueraient pas de jaser, et qui n'aurait pas même besoin de mes renseignements pour savoir la chose.

« Dites-le-lui, répondit mon oncle.

— Ils vous renverront, dis-je ; alors que deviendrai-je ?

— Tranquillisez-vous, dit ce dernier avec un sourire ; je ne ous laisserai pas en arrière, je vous le garantis. Allez jeter un dernier regard sur votre caserne, tranquillisez-vous, dites adieu à vos amis de Berlin. Les chères âmes, comme elles vont pleurer quand elles vous sauront hors du pays ! et, aussi sûr que mon nom est Barry, hors du pays vous partirez.

— Mais comment, monsieur ? dis-je.

— Un peu de mémoire, monsieur Fakenham de Fakenham, dit-il d'un air fier. C'est vous-même qui m'avez appris comment. Allez me chercher une de mes perruques. Ouvrez ma boîte à dépêches là-bas, où sont les grands secrets de la chancellerie autrichienne ; rejetez vos cheveux en arrière ; mettez-moi ce morceau de taffetas noir et ces moustaches, et maintenant regardez-vous au miroir.

— Le chevalier de Balibari, » dis-je en éclatant de rire, et je me mis à me promener dans la chambre, en roidissant le genou à sa manière.

Le lendemain, quand j'allai faire mon rapport à M. de Potzdorff, je lui parlai des jeunes officiers prussiens qui avaient joué depuis peu ; et il répondit, comme je m'y attendais, que le roi avait résolu de renvoyer le chevalier.

« C'est un vilain ladre, répliquai-je ; je n'ai eu de lui que trois frédérics en deux mois, et j'espère que vous vous rappelez votre promesse de m'avancer.

— Eh mais, trois frédérics, c'était trop pour les nouvelles que vous avez ramassées, dit le capitaine en ricanant.

— Ce n'est pas ma faute s'il n'y en a pas eu davantage, repartis-je. Quand va-t-il partir ?

— Après-demain. Vous dites qu'il se promène en voiture après déjeuner et avant dîner. Quand il sortira pour y monter, deux gendarmes se placeront sur le siége, et le cocher aura ses ordres de marcher.

— Et son bagage, monsieur ? dis-je.

— Oh ! on l'enverra après lui. J'ai envie de visiter la boîte rouge qui contient ses papiers, dites-vous ; et à midi, après la parade, je serai à l'auberge. Vous ne parlerez de l'affaire à personne de là, et vous m'attendrez dans l'appartement du chevalier jusqu'à mon arrivée. Il faudra que nous forcions cette boîte. Vous êtes un chien de maladroit ; sans cela vous auriez eu la clef depuis longtemps. »

Je priai le capitaine de ne pas m'oublier, et là-dessus je pris congé de lui. Le lendemain soir, je plaçai une paire de pistolets sous le coussin de la voiture ; et je pense que les aventures du lendemain sont tout à fait dignes des honneurs d'un chapitre séparé.

CHAPITRE IX.

Je fais la figure qui convient à mon nom et à ma naissance.

La fortune, souriant à M. de Balibari au moment de son départ, lui permit de gagner une jolie somme avec sa banque de pharaon.

Le lendemain matin, à dix heures, la voiture du chevalier de Balibari arrivait comme d'habitude à la porte de son hôtel ; et le chevalier, qui était à sa fenêtre, voyant son équipage, descendit l'escalier de l'air imposant qui le caractérisait.

« Où est ce drôle d'Ambroise ? dit-il, regardant autour de lui et ne voyant pas son domestique qui aurait dû être là pour lui ouvrir la portière.

— Je vais abaisser le marchepied à Votre Honneur, » dit un gendarme, qui se tenait près du carrosse.

Et le chevalier n'y fut pas plutôt entré, que l'officier de police y sauta après lui ; un autre monta sur le siége à côté du cocher, et ce dernier se mit en route.

« Bonté divine ! dit le chevalier, qu'est-ce que cela signifie ?

— Vous allez à la frontière, dit le gendarme en portant la main à son chapeau.

— C'est abominable ! c'est infâme ! J'insiste pour qu'on me descende à l'ambassade d'Autriche !

— J'ai l'ordre de bâillonner Votre Honneur s'il crie, dit le gendarme.

— Toute l'Europe sera instruite de ceci ! dit le chevalier en fureur.

— Comme il vous plaira, » répondit l'officier ; et là-dessus ils rentrèrent dans le silence.

Le silence ne fut pas interrompu entre Berlin et Potsdam, que le chevalier traversa au moment où Sa Majesté y passait la revue de ses gardes et des régiments de Bulow, de Zitwitz et de Heukel de Donnersmark. Comme le chevalier passait devant Sa Majesté, le roi leva son chapeau et dit en français :

« Qu'il ne descende pas ; je lui souhaite un bon voyage. »

Le chevalier de Balibari reconnut cette courtoisie par un profond salut.

Ils n'étaient pas beaucoup au delà de Potsdam, quand, boum ! le canon d'alarme commença à tonner.

« C'est un déserteur ! dit l'officier.

— Est-il possible ! » dit le chevalier, et il se renfonça dans sa voiture.

Au bruit du canon, les hommes du peuple sortirent le long de la route avec des fusils et des fourches, dans l'espoir d'attraper le fuyard. Les gendarmes avaient l'air fort désireux de le dépister. Le prix d'un déserteur était de cinquante écus pour ceux qui les ramenaient.

« Avouez, monsieur, dit le chevalier à l'officier de police qui était dans la voiture avec lui, que vous mourez d'envie d'être débarrassé de moi, dont vous ne pouvez rien tirer, et de pouvoir vous mettre à la recherche du déserteur, qui peut vous rapporter cinquante écus. Que ne dites-vous au postillon de presser le pas ? Vous pourrez me déposer à la frontière et revenir à votre chasse d'autant plus vite. »

L'officier dit au postillon d'avancer, mais le chemin semblait d'une longueur insupportable au chevalier. Une ou deux fois, il crut entendre le bruit d'un cheval au galop par derrière ; ses propres chevaux ne semblaient pas faire deux milles à l'heure, mais ils les faisaient. Enfin, ils arrivèrent en vue des barrières noires et blanches, tout près de Brück, et en face étaient celles vertes et jaunes de la Saxe. Les douaniers saxons sortirent.

« Je n'ai aucun bagage, dit le chevalier.

— Monsieur n'a point de contrebande, » dirent en ricanant les gendarmes prussiens, et ils prirent congé de leur prisonnier avec beaucoup de respect.

Le chevalier de Balibari leur donna à chacun un frédéric.

« Messieurs, dit-il, je vous souhaite le bonjour. Voulez-vous bien aller à la maison d'où nous sommes partis ce matin, et dire à mon domestique d'envoyer mon bagage aux *Trois-Rois*, à Dresden ? »

Puis, ordonnant des chevaux frais, le chevalier se mit en route pour cette capitale.

Je n'ai pas besoin de vous dire que c'était moi qui étais le chevalier.

Du chevalier de Balibari à Redmond Barry, esquire, gentilhomme anglais, à l'hôtel des Trois-Couronnes, à Dresde, en Saxe.

« Neveu Redmond,

« Ceci vous sera remis par une main sûre, qui n'est autre que M. Lumpit de la mission anglaise, qui est instruit, comme tout Berlin va l'être, de notre merveilleuse histoire. Ils n'en savent encore que la moitié; ils savent seulement qu'un déserteur est parti sous mes habits, et tout le monde est dans l'admiration de votre habileté et de votre courage.

« Je confesse que pendant deux heures, après votre départ, j'ai été au lit, dans une anxiété qui n'était pas médiocre, à me demander si Sa Majesté n'aurait pas la fantaisie de m'envoyer à Spandau, pour l'escapade dont nous nous étions rendus coupables tous les deux. Mais, le cas échéant, mes précautions étaient prises; j'avais écrit un exposé du fait à mon chef, le ministre d'Autriche, avec le récit fidèle et véridique de la manière dont on vous avait placé comme espion auprès de moi; comme quoi il s'est trouvé que vous étiez mon très-proche parent; comme quoi vous-même on vous avait enlevé et fait entrer de force au service, et comme quoi nous avions résolu tous les deux d'effectuer notre évasion. Le rire aurait été tellement contre le roi, que jamais il n'aurait osé mettre la main sur moi. Qu'aurait dit M. de Voltaire d'un tel acte de tyrannie?

« Mais c'était un jour de bonheur, et tout a tourné selon mon désir. Il y avait deux heures et demie que j'étais au lit, depuis votre départ, lorsque entre votre excellent capitaine Potzdorff.

« Redmond, dit-il avec son ton impérieux de Hollandais, êtes-vous là? »

« Point de réponse.

« Le drôle est parti, » dit-il; et aussitôt il va à ma boîte rouge, où je garde mes lettres d'amour, le lorgnon dont je me servais, mes dés favoris avec lesquels j'ai passé treize fois à Prague, mes deux râteliers de Paris, et mes autres petits secrets que vous savez.

« Il essaye d'abord un trousseau de clefs, mais aucune ne va à la petite serrure anglaise. Alors, mon gentilhomme tire de sa poche un ciseau et un marteau, et se met à l’œuvre, comme un voleur de profession, à forcer ma petite boîte.

« C’était l’instant d’agir. Je m’avance vers lui armé d’un immense pot à eau. J’arrive sans bruit, juste comme il venait de briser la boîte, et, de toute ma force, je lui donne sur la tête un coup qui met le pot à l’eau en mille pièces, et étend mon capitaine sans connaissance à terre. Je crus l’avoir tué.

« Alors, je sonne toutes les sonnettes de la maison ; et je crie, et jure, et tempête : « Au voleur !... au voleur !... monsieur l’hôte !... Au meurtre !... au feu !... » jusqu’à ce que toute la maison monte en se culbutant.

« Où est mon domestique ? criai-je. Qui est-ce qui ose me voler en plein jour ? Voyez ce misérable que je trouve forçant mon coffre ! Envoyez chercher la police ! envoyez chercher Son Excellence le ministre d’Autriche ! Toute l’Europe saura cette insulte !

« — Juste ciel ! dit l’hôte, nous vous avons vu partir il y a trois heures.

« — Moi ! dis-je ; eh, mon brave, j’ai été au lit toute la matinée. Je suis malade.... j’ai pris médecine. Je n’ai pas quitté la maison d’aujourd’hui ! Où est ce vaurien d’Ambroise ? Mais, arrêtez ! Où sont mes habits et ma perruque ? » car j’étais devant eux en robe de chambre et en bonnet de nuit.

« J’y suis !... j’y suis ! dit une petite chambrière. Ambroise est parti dans les habits de Votre Honneur.

« — Et mon argent ! mon argent ! dis-je ; où est ma bourse dans laquelle il y avait quarante-huit frédérics ? Mais il nous reste un de ces coquins. Gendarmes, saisissez-le.

« — C’est le jeune Herr von Potzdorff ! dit l’hôte de plus en plus étonné.

« — Quoi ! un gentilhomme forçant mon coffre avec un marteau et un ciseau !... Impossible ! »

« Herr von Potzdorff, pendant ce temps-là, revenait à la vie avec une bosse au crâne grosse comme une casserole ; et les officiers de police l’emportèrent, et le juge qu’on avait été chercher dressa un procès-verbal de la chose, et j’en demandai une copie, que j’envoyai sur-le-champ à mon ambassadeur.

« Je fus retenu prisonnier dans ma chambre le lendemain ; et un juge, un général, toute une armée d’hommes de loi, d’officiers et d’employés, furent mis à mes trousses pour m’intimider, me troubler, me menacer et me cajoler. Je dis qu’il était vrai que vous m’aviez raconté qu’on vous avait fait entrer

de force au service, que je vous en croyais libéré, et que j'avais
eu de vous les meilleures recommandations. J'en appelai à mon
ministre, qui était tenu de venir à mon aide; et, pour abréger,
le pauvre Potzdorff est en ce moment en route pour Spandau;
et son oncle, le vieux Potzdorff, m'a apporté cinq cents louis,
avec une humble requête de quitter Berlin immédiatement et
d'étouffer cette déplorable affaire.

« Je serai avec vous, aux *Trois-Couronnes*, le lendemain du
jour où vous recevrez ceci. Invitez M. Lumpit à dîner. N'épargnez pas votre argent, vous êtes mon fils. Tout le monde à
Dresde connaît votre affectionné oncle,

« Le chevalier DE BALIBARI. »

Grâce à ces merveilleuses circonstances, je redevins libre, et
je gardai la résolution que j'avais faite alors de ne plus retom-
ber dans les mains d'aucun recruteur, et d'être à l'avenir et à
tout jamais un gentilhomme.

Avec cette somme d'argent et une bonne veine que nous eûmes bientôt, nous fûmes en état de faire une figure assez pas-
sable. Mon oncle m'avait rejoint promptement à l'auberge de
Dresde, où, sous prétexte de maladie, je m'étais tenu tranquille
jusqu'à son arrivée; et comme le chevalier de Balibari était
tout à fait en bonne odeur à la cour de Dresde (ayant été une
connaissance intime du feu monarque l'Électeur, roi de Polo-
gne, le plus dissolu et le plus agréable des princes européens),
je fus vite lancé dans la meilleure société de la capitale saxonne,
où je puis dire que ma personne, mes manières, et la singularité
des aventures dont j'avais été le héros, me firent particulièrement bien venir. Il n'était pas de partie dans la noblesse où les
deux messieurs de Balibari ne fussent invités. J'eus l'honneur
des baise-mains et d'une gracieuse réception à la cour de l'Électeur, et j'écrivis à ma mère une si flamboyante description de
ma prospérité, que la bonne âme en fut bien près d'oublier son
salut et son confesseur, le révérend Joshua Jowls, pour venir
me retrouver en Allemagne; mais les voyages étaient fort difficiles à cette époque, et nous évitâmes l'arrivée de la brave
dame.

Je pense que l'âme de Harry Barry, mon père, qui eut toujours des goûts si distingués, dut être réjouie de voir la position que j'occupais alors. Toutes les femmes avides de me
recevoir, tous les hommes furieux; trinquant avec les ducs et
les comtes à souper, dansant le menuet avec de hautes baronnes
bien nées (comme elles s'appellent absurdement en Allemagne),

avec d'adorables Excellences, que dis-je! avec les Altesses et les transparences elles-mêmes; qui pouvait rivaliser avec le galant et jeune noble irlandais? Qui aurait supposé que sept semaines auparavant j'étais un simple.... bah! J'ai honte d'y penser! Un des plus agréables moments de ma vie fut à un grand gala au palais électoral, où j'eus l'honneur de valser une polonaise avec la margrave de Bayreuth, en personne, la propre sœur du vieux Fritz; du vieux Fritz dont j'avais porté la livrée de gros drap bleu, dont j'avais blanchi les ceinturons, et dont j'avais avalé pendant cinq années les abominables rations de petite bière et de choucroute.

Ayant gagné au jeu, d'un gentilhomme italien, un carrosse anglais, mon oncle fit peindre nos armes sur les panneaux d'une façon plus splendide que jamais, surmontées (comme nous descendions des anciens rois) d'une couronne irlandaise, magnifique de dimension et de dorure. J'avais cette royale couronne gravée sur une grande améthyste que je portais en bague à mon index; et je ne me gênerai pas pour avouer que j'avais coutume de dire que ce joyau était dans ma famille depuis plusieurs milliers d'années, ayant originairement appartenu à mon ancêtre direct, feu Sa Majesté le roi Brian Boru ou Barry. Je vous réponds que les légendes du Herald's College ne sont pas plus authentiques que ne l'était la mienne.

D'abord le ministre et les gentilshommes de l'hôtel anglais furent passablement réservés avec nos deux seigneuries irlandaises, et contestèrent nos prétentions. Le ministre était un fils de lord, il est vrai, mais il était également le petit-fils d'un épicier, et je le lui dis au bal masqué du comte de Lobkowitz. Mon oncle, comme un noble gentilhomme qu'il était, connaissait la généalogie de toutes les familles considérables de l'Europe. Il disait que c'était la seule érudition qui convînt à un gentilhomme; et quand nous n'étions point aux cartes, nous passions des heures sur Gwillim ou d'Hozier, à lire les généalogies, à apprendre les blasons, et à nous mettre au courant des parentés de notre classe. Hélas! cette noble science est maintenant tombée en discrédit : il en est de même des cartes, études et passe-temps sans lesquels j'ai peine à concevoir qu'un homme d'honneur puisse exister.

Ma première affaire avec un homme de qualité incontestable eut lieu, à propos de ma noblesse, avec le jeune sir Rumford Bumford, de l'ambassade anglaise, mon oncle envoyant en même temps un cartel au ministre, qui refusa de venir. Je blessai sir Rumford à la jambe, au milieu des larmes de joie de mon oncle, qui m'avait accompagné sur le terrain; et je vous promets qu'aucun des jeunes gentilshommes ne mit plus en question l'authenticité de ma généalogie, et ne rit plus de ma couronne irlandaise.

Quelle délicieuse vie nous menions à présent! Je vis que j'étais né gentilhomme, rien qu'au goût que je pris à la besogne, car réellement c'en était une. Quoique cela semble tout plaisir, cependant j'assure à toutes les personnes de basse condition qui pourront lire ceci, que nous autres, leurs supérieurs, nous avons à travailler aussi bien qu'elles; si je ne me levais qu'à midi, est-ce que je n'avais pas été au jeu bien longtemps après minuit? Maintes fois nous sommes rentrés nous coucher comme les troupes se rendaient à la parade du matin, et quel bien cela me faisait au cœur d'entendre les clairons sonner la diane avant le point du jour, ou de voir les régiments aller à l'exercice, et de penser que je n'étais plus assujetti à cette dégoûtante discipline, mais rendu à ma condition naturelle!

J'y entrai de plein saut, et comme si je n'avais jamais fait autre chose de ma vie. J'avais un valet de chambre, un friseur français pour me coiffer le matin; je connaissais le goût du chocolat presque par intuition, et pouvais distinguer entre le véritable espagnol et le français avant d'avoir été une semaine dans ma nouvelle position. J'avais des bagues à tous les doigts, des montres dans mes deux goussets, des camées, des bijoux et des tabatières de toute sorte, et chacune surpassant l'autre en élégance; j'avais un meilleur goût naturel que personne pour la dentelle et la porcelaine. Je pouvais juger d'un cheval aussi bien qu'aucun maquignon de l'Allemagne; à la chasse à tir et aux exercices athlétiques j'étais sans rival; l'orthographe, je ne dis pas; mais je savais parler admirablement l'allemand et le français; j'avais au moins douze habits complets, trois richement brodés d'or, deux galonnés d'argent, une pelisse de velours grenat garnie de zibeline, une de gris français, galonnée d'argent et garnie de chinchilla. J'avais des robes de chambre en damas. Je prenais des leçons de guitare, et chantais des canons français d'une façon exquise. Où trouver, dans le fait, un gentilhomme plus accompli que Redmond de Balibari?

Tout le luxe qui convenait à mon rang ne pouvait pas, comme de raison, s'acheter sans crédit ni argent, et pour s'en procurer, comme notre patrimoine avait été dissipé par nos ancêtres, et que nous étions au-dessus de la vulgarité, et des lents profits et chances douteuses du commerce, mon oncle tenait une banque de pharaon. Nous étions associés avec un Florentin bien connu dans toutes les cours de l'Europe, le comte Alessandro Pippi, un aussi habile joueur qu'on en ait jamais vu ; mais il a tourné abominablement depuis peu, et j'ai découvert que monsieur le comte n'était qu'un imposteur. Mon oncle était estropié, comme j'ai dit ; Pippi, comme tous les imposteurs, était un poltron ; c'était mon adresse sans rivale à l'épée, et mon empressement à la tirer, qui maintenaient la réputation de la banque, pour ainsi dire, et réduisaient au silence maint timide joueur qui aurait hésité à payer ses pertes. Nous jouions toujours sur parole avec tout le monde ; tout le monde, c'est-à-dire les gens d'honneur et de noble lignage. Nous ne tourmentions jamais ceux que nous avions gagnés, et nous ne refusions pas de recevoir des billets d'eux au lieu d'or. Mais malheur à l'homme qui ne payait point à l'échéance ! Il était sûr de voir Redmond de Balibari se présenter chez lui avec son billet, et je vous promets qu'il y avait fort peu de mauvaises dettes ; au contraire, on était reconnaissant de nos ménagements, et notre réputation d'honneur était inattaquée. Dans ces derniers temps, un vulgaire préjugé national s'est plu à jeter une tache sur le caractère des gens d'honneur qui exercent la profession de joueurs. Mais je parle du bon vieux temps de l'Europe, avant que la lâcheté de l'aristocratie française dans la honteuse Révolution qui l'a traitée comme elle le méritait, n'eût causé le discrédit et la ruine de notre ordre. Les gens crient haro maintenant sur les hommes qui jouent ; mais je voudrais savoir si leurs moyens d'existence sont beaucoup plus honorables que les nôtres. L'agent de change qui joue la hausse et la baisse, et vend, et achète, et tripote avec les valeurs en dépôt, et trafique des secrets d'État, qu'est-il, sinon un joueur ? Le marchand qui fait le commerce du thé et de la chandelle, est-il quelque chose de mieux ? Ses balles de sale indigo sont ses dés ; ses cartes lui arrivent chaque année au lieu de toutes les dix minutes, et la mer est son tapis vert. Vous appelez la robe une profession honorable, où un homme ment pour quiconque le paye, écrase la pauvreté pour toucher des honoraires de la richesse, écrase le juste parce que l'injuste est son client. Vous appelez honorable un médecin, un escroc de charlatan, qui ne croit point aux élixirs qu'il prescrit, et vous prend votre guinée pour vous avoir dit à l'oreille qu'il fait beau ce matin ; tandis qu'un galant homme qui s'assoit devant un tapis vert et provoque tous les arrivants, son argent contre le leur, sa fortune contre leur fortune, est proscrit par votre monde moral d'à présent. C'est une conspiration des classes moyennes contre les gentilshommes, c'est le

cant du boutiquier qu'il faut subir de notre temps. Je dis que
le jeu était une institution de chevalerie; il a fait naufrage avec
les autres priviléges des hommes de naissance. Quand Seingalt
tenait tête à un homme trente-six heures de suite sans quitter
la table, pensez-vous qu'il ne faisait pas preuve de courage?
Comment avons-nous eu le meilleur sang, et aussi les yeux les
plus brillants de l'Europe, palpitant autour de la table, quand
mon oncle et moi tenions les cartes et la banque contre quelque
terrible joueur, qui risquait quelques milliers sur ses millions
de guinées contre tout notre avoir, qui était sur le tapis? Quand
nous engageâmes la lutte contre cet audacieux Alexis Koss-
loffsky, et que nous lui gagnâmes sept mille louis d'un coup, si
nous eussions perdu, le lendemain nous étions des mendiants;
lui, lorsqu'il perdit, il ne s'agissait pour lui que d'un village et de
quelques centaines de serfs à mettre en gage. Quand, à Tœplitz,
le duc de Courlande amena quatorze laquais, chacun avec quatre
sacs de florins, et provoqua notre banque à tenir la somme qui
était dans les sacs cachetés, que lui demandâmes-nous? Nous
lui dîmes : « Monsieur, nous n'avons que quatre-vingt mille
florins dans la banque, ou deux cent mille à trois mois; si les
sacs de Votre Altesse n'en contiennent pas plus de quatre-vingt
mille, nous acceptons; » et nous le fîmes, et après onze heures de
jeu, pendant lesquelles notre banque fut un moment réduite à deux
cent trois ducats, nous lui gagnâmes sept mille florins. N'est-ce
pas là de la hardiesse? Cette profession ne demande-t-elle pas
de l'habileté, et de la persévérance, et de la bravoure? Quatre
têtes couronnées regardaient la partie; et une princesse impé-
riale, quand je tournai l'as de cœur et fis paroli, se mit à fondre
en larmes. Nul homme, sur le continent européen, n'avait alors
une plus haute position que Redmond Barry; et quand le duc
de Courlande perdit, il voulut bien dire que nous avions gagné
noblement; et c'était vrai, et nous dépensâmes noblement aussi
ce que nous avions gagné.

A cette époque, mon oncle, qui allait régulièrement à la
messe tous les jours, mettait chaque fois dans le tronc dix florins. Partout où nous allions, les maîtres des tavernes nous
faisaient plus d'accueil qu'à des altesses royales. Nous avions
coutume de faire distribuer les débris de nos soupers et de nos
dîners à des vingtaines de mendiants, qui nous bénissaient. Tout
homme qui tenait mon cheval ou nettoyait mes bottes avait un
ducat pour sa peine. J'étais, je puis le dire, l'auteur de notre
fortune à tous deux, ayant introduit l'audace dans notre jeu.
Pippi était une poule mouillée, qui devenait poltron lorsqu'il

commençait à gagner. Mon oncle (je parle de lui avec grand
respect) avait trop de superstition et trop peu de fantaisie pour
jamais jouer *largement*. Son courage moral était incontestable,
mais sa hardiesse n'était pas suffisante. Tous deux, quoique
plus âgés que moi, me reconnurent bien vite pour leur chef, et
de là l'éclat que j'ai décrit.

J'ai parlé de S. A. I. la princesse Frédérique-Amélie, qui
fut si émue de mon succès, et je me souviendrai toujours avec
gratitude de la protection dont m'honorait cette auguste dame.
Elle aimait passionnément le jeu, comme en général les dames
de presque toutes les cours de l'Europe à cette époque, et il en
résultait pour nous des ennuis qui n'étaient pas minces; car il
faut dire la vérité, les dames aiment à jouer, certainement, mais
elles n'aiment pas à payer. Le point d'honneur n'est pas compris
de ce charmant sexe; et c'était avec la plus grande difficulté
que, dans nos pérégrinations parmi les différentes cours du
nord de l'Europe, nous les tenions éloignées de la table, que
nous nous faisions payer si elles perdaient, ou que, si elles
payaient, nous les empêchions d'user des plus furieux et plus
extraordinaires moyens de vengeance. Dans ces grands jours de
notre fortune, je calcule que nous ne perdîmes pas moins de
quatorze mille louis par de telles banqueroutes. Une princesse
de maison ducale nous donna de faux diamants au lieu des
vrais qu'elle avait solennellement engagés; une autre organisa
un vol des diamants de la couronne, et en aurait jeté l'odieux
sur nous, sans la précaution de Pippi qui avait gardé un billet
que nous avait donné « Sa Haute Transparence, » et l'envoya à
son ambassadeur, précaution qui, je le crois vraiment, sauva
notre cou. Une troisième dame d'un rang élevé (mais non prin-
cier, cette fois), après que je lui eus gagné pour une somme
considérable de diamants et de perles, envoya son amant avec
une bande de coupe-jarrets pour me dresser un guet-apens, et
je ne dus qu'à un courage, une adresse et un bonheur extraordinaires, d'échapper à ces scélérats, blessé moi-même, mais laissant mort sur la place le principal agresseur. Mon épée lui entra
dans l'œil et s'y brisa, et ses complices, voyant leur chef tomber,
prirent la fuite. Autrement, c'était fait de moi, car je n'avais
plus d'arme pour me défendre.

On peut voir par là que notre vie, avec toute sa splendeur,
était remplie de périls et de difficultés, et demandait beaucoup de talents et de courage pour réussir; et souvent, quand
nous étions pleinement en veine de succès, nous étions soudain
chassés du théâtre de nos exploits par quelque caprice d'un prince

régnant, quelque intrigue d'une maîtresse désappointée, ou quelque querelle avec le ministre de la police. Si ce dernier n'était pas acheté ou influencé, rien n'était plus commun pour nous que de recevoir un ordre subit de départ, et ainsi, forcément, nous menions une vie errante et décousue.

Si les gains d'une pareille vie sont, comme j'ai dit, très-grands, les dépenses aussi sont énormes. Notre extérieur et notre train de maison étaient trop magnifiques pour l'esprit étroit de Pippi, qui se récriait toujours sur mon extravagance, quoique obligé d'avouer que sa propre mesquinerie et sa parcimonie n'auraient jamais obtenu les grandes victoires que ma générosité avait remportées. Malgré tout notre succès, notre capital n'était pas très-grand. Ce que nous avions dit au duc de Courlande, par exemple, était pure fanfaronnade, du moins en ce qui concernait les deux cent mille florins à trois mois. Nous n'avions pas de crédit et pas d'autre argent que celui qui était sur table, et nous eussions été obligés de fuir si Son Altesse eût gagné et accepté nos billets. Parfois aussi nous étions rudement atteints. Une banque est presque une certitude ; mais de temps en temps il survient un mauvais jour, et les hommes qui ont du courage dans la bonne chance devraient au moins en montrer dans la mauvaise ; de ces deux tâches, croyez-moi, la première est la plus difficile.

Une de ces mauvaises chances nous arriva sur le territoire du duc de Baden, à Manheim. Pippi, qui était toujours aux aguets pour nous trouver de la besogne, offrit de faire une banque à l'auberge où nous étions descendus, et où soupaient les officiers des cuirassiers du duc ; en conséquence, on organisa un petit jeu, et quelques misérables écus et louis changèrent de main, plutôt, je crois, à l'avantage de ces pauvres gentilshommes de l'armée, qui certainement sont les plus pauvres diables qu'il y ait sous le soleil.

Mais le malheur voulut qu'une couple de jeunes étudiants de l'université de Heidelberg, qui étaient venus à Manheim pour toucher leur trimestre, furent présentés à la table, et n'ayant jamais joué auparavant, commencèrent par gagner, comme c'est toujours le cas. Le malheur voulut aussi qu'ils fussent gris, et contre l'ivresse j'ai souvent remarqué que les meilleurs calculs au jeu échouent entièrement. Ils jouaient de la manière la plus insensée, et pourtant ils gagnaient toujours. Chaque carte pour laquelle ils pariaient leur était favorable. Ils nous avaient gagné cent louis en dix minutes ; et voyant que Pippi devenait de mauvaise humeur et que la chance était contre nous, j'étais d'avis de fermer la banque pour ce soir-là, disant que nous n'avions joué que par plaisanterie, et que maintenant nous en avions assez.

Mais Pippi, qui s'était querellé avec moi dans la journée, avait mis dans sa tête de persister, et le résultat fut que les étudiants continuèrent de jouer et de gagner; puis ils prêtèrent de l'argent aux officiers qui se mirent à gagner aussi; et de cette ignoble manière, dans une salle de taverne empuantie de fumée de tabac, sur une table de sapin tachée de bière et de liqueur, contre un tas de subalternes affamés et une paire d'étudiants imberbes, trois des plus habiles et renommés joueurs de l'Europe perdirent dix-sept cents louis. J'en rougis encore quand j'y songe. C'était Charles XII ou Richard Cœur de Lion tombant devant une misérable forteresse et sous une main inconnue (comme l'a écrit mon ami, M. Johnson), et c'était en réalité une honteuse défaite.

Et ce ne fut pas la seule. Quand nos pauvres vainqueurs furent partis, éblouis du trésor que la fortune avait jeté devant leurs pas (un de ces étudiants s'appelait le baron de Clootz, peut-être celui qui plus tard perdit sa tête à Paris), Pippi recommença la querelle du matin, et de très-gros mots furent échangés entre nous. Entre autres choses que je me rappelle, je le terrassai d'un coup d'escabeau et je voulais le jeter par la fenêtre; mais mon oncle, qui était de sang-froid et qui avait fait maigre avec sa solennité habituelle, s'interposa entre nous, et une réconciliation eut lieu, Pippi faisant des excuses et convenant d'avoir eu tort.

J'aurais dû, toutefois, douter de la sincérité de ce perfide Italien; vraiment, comme je n'avais jamais cru un mot de ce qu'il disait, je ne sais pas pourquoi je fus assez sot pour m'y fier cette fois, et aller me coucher en lui laissant la clef de notre caisse. Elle contenait, après notre perte avec les cuirassiers, en billets et argent, près de huit mille livres sterling. Pippi insista pour que notre réconciliation fût ratifiée avec un bol de vin chaud, et je ne doute pas qu'il n'y ait mis quelque drogue soporifique, car mon oncle et moi nous ne nous réveillâmes que très-tard le lendemain matin, et avec de violents maux de tête et la fièvre. Nous ne nous levâmes pas avant midi. Il était parti depuis douze heures, laissant notre trésor vide, et derrière lui une sorte de calcul par lequel il s'efforçait d'établir que c'était sa part des profits, et que toutes les pertes avaient été encourues sans son consentement.

Ainsi, après dix-huit mois, il fallait recommencer sur nou-

veaux frais. Mais étais-je abattu? Non. Notre garde-robe valait
encore une forte somme d'argent, car les gentilshommes en ce
temps-là ne s'habillaient pas comme des clercs de paroisse, et
une personne de qualité portait souvent, habits et joyaux, de
quoi faire la fortune d'un garçon de boutique. Sans nous plaindre un seul instant, sans une seule parole d'humeur (le caractère de mon oncle à cet égard était admirable), et sans laisser
connaître le secret de notre perte à âme qui vive, nous mîmes
en gage les trois quarts de nos joyaux et de nos habits chez
Moïse Lowe, le banquier, et avec cet argent et celui qui nous
restait en poche, le tout montant à un peu moins de huit cents
louis, nous rentrâmes dans la lice.

CHAPITRE X.

Retours de veine.

Je ne vais point donner à mes lecteurs plus de détails sur ma
vie de joueur que je ne leur en ai donné sur ma carrière militaire.
Je pourrais, si je voulais, remplir des volumes d'anecdotes de
cette espèce; mais, à ce compte, mon histoire ne serait pas
finie de plusieurs années, et qui sait si d'un jour à l'autre je ne
serai pas forcé de m'arrêter? J'ai la goutte, des rhumatismes,
la gravelle et le foie malade. J'ai deux ou trois blessures dans
le corps qui se rouvrent de temps en temps et me causent des
souffrances intolérables, sans compter cent autres symptômes
de dissolution. Tels sont les effets du temps, de la maladie et
du bien vivre, sur une des plus vigoureuses constitutions et
un des plus beaux physiques qu'on ait jamais vus. Ah! je ne
souffrais d'aucun de ces maux en 66 ; il n'y avait alors personne
en Europe plus gai d'humeur, plus brillant de sa personne, que
le jeune Redmond Barry.

Avant la trahison de ce gueux de Pippi, j'avais visité plusieurs des meilleures cours de l'Europe, surtout les plus petites,
où le jeu est protégé et où les professeurs de cette science sont
toujours les bienvenus. Dans les principautés ecclésiastiques du
Rhin, nous étions particulièrement bien accueillis. Je n'ai jamais
connu de cours plus belles ou plus gaies que celles des élec-
teurs de Trèves et de Cologne, où il y eût plus d'éclat et d'en-

train qu'à Vienne, et surtout que dans cette misérable cour ou plutôt caserne de Berlin. La cour de l'archiduchesse gouvernante des Pays-Bas était également un royal endroit pour nous autres chevaliers du cornet et galants adorateurs de la Fortune ; tandis que parmi ces ladres de républicains hollandais, ou ces mendiants de républicains suisses, il était impossible à un gentilhomme de gagner sa vie sans être molesté.

Après notre mésaventure de Manheim, mon oncle et moi nous partîmes pour le duché de X.... Le lecteur pourra trouver assez facilement l'endroit, mais je ne me soucie pas d'imprimer tout au long les noms de quelques illustres personnes dans la société desquelles je tombai alors, et parmi lesquelles je jouai un rôle dans une très-étrange et tragique aventure.

Il n'était pas de cour en Europe où les étrangers fussent mieux reçus qu'à celle du noble duc de X....; il n'en était pas où l'on fût plus avide de plaisir et où on en jouît plus splendidement. Le prince n'habitait pas sa capitale de S....; mais imitant sous tous les rapports le cérémonial de la cour de Versailles, il s'était bâti un magnifique palais à quelques lieues de là, et, autour de son palais, une superbe ville aristocratique, entièrement habitée par sa noblesse et par les officiers de sa cour somptueuse. Le peuple était assez durement pressuré, il est vrai, pour subvenir à cette splendeur, car les États de Son Altesse étaient petits, et aussi vivait-il sagement à l'écart dans une sorte d'imposante retraite, se montrant rarement dans sa capitale, et ne voyant d'autres visages que ceux de ses fidèles serviteurs et officiers. Son palais et ses jardins de Ludwigslust étaient exactement sur le modèle français. Deux fois par semaine il y avait réception à la cour, et grand gala deux fois par mois. Il y avait le plus bel Opéra après celui de la France, et un ballet sans égal en splendeur, pour lequel Son Altesse, grand amateur de musique et de danse, dépensait des sommes prodigieuses. C'est peut-être parce que j'étais jeune alors, mais je crois n'avoir jamais vu un tel assemblage de beautés brillantes qu'il en figurait sur le théâtre de la cour, dans les grands ballets mythologiques qui étaient alors à la mode, et où vous voyiez Mars en escarpins à talons rouges et en perruque, et Vénus avec des mouches et des paniers. Ils disent que ce costume est inexact, et ils l'ont changé depuis; mais, pour ma part, je n'ai jamais vu de Vénus plus adorable que la Coralie, qui était la principale danseuse, et je ne trouvais rien à redire aux nymphes ses suivantes, avec leurs robes à queue, leurs barbes et leur poudre. Ces représentations avaient lieu deux fois la semaine, après quoi quelque grand officier de la cour donnait une soirée et un brillant souper, et les cornets retentissaient de tous côtés, et tout le monde jouait. J'ai vu soixante-dix tables de jeu dressées dans la grande galerie de Ludwigslust, outre la banque de pharaon, où le duc lui-même daignait venir jouer et gagnait ou perdait avec une grandeur vraiment royale.

Ce fut là que nous allâmes après le malheur de Manheim. La noblesse de la cour voulut bien dire que notre réputation nous avait précédés, et les deux gentilshommes furent bien accueillis. Dès la première soirée nous perdîmes, à la cour, sept cent quarante louis sur nos huit cents; à la suivante, à la table du maréchal de la cour, je les regagnai, avec treize cents de plus. Vous pensez bien que nous ne laissâmes savoir à personne combien nous avions été près de notre ruine la fois d'avant; mais, au contraire, je me fis bienvenir d'un chacun par la gaieté avec laquelle je perdis, et le ministre des finances lui-même m'escompta un billet de quatre cents ducats, tiré par moi sur mon intendant de Ballybarry-Castle, dans le royaume d'Irlande, billet que je gagnai à Son Excellence, le lendemain, avec une somme considérable d'argent comptant. Dans cette noble cour tout le monde était joueur. Vous voyiez dans les antichambres ducales les laquais à l'œuvre avec leurs sales jeux de cartes; les cochers et les porteurs de chaises jouaient dans la cour, tandis que leurs maîtres jouaient dans les salons au-dessus; jusqu'aux filles de cuisine et aux marmitons, à ce qu'on me dit, avaient une banque, où l'un d'eux, un confiseur italien, fit une belle fortune. Il acheta plus tard un marquisat romain, et son fils a figuré comme un des plus fashionables des illustres étrangers alors à Londres. Les pauvres diables de soldats jouaient leur paye, quand ils en avaient, ce qui était rare; et je ne crois pas qu'il y eût un officier dans aucun des régiments de la garde qui n'eût des cartes dans sa poche, et qui oubliât plus ses dés que son nœud d'épée. Parmi de pareilles gens, c'était corsaire contre corsaire. Ce que vous appelez jouer loyalement eût été folie. MM. de Ballybarry eussent été de grands sots, en effet, de se poser en pigeon dans un tel nid d'éperviers. Il n'y avait que des hommes de courage et de génie qui pussent vivre et prospérer dans une société où chacun était hardi et habile; et là mon oncle et moi nous tînmes notre place, oui, et plus que notre place.

S. A. le duc était veuf, ou plutôt, depuis la mort de la duchesse régnante, il avait contracté un mariage morganatique avec une dame qu'il avait anoblie, et qui considérait comme un compliment (telle était la moralité de l'époque) d'être appelée la Dubarry du Nord. Il s'était marié très-jeune, et son fils, le prince héréditaire, était, on peut le dire, le souverain réel de l'État, car le duc régnant avait plus de goût pour le plaisir que pour la politique, et aimait infiniment mieux causer avec son grand veneur ou le directeur de son Opéra, qu'avec des ministres et des ambassadeurs.

Le prince héréditaire, que je nommerai le prince Victor, avait un caractère tout différent de celui de son auguste père. Il avait fait la guerre de la succession et celle de Sept ans avec beaucoup d'honneur au service de l'impératrice, était d'une humeur sévère, paraissait rarement à la cour, excepté quand le cérémonial l'y appelait, et vivait presque seul dans son aile du palais, où il se consacrait aux études les plus graves, étant grand astronome et chimiste. Il avait la fureur, si commune alors en Europe, de courir après la pierre philosophale; et mon oncle regrettait souvent de n'avoir aucune teinture de chimie, comme Balsamo (qui avait pris le nom de Cagliostro), Saint-Germain et autres individus, qui avaient obtenu de très-grosses sommes du duc Victor, en l'aidant dans sa recherche du grand secret. Ses amusements étaient de chasser et de passer des revues; sans lui et sans l'assistance qu'il prêtait à son bonhomme de père, l'armée aurait joué aux cartes toute la journée; et ainsi il était bien que le soin de gouverner fût laissé à ce prudent prince.

Le duc Victor avait cinquante ans, et sa femme, la princesse Olivia, en avait à peine vingt-trois. Ils étaient mariés depuis sept ans, et, dans les premières années de leur union, la princesse lui avait donné un fils et une fille. La sévérité de mœurs et de manières, l'air sombre et gauche du mari, étaient peu faits pour plaire à la brillante et séduisante jeune femme, qui avait été élevée dans le Midi (elle était de la maison ducale de S....), qui avait passé deux ans à Paris sous la tutelle de Mesdames, filles de Sa Majesté Très-Chrétienne, et qui était l'âme et la vie de la cour de X...., la gaieté en personne, l'idole de son auguste beau-père et même de toute la cour. Elle n'était pas belle, mais charmante; pas spirituelle, mais charmante encore dans sa conversation comme dans sa personne. Elle était prodigue au delà de toute mesure; si fausse, que vous ne pouviez vous fier à elle; mais ses faiblesses mêmes étaient plus attrayantes que les vertus des autres femmes, son égoïsme plus ravissant que la générosité des autres. Je n'ai jamais connu de femme que ses défauts aient rendue si séduisante. Elle ruinait les gens, et cependant ils l'aimaient tous. Mon vieil oncle l'a vue tricher à l'hombre, et lui a laissé gagner quatre cents louis sans résister le moins du monde. Ses caprices, avec les officiers et les dames de sa maison, étaient incessants, mais ils l'adoraient. Elle était la seule de la famille régnante que le peuple vénérât. Elle ne sortait jamais sans que son carrosse fût suivi avec acclamations, et, pour être généreuse envers ces braves gens, elle empruntait à ses pauvres filles d'honneur leur dernier sou, qu'elle ne leur rendait jamais. Dans les premiers temps, son mari avait été aussi fasciné par elle que le reste du monde; mais ses caprices l'avaient jeté dans de terribles explosions d'humeur et dans un éloignement qui, bien qu'interrompu par des retours de tendresse presque insensés, n'en existait pas moins. Je parle de Son Altesse Royale en toute candeur et admiration, quoique je pense être excusable de la juger plus sévèrement, vu l'opinion qu'elle avait de moi. Elle disait que le vieux M. de Balibari était un gentilhomme accompli, et que le jeune avait des manières de courrier. Le monde a professé une opinion différente, et je puis me permettre d'enregistrer ici cette sentence, qui est presque la seule qui ait été portée contre moi. D'ailleurs elle avait un motif de ne point m'aimer, comme vous allez le savoir.

Cinq ans à l'armée, une longue expérience du monde avaient, avant cette époque, chassé toutes ces idées romanesques sur l'amour que j'avais en commençant la vie; et j'avais résolu, comme il convient aux gentilshommes (il n'y a que les gens de bas étage qui se marient par pure affection), de consolider ma fortune par un mariage. Dans le cours de nos pérégrinations, mon oncle et moi, nous avions fait plusieurs tentatives pour arriver à ce but; il était survenu de nombreux désappointements, qui ne valent pas la peine d'être mentionnés ici, mais qui m'avaient empêché jusqu'alors de trouver un parti qui me parût digne d'un homme de ma naissance, de mon mérite et de mon physique. Les dames, sur le continent, n'ont pas l'habitude de se laisser enlever comme c'est la coutume en Angleterre (coutume qui a été bien profitable à beaucoup d'honorables gentilshommes de mon pays); les tuteurs, et des cérémonies et des difficultés de toute espèce se mettent à la traverse; le véritable amour n'a pas ses coudées franches, et une pauvre femme ne peut donner son honnête cœur au galant homme qui l'a conquis. Tantôt c'étaient des douaires qu'on demandait; tantôt c'était ma généalogie et mes parchemins qui n'étaient pas satisfaisants, quoique j'eusse un plan et un état censier des terres de Bally-barry, et la généalogie de la famille jusqu'au roi Brian Boru, ou Barry, admirablement tracée sur papier; tantôt c'était une jeune fille qui s'était enfuie dans un couvent, juste comme elle allait tomber dans mes bras ; une autre fois, une riche veuve des Pays-Bas était sur le point de me faire maître et seigneur d'un noble domaine en Flandre, quand arrive un ordre de la police qui me donne une heure pour sortir de Bruxelles, et consigne mon éplorée dans son château. Mais à X...., j'eus l'occasion de jouer une belle partie, et je l'aurais gagnée, qui plus est, sans la terrible catastrophe qui renversa ma fortune.

Dans la maison de la princesse héréditaire, était une demoiselle de dix-neuf ans, qui possédait la plus grande fortune de tout le duché. La comtesse Ida, tel était son nom, était fille d'un ancien ministre et favorite de S. A. le duc de X.... et de la duchesse, qui lui avaient fait l'honneur d'être ses parrains, et qui, à la mort de son père, l'avaient prise sous leur auguste tutelle et protection. A seize ans elle avait été amenée de son château, où, jusqu'à cette époque, on lui avait permis de résider; et avait été placée auprès de la princesse Olivia, en qualité de fille d'honneur.

La tante de la comtesse Ida, qui dirigeait sa maison pendant sa minorité, l'avait follement laissée contracter un attachement pour son cousin germain, sous-lieutenant sans le sou dans un des régiments d'infanterie du duc, et qui s'était flatté d'enlever ce riche butin ; et s'il n'avait pas été un véritable idiot, en effet, ayant l'avantage de la voir constamment, de n'avoir aucun rival près de lui, et avec l'intimité qu'autorisait leur parenté, il aurait pu, par un mariage secret, s'assurer de la jeune comtesse et de ses possessions. Mais il s'y prit si bêtement, qu'il lui permit de quitter sa retraite, de venir pour un an à la cour, et d'entrer dans la maison de la princesse Olivia ; et alors que fait mon jeune gentilhomme ? Un beau jour il paraît au lever du duc, avec ses épaulettes ternies et son habit râpé, et il demande en forme à Son Altesse, comme au tuteur de la jeune personne, la main de la plus riche héritière de ses États !

La faiblesse de ce brave prince était telle que, comme la comtesse Ida elle-même était aussi engouée de cette union que son niais de cousin, Son Altesse aurait peut-être fini par la permettre, si la princesse Olivia n'eût été amenée à intervenir, et à obtenir du duc un *veto* péremptoire aux espérances du jeune homme. La cause de ce refus était encore inconnue, il n'était question d'aucun autre prétendant à la main de la jeune personne, et les amants continuaient à correspondre, quand, tout à coup, le lieutenant fut dirigé sur un des régiments que le prince était dans l'habitude de vendre aux grandes puissances

alors en guerre (ce commerce militaire était une partie principale des revenus de Son Altesse, et autres princes en ce temps-
là), et leur liaison fut ainsi brusquement brisée.

Il était étrange que la princesse Clivia eût pris ce parti contre
une jeune personne qui avait été sa favorite : car d'abord, avec
ces idées romanesques et sentimentales qu'ont presque toutes
les femmes, elle avait en quelque sorte encouragé la comtesse
Ida et son amant sans le sou; mais maintenant elle se tourna
subitement contre eux, et après avoir aimé la comtesse comme
elle avait fait, elle la poursuivit de sa haine avec cet art ingénieux qui n'appartient qu'aux femmes : il n'y eut pas de bornes
au raffinement de ses tortures, au venin de sa langue, à l'amertume de ses sarcasmes et de ses dédains. Quand j'arrivai à la
cour de X...., les jeunes gens y avaient surnommé cette jeune
personne la *Dumme Gräfinn*, la stupide comtesse. Elle était généralement silencieuse, belle, mais pâle, l'air bête et gauche, ne
prenant aucun intérêt aux amusements du lieu, et paraissant
au milieu des festins aussi refrognée que la tête de mort que
les Romains, dit-on, avaient coutume de placer sur leurs
tables.

Le bruit courut qu'un jeune gentilhomme d'extraction française, le chevalier de Magny, écuyer du duc régnant, et présent
à Paris quand la princesse Olivia y avait été mariée par procu-
ration, était le futur destiné à la riche comtesse Ida; mais il
n'avait été fait encore aucune déclaration officielle à cet égard;
on parlait tout bas d'une sombre intrigue, et ces propos reçurent
plus tard une effrayante confirmation.

Le chevalier de Magny était le petit-fils d'un vieil officier général au service du duc, le baron de Magny. Le père du baron
avait quitté la France lors de l'expulsion des protestants, à la
révocation de l'édit de Nantes, et pris du service à X..., où il
était mort. Son fils lui succéda ; tout à fait différent de la
plupart des gentilshommes français que j'ai connus, c'était un
sévère et froid calviniste, rigide dans l'accomplissement de son
devoir, réservé de manières, fréquentant peu la cour, et ami
intime et favori du duc Victor, auquel il ressemblait de caractère.

Le chevalier, son petit-fils, était un véritable Français ; il
était né en France, où son père occupait un poste diplomatique
au service du duc. Il s'était mêlé à la gaie société de la plus
brillante cour du monde, et avait des histoires sans fin à nous
faire des plaisirs des petites maisons, des secrets du Parc aux
cerfs, et de toutes les joyeuses folies de Richelieu et de ses

compagnons. Il s'était presque ruiné au jeu, comme son père avant lui; car, échappés à la surveillance du sévère vieux baron en Allemagne, le fils et le petit-fils avaient mené la vie la plus désordonnée. Il revint de Paris bientôt après l'ambassade qui y avait été envoyée à l'occasion du mariage de la princesse, fut mal reçu par son grand-père qui, néanmoins, paya ses dettes encore une fois, et lui procura cette position dans la maison du duc. Le chevalier de Magny devint un grand favori de son auguste maître; il rapportait les modes et les gaietés de Paris; il était l'ordonnateur de tous les bals et mascarades, le recruteur de tous les danseurs de ballets, et de beaucoup le plus brillant et le plus magnifique jeune seigneur de la cour.

Après que nous eûmes été quelques semaines à Ludwigslust, le vieux baron de Magny essaya de nous faire renvoyer du duché; mais sa voix ne fut pas assez forte pour étouffer celle du public, et le chevalier de Magny particulièrement se déclara pour nous auprès de Son Altesse quand la question fut débattue devant elle. Le chevalier n'avait point perdu son amour du jeu. Il fréquentait régulièrement notre banque, où il joua pendant quelque temps avec assez de bonheur, et où, lorsqu'il commença à perdre, il paya avec une ponctualité surprenante pour tous ceux qui connaissaient la modicité de ses ressources et la splendeur du train qu'il menait.

S. A. la princesse Olivia aimait aussi beaucoup le jeu. Dans la demi-douzaine de fois que nous tînmes une banque à la cour, je pus remarquer sa passion. Je pus voir, — c'est-à-dire, mon vieil oncle, toujours de sang-froid, put voir — bien davantage. Il y avait des intelligences entre M. de Magny et cette illustre dame.

« Si Son Altesse n'est pas amoureuse du petit Français, me dit mon oncle un soir après le jeu, que je perde mon dernier œil!

— Et après, monsieur? lui dis-je.

— Après! reprit mon oncle en me regardant fixement; êtes-vous assez innocent pour ne pas pouvoir répondre vous-même à cet après? Votre fortune est faite, si vous voulez y aider, et nous pouvons ravoir les terres de Barry dans deux ans, mon garçon.

— Comment cela? » demandai-je m'y perdant toujours

Mon oncle dit sèchement :

« Poussez Magny à jouer; ne vous occupez pas de savoir s'il payera; acceptez ses billets. Plus il devra, mieux ce sera; mais, par-dessus tout, faites-le jouer.

— Il ne pourra pas payer un shilling, répliquai-je. Les juifs n'escompteront pas ses billets à cent pour cent.

— Tant mieux; vous verrez que nous en tirerons parti, » répondit le vieux gentilhomme ; et je dois avouer que le plan qu'il développa était charmant, habile et loyal.

Je devais faire jouer Magny; à cela, il n'y avait pas grande difficulté : nous étions intimes ensemble, car il était aussi bon chasseur que moi, et nous nous étions pris d'amitié l'un pour l'autre, et s'il voyait un cornet, il était impossible de l'empêcher de mettre la main dessus : il y allait aussi naturellement qu'un enfant à des sucreries.

Au commencement il me gagna, puis il se mit à perdre; alors je lui jouai de l'argent contre des bijoux qu'il apporta, des joyaux de famille, disait-il, et vraiment d'une valeur considérable. Il me demanda toutefois de n'en pas disposer dans le duché, et je lui donnai et tins ma parole à cet effet. Des bijoux, il en vint à jouer sur billets, et comme on ne lui permettait pas de jouer à la cour et en public à crédit, il était enchanté d'avoir une occasion de satisfaire à crédit sa passion favorite. Je l'ai eu pendant des heures à mon pavillon (que j'avais décoré à la mode orientale, très-splendidement), secouant les dés jusqu'à l'heure de son service à la cour, et nous passions jour sur jour de cette manière. Il m'apporta d'autres bijoux : un collier de perles, une broche ancienne en émeraude et autres joyaux en compensation de ces pertes, car je n'ai pas besoin de dire que je n'aurais pas joué avec lui tout ce temps s'il avait gagné; mais au bout d'une semaine environ, la chance tourna contre lui, et il devint mon débiteur pour une somme prodigieuse; je ne me soucie pas d'en dire le chiffre; elle était telle, que je ne pensais pas qu'un jeune homme pût jamais la payer.

Pourquoi donc l'avoir jouée? pourquoi perdre les journées à jouer tête à tête avec un insolvable, quand il y avait une besogne bien plus profitable à faire ailleurs? Mon motif, je le confesse hardiment; je voulais gagner à M. de Magny, non pas son argent, mais sa future, la comtesse Ida. Qui peut dire que je n'avais pas le droit d'user de toute espèce de stratagèmes dans cette affaire d'amour? Ou plutôt, pourquoi dire amour? J'en voulais aux richesses de la demoiselle; je l'aimais tout autant que l'aimait Magny; je l'aimais tout autant que cette pudibonde vierge de dix-sept ans aime un vieux lord de soixante-dix qu'elle épouse. Je suivais la pratique du monde en ceci, résolu que j'étais à assurer ma fortune par ce mariage

J'avais coutume de me faire donner par Magny, après ses

pertes, une lettre amicale de reconnaissance, conçue à peu près
en ces termes :

« Mon cher monsieur de Balibari, je reconnais avoir perdu
contre vous aujourd'hui, au lansquenet (ou au piquet, ou à la
chance, selon le cas; j'étais son maître à tous les jeux du monde),
la somme de trois cents ducats, et je regarderai comme une
grande bonté de votre part de vouloir bien laisser la dette en
suspens jusqu'à une époque ultérieure, où elle vous sera payée
par votre très-reconnaissant et humble serviteur. »

Avec les bijoux qu'il m'apportait, je prenais aussi la précaution (mais cette idée-ci était de mon oncle, elle était fort bonne)
d'avoir une sorte de facture, et une lettre qui me priait de recevoir les joyaux en à-compte sur une somme d'argent qu'il me
devait.

Quand je l'eus mis dans la position que je jugeais favorable à
mes desseins, je lui parlai avec candeur et sans réserve, comme
on se parle entre hommes du monde.

« Je ne vous ferai pas, mon cher garçon, lui dis-je, le mauvais compliment de supposer que vous vous attendiez à ce que
nous continuions de jouer plus longtemps de la sorte, et à ce
que j'aie aucune satisfaction de posséder plus ou moins de chiffons de papier portant votre signature, et une série de billets
que je vous sais incapable de jamais payer. Ne prenez pas un
air farouche ni fâché, car vous savez que Redmond Barry est
plus fort que vous à l'épée; d'ailleurs, je ne serais point assez
bête pour me battre avec un homme qui me doit tant d'argent;
mais écoutez avec calme ce que j'ai à vous proposer.

« Vous avez été très-expansif avec moi pendant notre intimité
du mois dernier, et je connais parfaitement toutes vos affaires
personnelles. Vous avez donné votre parole d'honneur à votre
grand-père de ne jamais jouer sur parole, et vous savez comment
vous l'avez tenue, et qu'il vous déshéritera s'il apprend la vérité. Bien plus, supposez qu'il meure demain, sa fortune n'est
pas suffisante pour payer la somme que vous me devez; et, si
vous m'abandonniez tout, vous seriez un mendiant, et un banqueroutier, qui plus est.

« S. A. la princesse Olivia ne vous refuse rien. Je ne demanderai pas pourquoi; mais permettez - moi de dire que je
savais le fait avant que nous eussions commencé à jouer ensemble.

— Voulez-vous être fait baron.... chambellan, avec le grand
cordon de l'ordre? s'écria tout haletant le pauvre garçon. La
princesse peut tout sur le duc.

— Je n'aurai pas de répugnance, dis-je, pour le cordon jaune et la clef d'or, quoiqu'un gentilhomme de la maison de Bally-barry se soucie peu des titres de la noblesse allemande. Mais ce n'est pas là ce qu'il me faut. Mon bon chevalier, vous n'avez pas eu de secrets pour moi. Vous m'avez dit la difficulté que vous aviez eue à décider la princesse Olivia à consentir au projet de votre union avec la gräfinn Ida, que vous n'aimez pas. Je sais fort bien qui vous aimez.

— Monsieur de Balibari! » dit le chevalier déconfit.

Il n'en put dire davantage. La vérité commençait à lui apparaître.

« Vous commencez à comprendre, continuai-je. S. A. la princesse (je dis ceci d'un ton sarcastique) ne sera pas très-fâchée, croyez-moi, si vous rompez votre union avec la stupide comtesse. Je ne suis pas plus admirateur que vous de cette dame; mais j'ai besoin de sa fortune. C'est cette fortune que j'ai jouée avec vous, et je l'ai gagnée; et je vous donnerai vos billets et cinq mille ducats le jour où je l'aurai épousée.

— Le jour où j'épouserai, moi, la comtesse, répondit le chevalier, pensant me tenir, je serai en état de me procurer de quoi payer dix fois ma dette (c'était vrai, car les propriétés de la comtesse valaient près d'un demi-million de livres sterling), et alors je m'acquitterai envers vous. En attendant, si vous m'ennuyez de vos menaces, ou que vous m'insultiez encore comme vous avez fait, j'userai de cette influence que vous me reconnaissez, pour vous faire chasser du duché, comme vous avez été chassé des Pays-Bas l'année dernière. »

Je sonnai le plus tranquillement du monde. « Zamore, dis-je à un grand nègre habillé à la turque, qui me servait, quand vous entendrez sonner une seconde fois, vous porterez ce paquet au maréchal de la cour, celui-ci à S. Ex. le général de Magny, et celui-ci, vous le remettrez à un des écuyers de S. A. le prince héréditaire. Attendez dans l'antichambre, et ne faites pas ces commissions avant que je sonne de nouveau. »

L'homme noir s'étant retiré, je me tournai vers M. de Magny, et dis : « Chevalier, le premier paquet contient une lettre de vous à moi, déclarant votre solvabilité, et me promettant solennellement de payer les sommes que vous me devez; elle est accompagnée d'un document de moi (car je m'attendais à quelque résistance de votre part), établissant que mon honneur a été mis en question, et demandant que ce papier soit placé sous les yeux de Son Altesse, votre auguste maître. Le second paquet est pour votre grand-père; il contient la lettre dans laquelle vous exposez que vous êtes son héritier, et demande la confirmation du fait. Le dernier paquet, adressé à S. A. le duc héréditaire, ajoutai-je en le regardant très-sévèrement, renferme l'émeraude de Gustave-Adolphe, qu'il a donnée à la princesse, et que vous m'avez remise en gage comme un joyau de famille à vous. Votre influence sur la princesse doit être grande en effet, dis-je en concluant, puisque vous avez pu lui extorquer un joyau tel que celui-là, et puisque vous lui avez, afin de payer vos dettes de jeu, fait livrer un secret d'où dépend votre tête à tous les deux.

— Scélérat ! dit le Français tout éperdu de rage et de terreur, voudriez-vous impliquer la princesse dans tout ceci ?

— Monsieur de Magny, répondis-je en ricanant, non, je dirai que *vous avez volé* ce joyau. »

C'était mon opinion qu'il l'avait fait, et que la malheureuse et infatuée princesse n'avait eu connaissance de ce vol que longtemps après qu'il avait été commis. La manière dont nous étions venus à connaître l'histoire de l'émeraude est assez simple : comme nous avions besoin d'argent (car le temps que je passais avec Magny faisait que notre banque était fort négligée), mon oncle avait porté les bijoux de Magny à Manheim pour les mettre en gage. Le juif qui prêta de l'argent dessus savait l'histoire de la pierre en question ; et quand il demanda comment la princesse avait pu s'en dessaisir, mon oncle, fort habilement, prit l'histoire où il la trouvait, dit que Son Altesse aimait beaucoup le jeu, qu'il ne lui était pas toujours commode de payer, et que c'était ainsi que l'émeraude était venue dans nos mains. Il la rapporta sagement à S... ; et, quant aux autres bijoux que le chevalier nous avait donnés en gage, ils n'avaient rien qui les distinguât ; aucune question n'avait été faite à leur sujet jusqu'à ce jour ; et non-seulement je ne savais pas qu'ils vinssent de Son Altesse, mais je ne puis aujourd'hui encore faire que des conjectures à leur égard.

L'infortuné jeune homme devait avoir l'âme bien lâche, de n'avoir pas, quand je l'accusai de vol, fait usage de mes deux pistolets qui se trouvaient par hasard devant lui, pour envoyer hors de ce monde et son accusateur et sa misérable personne ; avec une imprudence et une insouciance si déplorables de sa part et de celle de la malheureuse femme qui s'était oubliée pour ce triste gredin, il aurait dû savoir que la découverte était inévitable. Mais il était écrit que cette terrible destinée s'accomplirait ; au lieu de finir en homme, il fila doux devant moi ; tout à fait démoralisé, et, se jetant sur le sofa, fondit en larmes, en appelant d'un air effaré tous les saints à son aide, comme s'ils pouvaient s'intéresser au sort d'un tel misérable.

Je vis que je n'avais rien à craindre de lui; et, rappelant Zamore, mon nègre, je lui dis que je porterais moi-même les paquets, que je remis dans mon secrétaire; et mon but étant ainsi atteint, j'agis, comme je fais toujours, généreusement envers lui. Je dis que, pour plus de sûreté, j'enverrais l'émeraude hors du pays; mais que je m'engagerais sur l'honneur à la rendre à la duchesse, sans aucune condition pécuniaire, le jour où elle m'obtiendrait le consentement du souverain à mon union avec la comtesse Ida.

Ceci expliquera assez clairement, je m'en flatte, le jeu que je jouais; et, bien que quelque rigide moraliste en puisse contester la loyauté, je dis que tout est légitime en amour, et que des hommes aussi pauvres que moi ne peuvent pas se permettre de tant faire les difficiles sur les moyens de réussir dans la vie. Les grands et les riches sont accueillis avec un sourire sur le grand escalier du monde; celui qui est pauvre, mais ambitieux, doit grimper par-dessus le mur, ou se frayer des pieds et des mains un passage par l'escalier de derrière, ou, pardi, se hisser par quelque conduit de la maison, si sale et si étroit qu'il puisse être, pourvu qu'il mène en haut. Le paresseux sans ambition prétend que la chose n'en vaut pas la peine, se refuse entièrement à la lutte, et se décerne le nom de philosophe. Je dis que c'est un poltron sans énergie. A quoi est bonne la vie sans l'honneur? et l'honneur est si indispensable, que nous devons l'acquérir n'importe comment.

La manière dont Magny devait opérer sa retraite fut proposée par moi, et fut réglée de façon à ménager la délicatesse des deux parties. D'après mon avis, Magny prit à part la comtesse Ida, et lui dit : « Madame, quoique je ne me sois jamais déclaré votre adorateur, le comte et vous avez eu des preuves suffisantes de mon estime pour vous; et ma demande, je le sais, eût été appuyée par Son Altesse, votre auguste tuteur. Je sais que le gracieux désir du duc est que mes attentions soient reçues favorablement; mais comme le temps n'a pas paru modifier votre attachement pour un autre, et que j'ai trop de fierté pour forcer une dame de votre nom et de votre rang à s'unir à moi contre son gré, le meilleur plan est que je vous fasse, pour la forme, une proposition non autorisée par Son Altesse, que vous y répondiez, comme je regrette de penser que votre cœur vous le dicte, négativement; sur quoi, je me désisterai ainsi en forme de mes prétentions sur vous, en déclarant qu'après un refus, rien au monde, pas même le désir du duc, ne me déciderait à y persévérer. »

La comtesse Ida pleura presque en entendant ces paroles de M. de Magny, et elle eut des larmes dans les yeux, dit-il, en lui prenant la main pour la première fois, et en le remerciant de la délicatesse de cette démarche. Elle savait peu que le Français était incapable de cette sorte de délicatesse, et que la gracieuse manière dont il se retirait était de mon invention.

Aussitôt qu'il se fut retiré, ce fut à moi de me mettre en avant, mais prudemment et doucement, de façon à ne point alarmer la dame, et cependant avec fermeté, de façon à la convaincre de l'impossibilité de s'unir avec son piètre amoureux, le sous-lieutenant. La princesse Olivia fut assez bonne pour exécuter en ma faveur cette partie nécessaire du plan, et pour avertir solennellement la comtesse Ida que, bien que M. de Magny se fût désisté de ses prétentions sur elle, son auguste tuteur n'en voudrait pas moins la marier comme il le jugerait convenable, et qu'elle devait oublier à jamais son amoureux aux coudes percés. Au fait, je ne puis concevoir comment un si piètre drôle avait jamais eu l'audace de se proposer pour elle : sa naissance, assurément, était bonne; mais quels autres titres avait-il ?

Quand le chevalier de Magny se retira, nombre d'autres prétendants, vous pouvez bien le penser, se présentèrent ; et parmi eux votre très-humble serviteur, le cadet de Ballybarry. Il y eut à cette époque un carrousel, à l'imitation des anciens tournois de la chevalerie, dans lequel les chevaliers joutaient l'un contre l'autre à la lance ou couraient la bague; et en cette occasion j'étais revêtu d'un magnifique costume romain (à savoir : un casque d'argent, une perruque flottante, une cuirasse de cuir doré, richement brodée, un manteau de velours bleu de ciel, et des bottines de maroquin cramoisi), et sous cet habit je montai mon cheval bai Brian ; et enlevai trois bagues, et remportai le prix sur toute la noblesse du duché et des pays voisins, qui était venue à la fête. Une couronne de laurier doré devait être le prix du vainqueur, et elle devait être décernée par la dame qu'il choisirait. Je galopai donc vers la galerie où la comtesse Ida était assise derrière la princesse héréditaire, et prononçant son nom avec force, mais avec grâce, je demandai qu'il me fût permis d'être couronné par elle, et me proclamai ainsi, à la face de toute l'Allemagne, pour ainsi dire, son prétendant. Elle devint très-pâle, et la princesse très-rouge, à ce que je remarquai; mais la comtesse Ida finit par me couronner; après quoi, enfonçant les éperons dans les flancs de mon cheval, je fis au galop le tour de l'arène, saluant S. A. le duc à l'extrémité opposée, et exécutant avec mon bai les plus merveilleux exercices.

Mon succès, comme vous pouvez imaginer, n'augmenta pas ma popularité parmi les jeunes gens de la cour. Ils me traitèrent d'aventurier, de fanfaron, de pipeur de dés, d'imposteur et d'une centaine de jolis noms; mais j'avais un moyen de faire taire ces messieurs. Je pris à partie le comte de Schmetterling, le plus riche et le plus brave des jeunes gens qui paraissaient avoir des vues sur la comtesse Ida, et je l'insultai publiquement au Ridotto, en lui jetant mes cartes à la face. Le lendemain, j'étais à trente milles de là, sur le territoire de l'électeur de B..., où je me battis avec M. de Schmetterling, et lui passai deux fois mon épée au travers du corps; puis je m'en revins à cheval avec mon second, le chevelier de Magny, et me présentai le soir même au whist de la duchesse. Magny avait eu d'abord beaucoup de répugnance à m'accompagner; mais j'insistai pour qu'il me secondât dans ma querelle. Aussitôt que j'eus rendu mes devoirs à Son Altesse, j'allai à la comtesse Ida, et lui fis une profonde révérence, la regardant fixement au visage jusqu'à ce qu'elle devînt cramoisie, puis promenant les yeux sur chaque homme de son cercle, jusqu'à ce que, ma foi, je leur eusse fait baisser les leurs. Je chargeai Magny de dire partout que la comtesse était amoureuse folle de moi : commission qu'avec plus d'une autre le pauvre diable fut obligé d'exécuter. Il faisait une assez sotte figure, comme disent les Français, jouant pour moi le rôle de pionnier, me louant en tous lieux, m'accompagnant toujours, lui qui avait été le roi de la mode jusqu'à mon arrivée; lui qui croyait que sa généalogie de mendiants était supérieure à la race des rois d'Irlande dont je descendais; qui m'avait cent fois traité en ricanant de spadassin, de déserteur, et m'avait appelé le vulgaire parvenu irlandais ! maintenant je pouvais me venger de ce monsieur, et je m'en vengeais.

J'avais coutume de l'appeler, dans les sociétés les plus choisies, de son nom de baptême, Maxime. Je disais : « Bonjour, Maxime, comment vas-tu? » aux oreilles de la princesse, et je pouvais le voir se mordre les lèvres de fureur et de vexation. Mais je le tenais dans mes mains, et la princesse aussi, moi pauvre soldat du régiment de Bulow. Et ceci prouve ce que peuvent le génie et la persévérance, et ce devrait être un avertissement pour les grands de ne jamais avoir de secrets, s'ils peuvent faire autrement.

Je savais que la princesse me haïssait, mais que m'importait ?

elle savait que je savais tout , et même , je crois , ses préventions contre moi étaient si fortes , qu'elle me supposait assez in-
délicat pour trahir une dame , ce que je dédaignerais de faire ;
de sorte qu'elle tremblait devant moi comme un enfant devant
son maître d'école. Elle se permettait aussi , en vraie femme
qu'elle était , toutes sortes de plaisanteries et de ricanements
sur moi les jours de réception , et me questionnait sur mon palais d'Irlande , et sur les rois , mes ancêtres , me demandant si ,
quand j'étais simple fantassin dans le régiment de Bulow , mes
augustes parents n'étaient pas venus me tirer d'affaire , et si la
bastonnade y était vertement administrée ; enfin tout ce qui pouvait me mortifier. Mais Dieu vous bénisse ! je sais faire la part
des gens , et j'avais coutume de lui rire au visage. Tandis que
ses plaisanteries et ses railleries allaient leur train , je prenais
plaisir à regarder le pauvre Magny , et à voir comment il les
supportait. Le pauvre diable tremblait de me voir éclater sous
les sarcasmes de la princesse et tout dire ; mais ma vengeance
consistait , lorsque la princesse m'attaquait , à lui dire quelque
chose d'amer ; à lui de le rendre au voisin , comme font les enfants à l'école. Et c'était toucher la corde sensible de Son Altesse.
Elle souffrait autant des coups que je portais à Magny que si je
lui eusse dit quelque chose de blessant à elle-même. Quoiqu'elle
me détestât , elle me demandait pardon en particulier ; et quoique son orgueil l'entraînât souvent , sa prudence obligeait cette
magnifique princesse de s'humilier devant ce pauvre petit Irlandais sans le sou.

Dès que Magny eut renoncé en forme à la comtesse Ida , la
princesse rendit sa faveur à cette jeune personne , et prétendit
l'aimer beaucoup. Pour être juste envers elles, je ne sais pas laquelle des deux me haïssait le plus , de la princesse , qui était
toute ardeur et feu , et coquetterie , ou de la comtesse , qui était
toute dignité et toute splendeur. Cette dernière , surtout , prétendait m'avoir en dégoût ; et cependant , après tout , j'ai plu à
mieux qu'elle ; j'étais autrefois un des plus beaux hommes de
l'Europe , et je défierais tous les heiduques de la cour de mesurer
avec la mienne leur poitrine ou leur jambe ; mais je ne m'inquié-
tais d'aucune de ses sottes préventions , et j'étais déterminé à la
conquérir et à la posséder en dépit d'elle-même. Était-ce à cause
de ses charmes ou de ses qualités ? Non. Elle était toute blanche,
maigre , myope , grande et gauche , et j'ai un goût tout contraire ; et quant à son esprit , il n'est pas étonnant qu'une pauvre
créature qui s'était engouée d'un misérable enseigne déguenillé
ne sût pas m'apprécier. C'était à son bien que je faisais la cour ;

quant à elle-même, ce serait compromettre mon goût d'homme
à la mode que d'avouer que j'en eusse pour elle.

CHAPITRE XI.

Dans lequel la chance tourne contre Barry.

Mes espérances d'obtenir la main d'une des plus riches héritières d'Allemagne étaient maintenant, selon toutes probabilités,
et autant que mon propre mérite et ma prudence pouvaient assurer ma fortune, assez certaines de se réaliser. J'étais admis
toutes les fois que je me présentais chez la princesse, et avais
d'aussi fréquentes occasions que j'en désirais d'y voir la comtesse Ida. Je ne puis dire qu'elle me recevait avec une faveur
particulière; le cœur de cette sotte petite créature était, comme
je l'ai dit, ignoblement engagé ailleurs ; et quelque séduisantes
que pussent être ma personne et mes manières, on ne devait pas
s'attendre à ce qu'elle oubliât tout d'un coup son amant pour le
jeune gentilhomme irlandais qui lui faisait la cour. Mais les
petites rebuffades que j'essuyais étaient loin de me décourager.
J'avais de très-puissants amis, qui devaient m'aider dans mon
entreprise; et je savais que, tôt ou tard, la victoire devait être
à moi. Dans le fait, je n'attendais que mon moment pour faire
valoir mes prétentions. Qui pouvait deviner le terrible coup du
sort qui menaçait mon illustre protectrice, et qui devait m'envelopper en partie dans sa ruine ?
Toutes choses semblèrent pour un temps favorables à mes
vœux; et, en dépit de l'éloignement de la comtesse Ida, il était
plus aisé de la ramener à la raison qu'on ne le suppose peut-
être dans un absurde pays constitutionnel comme l'Angleterre,
où le peuple n'est point élevé dans ces saines doctrines d'obéissance à la royauté qui dominaient en Europe à l'époque où
j'étais un jeune homme.
J'ai expliqué comment, par Magny, j'avais la princesse, pour
ainsi dire, à mes pieds. Son Altesse n'avait qu'à appuyer cette
union auprès du vieux duc, sur qui son influence était sans
bornes, et à s'assurer du bon vouloir de la comtesse de Liliengarten (titre romantique de l'épouse morganatique de Son
Altesse), et le facile vieillard donnerait l'ordre de notre mariage,

et il faudrait bien que sa pupille y obéît. Mme de Liliengarten
était aussi, à cause de sa position, extrêmement désireuse d'obliger la princesse Olivia, qui, un jour ou l'autre, pouvait être
appelée à monter sur le trône. Le vieux duc était tout chancelant, apoplectique, et excessivement amateur de bonne chère.
Lorsqu'il ne serait plus, le patronage de la duchesse Olivia
deviendrait tout à fait nécessaire à sa veuve. De là la parfaite
intelligence qui régnait entre ces deux dames, et le monde disait
que la princesse héréditaire avait déjà eu l'assistance de la favorite en diverses occasions. Son Altesse avait obtenu, par la
comtesse, plusieurs grosses sommes d'argent pour le payement
de ses nombreuses dettes; et, maintenant, elle était assez bonne
pour exercer sa gracieuse influence sur Mme de Liliengarten,
afin d'obtenir pour moi l'objet qui me tenait si fort à cœur. On
ne doit point supposer que mon but pût être atteint sans répugnance et refus continuels de la part de Magny; mais je poussais
résolûment ma pointe et j'avais en main de quoi triompher
de l'obstination de ce faible jeune homme. Je puis dire aussi,
sans vanité, que, si la haute et puissante princesse me détestait,
la comtesse (quoiqu'elle fût, disait-on, d'une origine extrêmement basse) avait meilleur goût et m'admirait. Elle nous faisait
souvent l'honneur de s'associer à nous dans une des banques de
notre pharaon, et déclarait que j'étais le plus bel homme du
duché. Tout ce qu'on me demandait était de prouver ma noblesse,
et je me fis faire à Vienne une généalogie de nature à satisfaire
les plus avides en ce genre. Au fait, qu'est-ce qu'un homme
descendu des Barry et des Brady avait à craindre devant aucun
von d'Allemagne? Pour plus de sûreté, je promis à Mme de Liliengarten dix mille louis le jour de mon mariage, et elle savait
que comme joueur je n'avais jamais manqué à ma parole, et je
jure que, quand j'aurais dû le payer cinquante pour cent, j'aurais trouvé l'argent.

Ainsi, par mes talents, par mon honnêteté, par ma finesse,
eu égard à ma position de pauvre proscrit, je m'étais procuré de
très-puissants protecteurs. Même S. A. le duc Victor était
favorablement disposé pour moi; son cheval de bataille favori
ayant été pris de vertiges, je lui donnai une boulette comme
celles que mon oncle Brady avait l'habitude d'administrer; je
guéris le cheval, et depuis lors Son Altesse daigna me remarquer
souvent. Elle m'invita à ses parties de chasse à courre et à tir,
où je me montrai bon chasseur, et une ou deux fois elle daigna
me parler de mes projets d'avenir, déplorant que je me fusse
adonné au jeu, et que je n'eusse pas adopté un mode plus régu-

lier d'avancement. « Monsieur, dis-je, si Votre Altesse veut me permettre de lui parler franchement, le jeu n'est pour moi qu'un moyen. Où aurais-je été sans cela? Je serais encore simple soldat dans les grenadiers du roi Frédéric. Je sors d'une race qui a donné des princes à mon pays; mais des persécutions les ont privés de leurs vastes possessions. La fidélité de mon oncle à son antique foi l'a chassé de notre pays. J'avais résolu aussi de faire mon chemin au service; mais l'insolence et les mauvais traitements des Anglais n'étaient pas supportables pour un gentilhomme de haute naissance, et je me suis enfui. Ce ne fut que pour tomber dans une autre servitude à laquelle il semblait encore plus impossible de se soustraire, lorsque ma bonne étoile m'envoya un sauveur en la personne de mon oncle, et mon énergie et mon courage me mirent à même de profiter du moyen d'évasion qui s'offrait à moi. Depuis lors, nous avons vécu, je ne le déguise pas, du jeu; mais qui peut dire que je lui aie fait tort? Cependant, si je pouvais me trouver dans un poste honorable, et avec une existence assurée, excepté pour mon amusement, comme doit faire tout gentilhomme, je ne toucherais plus une carte de ma vie. Je supplie Votre Altesse de s'informer de son résident à Berlin si, en toute circonstance, je ne me suis pas conduit en vaillant soldat. Je sens que j'ai des talents d'un ordre plus élevé, et je serai fier d'avoir occasion de les déployer, si, comme je n'en doute pas, ma fortune me permet de le faire. »

La candeur de ces paroles frappa vivement Son Altesse, l'impressionna en ma faveur, et elle voulut bien dire qu'elle me croyait et qu'elle serait charmée de se montrer mon ami.

Ayant ainsi gagné à ma cause les deux ducs, la duchesse et la favorite régnante, les chances étaient certainement que je remporterais le prix de la lutte; et, d'après tous les calculs ordinaires, je devrais être en ce moment prince de l'empire, si ma mauvaise fortune ne m'avait poursuivi en une chose où je n'étais pas le moins du monde à blâmer, je veux dire l'attachement de l'infortunée duchesse pour ce faible et sot poltron de Français. La publicité de cet amour était pénible à voir, comme sa fin fut effroyable à penser. La princesse ne s'en cachait nullement. Si Magny disait un mot à une dame de sa maison, elle devenait jalouse, et attaquait de toute la fureur de sa langue la malheureuse coupable. Il recevait d'elle une demi-douzaine de billets par jour; lorsqu'il apparaissait à ses réceptions, petites ou grandes, elle était rayonnante à tel point que tout le monde le remarquait. C'était un prodige que son mari ne se fût pas aperçu depuis longtemps de son infidélité; mais le prince Victor était lui-même d'une nature si élevée et si sévère, qu'il ne pouvait pas croire qu'elle méconnût assez son rang pour oublier sa vertu; et j'ai ouï dire que lorsqu'on lui faisait des insinuations au sujet de la partialité évidente que la princesse montrait pour l'écuyer, sa réponse était un ordre sévère de ne plus jamais l'importuner à cet égard. « La princesse est d'humeur légère, disait-il; elle a été élevée dans une cour frivole; mais sa folie ne va pas au delà de la coquetterie; le crime est impossible; elle a sa naissance, et mon nom, et ses enfants, pour la défendre. » Et il partait pour ses inspections militaires, et restait absent plusieurs semaines, ou se retirait dans ses appartements et s'y enfermait des jours entiers, ne paraissant que pour saluer au lever de la princesse, ou pour lui donner la main aux galas de la cour, où l'étiquette exigeait qu'il se montrât. C'était un homme de goûts vulgaires, et je l'ai vu dans le jardin privé, avec son grand corps gauche, courir ou jouer à la balle, avec son fils et sa fille, qu'il trouvait des prétextes d'aller voir une douzaine de fois par jour. Les sérénissimes enfants étaient amenés chaque matin à la toilette de leur mère; mais elle les recevait avec beaucoup d'indifférence, excepté une fois que le jeune duc Ludwig avait son petit uniforme de colonel de hussards   son parrain, l'empereur Léopold, lui ayant fait cadeau d'un régiment. Alors, pour un jour ou deux, la princesse Olivia fut charmée du petit garçon; mais elle s'en fatigua vite, comme un enfant d'un jouet. Je me souviens qu'un jour, au cercle du matin, un peu de rouge de la princesse tomba sur la manche du petit uniforme blanc de son fils, sur quoi elle donna un soufflet au pauvre enfant, et le renvoya tout en sanglots. Oh! tout le mal qu'ont fait les femmes en ce monde! les malheurs dans lesquels les hommes sont entrés légèrement et la face souriante, souvent sans même l'excuse de la passion, par pure fatuité, vanité, bravade! Les hommes jouent avec ces terribles armes à deux tranchants, comme s'il ne pouvait leur en arriver aucun mal. Moi, qui ai plus vu de la vie que la plupart des hommes, si j'avais un fils, je le supplierais à genoux d'éviter la femme, qui est pire que le poison. Ayez une intrigue, et toute votre vie est en danger : vous ne savez pas quand le mal peut tomber sur vous, et ce qu'un moment de folie peut causer de malheurs à des familles entières, et amener de ruine sur d'innocentes têtes qui vous sont parfaitement chères.

Lorsque je vis à quel point l'infortuné M. de Magny paraissait perdu sans ressource, en dépit de tout ce que j'avais à réclamer de lui, je le pressai de fuir. Il avait un logement au palais, dans les mansardes, au-dessus des appartements de la princesse (c'était un vaste bâtiment, et qui contenait toute une population de nobles serviteurs de la famille) ; mais l'infatué jeune fou ne voulut pas bouger, quoiqu'il n'eût pas même l'excuse de l'amour. « Comme elle louche, disait-il de Son Altesse, et comme elle est contrefaite ! Elle croit que personne ne s'aperçoit de sa difformité. Elle m'écrit des vers pris dans Gresset ou dans Crébillon, et s'imagine que je les crois originaux. Bah ! ils ne sont pas plus à elle que ses cheveux ! » C'était de cette manière que ce jeune misérable dansait sur l'abîme qui s'ouvrait sous lui. Je crois que son principal plaisir, en faisant la cour à la princesse, était de pouvoir écrire ses victoires à ses amis des petites maisons de Paris, où il se mourait d'être considéré comme un bel esprit et un vainqueur de dames.

Voyant l'insouciance de ce jeune homme et le danger de sa position, je devins très-désireux que mes petits projets arrivassent à une conclusion satisfaisante, et je le pressai vivement à ce sujet.

Mes sollicitations auprès de lui avaient, je n'ai pas besoin de le dire, par la nature de nos rapports, généralement assez de succès ; et, dans le fait, le pauvre garçon n'avait rien à me refuser, comme je le lui disais souvent en riant, à sa médiocre satisfaction. Mais j'employais plus que des menaces, ou que la légitime influence que j'avais sur lui. J'employais la délicatesse et la générosité : j'en puis citer pour preuve la promesse que je fis de rendre à la princesse cette émeraude de famille dont j'ai parlé dans le dernier chapitre, et que j'avais gagnée au jeu à son peu scrupuleux adorateur.

Ce fut du consentement de mon oncle, et ce fut un de ces actes ordinaires de sagesse et de prévoyance qui distinguent cet habile homme. « Pressez l'affaire maintenant, Redmond, mon enfant, me recommandait-il. Cette intrigue entre la princesse et Magny doit finir mal pour tous deux, et cela bientôt, et alors quelle chance aurez-vous d'obtenir la comtesse ? Voici l'instant ! Faites capituler la place avant la fin du mois, et nous laisserons là notre banque, et nous vivrons en seigneurs dans notre château de Souabe. Débarrassez-vous ici de cette émeraude, ajouta-t-il ; s'il arrivait un accident, ce serait une vilaine chose à trouver dans nos mains. » Ce fut ce qui me décida à renoncer à la possession de ce joyau, dont, je dois l'avouer, il me coûtait de me dessaisir. Ce fut un bonheur pour nous que je l'eusse fait, comme vous allez voir.

Pendant ce temps-là, donc, je pressais Magny : je parlai moi-même à la comtesse de Liliengarten, qui me promit for-

mellement d'appuyer ma demande auprès de Son Altesse le duc
régnant; et M. de Magny eut pour instructions de décider la
princesse Amalia à faire une semblable démarche auprès du vieux
souverain en ma faveur. Elle fut faite. Les deux dames pressè-
rent le prince; Son Altesse, à un souper d'huîtres et de vin
de Champagne, fut amenée à consentir, et Son Altesse la
princesse héréditaire me fit l'honneur de notifier en personne à
la comtesse Ida que l'intention du prince était qu'elle épousât le
jeune seigneur irlandais, le chevalier Redmond de Balibari. La
notification eut lieu en ma présence, et quoique la jeune comtesse dît : « Jamais! » et tombât sans connaissance aux pieds de
sa maîtresse, je fus, comme vous pensez bien, fort peu ému de
ce petit déploiement de fade sensibilité, et compris que j'étais
sûr de ma proie.

Ce soir-là, je remis l'émeraude au chevalier de Magny, qui
promit de la rendre à la princesse; et maintenant mon seul
obstacle était le prince héréditaire, dont son père, sa femme et
la favorite avaient également peur. Il pouvait ne pas être disposé à souffrir que la plus riche héritière de son duché tombât
aux mains d'un noble, mais non riche étranger. Il fallait du
temps pour faire cette ouverture au prince Victor. Il fallait que
la princesse le prît dans un moment de bonne humeur. Il avait
encore des jours d'enivrement, où il ne savait rien refuser à sa
femme; et notre plan était d'attendre un de ces jours, ou toute
autre chance qui pourrait s'offrir.

Mais il était dit que la princesse n'aurait jamais son époux à
ses pieds, comme il y avait été souvent. Le destin préparait un
terrible dénoûment à ses folies et à mon propre espoir. En
dépit des promesses solennelles qu'il m'avait faites, Magny ne
rendit point l'émeraude à la princesse Amalia.

Il avait su, dans ses relations accidentelles avec moi, que mon
oncle et moi nous avions eu des obligations à M. Moïse Löwe,
le banquier de Heidelberg, qui nous avait donné un bon prix de
nos objets de valeur; et le jeune écervelé saisit un prétexte
d'aller le trouver, et voulut mettre le bijou en gage. Moïse Löwe
reconnut sur-le-champ l'émeraude, donna à Magny la somme
que ce dernier demandait, et que le chevalier eut bientôt perdue
au jeu, sans nous faire connaître, comme vous pouvez le penser,
le moyen par lequel il se trouvait en possession d'une somme
aussi forte. Nous supposions, quant à nous, qu'elle lui était
fournie par son banquier habituel, la princesse; et maints rou-
leaux de ses pièces d'or trouvèrent le chemin de notre caisse,
lorsque aux galas de la cour, dans notre propre logis, ou dans

les appartements de Mme de Liliengarten (qui, en ces occasions, nous faisait l'honneur d'être de moitié avec nous), nous tenions notre banque de pharaon.

Ainsi, l'argent de Magny fut bien vite parti. Mais quoique le juif gardât son joyau, qui valait, sans aucun doute, le triple de ce qu'il lui avait prêté, ce n'était pas tout le profit qu'il comptait tirer de son malheureux emprunteur, sur lequel il commença à exercer son autorité. Ses relations hébraïques à X..., changeurs, banquiers, marchands de chevaux, qui avaient des accointances avec la cour, avaient dû dire à leur frère de Heidelberg quels étaient les rapports de Magny avec la princesse, et le coquin résolut d'en tirer avantage et de pressurer impitoyablement ses deux victimes. Mon oncle et moi, pendant ce temps-là, nous nagions en pleine prospérité, triomphant aux cartes, et, ce qui était plus important encore, au jeu matrimonial que nous étions en train de jouer; et nous n'avions aucun soupçon de la mine qui se creusait sous nos pieds.

Avant qu'un mois fût passé, le juif commença à tourmenter Magny. Il se présenta à X..., et demanda de plus gros intérêts, de l'argent pour se taire; autrement il serait forcé de vendre l'émeraude. Magny lui donna de l'argent : la princesse était venue au secours de son poltron d'amant. Le succès de la première demande ne servit qu'à rendre la seconde plus exorbitante. Je ne sais pas combien d'argent fut extorqué et payé pour cette malencontreuse émeraude; mais elle fut la cause de notre ruine à tous.

Un soir, nous tenions notre banque comme de coutume chez la comtesse de Liliengarten, et Magny, étant en fonds de manière ou d'autre, ne faisait que tirer rouleau sur rouleau, et jouait avec son malheur habituel. Au milieu du jeu, on lui apporta un billet qu'il lut, et dont la lecture le rendit très-pâle; mais la chance était contre lui, et, regardant avec une certaine anxiété à la pendule, il attendit quelques coups de plus, et après avoir, je suppose, perdu son dernier rouleau, il se leva avec un jurement qui effaroucha plusieurs personnes de cette compagnie distinguée, et sortit de la chambre. Un grand piétinement de chevaux au dehors se fit entendre; mais nous étions tous trop à notre affaire pour faire attention à ce bruit, et nous continuâmes à jouer.

Peu après, quelqu'un entra dans la salle de jeu et dit à la comtesse :

« Voici une singulière histoire ! Un juif a été assassiné dans le Kaiserwald. Magny a été arrêté en sortant d'ici. »

Toute la compagnie se sépara à cette étrange nouvelle, et nous cessâmes notre banque pour ce soir-là. Magny avait été assis près de moi pendant le jeu (mon oncle donnait les cartes, et moi je payais et prenais l'argent), et en regardant sous sa chaise j'y trouvai un papier froissé, que je ramassai et que je lus. C'était celui qu'on lui avait remis, et il était conçu en ces termes :

« Si vous l'avez fait, prenez le cheval de l'ordonnance qui vous apporte ceci. C'est le meilleur de mon écurie; il y a cent louis dans chaque fonte, et les pistolets sont chargés. L'une ou l'autre voie vous est ouverte; vous savez ce que je veux dire. Dans un quart d'heure, je saurai notre sort.... si je dois être déshonoré et vous survivre, si vous êtes coupable et lâche, ou si vous êtes encore digne du nom de

« M.... »

C'était l'écriture du vieux général de Magny; et mon oncle et moi, comme nous rentrions chez nous après avoir fait et partagé avec la comtesse Liliengarten des bénéfices qui ne laissaient pas que d'être considérables ce soir-là, nous sentîmes notre triomphe plus que compromis par le contenu de cette lettre.

« Magny, nous demandâmes-nous, a-t-il volé le juif, ou son intrigue a-t-elle été découverte? »

Dans les deux cas, mes prétentions sur la comtesse Ida étaient menacées d'un sérieux échec; et je commençais à me dire que mon grand coup de partie était joué et peut-être perdu.

Eh bien, il était perdu; mais je soutiens, jusqu'à ce jour, qu'il fut bien et vaillamment joué. Après souper (nous ne soupions jamais pendant le jeu, de peur des conséquences), je devins si inquiet de ce qui se passait, que je résolus de sortir vers minuit et de m'informer dans la ville du motif réel de l'arrestation de Magny. Une sentinelle était à la porte, et me signifia que mon oncle et moi nous étions prisonniers.

Nous fûmes laissés six semaines dans notre logement, gardés de si près, que l'évasion était impossible si nous en avions eu l'idée; mais, étant innocents, nous n'avions rien à craindre. La vie que nous menions n'était un secret pour personne, et nous désirions et appelions l'examen. Il arriva pendant ces six semaines de grands et tragiques événements qui, bien que nous en eussions appris la substance, comme fit toute l'Europe, lorsque nous sortîmes de notre captivité, étaient loin de nous être connus dans tous leurs détails, que je restai encore bien des années sans savoir. Les voici tels qu'ils me furent racontés par la dame qui, de tout l'univers, était la personne qui paraissait le mieux à portée de les connaître. Mais il vaut mieux en réserver le récit pour un autre chapitre.

CHAPITRE XII.

Contenant la tragique histoire de la princesse de X....

Plus de vingt ans après les événements racontés dans les chapitres qui précèdent, je me promenais avec milady Lyndon dans la Rotonde, au Ranelagh ; c'était en 1790 ; l'émigration de France avait déjà commencé ; les anciens comtes et marquis accouraient en foule sur nos rivages, non pas affamés et misérables comme on les vit peu d'années après, mais non encore inquiétés, et apportant avec eux des signes de leur splendeur nationale. Je me promenais donc avec lady Lyndon, qui, proverbialement jalouse et toujours désireuse de me tourmenter, aperçut une dame étrangère qui évidemment me remarquait, et, comme de raison, me demanda quelle était cette odieuse grosse Hollandaise qui me lançait ainsi des œillades. Je ne la connaissais pas le moins du monde. Il me semblait bien avoir vu ce visage-là quelque part (il était maintenant, comme disait ma femme, énormément gras et bouffi), mais je ne reconnaissais pas sous ces traits une des plus belles femmes de l'Allemagne de son temps. Ce n'était autre que Mme de Liliengarten, la maîtresse, ou, comme disaient certaines personnes, l'épouse morganatique du vieux duc de X..., père du duc Victor. Elle avait quitté X.... peu de mois après la mort du grand-duc, avait été à Paris, à ce que j'appris, où quelque aventurier sans principes l'avait épousée pour son argent ; mais elle n'en avait pas moins conservé son titre quasi royal, et, au grand amusement des Parisiens qui fréquentaient sa maison, prétendait aux honneurs et au cérémonial d'une veuve de souverain. Elle avait un trône dans sa salle d'apparat, et ses domestiques et ceux qui voulaient lui faire leur cour ou lui emprunter de l'argent lui donnaient de l'altesse. Le bruit courait qu'elle buvait copieusement ; ce qu'il y a de certain, c'est que son visage portait toutes les marques de cette habitude, et avait perdu ces roses et cet air de franchise et de bonne humeur dont avait été charmé le souverain qui l'avait anoblie.

Quoiqu'elle ne m'eût pas abordé dans le cercle du Ranelagh, j'étais, à cette époque, aussi connu que le prince de Galles, et elle n'eut aucune difficulté à trouver ma maison dans Berkeley-square, où un billet me fut expédié le lendemain matin.

« Une ancienne amie de monsieur de Balibari, y était-il dit en fort mauvais français, désire revoir le chevalier et causer de l'heureux temps d'autrefois. Rosine de Liliengarten (se peut-il que Redmond Balibari l'ait oubliée ?) sera chez elle, dans Leicester-Fields, toute la matinée, attendant quelqu'un qui n'aurait pas ainsi passé près d'elle il y a *vingt ans*. »

C'était, en effet, Rosine de Liliengarten, une Rosine épanouie comme j'en ai rarement vu. Je la trouvai à un premier étage assez convenable, dans Leicester-Fields (la pauvre âme tomba beaucoup plus bas par la suite), prenant du thé qui, je ne sais comment, avait une odeur très-prononcée d'eau-de-vie; et après des salutations qui seraient encore plus ennuyeuses à raconter qu'elles ne le furent à faire, après quelques propos décousus, elle me fit brièvement, en ces termes, le récit des événements de X..., que je puis bien intituler la *Tragédie de la princesse* :

« Vous vous rappelez M. de Geldern, le ministre de la police. Il était d'extraction hollandaise, et, qui plus est, d'une famille de juifs hollandais. Quoique tout le monde lui connût cette tache dans son écusson, il était mortellement irrité quand on soupçonnait son origine, et faisait amende honorable des erreurs de son père par de furibondes professions de foi et par les pratiques de dévotion les plus austères. Il allait à l'église tous les matins, se confessait une fois par semaine, et haïssait les juifs et les protestants autant que l'aurait pu faire un inquisiteur. Il ne perdait jamais une occasion de prouver sa sincérité, en persécutant les uns ou les autres toutes les fois qu'il le pouvait.

« Il haïssait mortellement la princesse; car Son Altesse, dans un de ses caprices, lui avait jeté à la tête son origine, avait fait à table emporter du porc de devant lui, ou quelque autre aussi sotte injure; et il avait une violente animosité contre le vieux baron de Magny, tant comme protestant, que parce que ce dernier, dans un accès d'humeur hautaine, lui avait publiquement tourné le dos comme à un aigrefin et à un espion. Il s'élevait continuellement entre eux des querelles dans le conseil, où la présence seule de son auguste maître empêchait le baron d'exprimer tout haut et fréquemment le mépris qu'il ressentait pour l'homme de police.

« Ainsi la haine était un motif pour Geldern de perdre la princesse, mais c'est mon opinion qu'il en avait encore un autre plus puissant, l'intérêt. Vous vous rappelez qui le duc épousa après la mort de sa première femme? Une princesse de la maison de F.... Geldern bâtit son beau palais deux ans après, et, j'en suis convaincue, avec l'argent qui lui fut payé par la famille de F.... pour faire réussir le mariage.

« Aller au prince Victor, et rapporter à Son Altesse un fait que tout le monde savait, n'était nullement le désir de Geldern. Il savait que ce serait se perdre à tout jamais dans l'esprit du prince que de lui porter une nouvelle si désastreuse. Son plan était donc de laisser la chose s'expliquer d'elle-même à Son Altesse; et, lorsque le temps fut venu, il chercha le moyen d'arriver à ses fins. Il avait des espions chez les deux Magny; mais ceci, vous le savez, comme de raison, ayant l'expérience des usages du continent. Nous nous faisions tous espionner les uns les autres. Votre nègre (Zamor; je crois, était son nom) venait, tous les matins, me faire son rapport; et j'amusais le vieux duc en lui racontant comme quoi vous vous exerciez au piquet et aux dés dans la matinée, et vos querelles et vos intrigues. Nous levions de semblables contributions sur un chacun, à X..., pour divertir le cher vieillard. Le valet de M. de Magny me faisait des rapports à moi, et aussi à M. de Geldern.

« Je savais que l'émeraude était en gage; et c'était de ma bourse que la pauvre princesse tirait les fonds qui étaient remis à l'odieux Löwe, et au jeune chevalier plus méprisable encore. Comment la princesse pouvait se fier à ce dernier comme elle persistait à le faire, cela me passe; mais il n'est pas d'infatuation comme celle d'une femme amoureuse; et vous remarquerez, mon cher monsieur de Balibari, que notre sexe, généralement, fixe son choix sur un mauvais sujet.

« — Pas toujours, madame, me récriai-je; votre humble serviteur a inspiré beaucoup de ces attachements-là.

« — Je ne vois pas que cela attaque la vérité de la proposition, » dit sèchement la vieille dame, et elle continua son récit :

« Le juif, qui était détenteur de l'émeraude, avait fait beaucoup d'affaires avec la princesse, et il lui fut à la fin offert un tel pot-de-vin, qu'il se détermina à se dessaisir du gage. Il commit l'inconcevable imprudence d'apporter l'émeraude à X..., et alla chez Magny, à qui la princesse avait remis l'argent qu'il fallait pour racheter le gage, et qui était prêt à le payer.

« Leur entrevue eut lieu dans l'appartement de Magny, où son valet ne perdit pas un mot de leur conversation. Le jeune homme, qui n'attachait aucun prix à l'argent, lorsqu'il en avait, l'offrit d'une manière si large, que Löwe haussa ses prétentions, et eut l'audace de demander le double de ce qui avait été convenu.

« Là-dessus, le chevalier perdit toute patience, tomba sur ce misérable et voulait le tuer, quand l'opportun valet entra précipitamment et lui sauva la vie. Il avait entendu toute la dispute, et le juif, terrifié, courut se réfugier dans ses bras. Magny, qui était vif et colère, mais non féroce, ordonna au domestique d'emmener ce coquin, et n'y pensa plus.

« Peut-être n'était-il pas fâché d'être débarrassé de lui, et d'avoir en sa possession une forte somme d'argent, quatre mille ducats, avec lesquels il pourrait tenter encore la fortune, comme vous savez qu'il fit à votre table le soir.

« — Votre Seigneurie était de moitié, madame, dis-je ; et vous savez que mes gains ne m'enrichissaient guère.

« — Le valet conduisit l'israélite tremblant hors du palais, et il ne l'eut pas plutôt vu installé chez un de ses confrères, où il avait coutume de descendre, qu'il s'en alla au ministère de la police, et raconta à Son Excellence jusqu'au dernier mot de la conversation qui avait eu lieu entre le juif et son maître.

« Geldern exprima la plus grande satisfaction de la prudence et de la fidélité de son espion. Il lui donna une bourse de vingt ducats, et promit de pourvoir largement à ses besoins, comme il arrive aux grands de faire de ces sortes de promesses ; mais vous, monsieur de Balibari, vous savez combien ils les tiennent rarement. « Maintenant, dit M. de Geldern, allez et faites-moi savoir quand l'israélite se propose de s'en retourner chez lui, ou s'il se repent et compte accepter l'argent. »

« L'homme alla faire cette commission. Sur ces entrefaites, pour plus de sûreté, Geldern arrangea une partie de jeu chez moi, vous invitant à y tenir votre banque, comme vous vous rappelez, et, en même temps, trouvant moyen de faire savoir à Maxime de Magny qu'il y avait pharaon chez Mme. de Liliengarten. C'était cet attrait auquel le pauvre garçon ne résistait pas. »

Je me souvenais de tout ceci, et je continuai d'écouter, stupéfait des machinations de l'infernal ministre de la police.

« L'espion fit son message et revint dire qu'il avait pris des informations auprès des domestiques de la maison où logeait le banquier de Heidelberg, et que l'intention de ce dernier était de quitter W.... dans l'après-midi. Il voyageait seul, sur un vieux cheval, très-humblement accoutré, à la manière de ses coreligionnaires.

« Johann, dit le ministre en frappant sur l'épaule de l'espion ravi, je suis de plus en plus content de vous. J'ai réfléchi, depuis que vous m'avez quitté, à votre intelligence, et à la manière fidèle dont vous m'avez servi ; et je trouverai bientôt une occasion de vous placer selon votre mérite. Quel chemin prend ce gueux d'israélite ?

« — Il va ce soir à R....

« — Et doit passer par le Kaiserwald. Êtes-vous un homme de cœur, Johann Kerner ?

« — Votre Excellence veut-elle me mettre à l'épreuve ? dit l'homme, les yeux étincelants ; j'ai fait la guerre de Sept ans, et je n'en ai jamais manqué là.

« — Eh bien, écoutez. L'émeraude doit être reprise au juif ; rien qu'en la gardant, le misérable s'est rendu coupable de haute trahison. A l'homme qui m'apporte cette émeraude, je jure de donner cinq cents louis. Vous comprenez pourquoi il est nécessaire qu'elle soit rendue à Son Altesse. Je n'ai pas besoin d'en dire davantage.

« — Vous l'aurez ce soir, monsieur, dit l'homme. Comme de juste, Votre Excellence me garantit les suites en cas d'accident.

« — Bah ! répondit le ministre, je vais vous payer moitié de la somme d'avance, tant j'ai confiance en vous. Tout accident est impossible, si vous prenez convenablement vos mesures. Il y a quatre lieues de bois ; le juif va lentement. Il fera nuit avant qu'il puisse arriver, par exemple, au vieux moulin à poudre qui est dans le bois. Qui vous empêche de tendre une corde en travers de la route, et de lui faire là son affaire ? Revenez me trouver ce soir à souper. Si vous rencontrez quelque patrouille, dites : *Les renards sont en liberté ;* c'est le mot d'ordre pour cette nuit ; elle vous laissera passer sans questions. »

« L'homme s'en alla tout à fait charmé de sa commission ; et, tandis que Magny perdait son argent à notre table de pharaon, son domestique dressait un guet-apens au juif à l'endroit nommé Moulin à poudre, dans le Kaiserwald. Le cheval du juif culbuta par-dessus une corde qui avait été mise en travers de la route ; et, quand son cavalier tomba en gémissant par terre, Johann Kerner se précipita sur lui, masqué et pistolet en main, et lui demanda son argent. Il n'avait aucune envie de tuer le juif, je crois, à moins que sa résistance ne le forçât d'en venir à cette extrémité.

« Et il ne commit pas non plus ce meurtre ; car, au moment où le juif demandait en hurlant merci, et où son assaillant le me-

naçait du pistolet, survint une patrouille, qui s’empara du voleur
et du blessé.

« Kerner proféra un jurement. « Vous êtes venu trop tôt,
dit-il au sergent de police; les renards sont en liberté.—Il y en
a de pris, » dit le sergent sans s’émouvoir; et il attacha les
mains de mon homme avec la corde qui barrait le chemin. Le
valet fut mis en croupe derrière un homme de la police; on en
fit autant de Löwe, et nos gens rentrèrent ainsi en ville av
tomber de la nuit.

« Ils furent conduits immédiatement à la police, et, comme le
chef se trouvait là, ils furent interrogés par Son Excellence en
personne. Tous deux furent rigoureusement fouillés; les papiers
du juif et ses écrins lui furent pris; le joyau fut trouvé dans une
poche secrète. Quant à l’espion, le ministre, lui jetant un regard
courroucé, dit : « Eh mais, c’est le domestique du chevalier de
Magny, un des écuyers de Son Altesse! » Et sans écouter un
mot de justification du pauvre diable terrifié, il le fit mettre au
secret.

« Demandant son cheval, il se rendit alors chez le prince au
palais, et sollicita une audience immédiate. Lorsqu’il fut admis,
il produisit l’émeraude. « Ce joyau, dit-il, a été trouvé sur un
juif de Heidelberg, qui est venu souvent ici depuis peu, et a eu
beaucoup de relations avec l’écuyer de la princesse, le chevalier
de Magny. Cette après-midi, le domestique du chevalier est venu
de chez son maître, accompagné de l’hébreu; on l’a entendu
prendre des informations sur la route par laquelle celui-ci devait
s’en retourner chez lui; il l’a suivi, ou plutôt précédé, et a été
surpris par ma police dévalisant sa victime dans le Kaiserwald.
Cet homme ne veut rien avouer; mais, en le fouillant, on a
trouvé sur lui une somme considérable d’argent; et, quoique ce
soit avec la plus vive peine que je me décide à concevoir une
telle opinion, et à impliquer dans cette affaire un gentilhomme du
caractère et du nom de M. de Magny, je dois me résigner à dire
qu’il est de notre devoir de faire interroger le chevalier à ce sujet. Comme M. de Magny est au service particulier de la princesse et jouit de sa confiance, à ce que j’entends dire, je ne
voudrais pas me hasarder à l’arrêter sans la permission de
Votre Altesse. »

« Le grand écuyer du prince, qui était ami du vieux baron de
Magny et assistait à cette entrevue, n’eut pas plutôt entendu
cette étrange nouvelle, qu’il courut annoncer au vieux général
le crime dont on accusait son petit-fils. Peut-être Son Altesse
elle-même n’était pas fâchée que son vieil ami et son maître dans

l'art de la guerre eût la chance de sauver sa famille du déshonneur ; en tout cas, M. de Hengst, le grand écuyer, eut la permission d'aller tirer le baron de sa sécurité, et de lui apprendre l'accusation qui pesait sur l'infortuné chevalier.

« Il est possible qu'il s'attendît à quelque terrible catastrophe de ce genre ; car, après avoir entendu le récit de M. Hengst (comme ce dernier me le raconta depuis), il se contenta de dire : « La volonté du ciel soit faite ! » refusa pour quelque temps de faire aucune démarche, et enfin, seulement à la sollicitation de son ami, se décida à écrire la lettre que Maxime de Magny reçut à notre table de jeu.

« Tandis qu'il y était à perdre l'argent de la princesse, la police faisait une descente dans son appartement, et y découvrait cent preuves, non de sa culpabilité au sujet du vol, mais de sa liaison criminelle avec la princesse, des gages d'amour donnés par elle, des lettres passionnées qu'elle lui avait écrites, des copies de sa propre correspondance avec ses jeunes amis de Paris ; le tout fut lu par le ministre de la police, et soigneusement réuni et cacheté pour Son Altesse le prince Victor. Je ne doute pas que Geldern n'eût tout lu ; car, en remettant le paquet au prince héréditaire, il lui dit que, *par obéissance pour les ordres de Son Altesse*, il avait rassemblé les papiers du chevalier ; mais il n'avait pas besoin de dire que, quant à lui, sur son honneur, il n'en n'avait pas pris connaissance. Sa mésintelligence avec MM. de Magny était connue ; il priait Son Altesse de charger toute autre personne de juger l'accusation portée contre le jeune chevalier.

« Tout ceci se passait tandis que le chevalier était au jeu. La veine était contre lui ; elle vous était très-favorable à cette époque, monsieur de Balibari. Il resta et perdit ses quatre mille ducats ; il reçut le billet du général ; et telle était l'infatuation de ce malheureux joueur, qu'au reçu du billet, il descendit dans la cour, où l'attendait le cheval, prit l'argent que le pauvre vieux gentilhomme avait mis dans les fontes, remonta avec, le joua, le perdit, et lorsqu'il sortit pour s'enfuir, il était trop tard ; il fut arrêté au bas de mon escalier, comme vous alliez entrer chez vous.

« Lorsqu'il arriva, quoique gardé par les soldats envoyés pour l'arrêter, le vieux général, qui attendait, fut transporté de joie à sa vue, et se jeta dans ses bras et l'embrassa, pour la première fois, dit-on, depuis bien des années. « Le voici, monsieur ! dit-il en sanglotant ; Dieu merci, il n'est pas coupable du vol ! » Puis il retomba sur un siége, s'abandonnant à une émotion pénible à voir, dirent les assistants, chez un homme si brave et connu pour être si froid et si sévère.

« Un vol ! dit le jeune homme, je jure devant Dieu que je n'en ai point commis ! »

« Et il y eut entre eux une touchante scène de quasi-réconciliation, avant que le malheureux jeune homme fût conduit du corps de garde dans la prison d'où il ne ne devait plus jamais sortir.

« Ce soir-là, le duc examina les papiers que Geldern lui avait apportés. Ce fut, sans aucun doute, dans la toute première partie de cette lecture qu'il donna l'ordre de vous arrêter ; car vous fûtes pris à minuit, Magny à dix heures, moment où le vieux baron de Magny avait vu Son Altesse et protesté de l'innocence de son petit-fils ; et le prince l'avait reçu avec beaucoup de grâce et de bonté. Son Altesse dit qu'elle ne doutait pas que le jeune homme ne fût innocent ; sa naissance et son rang rendaient un tel crime impossible ; mais la prévention était trop forte contre lui ; on savait que le jour même il s'était enfermé avec le juif ; qu'il avait reçu une somme considérable d'argent perdue par lui au jeu, et dont l'Hébreu, indubitablement, avait été le prêteur ; qu'il avait envoyé après lui son domestique, qui s'était informé de l'heure où le juif partirait, s'était mis en embuscade sur la route et l'avait dévalisé. Les soupçons étaient si forts contre le chevalier, que la justice réclamait son arrestation ; et, jusqu'à ce qu'il se fût disculpé, il serait tenu dans une captivité qui ne serait point déshonorante, et on aurait tous les égards dus à son nom et aux services de son honorable grand-père. Sur cette assurance, et après une cordiale poignée de main, le prince quitta le vieux général de Magny, et le vétéran alla se coucher, presque consolé et convaincu que Maxime allait être relâché immédiatement.

« Mais le matin, avant le jour, le prince, qui avait passé la nuit à lire les papiers, appela d'un air effaré le page qui couchait en travers de la porte dans la pièce voisine, lui dit d'amener les chevaux, qui étaient toujours tenus tout prêts dans l'écurie, et jetant une liasse de lettres dans une boîte, dit au page de la prendre et de le suivre à cheval. Ce jeune homme (M. de Weissenborn) conta ceci à une jeune personne qui était alors de ma maison, et qui est maintenant Mme de Weissenborn, et mère d'une vingtaine d'enfants.

« Le page lui dit que jamais changement ne s'opéra en son auguste maître comme dans cette seule nuit. Ses yeux étaient injectés de sang, sa face livide, ses habits flottaient sur lui ; et lui qui s'était toujours montré à la parade dans une tenue aussi rigoureuse qu'aucun sergent de ses troupes, on aurait pu le voir galopant comme un fou dans les rues désertes, au point du jour, sans chapeau et ses cheveux sans poudre épars derrière lui.

« Le page, avec sa boîte de papiers, brûlait le pavé derrière son maître; ce n'était pas chose facile que de le suivre; et ils coururent du palais à la ville, et de là au quartier du général. Les sentinelles furent effrayées de l'étrange figure qui se précipitait sur la porte du général, et, ne reconnaissant pas Son Altesse, croisèrent la baïonnette et lui refusèrent l'entrée.

« Imbéciles! dit Weissenborn, c'est le prince! »

« Et ayant sonné comme si le feu était à la maison, le portier finit par ouvrir, et Son Altesse monta quatre à quatre à la chambre à coucher du général, suivi du page avec la boîte.

« Magny!... Magny, cria le prince frappant de toutes ses forces à la porte, levez-vous! »

« Et aux questions faites du dedans par le vieillard, il répondit :

« C'est moi.... Victor.... le prince!... levez-vous! »

« Et bientôt la porte fut ouverte par le général en robe de chambre, et le prince entra. Le page apporta la boîte et reçut l'ordre d'attendre au dehors, ce qu'il fit. Mais la chambre à coucher de M. de Magny avait deux portes donnant sur l'antichambre; la grande, par laquelle on entrait dans sa chambre, et une plus petite qui conduisait, comme c'est l'usage dans nos maisons, au cabinet qui communique avec l'alcôve où est le lit. Cette porte-ci se trouvait ouverte, et M. de Weissenborn put ainsi voir et entendre tout ce qui se passait dans l'appartement.

« Le général, un peu agité, demanda à Son Altesse la cause d'une visite si matinale, à quoi le prince ne répondit, pendant quelque temps, qu'en ouvrant sur lui des yeux égarés, et en allant et venant par la chambre.

« A la fin il dit : « La cause, la voici! » en frappant la boîte du poing; et, comme il avait oublié d'en prendre la clef, il fit quelques pas vers la porte en disant : « Weissenborn l'a peut-être; » mais voyant sur le poêle un des couteaux de chasse du général, il le prit et dit : « Cela fera l'affaire, » et il se mit à forcer la boîte avec la pointe du couteau. La pointe se cassa, et il proféra un jurement, mais continua à taillader la boîte avec la lame brisée, qui était bien plus propre à son dessein que le long couteau pointu, et il finit par réussir à enlever le couvercle.

« Qu'est-ce qu'il y a? dit-il en riant. Voici ce qu'il y a! Lisez ceci! il y a encore ceci; lisez-le! et ceci encore.... non, non, pas ceci ; c'est le portrait de quelque autre, mais voici le sien. Reconnaissez-vous cela, Magny ? le portrait de ma femme!... de la princesse! Pourquoi, vous et votre race maudite, êtes-vous jamais venus de France pour semer partout sur vos pas votre infernale perversité, et pour perdre les honnêtes ménages allemands? Qu'avez-vous jamais eu de ma famille, vous et les vôtres, que confiance et bonté? Vous étiez sans asile, nous vous en avons donné un, et voilà notre récompense! »

« Et il jeta la liasse de papiers devant le vieux général, qui comprit aussitôt la vérité; il la savait depuis longtemps, probablement, et il tomba sur un siége en se couvrant la face.

« Le prince continua de gesticuler et de pousser des cris.

« Si un homme vous avait fait cette injure, Magny, avant que vous eussiez engendré le père de ce joueur, de cet infâme menteur qui est là-bas, vous auriez su vous venger. Vous l'auriez tué! oui, vous l'auriez tué. Mais qui me donnera le moyen de me venger, moi? Je n'ai pas d'égal. Je ne puis pas me battre avec ce chien de Français, avec ce m.... de Versailles, et le tuer pour prix de sa trahison, comme si son sang était le mien.

« — Le sang de Maxime de Magny, dit fièrement le vieux gentilhomme, vaut celui de tous les princes de la chrétienté.

« — Puis-je le prendre? s'écria le prince ; vous savez que non. Je n'ai pas le privilége de tout autre gentilhomme en Europe. Que dois-je faire? Voyez-vous, Magny, j'avais la tête perdue quand je suis venu ici, je ne savais que faire. Vous m'avez servi trente ans, vous m'avez sauvé deux fois la vie; il n'y a ici autour de mon pauvre vieux père que des fripons et des catins; ni honnête femme, ni honnête homme; vous êtes le seul, vous m'avez sauvé la vie; dites-moi ce que je dois faire! »

« Ainsi, après avoir insulté M. de Magny, ce pauvre prince éperdu en venait à le supplier, et finit par se jeter bel et bien à terre, et par éclater en sanglots.

« Le vieux Magny, un des hommes les plus froids ordinairement et les plus rigides, lorsqu'il vit cette explosion de douleur, commença, d'après ce qui m'a été rapporté, à être aussi affecté que son maître. Le vieillard, de froid et de hautain, tomba tout à coup, pour ainsi dire, dans les lamentations et les pleurnichements de l'extrême vieillesse. Il perdit tout sentiment de dignité; il se mit à genoux et se livra à toutes sortes de folles et incohérentes tentatives de consolation, à tel point que Weissenborn me dit qu'il n'avait pu supporter la vue de cette scène, et qu'il s'en était allé.

« Mais, d'après ce qui eut lieu peu de jours après, nous pouvons deviner les résultats de cette longue entrevue. Le prince, en quittant son vieux serviteur, oublia sa fatale boîte de papiers et la renvoya chercher par le page. Le général était à genoux en prières dans la chambre quand le jeune homme entra, et il ne fit que bouger et regarder d'un air effaré lorsque l'autre emporta le paquet. Le prince partit à cheval pour sa maison de chasse, à trois lieues de X...., et trois jours après, Maxime de Magny mourut en prison, après avoir fait l'aveu qu'il avait comploté de voler le juif, et qu'il s'était détruit par honte de son déshonneur.

« Mais on ne sait pas que ce fut le général lui-même qui porta du poison à son petit-fils; on a même dit qu'il lui brûla la cervelle dans la prison, mais cela n'est pas. Le général de Magny porta en effet à son petit-fils de quoi sortir de ce monde, représenta à ce jeune malheureux que la mort était inévitable, qu'elle serait publique et infamante s'il n'allait pas au-devant du châtiment, et là-dessus il le quitta. Mais *ce ne fut pas de son propre mouvement*, et ce ne fut qu'après avoir eu recours à *tous* les moyens d'échapper à sa destinée, comme vous le saurez, que cet être infortuné perdit la vie.

« Quant au général de Magny, il tomba tout à fait dans l'imbécillité peu de temps après la mort de son petit-fils et celle de mon honoré duc. Après que S. A. le prince eut épousé la princesse Marie de F...., comme ils étaient à se promener ensemble dans le parc anglais, ils rencontrèrent un jour le vieux Magny qu'on roulait au soleil dans le fauteuil dans lequel on le sortait communément après ses attaques de paralysie.

« C'est ma femme, Magny, » dit le prince affectueusement en prenant la main du vétéran; et il ajouta en se tournant vers la princesse : « Le général de Magny m'a sauvé la vie dans la guerre de Sept ans.

« — Eh quoi! vous l'avez reprise? dit le vieillard. Je voudrais bien que vous me rendissiez mon pauvre Maxime. »

« Il avait tout à fait oublié la mort de la pauvre Olivia, et le prince passa outre d'un air fort sombre.

« Et maintenant, dit Mme de Liliengarten, je n'ai plus qu'une lugubre histoire à vous raconter, la mort de la princesse Olivia. Le récit en est encore plus horrible que celui que je viens de vous faire. »

Après cette préface la vieille dame reprit sa narration.

« La destinée de cette bonne et faible princesse fut hâtée, sinon occasionnée, par la lâcheté de Magny. Il avait trouvé moyen de communiquer avec elle de sa prison, et Son Altesse, qui n'é-

tait pas encore ouvertement en disgrâce (car le duc, par égard
pour sa famille, persistait à n'accuser Magny que de vol), fit
les efforts les plus désespérés pour lui venir en aide et pour obtenir à prix d'argent son évasion. Elle avait la tête tellement
troublée qu'elle perdit toute espèce de patience et de prudence dans
la conduite des plans qu'elle pouvait former pour la délivrance
de Magny, car son mari était inexorable et faisait garder le chevalier de trop près pour que l'évasion fût possible. Elle offrit de
mettre en gage les joyaux de la couronne entre les mains du
banquier de la cour, qui, comme de raison, fut obligé de dé-
cliner l'offre. Elle tomba, dit-on, aux genoux de Geldern, le
ministre de la police, et lui proposa Dieu sait quoi pour le corrompre. Finalement, elle vint pousser des cris auprès de mon
pauvre cher duc, que son âge, ses maladies et ses habitudes
paisibles rendaient tout à fait incapable de supporter des scènes
d'une nature si violente et qui, par suite de l'émotion soulevée
dans son auguste sein par cette douleur frénétique, eut un accès
dans lequel je fus bien près de le perdre. Que ses précieux jours
aient été abrégés par cette affaire, je n'en fais aucun doute ; car
le pâté de Strasbourg, dont on a dit qu'il mourut, ne lui aurait
pas fait de mal, j'en suis sûre, sans le coup qu'avaient porté à
son cher et doux cœur les événements inusités auxquels il avait
été forcé de prendre part.

« Tous les mouvements de la princesse étaient soigneusement,
quoique non ostensiblement, surveillés par son mari, le prince
Victor, qui, allant trouver son auguste père, lui signifia sévèrement que si Son Altesse (*mon* duc) osait aider la princesse
dans ses efforts pour délivrer Magny, lui, prince Victor, accu-
serait publiquement la princesse et son amant de haute trahison,
et prendrait des mesures avec la Diète pour faire descendre son
père du trône comme incapable de régner. Ceci paralysa toute
intervention de notre part, et Magny fut abandonné à sa destinée.

« Elle se termina, comme vous savez, fort subitement. Geldern, le ministre de la police, Hengst, le grand écuyer, et le
colonel de la garde du prince, se rendirent auprès du jeune
homme, dans sa prison, deux jours après que son grand-père
l'y était venu voir et lui avait laissé la fiole de poison que le cri-
minel n'eut pas le courage de prendre ; et Geldern signifia au
jeune homme que, s'il ne prenait de lui-même l'eau de laurier
fournie par le vieux Magny, des moyens de mort plus violents
seraient instantanément employés contre lui, et qu'un détache-
ment de grenadiers attendait dans la cour pour l'expédier.

Voyant cela, Magny, après des bassesses effroyables, après s'être traîné à genoux, autour de la chambre, d'un de ces personnages à l'autre, pleurant et criant de terreur, finit par boire la potion en désespéré, et peu d'instants après il n'était plus qu'un cadavre. Ainsi finit ce misérable jeune homme.

« Sa mort fut publiée dans la Gazette de la Cour deux jours après ; il était dit que M. de M...., frappé de remords d'avoir attenté à la vie du juif, s'était empoisonné dans sa prison, et on profitait de l'occasion pour prémunir les jeunes seigneurs du duché contre la terrible passion du jeu, qui avait causé la ruine de ce jeune homme, et avait fait tomber sur les cheveux blancs d'un des plus nobles et des plus honorables serviteurs du duc un malheur irrémédiable.

« Les funérailles se firent décemment, mais sans publicité, et le général de Magny y assista. Le carrosse des deux ducs et tous les principaux personnages de la cour rendirent visite au général. Il assista à la parade comme d'habitude le lendemain, sur la place de l'Arsenal, et le duc Victor, qui avait inspecté le bâtiment, en sortit appuyé sur le bras du brave vieux guerrier. Il fut d'une grâce toute particulière pour le vieillard, et raconta à ses officiers l'histoire qu'il répétait souvent, comme quoi à Rosbach, où le contingent de X.... servait avec les troupes du malheureux Soubise, le général s'était jeté au-devant d'un dragon français qui serrait de près Son Altesse dans la déroute, et avait reçu le coup destiné à son maître, et tué l'assaillant. Et il fit allusion à la devise de la famille : « Magny sans tache; » et dit qu'il en avait toujours été ainsi de son brave ami et maître dans l'art de la guerre. Ce discours affecta vivement tous les assistants, à l'exception du vieux général qui salua sans rien dire; lorsqu'il s'en retourna chez lui, on l'entendit marmotter : « Magny sans tache ! Magny sans tache ! » et il fut attaqué dans la nuit d'une paralysie dont il ne se remit jamais que partiellement.

« La nouvelle de la mort de Maxime avait été cachée à la princesse jusqu'à ce moment, une gazette ayant même été imprimée pour elle sans le paragraphe qui contenait la relation de son suicide; mais elle finit par le savoir, je ne sais comment. Et quand elle l'apprit, à ce que m'ont dit ses dames, elle poussa un cri et tomba comme frappée de mort; puis elle s'assit sur son séant d'un air effaré, et se mit à déraisonner comme une folle; et alors on la porta dans son lit, où son médecin la visita, et où elle fut prise d'une fièvre cérébrale. Tout le temps, le prince envoya savoir de ses nouvelles, et d'après l'ordre qu'il donna de préparer et de meubler son château de Schlangenfels, je ne fais aucun doute que son intention ne fût de la confiner là, comme on a fait de la malheureuse sœur de Sa Majesté Britannique à Zell.

« Elle fit demander à plusieurs reprises une entrevue à Son Altesse, qui la refusa, disant qu'il entrerait en communication avec la princesse lorsqu'elle serait suffisamment rétablie. A une de ses lettres irritées, il envoya pour réponse un paquet qui, lorsqu'il fut ouvert, se trouva contenir l'émeraude qui avait été le pivot de cette sombre intrigue.

« La princesse, cette fois, devint tout à fait frénétique, jura en présence de toutes ses dames qu'une mèche de cheveux de son cher Maxime lui était plus précieuse que tous les joyaux du monde, sonna pour avoir sa voiture, et dit qu'elle voulait aller baiser la tombe du chevalier; proclama l'innocence de ce martyr, et appela la punition du ciel et le ressentiment de sa famille sur l'assassin. Le prince, en apprenant ces discours (ils lui furent tous rapportés, comme de raison), lança, dit-on, un de ses terribles regards que je me rappelle encore, et dit : « Cela ne peut pas durer plus longtemps. »

« Toute cette journée et la suivante, la princesse Olivia les passa à dicter les lettres les plus passionnées au prince son père, aux rois de France, de Naples et d'Espagne, ses parents, et à toutes les autres branches de sa famille, les adjurant dans les termes les plus incohérents de la protéger contre son boucher, son assassin de mari, l'accablant lui-même des plus sanglants reproches, et en même temps confessant son amour pour celui qu'il avait assassiné. Ce fut en vain que les dames qui lui étaient fidèles lui représentèrent l'inutilité de ces lettres et la dangereuse folie des aveux qu'elle y faisait; elle insista pour les écrire, et elle les donnait à sa seconde dame d'atours, une Française (Son Altesse affectionna toujours les personnes de cette nation), laquelle avait la clef de sa cassette, et portait chacune de ces épîtres à Geldern.

« Sauf qu'elle n'avait pas de réceptions publiques, il n'y avait rien de changé au cérémonial de la maison de la princesse. Ses dames faisaient auprès d'elle leur service comme à l'ordinaire. Mais les seuls hommes admis étaient ses domestiques, son médecin et son chapelain; et un jour qu'elle voulait aller dans le jardin, un heiduque, qui gardait la porte, annonça à Son Altesse que les ordres du prince étaient qu'elle restât dans ses appartements.

« Ils donnent, comme vous vous rappelez, sur le perron de l'escalier de marbre de Schloss-X...., et l'entrée de ceux du prince Victor est en face sur le même perron. L'espace est

vaste, rempli de sofas et de bancs, et les gentilshommes et officiers de service qui venaient rendre leurs devoirs au duc s'en ser-
vaient comme d'une antichambre et y faisaient leur cour à Son
Altesse, lorsqu'elle passait à onze heures pour aller à la parade.
A ce moment-là, les heiduques qui étaient dans l'appartement
de la princesse sortaient avec leurs hallebardes et présentaient
les armes au prince Victor, le même cérémonial étant observé
de son côté quand les pages sortaient et annonçaient l'approche
de Son Altesse. Les pages sortaient et disaient : « Le prince,
messieurs ! » et les tambours battaient dans le vestibule, et
les gentilshommes qui attendaient se levaient des bancs placés
le long de la balustrade.

« Comme si sa destinée la poussait à la mort, un jour la princesse, comme ses gardes sortaient et qu'elle savait que le prince
était, comme de coutume, sur le perron à causer avec ses gentilshommes (anciennement il traversait l'appartement de la princesse et lui baisait la main), la princesse, qui avait été dans
l'anxiété toute la matinée, se plaignant de la chaleur, insistant
pour que toutes les portes de l'appartement restassent ouvertes,
et donnant des signes d'une démence qui, je pense, était devenue évidente, s'élança d'un air effaré à la porte comme les gardes sortaient, se fraya un passage au milieu d'eux, et avant
qu'un mot pût être dit, ou que ses dames pussent la suivre, elle
fut en présence du duc Victor, qui causait comme d'habitude sur
le perron, et se plaçant entre lui et l'escalier, elle se mit à l'a-
postropher avec une véhémence frénétique.

« Sachez, messieurs, cria-t-elle, que cet homme est un assassin et un menteur ; qu'il trame des complots contre d'honorables gentilshommes, et les tue en prison ! Sachez que, moi
aussi, je suis en prison, et que je redoute le même sort ; le même
boucher qui a tué Maxime de Magny peut, une de ces nuits,
m'enfoncer le couteau dans la gorge. J'en appelle à vous et
à tous les rois de l'Europe, mes augustes parents. Je demande
à être affranchie de ce tyran et de ce scélérat, de ce menteur et
de ce traître ! je vous adjure tous, comme gens d'honneur, de
porter ces lettres à mes parents et de dire de qui vous les tenez ! »

« Et à ces mots l'infortunée se mit à disperser ses lettres
dans la foule étonnée.

« *Que personne ne se baisse !* dit le prince d'une voix de tonnerre. Madame de Gleim, vous auriez dû mieux surveiller votre
malade. Appelez les médecins de la princesse ; le cerveau de Son
Altesse est affecté. Messieurs, ayez la bonté de vous retirer. »

« Et le prince se tint sur le perron tandis que les gentils-

hommes descendaient les degrés, et dit d'un air farouche à la
sentinelle : « Soldat, si elle bouge, frappez de votre hallebarde ! »
Sur quoi l'homme présenta la pointe de son arme au sein de la
princesse ; et celle-ci, effrayée, recula et rentra dans son appartement. « Maintenant, monsieur de Weissenborn, dit le prince,
ramassez tous ces papiers. » Et le prince rentra chez lui, précédé de ses pages, et n'en sortit que lorsqu'il eut vu brûler jusqu'au dernier de ces papiers.

« Le lendemain, la Gazette de la Cour contenait un bulletin
signé des trois médecins, disant que S. A. la princesse héréditaire avait une inflammation du cerveau et avait passé une nuit
sans sommeil et agitée. Plusieurs bulletins de ce genre furent
publiés jour sur jour. Toutes ses dames, sauf deux, furent dis-
pensées de leur service. On plaça des gardes en dedans et en
dehors de ses portes. On cloua ses fenêtres, de façon que
toute évasion fût impossible ; et vous savez ce qui eut lieu dix
jours après. Les cloches des églises, toute la nuit, et les prières
des fidèles furent demandées pour une personne *in extremis*. Le
matin parut une gazette encadrée de noir, qui annonçait que la
haute et puissante princesse Olivia-Marie-Ferdinande, épouse
de S. A. S. Victor-Emmanuel, prince héréditaire de X...., était
morte dans la soirée du 24 janvier 1769.

« Mais savez-vous *comment* elle mourut, monsieur ? C'est aussi
un mystère. Weissenborn, le page, joua un rôle dans cette
sombre tragédie ; et le secret était si terrible, que jamais, croyez-
moi, jusqu'à la mort du prince Victor, je ne le révélai.

« Après le fatal esclandre que la princesse avait fait, le
prince fit venir Weissenborn, et après lui avoir imposé le secret
dans les termes les plus solennels (celui-ci n'en parla qu'à sa
femme bien des années après ; il n'est vraiment pas de secret au
monde que les femmes ne puissent savoir si elles le veulent), il
lui donna la commission mystérieuse que voici :

« Il y a, dit Son Altesse, sur la rive de Kehl, en face de
Strasbourg, un homme dont le nom vous fera aisément trouver
la demeure ; ce nom est *M. de Strasbourg*. Vous vous informerez
de lui tranquillement et sans faire faire de remarques ; peut-
être ferez-vous mieux d'aller pour cela à Strasbourg, où le personnage est parfaitement connu. Vous prendrez avec vous un
camarade sur lequel vous puissiez tout à fait compter. Souve-
nez-vous-en, votre vie à tous deux dépend du secret. Vous vous
assurerez d'un moment où M. de Strasbourg sera seul, ou seulement en compagnie des domestiques avec lesquels il vit (j'ai
moi-même visité cet homme par accident à mon retour de Paris

il y a cinq ans, et c'est ce qui m'engage à l'envoyer chercher dans la circonstance présente). Vous ferez attendre votre voiture à sa porte la nuit, et vous et votre camarade, vous entrerez masqués dans sa maison, et lui présenterez une bourse de cent louis, en lui promettant le double de cette somme au retour de son expédition. S'il refuse, vous devrez employer la violence pour le forcer de vous suivre. Vous le ferez monter dans la voiture, dont les stores seront baissés, l'un ou l'autre de vous ne le perdant pas de vue de toute la route, et le menaçant de mort s'il se fait voir ou s'il crie. Vous le logerez ici, dans la vieille tour, où une chambre sera préparée pour lui; et, sa besogne faite, vous le ramènerez chez lui avec la même promptitude et le même secret. »

« Tels furent les ordres mystérieux que le prince Victor donna à son page; et Weissenborn, choisissant pour auxiliaire le lieutenant Bartenstein, partit pour son étrange expédition.

« Pendant tout ce temps-là, il régnait au palais un silence de deuil; les bulletins de la Gazette de la Cour annonçaient la continuation de la maladie de la princesse; et quoiqu'elle n'eût que peu de monde autour d'elle, il circulait des histoires singulières et circonstanciées sur le progrès de son mal. Elle était tout à fait égarée. Elle avait essayé de se tuer. Elle s'était imaginé être je ne sais combien de personnes. Des exprès avaient été envoyés à sa famille pour l'informer de son état, et des courriers dépêchés *ostensiblement* à Vienne et à Paris pour se procurer des médecins habiles à traiter les maladies du cerveau. Cette prétendue anxiété n'était qu'une feinte : jamais l'intention n'avait été que la princesse se rétablît.

« Le jour où Weissenborn et Bartenstein revinrent de leur expédition, on annonça que S. A. la princesse était beaucoup plus mal; le soir, le bruit courut par la ville qu'elle était à l'agonie; et ce soir-là, l'infortunée créature essayait de s'évader.

« Elle avait une confiance illimitée dans la femme de chambre française qui la servait, et ce fut entre elle et cette femme que ce plan d'évasion fut combiné. La princesse mit ses joyaux dans une cassette; on lui avait découvert une porte secrète qui, de l'une de ses chambres, conduisait, disait-on, à la porte extérieure du palais; et il lui fut remis une lettre, soi-disant du duc son beau-père, annonçant qu'on lui avait procuré une voiture et des chevaux qui la mèneraient à B...., endroit où elle pourrait communiquer avec sa famille et être en sûreté.

« L'infortunée, se fiant à la Française, partit pour cette expédition. Le passage dans lequel elle s'était engagée était pratiqué dans les murs de la partie moderne du palais, et aboutissait effectivement à la vieille tour du Hibou, comme on l'appelait, sur le mur extérieur; la tour fut abattue ensuite, et pour cause.

« A un certain endroit, la chandelle que portait la femme de chambre s'éteignit, et la princesse aurait crié d'effroi, mais on lui saisit la main, et une voix lui fit : « Chut! » et l'instant d'après un homme masqué (c'était le duc lui-même) accourut, la bâillonna avec un mouchoir; on lui lia les mains et les jambes, et elle fut portée, toute pâmée de terreur, dans un souterrain où une personne qui l'attendait la mit dans un fauteuil et l'y attacha. Le même masque qui l'avait bâillonnée vint, lui mit le cou à nu et dit : « Il vaut mieux le faire maintenant qu'elle est évanouie ! »

« Peut-être eût-ce été aussi bien, car lorsqu'elle revint à elle et que son confesseur, qui était présent, s'avança et tâcha de la préparer au traitement terrible qu'on allait lui faire subir, et à l'état dans lequel elle allait entrer, elle ne songea qu'à jeter des cris comme une maniaque, à maudire le duc, ce boucher, ce tyran, et à appeler Magny, son cher Magny !

« A cela le duc dit avec le plus grand calme : « Que Dieu ait pitié de son âme coupable! » Puis il se mit à genoux, ainsi que le confesseur et Geldern, qui était là; et, quand Son Altesse laissa tomber son mouchoir, Weissenborn tomba évanoui, tandis que *M. de Strasbourg*, prenant Olivia par les cheveux de derrière, séparait cette tête qui criait, de son misérable corps de pécheresse. Que le ciel ait pitié de son âme ! »

. . . .

Telle fut l'histoire racontée par Mme de Liliengarten, et le lecteur en extraira sans peine la partie dont nous fûmes affectés, mon oncle et moi, qui, après six semaines d'arrestation, avions été mis en liberté, mais avec l'ordre de quitter immédiatement le duché, et même avec une escorte de dragons pour nous conduire à la frontière. Ce que nous avions de propriétés, il nous fut permis de le vendre et de le réaliser en argent, mais aucune dette de jeu ne nous fut payée, et ce fut fait de toutes mes espérances de mariage avec la comtesse Ida.

Quand le duc Victor monta sur le trône, ce qu'il fit lorsque, six mois après, une apoplexie emporta le vieux souverain son père, tous les bons vieux usages de X.... furent abandonnés, le jeu défendu; on fit faire à l'opéra et au ballet mi-tour à droite, et les régiments que le vieux duc avait vendus furent rappelés du service étranger; avec eux arriva le famélique cousin de ma comtesse, l'enseigne, et il l'épousa. Je ne sais s'ils furent heureux ou non. Ce qu'il y a de certain, c'est qu'une femme d'un si pauvre esprit ne méritait pas une grande somme de plaisir.

Le duc régnant de X.... se maria lui-même quatre ans après la mort de sa femme, et Geldern, quoiqu'il ne fût plus ministre de la police, bâtit la grande maison dont Mme de Liliengarten a parlé. Que devinrent les acteurs secondaires de cette grande tragédie? Dieu le sait. Seulement M. de Strasbourg fut rendu à ses fonctions. Quant au reste, le juif, la femme de chambre, l'espion de Magny, je ne sais rien d'eux. Ces instruments tranchants, dont les grands se servent pour se frayer leurs voies, se brisent généralement à l'user; et je n'ai jamais ouï dire que ceux qui les ont employés aient beaucoup de regret de leur perte.

CHAPITRE XIII.

Je continue mon métier d'homme à la mode.

Je me trouve avoir déjà rempli bien des vingtaines de pages, et cependant il me reste encore à raconter une bonne partie de ce qu'il y a de plus intéressant dans mon histoire, à savoir mon séjour dans les royaumes d'Angleterre et d'Irlande, et le grand rôle que j'y jouai, frayant avec les plus illustres du pays, et moi-même n'étant pas le moins distingué de ce brillant cercle. Afin donc de rendre justice à cette portion de mes *Mémoires*, qui a plus d'importance que n'en sauraient avoir mes aventures à l'étranger (quoique celles-ci pussent me fournir des volumes de descriptions intéressantes), j'abrégerai la relation de mes voyages en Europe et de mes succès dans les cours du continent, et je parlerai de ce qui m'arriva dans mon pays. Qu'il suffise de dire qu'il n'est pas de capitale en Europe, excepté cette misérable ville de Berlin, où le jeune chevalier de Balibari n'ait été connu et admiré, et où il n'ait fait parler de lui parmi les braves, les grands seigneurs et les belles. A Pétersbourg, au palais d'hiver, j'ai gagné à Potemkin quatre-vingt mille roubles, que ce gredin de favori ne m'a jamais payés; j'ai eu l'honneur de voir S. A. R. le chevalier Charles-Édouard, aussi ivre qu'aucun portefaix de Rome; mon oncle a joué plusieurs parties de billard contre le célèbre lord C...., à Spa, et, je vous le promets, il n'en est pas sorti vaincu. Le fait est que, grâce à un joli stratagème de notre invention, nous mîmes les rires de notre côté, et dans notre poche quelque chose de beaucoup plus substantiel. Milord ne savait pas que le chevalier Barry était borgne ; et lorsque, un jour, mon oncle, en plaisantant, proposa de jouer contre lui au billard avec un morceau de taffetas sur un œil, s'il voulait lui rendre des points, le noble lord, croyant nous attraper (c'était un des plus effrénés joueurs du monde), accepta le pari, et nous lui gagnâmes une somme considérable.

Je n'ai pas besoin non plus de faire mention de mes succès auprès de la plus belle moitié de la création. Un des plus accomplis, des plus grands, des plus athlétiques et des plus beaux gentilshommes de l'Europe, tel que j'étais alors, un jeune garçon de ma tournure ne pouvait manquer d'occasions avantageuses dont une personne de mon caractère savait fort bien profiter. Charmante Schouvaloff, Sczotarska à l'œil noir, brune Valdez, tendre Hegenheim, brillante Langeac ! cœurs compatissants qui aviez appris jadis à battre pour le chaleureux jeune gentilhomme irlandais, où êtes-vous à présent ? Quoique mes cheveux aient blanchi, et que ma vue se soit obscurcie, et que mon cœur se soit refroidi avec les années, et l'ennui, et le désappointement, et les trahisons de l'amitié, je n'ai qu'à me renverser dans mon fauteuil et à rêver, et aussitôt ces charmantes figures se dressent devant moi avec leur sourire, et leur bienveillance, et leurs brillants et tendres yeux ! Il n'est plus de femmes comme elles maintenant, plus de manières comme les leurs ! Regardez ce troupeau de femmes chez le prince, cousues dans des gaînes de satin blanc, avec leur taille sous les bras, et comparez-les aux gracieuses tournures de l'ancien régime ! Quand je dansai avec Coralie de Langeac, aux fêtes données pour la naissance du premier Dauphin à Versailles, ses paniers avaient dix-huit pieds de circonférence, et les talons de ses adorables petites mules étaient hauts de trois pouces ; la dentelle de mon jabot valait deux mille écus, et les boutons de mon habit de velours amarante coûtaient seuls quatre-vingt mille livres. Voyez la différence aujourd'hui ! Les gentilshommes sont habillés comme des boxeurs, des quakers ou des cochers de fiacre, et les dames ne sont pas habillées du tout. Il n'y a ni élégance, ni raffinement, plus rien de cette chevalerie du vieux temps dont je fais partie. Dire que le roi de la mode à Londres est un Br-mm-ll [1] ! un homme de rien, un être vulgaire, qui ne sait pas plus danser un menuet

1. Ce manuscrit doit dater de l'époque où M. Brummel donnait le ton à Londres.

que je ne sais parler cherokee; qui ne sait pas même vider une
bouteille en gentilhomme; qui ne s'est jamais montré homme
l'épée à la main, comme nous le faisions au bon vieux temps,
avant que ce Corse de bas étage eût mis sens dessus dessous la
noblesse du monde entier! Oh! revoir encore la Valdez comme
au jour où je la rencontrai pour la première fois, se promenant
en grande pompe avec ses huit mules et son cortége de gentilshommes, le long du jaune Mançanarès! Oh! courir une fois encore avec Hegenheim, dans ce traîneau doré, sur la neige
saxonne! Toute fausse qu'était Schouvaloff, mieux valait être
trompé par elle qu'adoré par toute autre femme! Je ne puis
penser à aucune d'elles sans attendrissement. J'ai de leurs cheveux à toutes dans mon pauvre petit muséum de souvenirs.
Conservez-vous les miens, chères âmes qui survivez aux agita-
tions et aux tourments de près d'un demi-siècle? Comme la couleur en est différente à présent de ce qu'elle était le jour où
Sczotarska les portait autour de son cou, après mon duel avec le
comte Bjernaski, à Varsovie!

Je ne tenais jamais de misérables livres de comptes en ce
temps-là. Je n'avais pas de dettes. Je payais royalement tout
ce que je prenais, et je prenais tout ce qui me plaisait. Mon revenu devait être fort considérable. Ma table et mes équipages
étaient ceux d'un gentilhomme de la plus haute distinction; et
qu'aucun drôle ne se permette de ricaner parce que j'enlevai et
épousai milady Lyndon (comme vous le saurez bientôt), et ne
m'appelle un aventurier, ou ne dise que j'étais sans le sou, ou
que l'union était disproportionnée. Sans le sou! J'avais toutes
les richesses de l'Europe à mes ordres. Aventurier! oui, comme
l'est un avocat de mérite ou un vaillant soldat, comme l'est tout
homme qui fait fortune par lui-même. Ma profession était le jeu,
et j'y étais alors sans rival. Personne, en Europe, ne pouvait
jouer avec moi à but; et mon revenu était aussi assuré (en
santé et dans l'exercice de ma profession) que celui d'un homme
qui touche son trois pour cent, ou d'un gros propriétaire qui
perçoit le prix de ses fermages. La moisson n'est pas plus certaine que ne l'est le résultat de l'habileté; une récolte est tout
aussi chanceuse qu'un partie de cartes largement jouée par un
grand joueur; il peut survenir une sécheresse, ou une gelée, ou
une grêle, et votre enjeu est perdu; mais, aventurier pour aventurier, l'un vaut l'autre.

En évoquant le souvenir de ces aimables et belles créatures,
je n'éprouve que du plaisir. Je voudrais pouvoir en dire autant
d'une autre dame, qui va désormais jouer un rôle important dans

le drame de ma vie. Je parle de la comtesse de Lyndon, dont je fis la fatale connaissance à Spa, fort peu de temps après que les événements décrits dans le dernier chapitre m'eurent forcé de quitter l'Allemagne.

Honoria, comtesse de Lyndon, vicomtesse Bullingdon en Angleterre, baronne Castle-Lyndon du royaume d'Irlande, était si bien connue dans le grand monde de son temps, que je n'ai guère besoin d'entamer l'histoire de sa famille, qui se trouve dans tout *peerage* (armorial) sur lequel le lecteur pourra mettre la main. Elle était, il est inutile de le dire, comtesse, vicomtesse et baronne de son chef. Ses terres du Devon et du Cornwall étaient des plus considérables de ces comtés ; ses propriétés irlandaises n'étaient pas moins magnifiques ; et il en a été dit un mot en passant, dans la toute première partie de ces Mémoires, comme étant situées près de mon patrimoine dans le royaume d'Irlande : le fait est que d'injustes confiscations du temps d'Élisabeth et de son père avaient diminué mes acres de terre, tandis qu'elles augmentaient au contraire les possessions déjà si vastes de la famille Lyndon.

La comtesse, la première fois que je la vis à l'assemblée de Spa, était la femme de son cousin le Très-Honorable sir Charles Reginald Lyndon, chevalier du Bain, et ministre de Georges II et de Georges III auprès de plusieurs petites cours d'Europe. Sir Charles Lyndon était célèbre comme bel esprit et comme bon vivant : il faisait des vers amoureux comme Hanbury Williams, et des plaisanteries avec Georges Selwyn ; il était amateur de curiosités, comme Horace Walpole, avec lequel et M. Grey il avait fait une partie du grand tour, et était cité, en un mot, comme un des hommes les plus élégants et les plus accomplis de son temps.

Je fis connaissance avec ce gentilhomme, comme d'habitude, au jeu, où il était fort assidu. On ne pouvait même s'empêcher d'admirer le feu et la vaillantise avec lesquels il poursuivait son passe-temps favori ; car, bien que rongé par la goutte et mille maladies, pauvre estropié, roulé dans un fauteuil et souffrant le martyre, on le voyait matin et soir à son poste derrière l'adorable tapis vert ; et si, comme il arrivait souvent, ses mains étaient trop faibles ou trop enflammées pour tenir le cornet, il n'en appelait pas moins les dés, et avait un valet ou un ami pour les jeter à sa place. J'aime le courage dans un homme ; les plus grands succès dans la vie ont été obtenus par cette indomptable persévérance.

J'étais, à cette époque, un des personnages les mieux connus en Europe ; et la renommée de mes exploits, mes duels, mon courage au jeu, attiraient la foule autour de moi dans toutes les sociétés publiques où je paraissais. Je pourrais montrer des rames de papier parfumé pour prouver que cette ardeur à faire connaissance avec moi ne se bornait pas aux hommes, n'était que je déteste la vanterie, et que je ne parle de moi qu'autant qu'il est nécessaire pour relater les aventures de votre serviteur, qui sont plus singulières que celles d'aucun homme d'Europe. Or, ma connaissance avec sir Charles Lyndon se fit au piquet, où le Très-Honorable chevalier me gagna sept cents pièces (à ce jeu, il était presque de ma force) ; et je les perdis avec la plus belle humeur, et les payai ; et je les payai, vous pouvez en être sûr, ponctuellement. Vraiment, je puis dire ceci à mon éloge, que la perte au jeu ne m'a jamais le moins du monde mis de mauvaise humeur contre le gagnant, et que toutes les fois que je rencontrais un joueur plus fort que moi, j'étais toujours prêt à le reconnaître et à le proclamer tel.

Lyndon fut très-fier d'avoir gagné une personne si célèbre, et nous contractâmes une sorte d'intimité qui, toutefois, pour quelque temps, n'alla point au delà des attentions échangées au salon de conversation, et des causeries pendant le souper du jeu, mais qui augmenta par degrés, jusqu'à ce que je fusse admis dans son amitié plus particulière. C'était un homme qui avait son franc-parler (les gentilshommes d'alors étaient bien plus fiers qu'à présent), et il me disait avec son aisance hautaine : « Dieu me damne, monsieur Barry, vous n'avez pas plus de manières qu'un barbier, et je crois que mon nègre a été mieux élevé que vous ; mais vous avez de l'originalité et du nerf, et vous me plaisez, jeune homme, parce que vous paraissez déterminé à aller au diable par un chemin à vous. »

Je le remerciais en riant, et lui disais que, comme il partirait pour l'autre monde bien avant moi, je lui serais obligé de m'y faire préparer un logement confortable. Il s'amusait aussi prodigieusement de mes histoires sur la splendeur de ma famille et la magnificence de Castle-Brady ; il ne se lassait jamais d'écouter ces histoires ni d'en rire.

« Tenez-vous-en aux atouts, néanmoins, mon garçon, disait-il, quand je lui parlais de mes malheurs dans la carrière matrimoniale, et du peu qu'il s'en était fallu que je n'eusse la plus grande fortune de l'Allemagne. Faites tout plutôt que de vous marier, mon innocent campagnard irlandais (il me donnait une foule de singuliers noms). Cultivez vos grands talents au jeu ; mais souvenez-vous de ceci : à celui du mariage, vous serez battu. »

Ceci, je le niai, citant plusieurs cas dans lesquels j'étais venu à bout des caractères de femme les plus intraitables.

« Elles vous battront en fin de compte, mon Alcibiade de Tipperary. Sitôt que vous serez marié, croyez-en ma parole, vous serez maté. Voyez-moi, j'ai épousé ma cousine, la plus noble et la plus grande héritière de l'Angleterre, épousé presque malgré elle (ici un nuage sombre passa sur les traits de sir Charles Lyndon). C'est une femme faible. Vous la verrez, monsieur; vous verrez à quel point elle est faible; mais elle est la maîtresse. Elle a rempli d'amertume toute ma vie. C'est une bête, mais elle a été plus forte qu'une des meilleures têtes de la chrétienté. Elle est énormément riche, mais, je ne sais comment, je n'ai jamais été si pauvre que depuis que je suis marié. Je croyais m'en trouver mieux, et elle m'a rendu misérable et m'a tué. Et elle en fera autant à mon successeur, quand je serai parti.

— Est-ce que milady a une fortune très-considérable? » dis-je.

A ces mots, sir Charles partit d'un violent éclat de rire et ne me fit pas rougir médiocrement de ma gaucherie; le fait est que le voyant dans l'état où il était, je n'avais pu m'empêcher de spéculer sur la chance qu'aurait un homme entreprenant d'épouser sa veuve.

« Non, non! dit-il en riant, monsieur Barry, si vous tenez à la paix de votre âme, ne songez pas à chausser mes souliers quand ils seront vacants. D'ailleurs, je ne pense pas que milady Lyndon voulût tout à fait condescendre à épouser un....

— Épouser un quoi, monsieur? dis-je en fureur.

— Laissons cela; mais l'homme qui l'aura s'en mordra les doigts, je vous en réponds. La peste soit d'elle! Sans l'ambition de mon père et la mienne (il était son oncle et son tuteur, et ne voulait pas laisser sortir de la famille un tel butin), j'aurais pu mourir paisiblement, du moins porter en paix ma goutte au tombeau, vivre dans ma modeste habitation de May Fair; toutes les maisons de l'Angleterre m'auraient été ouvertes, et maintenant, maintenant j'en ai six à moi, et chacune d'elles est un enfer. Méfiez-vous des grandeurs, monsieur Barry. Que mon exemple vous serve de leçon. Depuis que je suis marié et que je suis riche, je suis la plus misérable créature du monde. Regardez-moi : je suis mourant, estropié, usé jusqu'à la corde à cinquante ans. Le mariage m'a vieilli de quarante années. Quand j'enlevai lady Lyndon, il n'y avait pas d'homme de mon âge qui eût l'air aussi jeune. Imbécile que j'étais! J'avais bien assez avec mes pensions, ma liberté complète, la meilleure société d'Europe; et je renonçai à tout cela, et je me mariai, et je fus misérable. Prenez exemple sur moi, capitaine Barry, et tenez-vous-en aux atouts. »

Quoique je fusse très-intime avec le chevalier, je fus long-temps sans pénétrer dans aucun autre appartement de son hôtel que celui qu'il occupait. Sa femme vivait tout à fait à part, et l'étonnant, c'est qu'ils en vinssent jamais à voyager ensemble. Elle était filleule de la vieille Mary Wortley Montague, et, comme cette fameuse vieille du siècle dernier, avait des prétentions considérables à être un bas-bleu et un bel esprit. Lady Lyndon écrivait des poésies en anglais et en italien, que les curieux peuvent encore lire dans les *magazines* de l'époque. Elle entre-tenait une correspondance avec plusieurs des savants de l'Eu-rope, sur l'histoire, la science, les langues anciennes, et surtout la théologie. Son plaisir était de discuter des points de contro-verse avec des abbés et des évêques, et ses flatteurs disaient qu'elle rivalisait d'érudition avec Mme Dacier. Tout aventurier qui avait une découverte en chimie, un nouveau buste antique, ou un plan pour découvrir la pierre philosophale, était sûr d'ob-tenir son patronage. Il lui était dédié d'innombrables ouvrages et adressé des sonnets sans fin par tous les rimailleurs d'Eu-rope, sous le nom de Lindonira ou Calista. Ses chambres étaient encombrées de hideux magots de la Chine et de toutes sortes d'objets de curiosité.

Aucune femme n'était plus à cheval sur ses principes, aucune n'était plus disposée à se laisser faire la cour. Les beaux mes-sieurs d'alors avaient une manière de courtiser qui est peu com-prise à notre époque grossière et positive ; jeunes et vieux, dans des lettres et des madrigaux, inondaient les femmes d'un déluge de compliments qui feraient ouvrir de grands yeux à une femme raisonnable si on les lui adressait aujourd'hui, tant la galante-rie du siècle dernier a complétement disparu de nos mœurs.

Lady Lyndon marchait entourée d'une petite cour à elle. Elle avait une demi-douzaine de voitures dans ses voyages. Elle était dans la sienne avec sa dame de compagnie (quelque dame de qualité près de ses pièces), ses oiseaux, ses bichons, et le sa-vant favori du moment. Dans une autre était son secrétaire fe-melle et ses femmes de chambre, qui, en dépit de leur soin, ne pouvaient faire autre chose de leur maîtresse qu'une souillon. Sir Charles Lyndon avait son propre carrosse, et les domesti-ques suivaient dans d'autres voitures.

Il faut aussi mentionner celle où était le chapelain de milady, M. Runt, qui remplissait les fonctions de gouverneur de son fils, le petit vicomte Bullingdon, un petit garçon mélancolique et délaissé, qui était plus qu'indifférent à son père, et que sa mère ne voyait jamais, sauf deux minutes à son lever, où elle lui posait quelques questions d'histoire ou de grammaire latine, après quoi on le renvoyait à ses amusements ou aux soins du gouverneur pour le reste de la journée.

L'idée d'une telle Minerve que je voyais de temps à autre dans les lieux publics, entourée d'un essaim de maîtres d'école et d'abbés besoigneux qui la flattaient, m'effraya pour quelque temps, et je n'eus pas le moindre désir de faire sa connaissance. Je n'avais nulle envie de grossir le cortége de faméliques adorateurs qui suivaient cette grande dame, des drôles, moitié amis, moitié laquais, qui composaient des vers et écrivaient des lettres, et faisaient des commissions, satisfaits d'obtenir pour leur peine une place dans la loge de Sa Seigneurie à la comédie, ou un couvert à sa table au dîner de midi. « N'ayez pas peur, disait sir Charles Lyndon, qui faisait toujours de sa femme un sujet de conversation et de sarcasmes, ma Lindonira n'aura rien à faire avec vous. Elle aime le *brogue* (patois) toscan, et non celui de Kerry. Elle dit que vous sentez trop l'écurie pour être admis dans la société des dames ; et, il y a eu dimanche quinze jours, la dernière fois qu'elle m'a fait l'honneur de me parler, elle a dit : « Je m'étonne, sir Charles Lyndon, qu'un gentil-« homme, qui a été ambassadeur du roi, s'abaisse jusqu'à jouer « et boire avec de vils chevaliers d'industrie irlandais ! » Ne vous mettez pas en fureur, je suis estropié, et c'est Lindonira qui l'a dit, ce n'est pas moi. »

Ceci me piqua, et je résolus de faire connaissance avec lady Lyndon, ne fût-ce que pour lui montrer que le descendant de ces Barry, dont elle avait injustement entre les mains la propriété, n'était indigne de la compagnie d'aucune dame, si haut qu'elle fût placée. D'ailleurs, mon ami le chevalier se mourait, et sa veuve serait la plus riche proie des Trois-Royaumes. Pourquoi ne pas m'en emparer, et par elle me donner le moyen de faire dans le monde la figure que me conseillaient mon génie et mon inclination ? Je me sentais l'égal, comme sang et comme éducation, de tous les Lyndon de la chrétienté, et je résolus de faire plier cette dame hautaine. Quand j'ai pris une résolution, je regarde la chose comme faite.

Mon oncle et moi nous en parlâmes, et nous eûmes bientôt trouvé un moyen d'approcher cette imposante lady de Castle-Lyndon. M. Runt, le gouverneur du jeune lord Bullingdon, aimait le plaisir, un verre de vin du Rhin dans les jardins publics les soirs d'été, et une petite partie de dés à la dérobée quand

l'occasion s'en présentait ; et je pris soin de me lier avec ie personnage, qui, étant un professeur de collége et un Anglais, était
tout prêt à se mettre à deux genoux devant quiconque ressemblait à un homme de qualité. Me voyant avec ma suite de domestiques, mon vis-à-vis et autres voitures, mes valets, mon
hussard et mes chevaux, vêtu d'or, de velours et de zibeline,
saluant les plus grands personnages de l'Europe quand nous
nous rencontrions sur le cours ou à la source, Runt fut ébloui
de mes avances, et je le menais du bout du doigt. Je n'oublierai
jamais l'étonnement du pauvre diable quand je le priai à dîner,
avec deux comtes, dans de la vaisselle d'or, au petit salon du
Casino ; nous le rendîmes heureux en lui permettant de nous
gagner quelques pièces ; il se grisa complétement, chanta des
chansons de Cambridge, et récréa la compagnie en nous con-
tant, dans son horrible français du Yorkshire, des histoires sur
les *gyps* (domestiques) et sur tous les lords qui avaient jamais été
à son collége. Je l'encourageai à me venir voir plus souvent et
à m'amener son petit vicomte, pour qui, quoique l'enfant m'eût
en aversion, je prenais soin d'avoir, lorsqu'il venait, une
bonne provision de sucreries, de jouets et de livres d'images.

J'entamai alors une controverse avec M. Runt, et je lui confiai
quelques doutes que j'avais et mon penchant très-prononcé pour
l'Église de Rome. Je me fis écrire, par un certain abbé de ma
connaissance, des lettres sur la transsubstantiation, etc., que
le digne professeur eut de la peine à réfuter, et je savais qu'elles
seraient communiquées à sa maîtresse ; et en effet, ayant demandé la permission d'assister au service anglais qui était célé-
bré dans son appartement, et fréquenté par ce qu'il y avait de
mieux en fait d'Anglais à Spa, le second dimanche, elle daigna
jeter un regard sur moi ; le troisième, elle voulut bien répondre.
à mon profond salut par une révérence ; le lendemain, je culti-
vai la connaissance par un autre salut à la promenade, et, pour
abréger, Sa Seigneurie et moi nous étions avant six semaines
en pleine correspondance sur la transsubstantiation. Milady
était venue au secours de son chapelain, et alors je commençai
à sentir le poids prodigieux de ses arguments, comme on devait
s'y attendre. Le progrès de cette innocente petite intrigue n'a
pas besoin d'être raconté en détail. Je ne doute pas que chacun
de mes lecteurs n'ait pratiqué de semblables stratagèmes lorsqu'il s'est agi d'une belle dame.

Je n'oublierai jamais l'étonnement de sir Charles Lyndon,
lorsqu'un soir d'été, qu'il sortait pour aller au jeu en chaise à
porteurs, selon son habitude, la calèche à quatre chevaux de

milady, avec ses piqueurs à la livrée chamois des Lyndon, entra dans la maison qu'elle habitait, et dans cette voiture, à côté de Sa Seigneurie, qui vit-il assis? Ce vulgaire aventurier irlandais, comme il lui plaisait de l'appeler, je veux dire Redmond Barry, esquire.

Il fit le plus courtois des saluts, et grimaça un sourire, et agita son chapeau d'une façon aussi gracieuse que le lui permettait la goutte, et milady et moi nous répondîmes à ce salut avec la politesse et l'élégance la plus parfaite.

Je fus quelque temps sans pouvoir me rendre au jeu, car j'eus avec lady Lyndon une discussion sur la transsubstantiation qui dura trois heures, dans laquelle elle fut, comme de coutume, victorieuse, et où sa dame de compagnie, l'honorable miss Flint Skinner, s'endormit; mais lorsqu'enfin je pus rejoindre sir Charles au Casino, il me reçut avec un bruyant éclat de rire, comme à l'ordinaire, et me présenta à toute la compagnie comme l'intéressant jeune converti de lady Lyndon. C'était sa manière. Il riait et ricanait de tout. Il riait lorsqu'il était dans le paroxysme de la souffrance; il riait lorsqu'il gagnait de l'argent ou lorsqu'il en perdait; son rire n'était ni jovial ni agréable, mais plutôt pénible et sardonique.

« Messieurs, dit-il à Punter, au colonel Loder, au comte du Carreau, et à plusieurs autres joyeux compagnons avec lesquels il avait coutume de prendre une bouteille de vin de Champagne et une ou deux truites du Rhin après le jeu, voyez cet aimable jouvenceau! Il a été troublé de scrupules religieux, et s'est réfugié dans les bras de mon chapelain, M. Runt, qui a demandé conseil à ma femme, lady Lyndon; et, entre eux deux, ils sont occupés à confirmer dans sa foi mon ingénieux jeune ami. Avez-vous jamais ouï parler de semblables docteurs et d'un semblable disciple?

— Ma foi, monsieur, dis-je, si je veux me donner de bons principes, assurément je fais mieux de m'adresser à votre femme et à votre chapelain qu'à vous.

— Il veut chausser mes souliers, continua le chevalier.

— Heureux serait l'homme qui le ferait, répondis-je, pourvu qu'il n'y fût pas resté de morceaux de craie! »

Réponse qui ne fit pas grand plaisir à sir Charles et qui ne fit qu'accroître sa rancune. Il ne se gênait pas pour parler quand il était dans les vignes du Seigneur, et, à vrai dire, il y était beaucoup plus de fois par semaine que ses médecins ne le permettaient.

« N'est-ce pas un plaisir pour moi, messieurs, dit-il, qui ai un pied dans la tombe, de me voir un intérieur si heureux, une femme si tendre pour moi, qu'elle songe déjà à me donner un successeur? (Je ne parle pas de vous précisément, monsieur Barry; vous ne faites que courir votre chance avec une vingtaine d'autres que je pourrais citer). N'est-ce pas une consolation de la voir, en prudente ménagère, apprêter toute chose pour le départ de son mari?

— J'espère que vous ne songez pas à nous quitter de sitôt, chevalier, dis-je en toute sincérité, car j'aimais sa très-amusante compagnie.

—Pas sitôt, mon cher, que vous vous le figurez peut-être, continua-t-il. Eh! camarade, voilà quatre ans que je suis considéré à tout instant comme perdu, et il y a toujours un ou deux candidats qui attendent pour demander la place. Qui sait combien de temps encore je puis vous faire attendre?»

Et il le fit en effet un peu plus longtemps qu'il n'y avait lieu de le supposer à cette époque.

M'étant expliqué assez ouvertement, selon mon habitude, et les auteurs ayant coutume de décrire la personne des dames dont leurs héros tombent amoureux, conformément à cette mode, je devrais peut-être dire un mot ou deux des charmes de milady Lyndon. Mais quoique je les aie célébrés dans maintes pièces de vers copiées par moi et par d'autres, et quoique j'aie rempli des rames de papier de compliments, dans le style passionné d'alors, sur chacun de ses attraits et de ses sourires, où je la comparais à chaque fleur, à chaque déesse, à chaque fameuse héroïne, la vérité me force à dire qu'il n'y avait rien du tout de divin en elle. Elle était fort bien, mais rien de plus. Elle était bien faite, avait les cheveux noirs, les yeux jolis, et était excessivement active; elle aimait le chant, mais elle chantait ellemême comme devait le faire une si grande dame, extrêmement faux. Elle avait une teinture d'une demi-douzaine de langues modernes, et, comme je l'ai déjà dit, de beaucoup plus de sciences que je n'en connais même de nom. Elle se piquait de savoir le grec et le latin, mais la vérité est que M. Runt lui fournissait les citations qu'elle introduisait dans sa volumineuse correspondance. Elle avait autant d'envie d'être admirée, une vanité aussi forte, aussi inquiète, et aussi peu de cœur qu'aucune femme que j'aie jamais connue. Sans cela, quand son fils lord Bullingdon, par suite de ses querelles avec moi, s'enfuit.... mais ceci sera rapporté en temps et lieu. Finalement, milady Lyndon avait environ un an de plus que moi, quoique, comme de raison, elle eût prêté serment sur sa Bible qu'elle était de trois ans plus jeune.

Il y a peu de gens aussi honnêtes que moi, car il y en a peu qui avouent leurs motifs réels, et il m'est bien égal de confesser les miens. Ce que disait sir Charles Lyndon était parfaitement vrai. J'avais fait connaissance avec lady Lyndon dans des vues ultérieures. « Monsieur, lui dis-je quand nous nous rencontrâmes seuls après la scène que j'ai décrite et les plaisanteries qu'il avait faites sur moi, c'est à ceux qui gagnent de rire. Vous avez été fort divertissant, il y a quelques jours, à propos de mes intentions sur votre femme. Eh bien ! si elles sont ce que vous les croyez, si j'ai envie de chausser vos souliers, eh bien, après ? Je n'ai pas d'autres intentions que celles que vous eûtes vous-même. Je puis bien promettre sous serment d'être capable d'autant d'égards pour milady Lyndon que vous lui en avez témoigné ; et, si je fais sa conquête quand vous serez mort et enterré, corbleu ! chevalier, croyez-vous que la peur de vous voir revenir de l'autre monde me détournera de mon projet ? »

Lyndon se prit à rire comme d'ordinaire, mais il était un peu déconcerté ; évidemment j'avais le dessus dans la discussion, et autant de droit que lui de chercher fortune.

Mais un jour il dit : « Si vous épousez une femme telle que milady Lyndon, faites-y bien attention, vous le regretterez. Vous pleurerez la liberté dont vous jouissiez jadis. Par Georges ! capitaine Barry, ajouta-t-il avec un soupir, ce que je regrette le plus dans ma vie, peut-être parce que je suis vieux, blasé et mourant, c'est de n'avoir jamais eu un attachement vertueux.

— Ah ! ah ! une fille de laitière ! dis-je en riant de l'absurdité.

— Eh bien ! pourquoi pas une fille de laitière ? Mon bon ami, j'ai été amoureux dans ma jeunesse, comme le sont la plupart des gentilshommes, de la fille de mon précepteur, Hélène, une grosse fille plus âgée que moi, comme de raison (ceci me fit souvenir de mes petites aventures amoureuses avec Nora Brady, aux jours de mon adolescence), et savez-vous, monsieur, que je regrette de tout mon cœur de ne l'avoir point épousée ? Il n'y a rien de tel, monsieur, que d'avoir à la maison une vertueuse bête de somme, soyez-en sûr. Cela donne du piquant à nos jouissances dans le monde, croyez-en ma parole. Aucun homme n'a besoin de se restreindre ni de se refuser un seul amusement à cause de sa femme ; au contraire, s'il choisit bien sa bête, il la choisira de façon à ce qu'elle ne soit point un obstacle à son plaisir, mais une consolation à ses heures d'ennui. Par exemple, j'ai la goutte : qui est-ce qui me soigne ? Un mercenaire, qui me vole toutes les fois qu'il le peut. Ma femme ne vient jamais auprès de moi. Quel ami ai-je ? pas un dans l'univers. Les hommes du monde, tels que vous et moi, ne font pas d'amis, et nous sommes bien sots. Ayez un ami, monsieur, et que cet ami soit une femme, un bon cheval de bât qui vous aime. C'est la plus précieuse sorte d'amitié, car tout ce qui s'en dépense est du côté de la femme. L'homme n'a besoin d'y contribuer en rien. Si c'est un vaurien, elle jurera qu'il est un ange; si c'est un brutal, elle ne l'en aimera que mieux pour ses mauvais traitements. Elles aiment cela, monsieur, les femmes. Elles sont nées pour notre plus grande consolation, pour notre plus grande commodité; elles sont.... elles sont, moralement parlant, nos tire-bottes; et pour des hommes de notre genre de vie, croyez-moi, une personne de cette espèce serait inappréciable. Je ne parle que pour votre bien-être physique et moral, remarquez. Pourquoi n'ai-je point épousé la pauvre Hélène Flower, la fille du curé ? »

Je ne voyais dans ces discours que les remarques d'un homme affaibli et désappointé, quoique depuis, peut-être, j'aie eu lieu de reconnaître la vérité des assertions de sir Charles Lyndon. Le fait est que, dans mon opinion, nous achetons souvent l'argent beaucoup trop cher. Quelques milliers de livres sterling par an, en dédommagement d'une odieuse femme, c'est un mauvais marché pour un jeune garçon, pour peu qu'il ait de talent et de courage; et il y a eu des moments de ma vie où, au milieu de mon opulence et de ma splendeur, avec une demi-douzaine de lords à mon lever, avec les plus beaux chevaux dans mes écuries, la plus magnifique maison pour demeure, avec un crédit illimité chez mon banquier et.... lady Lyndon en sus, j'aurais voulu redevenir simple soldat au régiment de Bulow, ou n'importe quoi pour être délivré d'elle. Mais revenons à mon histoire. Sir Charles, avec sa complication de maux, mourait devant nous peu à peu; et je n'ai pas de doute qu'il n'aurait pas pu lui être agréable de voir un beau jeune homme faire la cour à sa veuve devant son nez, pour ainsi dire. Après que je fus entré dans la maison à la faveur de la discussion sur la transsubstantiation, je trouvai une douzaine d'occasions nouvelles d'accroître mon intimité, et c'est à peine si je sortais de chez milady. Le monde jasait, tempêtait; mais que m'importait, à moi? Le monde criait haro sur l'impudent aventurier irlandais, mais j'ai raconté quelle était ma façon de faire taire ces sortes d'envieux, et mon épée, à cette époque, avait acquis une telle réputation en Europe, que peu de gens se souciaient de l'affronter. Une fois que j'ai pu m'emparer d'une place, je la garde. J'ai été dans bien des maisons où je voyais les hommes m'éviter. « Fi! le vil Irlandais !

disaient-ils. Pouah! le grossier aventurier! Au diable l'insupportable fat, le chevalier d'industrie! » et autres propos semblables. Cette haine ne m'a pas rendu de médiocres services
dans le monde; car lorsque je mets la main sur quelqu'un,
rien ne peut me décider à lâcher prise; et on me laisse le
champ libre, ce qui n'en vaut que mieux. « Caliste (je l'appelais
Caliste dans ma correspondance), Caliste, je te jure par la candeur immaculée de ton âme, par l'inaltérable éclat de tes yeux,
par tout ce qu'il y a de pur et de chaste dans le ciel et dans ton
cœur, que je ne cesserai jamais de te suivre! Le mépris, je puis
le supporter, et l'ai supporté de toi. L'indifférence, je puis la
surmonter; c'est un rocher que mon énergie saura gravir, un
aimant qui attire mon intrépide âme de fer! » Et c'était vrai,
je n'aurais pas renoncé à elle, non, quand on m'aurait jeté à
coups de pieds à bas de l'escalier chaque jour que je me serais
présenté à sa porte.

C'est ma manière de fasciner les femmes. Que l'homme qui a
sa fortune à faire se rappelle cette maxime : *Attaquer* est l'unique
secret. Osez, et le monde cède toujours; ou s'il vous bat quelquefois, osez de nouveau, et il succombera. A cette époque,
mon énergie était si grande, que si je me fusse mis en tête d'é-
pouser une princesse du sang, je l'aurais eue !

Je racontai mon histoire à Caliste, et j'altérai peu, très-peu
la vérité. Mon objet était de l'effrayer, de lui montrer que ce
que je voulais, je l'osais; que ce que j'osais, je l'obtenais; et il
y avait assez de passages frappants dans mon histoire pour la
convaincre de ma volonté de fer et de mon indomptable courage. «N'espérez pas m'échapper, madame, disais-je; faites mine
d'épouser un autre homme, et il meurt sous cette épée, qui n'a
jamais encore rencontré son maître. Fuyez-moi et je vous suivrai, fût-ce aux portes de l'enfer! » Je vous promets que c'était
là un langage fort différent de celui qu'elle avait été habituée à
entendre de la bouche de ses fades adorateurs. J'aurais voulu
que vous vissiez comme j'écartai d'elle ces muguets !

Quand je disais de cette façon énergique que je suivrais lady
Lyndon par delà le Styx s'il était besoin, comme de juste je
n'entendais le faire que dans le cas où il ne se présenterait rien
de plus sortable dans l'intervalle. Si Lyndon ne mourait pas, à
quoi bon poursuivre la comtesse? Et je ne sais comment, vers
la fin de la saison de Spa, à ma grande mortification, je l'avoue,
le chevalier eut l'air de vouloir faire un nouveau bail; il semblait que rien ne le tuerait. « J'en suis fâché pour vous, capitaine Barry, disait-il en riant comme de coutume. Je suis dé-

solé de vous faire attendre, vous ou tout autre. Ne feriez-vous
pas mieux de vous entendre avec mon docteur, ou de charger
mon cuisinier d'assaisonner mon omelette avec de l'arsenic ? Qui
de vous gage, messieurs, ajoutait-il, que je ne vivrai pas encore assez pour voir le capitaine Barry pendu ? »

Le fait est que les médecins l'avaient rafistolé pour un an.
« C'est mon bonheur habituel, ne pus-je m'empêcher de dire à
mon oncle, qui était mon confidentiel et mon très-excellent conseiller dans toutes mes affaires de cœur ; j'ai prodigué des trésors
d'affection à une coquette de comtesse, et voici son mari rendu
à la santé et capable de vivre je ne sais combien d'années ! »

Et comme pour ajouter à ma mortification, juste à cette
époque, il arriva à Spa une héritière anglaise, la fille d'un fa-
bricant de chandelles, deux ou trois fois millionnaire, et
Mme Cornu, la veuve d'un fermier général et éleveur de bestiaux normands, avec une hydropisie et deux cent mille livres
sterling de rente.

« A quoi bon suivre les Lyndon en Angleterre, dis-je, si le
chevalier ne meurt pas ?

— Ne les suis pas, mon candide enfant, répliqua mon oncle.
Reste ici à faire la cour aux nouvelles venues.

— Oui, et perdre Caliste pour toujours, et la plus grande fortune de l'Angleterre.

— Bah! bah! les jeunes gens comme vous prennent aisément feu et se découragent aisément. Entretenez une correspondance avec lady Lyndon, vous savez qu'elle n'aime rien tant.
Vous avez l'abbé irlandais, qui vous écrira les plus charmantes lettres à un écu pièce. Laissez-la partir, écrivez-lui, et
pendant ce temps-là ayez l'œil sur tout ce qui peut s'offrir. Qui
sait ? Vous pourriez épouser la veuve normande, l'enterrer,
prendre son argent, et être prêt pour la comtesse à la mort du
chevalier. »

Et ainsi, avec des serments de l'attachement respectueux le
plus profond, et après avoir donné vingt louis à sa femme de
chambre pour une boucle de ses cheveux (ce dont, bien entendu, la soubrette informa la maîtresse), je pris congé de la
comtesse lorsqu'elle dut retourner dans ses terres, lui jurant
de la suivre aussitôt que j'aurais mis fin à une affaire d'honneur
que j'avais sur les bras.

Je passerai sur les événements de l'année qui s'écoula avant
que je la revisse. Elle m'écrivit conformément à sa promesse,
avec beaucoup de régularité d'abord, un peu moins fréquemment ensuite. En attendant, je ne faisais pas trop mal mes af-

faires au jeu, et j'étais sur le point d'épouser la veuve Cornu
(nous étions alors à Bruxelles, et la pauvre âme était folle de
moi), quand la *Gazette de Londres* me fut mise dans les mains,
et je lus le paragraphe suivant :

« Est mort à Castle-Lyndon, dans le royaume d'Irlande, le
Très-Honorable sir Charles Lyndon, chevalier du Bain, membre
du parlement pour Lyndon dans le Devonshire, et pendant
nombre d'années le représentant de Sa Majesté dans diverses
cours d'Europe. Il laisse un nom cher à tous ses amis par ses
vertus et ses talents multipliés, une réputation justement ac-
quise au service de Sa Majesté, et une veuve inconsolable pour
déplorer sa perte. Sa Seigneurie, la comtesse de Lyndon, était à
Bath lorsque lui est parvenue l'horrible nouvelle de la mort de
son mari, et elle est partie immédiatement pour l'Irlande afin
de rendre les derniers et tristes devoirs à ses restes bien-
aimés. »

Le soir même je partis en poste pour Ostende, d'où je frétai
un bâtiment pour Douvres; et, voyageant rapidement vers
l'ouest, j'atteignis Bristol, d'où je m'embarquai pour Waterford, et me trouvai, après onze ans d'absence, dans mon
pays natal.

CHAPITRE XIV.

Je retourne en Irlande, et étale ma splendeur et ma générosité dans ce royaume.

Combien les temps étaient changés pour moi! J'avais quitté
mon pays, pauvre enfant sans le sou, simple soldat dans un misérable régiment en marche. Je revenais homme accompli, ayant
à moi cinq mille guinées, une magnifique garde-robe, et un
écrin qui en valait deux mille autres, ayant joué un rôle dans
toutes les scènes de la vie, et un rôle qui ne laissait pas que
d'être assez distingué, ayant fait la guerre et l'amour, étant,
par mon propre génie et par mon énergie, parvenu de la pauvreté et de l'obscurité à l'aisance et à la splendeur. Quand je
mettais la tête à la portière de ma voiture, roulant sur ces
routes si nues et si tristes, le long des misérables cabanes des
paysans qui sortaient en haillons pour admirer le brillant équi-

page, et poussaient des vivat en l'honneur de Sa Seigneurie, à la vue du magnifique étranger dans le superbe carrosse doré, et de mon énorme domestique Fritz s'étalant derrière avec sa moustache frisée, sa longue queue et sa livrée verte à brandebourgs d'argent, je ne pouvais m'empêcher de me considérer avec beaucoup de complaisance, et de remercier mon étoile de m'avoir doué de tant de bonnes qualités. Sans mon mérite, j'aurais été un petit hobereau sans culture, tel que j'en voyais faire les crânes dans les misérables villes par lesquelles ma voiture passait pour aller à Dublin. J'aurais épousé Nora Brady (et quoique, Dieu merci, je ne l'aie pas fait, je n'ai jamais pensé à cette fille qu'avec bienveillance, et en ce moment je me rappelle plus clairement l'amertume de sa perte que tout autre incident de ma vie) ; je serais à l'heure qu'il est père de dix enfants, ou fermier à mon compte, ou agent d'un propriétaire, ou employé de l'accise, ou procureur, et voilà que j'étais un des plus fameux gentilshommes d'Europe ! J'ordonnai à mon valet de se procurer un sac de gros sous et de les jeter à la foule pendant que nous changions de chevaux, et je vous garantis qu'il y eut autant d'acclamations en mon honneur que si milord Townsend, le lord-lieutenant lui-même, avait passé.

Ma seconde journée de voyage, car les routes irlandaises étaient rudes à cette époque, et un carrosse de gentilhomme n'y avançait qu'avec une lenteur terrible, m'amena à Carlow, et je descendis à cette même auberge où je m'étais arrêté onze ans auparavant, quand je m'enfuyais de chez nous après la prétendue mort de Quin en duel. Comme chaque moment de cette scène est gravé dans ma mémoire ! L'ancien aubergiste qui m'avait servi n'était plus ; la maison que je trouvais alors si confortable était misérable et délabrée ; mais le claret était aussi bon qu'autrefois, et je fis venir l'hôte pour en prendre un pot avec moi et me conter les nouvelles du pays.

Il était aussi communicatif que ses confrères le sont ordinairement ; les récoltes et les marchés, le prix des bestiaux à la dernière foire de Castle-Dermot, la dernière histoire sur le vicaire protestant, et la dernière plaisanterie du P. Hogan, le prêtre catholique ; comme quoi les *White Boys* avaient brûlé les meules du squire Scanlan, et les voleurs de grand chemin avaient été déjoués dans leur attaque contre la maison de sir Thomas ; qui devait chasser avec la meute de Kilkenny à la saison prochaine, et la merveilleuse partie qu'ils avaient faite en mars dernier ; quelles troupes étaient dans la ville, et comme quoi miss Biddy Toole s'était enfuie avec l'enseigne Mullins ;

toutes les nouvelles du sport, des assises et des sessions trimestrielles, étaient détaillées par ce digne chroniqueur de petite bière, qui s'étonnait que Mon Honneur ne les eût pas entendu dire en Angleterre ou à l'étranger, où il semblait croire que le monde était aussi intéressé que lui aux faits et gestes de Kilkenny et de Carlow. J'écoutai ces récits avec infiniment de plaisir, je l'avoue, car de temps en temps il prononçait un nom que je me rappelais de l'ancien temps, et réveillait en moi une foule d'associations d'idées.

J'avais reçu beaucoup de lettres de ma mère qui m'informait de ce qui se passait dans la famille de Brady's Town. Mon oncle était mort, et Mick, son fils aîné, l'avait également suivi au tombeau. Les filles avaient quitté le toit paternel aussitôt que leur frère aîné était venu y commander. Les unes étaient mariées, les autres étaient allées s'établir avec leur odieuse vieille mère dans quelque ville d'eaux perdue. Ulick, en héritant de la propriété, n'avait hérité que de dettes, et Castle-Brady n'était plus habité que par des chauves-souris et des hiboux, et par le vieux garde-chasse. Ma mère, mistress Harry Barry, était allée vivre à Bray, pour être de la congrégation de M. Jowls, son prédicateur favori, qui y avait une chapelle; et enfin, l'aubergiste me dit que le fils de mistress Barry avait passé à l'étranger, s'était engagé au service de la Prusse, et y avait été fusillé comme déserteur.

Peu m'importe d'avouer que je louai de l'aubergiste un fort bidet après dîner, et qu'au tomber de la nuit je fis vingt milles en arrière pour revoir mon ancienne demeure. Le cœur me battit en la voyant. Barryville avait un mortier et un pilon au-dessus de la porte, et était appelé « Dépôt d'Esculape » par le docteur Macshane; un garçon à cheveux roux préparait un emplâtre dans l'ancien parloir; la petite fenêtre de ma chambre, jadis si proprette et si brillante, avait plusieurs vitres cassées et remplacées par des chiffons; les fleurs avaient disparu des plates-bandes si bien tenues par ma soigneuse bonne mère. Dans le cimetière, il y avait deux noms ajoutés à la pierre placée au-dessus du caveau de la famille des Brady : c'étaient ceux de mon cousin, dont je ne me souciais guère, et de mon oncle, que j'avais toujours aimé. Je demandai à mon ancien camarade le forgeron, qui m'avait si souvent battu au temps jadis, de donner à mon cheval un picotin et une litière : c'était maintenant un homme à l'air usé et fatigué, avec une douzaine de sales enfants déguenillés tripotant dans la boue autour de sa forge, et il n'eut aucune mémoire du beau gentilhomme qui se tenait devant lui. Je ne cherchai à me rappeler à son souvenir que le lendemain, où je lui mis dix guinées dans la main, et lui dis de boire à la santé de l'Anglais Redmond.

Quant à Castle-Brady, les portes du parc y étaient toujours, mais les vieux arbres avaient été coupés dans l'avenue, une souche noire se dressant çà et là, et prolongeant son ombre, comme je passais au clair de la lune, sur la vieille route défoncée et envahie par l'herbe. Quelques vaches y paissaient. La porte du jardin avait disparu, et l'endroit tournait à la forêt vierge. Je m'assis sur l'ancien banc où je m'étais assis le jour que Nora se joua de moi ; et je crois vraiment que mon émotion fut aussi forte qu'elle l'avait été onze ans auparavant ; et je me surpris tout près de pleurer à l'idée que Nora Brady m'avait abandonné. Je crois qu'on n'oublie rien. J'ai vu une fleur, ou un mot sans importance, éveiller des souvenirs qui, je ne sais comment, dormaient depuis des vingtaines d'années ; et, quand j'entrai dans la maison de Clarges-street, où je suis né (elle était devenue une maison de jeu la première fois que je visitai Londres), tout d'un coup la mémoire de mon enfance me revint, oui, de ma première enfance ; je me rappelai mon père en habit vert et or, me soulevant pour me faire voir un carrosse doré qui stationnait devant la porte, et ma mère, en robe à fleurs, avec des mouches sur sa figure. Est-ce qu'un jour tout ce que nous avons vu, et pensé, et fait, nous passera comme un éclair dans l'esprit de cette manière ? J'aimerais mieux que non. J'éprouvai cela en m'asseyant sur le banc de Castle-Brady et en songeant au temps passé.

La porte du vestibule était ouverte, il en était toujours ainsi dans cette maison ; la lune entrait par les longues vieilles fenêtres, et dessinait de pâles damiers sur les planchers ; et les étoiles vous regardaient de l'autre côté, dans le bleu de la fenêtre béante, au-dessus du grand escalier ; de là vous pouviez voir la grande horloge de l'écurie, avec ses chiffres encore brillants. Il y avait eu autrefois de jolis chevaux dans cette écurie, et je me représentais encore l'honnête face de mon oncle, et je l'entendais parler à ses chiens qui venaient sauter, et geindre, et aboyer autour de lui par une gaie matinée d'hiver. C'est là que nous montions à cheval ; et les jeunes filles nous regardaient de la fenêtre du vestibule, où je me tenais et regardais moi-même ce lieu devenu triste, verdâtre, solitaire. Il y avait une lueur rouge qui brillait à travers les fentes d'une porte à un des coins du bâtiment, et bientôt vint un chien qui aboya fortement, et un homme qui boitait le suivit avec un fusil.

« Qui va là? dit le vieil homme.

— Phil Purcell, ne me reconnaissez-vous pas? criai-je; c'est Redmond Barry. »

Je crus d'abord que le vieillard allait me tirer dessus, car il dirigea son arme sur la fenêtre; mais je lui criai d'arrêter, et descendis et l'embrassai…. Bast! je ne me soucie pas de dire le reste : Phil et moi veillâmes tard, et parlâmes de mille puérilités d'autrefois, qui n'ont d'intérêt pour personne au monde à présent; car qui est-ce qui s'inquiète de Barry Lyndon?

Je plaçai cent guinées sur la tête du vieillard quand j'allai à Dublin, et je lui fis une rente viagère qui lui permit de passer à l'aise ses vieux jours.

Le pauvre Phil Purcell s'amusait à jouer aux cartes (des cartes excessivement sales) avec une ancienne connaissance à moi, qui n'était autre que Tim, celui qu'on appelait mon valet au temps jadis, et que le lecteur peut se rappeler vêtu de la vieille livrée de mon père. Elle flottait sur lui en ce temps-là, et lui tombait sur les poignets et sur les talons; mais Tim, tout en protestant qu'il avait failli mourir de chagrin quand j'étais parti, avait trouvé moyen de devenir énormément gras en mon absence, et aurait presque rempli l'habit de Daniel Lambert, ou celui du vicaire de Castle-Brady, qu'il servait en qualité de clerc. Je l'aurais pris à mon service sans sa monstrueuse taille, qui le rendait tout à fait impropre à être auprès d'un homme de condition; je lui fis donc un beau cadeau, et promis d'être parrain de son prochain enfant, le onzième depuis mon absence. Il n'est pas de pays au monde où l'œuvre de multiplication prospère autant que dans mon île natale. M. Tim avait épousé la femme de chambre des filles de la maison, qui avait été très-bonne pour moi au temps jadis; et je dus aller le lendemain embrasser la pauvre Molly, et je trouvai une souillon dans une hutte de boue, entourée d'une nichée d'enfants presque aussi déguenillés que ceux de mon ami le forgeron.

De Tim et de Phil Purcell, que le hasard me faisait ainsi rencontrer ensemble, j'eus les nouvelles les plus fraîches de ma famille. Ma mère se portait bien.

« Ma foi, monsieur, dit Tim, vous êtes venu à temps peut-être bien pour empêcher une addition à votre famille.

— Monsieur! me récriai-je, pris d'indignation.

— Sous forme de beau-père, s'entend, dit Tim; la maîtresse est sur le point de se conjoindre avec M. Jowls le prédicateur. »

La pauvre Nora, ajouta-t-il, avait fait de nombreuses additions à l'illustre race des Quin; et mon cousin Ulick était à Dublin, n'arrivant pas à grand'chose de bon, et ayant trouvé moyen de voir la fin du peu qu'il restait de valable dans la propriété que mon bon vieil oncle avait laissée.

Je vis que je n'aurais pas une médiocre famille à pourvoir; et donc, pour terminer la soirée, Phil, Tim et moi, nous bûmes une bouteille d'usquebaugh, dont le goût m'était resté en mémoire depuis onze années, et nous ne nous séparâmes qu'avec les plus chauds témoignages d'amitié, et lorsque le soleil avait déjà fait depuis quelque temps son apparition. Je suis excessivement affable. C'est là un de mes signes caractéristiques. Je n'ai pas de faux orgueil, comme en ont tant de gens de ma naissance, et, à défaut de meilleure compagnie, je trinquerai avec un valet de charrue ou un simple soldat aussi volontiers qu'avec le premier noble du pays.

Je retournai au village dans la matinée, et visitai Barryville, sous le prétexte d'acheter des drogues. Les clous auxquels je suspendais mon épée à poignée d'argent étaient encore à la muraille; un vésicatoire était sur le rebord de la fenêtre, où le *Whole duty of man* (Devoir complet de l'homme) de ma mère avait jadis sa place; et l'odieux Macshane avait découvert qui j'étais (mes compatriotes découvrent tout, et bien d'autres choses encore), et, riant sous cape, me demanda comment j'avais laissé le roi de Prusse, et si mon ami l'empereur Joseph était aussi aimé que l'avait été l'impératrice Marie-Thérèse. Les sonneurs de cloches m'auraient salué d'un carillon; mais il n'y en avait qu'un, Tim, lequel était trop gras pour le faire; et je partis à cheval avant que le vicaire, le docteur Bolter (successeur du vieux M. Texter, qui avait le bénéfice de mon temps) n'eût pu sortir pour me complimenter; mais les galopins de ce misérable village s'étaient formés en sale armée pour me faire accueil, et saluèrent mon départ de leurs hourras pour *masther* Redmond !

Mes gens n'étaient pas médiocrement inquiets de moi lorsque je revins à Carlow, et l'aubergiste avait grand'peur, dit-il, que les voleurs ne m'eussent pris. Là aussi mon nom et ma condition avaient été trahis par mon domestique Fritz, qui n'avait pas épargné les louanges de son maître, et avait inventé sur moi de magnifiques histoires. Il me représenta comme intime avec la moitié des souverains de l'Europe, et comme le favori de la plupart d'entre eux. Le fait est que j'avais rendu l'ordre de l'Éperon de mon oncle héréditaire, et voyageais sous le nom du chevalier Barry, chambellan du duc de Hohenzollern Sigmaringen.

Ils me donnèrent les meilleurs chevaux de leur écurie pour
me transporter dans la direction de Dublin, et les plus fortes
cordes pour harnais; et nous marchâmes assez bien, et il n'y
eut pas de rencontre entre les voleurs et les pistolets dont Fritz
et moi étions pourvus. Nous couchâmes cette nuit-là à Kilcullen, et le lendemain, avec quatre chevaux à mon carrosse, cinq
mille guinées dans ma bourse, et une des plus brillantes répu-
tations d'Europe, je fis mon entrée dans la ville de Dublin,
dans cette ville que j'avais quittée petit mendiant à l'âge de onze
ans.

Les habitants de Dublin ont un tout aussi louable désir de
connaître les affaires de leurs voisins que les habitants de la
campagne; et il est impossible à un gentilhomme, quelque modestes que soient ses désirs (et il est notoire que les miens
l'ont été toute ma vie), d'entrer dans cette capitale sans avoir
son nom imprimé dans chaque endroit où il y a un journal, et
mentionné dans une foule de sociétés. Mon nom et mes titres
coururent toute la ville le lendemain de mon arrivée. Un grand
nombre de gens civils me firent l'honneur de se présenter à mon
logement quand j'en eus fait choix; et c'était un soin d'une immédiate nécessité, car les hôtels de la ville n'étaient que des
trous vulgaires, qui ne pouvaient convenir à un gentilhomme
aussi fort à la mode et aussi élégant que je l'étais. J'en avais été
prévenu par des voyageurs sur le continent; et ayant résolu
d'arrêter tout de suite un logement, j'ordonnai aux postillons de
parcourir lentement les rues, jusqu'à ce que j'eusse choisi un
endroit convenable à mon rang. Cette combinaison, et les questions maladroites de mon Allemand Fritz, qui était chargé de
prendre des renseignements aux différentes maisons, jusqu'à
ce que nous fussions tombés sur un appartement convenable,
attirèrent une foule immense autour de ma voiture, et quand
notre choix fut arrêté, vous auriez supposé que j'étais le nouveau général des troupes, tant était grande la multitude qui
nous suivait.

Je louai enfin un bel appartement dans Capel-street, payai aux
postillons en guenilles qui m'avaient conduit un bon pourboire,
et m'installant dans mon logis avec mes bagages et Fritz, priai
mon hôte de me trouver un second homme pour porter ma livrée, une couple de vigoureux porteurs de chaises bien famés
avec leur machine, et un cocher qui eût à me louer de beaux
chevaux pour mon carrosse, ainsi que des chevaux de selle de
bon service à vendre. Je lui donnai une forte somme d'avance;
et je vous promets que l'effet de ma demande fut tel, que le len-

demain j'eus un véritable lever dans mon antichambre; c'était une procession de grooms, de valets et de maîtres d'hôtel; j'eus des offres de chevaux à vendre de quoi monter un régiment, tant de la part des marchands que des gentilshommes du plus haut ton. Sir Lawler Gawler vint me proposer la jument baie la plus élégante qu'on eût jamais vue; milord Dundoodle avait un attelage de quatre chevaux qui ne ferait pas honte à mon ami *l'impereur*; et le marquis de Ballyragget m'envoya son valet de chambre et ses compliments pour me dire que si je voulais aller à ses écuries, ou lui faire l'honneur de déjeuner avec lui au préalable, il me montrerait les deux plus beaux chevaux gris de l'Europe. Je me déterminai à accepter les invitations de Dundoodle et de Ballyragget, mais à acheter mes chevaux des marchands. C'est toujours la meilleure manière. D'ailleurs, à cette époque, en Irlande, si un gentilhomme garantissait son cheval, et que le cheval ne fût pas sain, ou qu'une dispute s'élevât, le remède que vous aviez était l'offre d'une balle dans votre veste. J'avais joué à ce jeu-là trop sérieusement pour le faire à la légère; et je puis dire à ma gloire que jamais je ne me suis engagé dans un duel à moins d'avoir une véritable, avantageuse et prudente raison de le faire.

Cette gentilhommerie irlandaise était d'une simplicité qui m'amusait et me surprenait. S'ils vous débitent plus de contes que leurs francs voisins de l'autre côté de l'eau, en revanche ils en croient davantage; et je me fis en une seule semaine une réputation à Dublin qu'il aurait fallu dix ans et une mine d'or pour acquérir à Londres. J'avais gagné au jeu cinq cent mille livres sterling; j'étais le favori de l'impératrice Catherine de Russie, l'agent confidentiel de Frédéric de Prusse; c'était moi qui avais gagné la bataille de Hochkirchen; j'étais cousin de Mme du Barry, la favorite du roi de France, et mille autres choses encore. Dans le fait, s'il faut dire la vérité, je touchais un mot d'une foule de ces histoires à mes amis Ballyragget et Gawler, et ils n'étaient pas lents à broder le thème que je leur avais fourni.

Après avoir été témoin des splendeurs de la vie civilisée à l'étranger, la vue de Dublin, en 1771, quand j'y revins, m'inspira toute autre chose que du respect. Elle était aussi sauvage que Varsovie elle-même, sans avoir la grandeur royale de cette dernière ville. Le peuple y avait l'air plus déguenillé qu'aucune autre race que j'aie jamais vue, excepté les hordes des bohémiens le long des bords du Danube. Il n'y avait pas, comme j'ai dit, une auberge dans la ville où pût habiter un homme de con dition. Les infortunés qui n'avaient pas de voiture, et qui allaient à pied la nuit dans les rues, couraient grand risque de recevoir des coups de couteau des femmes et des *ruffians* qui y étaient en embuscade, d'un tas de bandits en haillons, qui ne savaient ce que c'était qu'un soulier et un rasoir; et lorsqu'un gentilhomme entrait dans sa chaise ou son carrosse, pour aller à une soirée ou au théâtre, les flambeaux des laquais éclairaient une foule d'étranges faces milésiennes, au baragouin sauvage, capables d'effrayer une personne distinguée dont les nerfs ne seraient que de force moyenne. J'étais heureusement doué de nerfs robustes; et puis j'avais déjà vu mes aimables compatriotes.

Je sais que cette description irritera plusieurs patriotes irlandais, qui n'aiment pas qu'on médise de la nudité de notre pays, et sont fâchés si l'on dit toute la vérité sur son compte. Mais, bah! c'était une pauvre ville de province que Dublin, à l'époque dont je parle, et bien des résidences allemandes du dixième ordre étaient plus distinguées. Il y avait alors, il est vrai, plus de trois cents pairs qui y résidaient; et une chambre des Communes; et milord-maire et sa corporation; et une tapageuse université, dont les étudiants ne faisaient pas peu de désordre la nuit, faisaient la fortune du violon, baignaient de force les boutiquiers et imprimeurs qui leur déplaisaient, et faisaient la loi au théâtre de Crow-street. Mais j'avais trop vu la première société de l'Europe pour être bien tenté de celle de ces bruyants messieurs, et j'avais trop en moi du gentilhomme pour me mêler aux disputes et à la politique de milord-maire et de ses aldermen. A la chambre des Communes, il y a quelques douzaines de gens fort agréables. Je n'ai jamais entendu dans le parlement anglais de meilleurs discours que ceux de Flood et de Daly, de Galway. Dick Sheridan, quoiqu'il ne fût pas bien élevé, était un compagnon de table aussi amusant et aussi spirituel que j'en aie jamais rencontré; et bien que, pendant les interminables discours de M. Edmond Burke, dans la chambre anglaise, je m'endormisse toujours, cependant je tiens de personnes bien informées que M. Burke était un homme de grands moyens, et même considéré comme éloquent dans ses moments d'inspiration.

Je commençai bientôt à jouir dans toute leur étendue des plaisirs qu'offre ce misérable endroit, et qui étaient à la portée d'un gentilhomme: le Ranelagh et le Ridotto; M. Mossop, dans Crow-street; les fêtes de milord-lieutenant, où l'on buvait trop, et où l'on jouait trop peu pour une personne de mes habitudes élégantes et raffinées; le café de Daly et les maisons de la noblesse

me furent bientôt ouverts, et je remarquai avec étonnement
dans la plus haute société ce que j'avais observé dans la plus
basse, lors de ma malheureuse première visite à Dublin, un
manque extraordinaire d'argent, et une quantité déraisonnable
de billets sous seing privé, contre lesquels je n'étais nullement
disposé à risquer mes guinées. Les dames aussi avaient la rage
du jeu, mais une répugnance excessive à payer quand elles perdaient. Ainsi, quand la vieille comtesse de Trumpington perdit
contre moi dix pièces au quadrille, elle me donna, au lieu d'argent, une traite sur son agent du Galway, que je mis, avec beaucoup de politesse, à la chandelle. Mais quand la comtesse me
proposa une seconde partie, je répondis que, dès que les fonds de
Sa Seigneurie seraient arrivés, je serais le plus disposé du monde
à jouer contre elle; mais que jusque-là j'étais son très-humble
serviteur. Et je maintins cette résolution et ce singulier caractère dans toute la société de Dublin, déclarant chez Daly que
j'étais prêt à jouer contre n'importe qui, n'importe quoi, à n'importe quel jeu; ou à lutter à l'escrime, ou à courir contre tout
homme (étant tenu compte du poids), ou à tirer au vol ou au
but; et dans ce dernier genre de talent, surtout si l'objet qui sert
de but est en vie, les gentilshommes d'alors avaient une adresse
peu commune.

Comme de raison, je dépêchai à Castle-Lyndon un courrier à
ma livrée avec une lettre particulière pour Runt, lui demandant
les plus grands détails sur la santé et l'état moral de la comtesse
Lyndon; et une touchante et éloquente lettre à Sa Seigneurie,
dans laquelle je l'invitais à se rappeler les anciens jours, et que
je liai avec un seul cheveu de la mèche que j'avais achetée à sa
femme de chambre, et où je lui disais que Sylvandre se souve-
nait de son serment et ne pourrait jamais oublier sa Caliste. La
réponse que je reçus d'elle était excessivement peu satisfaisante et
peu explicite; celle de M. Runt assez explicite, mais aucunement
agréable dans son contenu : Milord Georges Poynings, le fils cadet
du marquis de Tiptoff, faisait une cour très-marquée à la veuve,
étant de ses parents, et ayant été appelé en Irlande relativement
au testament du défunt sir Charles Lyndon.

Or il y avait à cette époque, en Irlande, une sorte de loi
grosso modo, qui était fort à la convenance des personnes dési-
reuses d'une justice expéditive, et dont les journaux du temps
contiennent une centaine de preuves. Des gens prenant les
surnoms de capitaine Fireball (grenade), lieutenant Buffcoat
(habit de buffle) et enseigne Steele (acier), envoyaient fréquemment des lettres d'avertissement aux propriétaires, et les

assassinaient s'il n'en était pas tenu compte. Le célèbre capitaine Thunder (tonnerre) était la terreur des comtés du sud, et son affaire était de marier les hommes qui n'avaient pas suffisamment le moyen de plaire aux parents des jeunes personnes, ou qui, peut-être, n'avaient pas le temps de faire une cour longue et compliquée.

J'avais trouvé mon cousin Ulick à Dublin, devenu très-gras et très-pauvre ; pourchassé par les juifs et les créanciers ; habitant toutes sortes de coins étranges, d'où il sortait au tomber de la nuit pour se rendre au château, ou aller faire sa partie de cartes à la taverne : mais c'était toujours un courageux garçon, et je lui touchai un mot de l'état de mon cœur au sujet de lady Lyndon.

« La comtesse de Lyndon ! dit le pauvre Ulick ; eh bien ! voilà qui est merveilleux. J'ai moi-même été très-tendre pour une jeune personne, une Kiljoy de Ballyhack, qui a dix mille livres sterling de fortune, et dont Sa Seigneurie est tutrice ; mais comment un pauvre diable tel que moi, sans un habit sur le dos, peut-il réussir auprès d'une héritière en pareille compagnie? Je pourrais tout aussi bien aspirer à la comtesse elle-même.

— Vous ferez mieux de vous abstenir, dis-je en riant ; l'homme qui l'essayera court la chance de sortir du monde auparavant. »

Et je lui expliquai mes propres intentions sur lady Lyndon ; et l'honnête Ulick, dont la considération pour moi était prodigieuse depuis qu'il me voyait cette magnifique apparence et apprenait combien merveilleuses avaient été mes aventures et grande mon expérience de la vie fashionàble, fut confondu d'admiration pour mon audace et mon énergie, quand je lui confiai mon projet d'épouser la plus grande héritière d'Angleterre.

Je dis à Ulick de sortir de la ville sous le prétexte qu'il voudrait, et de mettre à la poste qui est près de Castle-Lyndon une lettre dont l'écriture fut par moi contrefaite, et dans laquelle j'avertissais solennellement lord Georges Poynings de quitter le pays, disant que ce grand butin n'avait jamais été destiné à ses pareils, et qu'il y avait assez d'héritières en Angleterre, sans venir les prendre sur les domaines du capitaine Fireball. La lettre était écrite sur un sale morceau de papier et de la plus mauvaise orthographe. Milord la reçut par la poste, et, étant un jeune homme plein de cœur, il ne fit qu'en rire, comme de raison.

Son malheur voulut qu'il se montrât à Dublin fort peu de temps après, qu'il fût présenté au chevalier Redmond Barry, à la table du lord-lieutenant, qu'il allât avec lui et plusieurs autres gentilshommes au club de Daly, et que là, dans une discussion au sujet de la généalogie d'un cheval , où tout le monde dit que j'avais raison, on en vint aux gros mots, et le résultat fut une rencontre. Je n'avais pas eu d'affaire à Dublin depuis mon arrivée, et l'on était curieux de voir si je valais ma réputation. Je ne fais pas le fanfaron sur ces matières, mais je fais ce qu'il y a à faire quand le temps est venu ; et le pauvre lord George , qui avait un joli poignet et l'œil prompt, mais avait appris à cette maladroite école anglaise, ne tint devant ma pointe que jusqu'à ce que j'eusse choisi où je le toucherais.

Mon épée lui entra sous sa garde et lui sortit par le dos. Lorsqu'il tomba, il me tendit la main, comme un bon garçon, et me dit : *Monsieur Barry, j'avais tort!* Je ne me sentis pas très à l'aise, quand le pauvre diable fit cet aveu, car la dispute était de mon fait, et, pour dire la vérité, je n'avais jamais eu l'intention qu'elle finît autrement que par une rencontre.

Il garda le lit quatre mois des suites de sa blessure ; et la même poste qui porta à lady Lyndon la nouvelle du duel, lui remit aussi un message du capitaine Firebrace, où il était dit : « C'est le NUMÉRO UN ! »

« C'est vous, Ulick, dis-je, qui serez le *numéro deux*.

— Ma foi! dit mon cousin , c'est assez d'un ! » Mais j'avais mes projets sur lui, et j'étais déterminé tout à la fois à rendre service à cet honnête garçon, et à mener à bien mes desseins sur la veuve.

CHAPITRE XV.

Je fais la cour à milady Lyndon.

Comme il n'y avait pas eu de réhabilitation des effets de l'*attainder* encouru par mon oncle pour avoir suivi le Prétendant en 1745, il y aurait eu des inconvénients pour lui à accompagner son neveu au pays de nos ancêtres, où, sinon la potence , du moins un ennuyeux emprisonnement et un pardon douteux auraient attendu le bon vieux gentilhomme. Dans toutes les crises importantes de ma vie, son avis avait toujours pour moi de l'importance, et je ne manquai pas, dans cette conjoncture, de le lui demander. Je lui expliquai l'état du cœur de la veuve, tel que je

J'ai décrit dans le dernier chapitre, les progrès que le jeune Poynings avait faits dans son affection, et son oubli de son ancien admirateur, et, en retour, j'eus une lettre pleine d'excellentes suggestions dont j'eus soin de profiter.

L'aimable chevalier commençait par dire qu'il était pour l'instant logé au couvert des frères mineurs de Bruxelles, qu'il avait quelque idée d'y faire son salut, et, se retirant pour toujours du monde, de se consacrer aux plus sévères pratiques de la religion. En attendant, il m'écrivait au sujet de la charmante veuve. Il était naturel qu'une personne de son immense fortune, et dont l'extérieur n'était point désagréable, eût beaucoup d'adorateurs autour d'elle; et, comme du vivant de son mari elle n'avait pas du tout montré de répugnance à recevoir mes hommages, je ne devais faire aucun doute que je n'étais pas le premier qu'elle eût ainsi favorisé, et que vraisemblablement je ne serais pas le dernier.

« Je voudrais, mon cher enfant, ajoutait-il, que ce vilain *attainder* qui me tient par le cou, et la résolution que j'ai prise de me retirer tout à fait d'un monde de péché et de vanité, ne m'empêchât pas de vous venir, de ma personne, en aide dans cette crise délicate; car, pour la mener à bonne fin, il ne suffit pas de l'indomptable courage, rodomontade, audace, que vous possédez plus qu'aucun jeune homme que j'aie jamais connu (quant à la rodomontade, comme le chevalier l'appelle, je la nie du tout au tout, ayant toujours été très-modeste dans mon maintien); mais, quoique vous ayez la vigueur d'exécution, vous n'avez pas l'esprit ingénieux qui suggère des plans de conduite à suivre dans une affaire qui menace d'être longue et difficile. Auriez-vous jamais songé à ce brillant projet de la comtesse Ida, qui a été si près de vous donner la plus grande fortune de l'Europe, sans l'avis et l'expérience d'un pauvre vieillard, qui règle ses comptes avec le monde, et est sur le point de s'en retirer pour tout de bon?

« Eh bien! quant à ce qui est de la comtesse Lyndon, votre mode de conquête est à présent tout à fait en l'air pour moi, et je ne puis vous conseiller jour par jour comme je voudrais pouvoir le faire, selon les circonstances qui surviennent. Mais votre plan général doit être celui-ci. Si je me souviens bien des lettres que vous receviez d'elle à l'époque de la correspondance que cette bête de femme entretenait avec vous, il a été échangé entre vous de grandes phrases de sentiment, et Sa Seigneurie vous a surtout écrit elle-même; c'est un bas-bleu, et elle aime à écrire; les griefs qu'elle avait contre son mari étaient (comme c'est l'usage des femmes) le thème continuel de sa correspondance. Je me rappelle plusieurs passages de ses lettres, où elle déplore amèrement son sort d'être unie à quelqu'un de si indigne d'elle.

« A coup sûr, dans la masse de billets que vous avez d'elle, il doit y avoir de quoi la compromettre. Examinez-les bien, choisissez les passages, et menacez-la de le faire. Écrivez-lui d'abord de ce ton assuré d'un amant qui a tous droits sur elle. Puis, si elle garde le silence, adressez des représentations, en faisant allusion à ses anciennes promesses, en produisant des preuves de l'estime où elle vous tenait, en jurant désespoir, destruction, vengeance, si elle devient infidèle. Effrayez-la, étonnez-la par quelque trait d'audace, qui lui fasse voir votre indomptable résolution ; vous êtes homme à cela. Votre épée a une réputation en Europe, et vous avez un renom d'audace, qui est la première chose qui ait attiré sur vous les regards de milady Lyndon. Faites parler de vous à Dublin ; soyez aussi brillant, et aussi brave, et aussi bizarre que possible. Combien je voudrais être auprès de vous ! Vous n'avez pas l'imagination qu'il faut pour inventer le rôle que je voudrais vous faire jouer ; mais, pourquoi parler ? N'ai-je pas assez du monde et de ses vanités ? »

Il y avait beaucoup de bon sens pratique dans cet avis, que je cite dégagé du long récit de ses mortifications et dévotions où mon oncle se complaisait, finissant sa lettre, comme d'habitude, par d'instantes prières pour ma conversion à la vraie foi. Mais il était fidèle à son culte, et moi, en homme d'honneur et de principes, je ne l'étais pas moins au mien, et je ne doute pas que, sous ce rapport, l'un ne soit aussi agréable que l'autre.

Ce fut donc conformément à ces instructions que j'écrivis à lady Lyndon pour lui demander, à mon arrivée, quand le plus respectueux de ses admirateurs aurait la permission de troubler sa douleur. Puis, comme Sa Seigneurie ne répondit point, je demandai si elle avait oublié le passé et celui qu'elle favorisait de son intimité à une si heureuse époque. Caliste ne se souvenait-elle plus d'Eugenio ? En même temps, j'envoyai par mon domestique, avec cette lettre, une petite épée en présent à lord Bullingdon, et un billet particulier à son gouverneur, de qui, par parenthèse, j'avais en ma possession un billet montant à une somme, j'oublie laquelle, mais que le pauvre hère aurait eu bien de la répugnance à payer. A ce message, vint une réponse du secrétaire de Sa Seigneurie, disant que lady Lyndon était trop accablée par l'horrible malheur qui venait de l'atteindre, pour voir personne autre que ses parents ; et aussi un avis de mon ami, le gouverneur de l'enfant, me prévenant que milord George Poynings était le jeune parent qui paraissait devoir la consoler.

Ceci fut cause de la querelle entre moi et ce jeune seigneur, que je pris soin de provoquer dès son arrivée à Dublin.

Quand la nouvelle du duel fut apportée à la veuve de Castle-Lyndon, mon donneur de renseignements m'écrivit que lady Lyndon avait poussé un cri et jeté le journal à terre en disant: « L'horrible monstre ! il ne reculerait pas devant un assassinat, je crois; » et le petit lord Bullingdon, tirant son épée, l'épée que je lui avais donnée, le drôle ! déclara qu'il tuerait avec l'homme qui avait fait du mal au cousin George. Quand M. Runt lui fit observer que c'était moi qui lui avais fait présent de cette épée le petit vaurien jura qu'il me tuerait tout de même. Le fait est qu'en dépit de mes bontés pour lui, ce garçon eut toujours l'air de me détester.

Sa Seigneurie envoya tous les jours des courriers pour s'informer de la santé de lord George; et, m'étant dit qu'elle se déciderait probablement à venir à Dublin, si elle apprenait qu'il fût en danger, je m'arrangeai pour la faire informer qu'il était dans un état précaire, qu'il empirait, que Redmond Barry avait pris la fuite en conséquence; cette fuite, je la fis annoncer aussi par le *Mercure*, mais je n'allai point au delà de la ville de Bray, qu'habitait ma pauvre mère, et où tout embarras pour cause de duel me promettait un bon accueil.

Ceux de mes lecteurs qui sont fortement pénétrés du sentiment de la piété filiale s'étonneront que je n'aie pas encore décrit mon entrevue avec cette tendre mère, qui avait fait pour moi de si grands sacrifices dans ma jeunesse, et pour qui un homme de ma nature chaleureuse et aimante ne pouvait pas ne pas éprouver la plus durable et la plus sincère affection.

Mais un homme lancé dans la haute sphère où je me trouvais avait des devoirs publics à remplir avant de consulter ses sentiments privés; aussitôt donc mon arrivée, j'expédiai un messager à mistress Barry pour la lui annoncer, pour lui offrir mes respects et lui promettre que j'irais les lui présenter en personne, dès que mes affaires me laisseraient libre de quitter Dublin.

Elles étaient, je n'ai pas besoin de le dire, fort considérables. J'avais à m'acheter des chevaux, à m'installer convenablement, à faire mon entrée dans le grand monde; et, ayant annoncé mon intention de monter mon écurie et de vivre sur un pied distingué, je fus, dès le surlendemain, tellement assailli des visites de la noblesse et de la *gentry*, et tellement accablé d'invitations à dîner et à souper, qu'il me devint excessivement difficile pour quelques jours de satisfaire l'extrême envie que j'avais de rendre visite à mistress Barry.

Il paraît que la bonne âme avait préparé un festin dès qu'elle avait appris mon arrivée, et y avait invité toutes ses humbles connaissances de Bray ; mais je fus engagé après coup par milord Ballyragget pour ce jour-là, et, naturellement, je fus obligé de manquer à la promesse que j'avais faite à mistress Barry de venir à son humble fête.

Je tâchai d'adoucir le désappointement de ma mère en lui envoyant une belle pièce de satin noir et une robe de velours, que j'avais achetées pour elle chez les meilleurs merciers de Dublin (et que je dis même avoir apportées exprès de Paris pour elle) ; mais le messager que je dépêchai avec ces présents rapporta les paquets avec la pièce de satin à moitié déchirée au milieu, et je n'eus pas besoin de ses explications pour comprendre que quelque chose avait offensé la bonne dame, qui était sortie, dit-il, et l'avait accablé d'injures à la porte, et l'aurait souffleté, si elle n'eût été retenue par un monsieur en noir, que je jugeai avec raison devoir être son révérend ami M. Jowls.

Cet accueil fait à mes présents me fit plutôt craindre qu'espérer une entrevue avec mistress Barry, et retarda ma visite de quelques jours encore. Je lui écrivis une lettre respectueuse et calmante, à laquelle je ne reçus point de réponse, quoique j'y eusse mentionné qu'en me rendant à la capitale j'avais été à Barryville, et que j'avais revu les lieux témoins de mon enfance.

Peu m'importe d'avouer que c'est la seule créature humaine que je redoute d'affronter. Je me rappelle ses accès de colère quand j'étais petit, et les réconciliations, qui étaient encore plus violentes et plus pénibles. Au lieu donc d'y aller moi-même, je lui envoyai mon factotum, Ulick Brady, qui revint disant qu'il avait eu une réception qu'il ne voudrait point essuyer encore pour vingt guinées ; qu'il avait été mis à la porte de la maison, avec l'injonction formelle de m'informer que ma mère me désavouait pour toujours. Cet anathème maternel m'affecta beaucoup, car je fus toujours le plus respectueux des fils, et je me déterminai à aller aussi vite que possible braver ce que je savais devoir être une scène inévitable de reproches et de colère, pour obtenir, je m'en flattais, une réconciliation non moins certaine.

J'avais eu un soir à souper quelques personnes de la meilleure compagnie de Dublin, et je reconduisais jusqu'en bas milord marquis avec une paire de bougies, lorsque, sur les degrés de ma porte, je trouvai assise une femme vêtue de gris, à laquelle, la prenant pour une mendiante, je présentai une pièce d'argent, et que mes nobles amis, un peu échauffés par le vin, se mirent à plaisanter, comme ma porte se fermait et que je leur souhaitais à tous une bonne nuit.

Je fus passablement surpris et affecté d'apprendre plus tard que cette femme, enveloppée d'un capuchon, n'était autre que ma mère, qui, par orgueil, avait fait vœu de ne jamais entrer chez moi, mais qui, entraînée par l'intérêt maternel, n'avait pu résister au désir de revoir son fils, et s'était ainsi postée sous un déguisement à ma porte. Vraiment, l'expérience m'a démontré que ce sont les seules femmes qui ne trompent jamais un homme, et dont l'affection survit à toutes les épreuves. Songez aux heures que la bonne âme a dû passer, seule dans la rue, à écouter le bruit et l'allégresse de mes appartements, le cliquetis des verres, le rire, les chœurs joyeux et les applaudissements !

Quand survint mon affaire avec lord George, et que je me vis, par les raisons que j'ai dites, dans la nécessité de me tenir à l'écart, maintenant, pensai-je, voici le moment de faire ma paix avec ma bonne mère ; jamais elle ne me refusera un asile, à présent que je parais être en danger : lui ayant donc fait dire que j'arrivais, que j'avais eu un duel qui m'avait mis dans l'embarras et qui me forçait de me cacher, je suivis mon messager à une demi-heure de distance, et, je vous le garantis, il n'y eut pas manque de bon accueil, car bientôt, ayant été introduit dans une chambre vide par la fille aux pieds nus qui servait mistress Barry, la porte s'ouvrit, et la pauvre mère s'élança dans mes bras avec un cri, et avec des transports de joie que je n'essayerai pas de décrire : ils ne peuvent être compris que des femmes qui ont tenu dans leurs bras un fils unique, après douze ans d'absence.

Le révérend M. Jowls, le directeur de ma mère, fut la seule personne à qui sa porte fut ouverte pendant mon séjour chez elle, et il n'admit pas de refus. Il se fit un verre de punch au rhum, qu'il paraissait être dans l'habitude de boire aux frais de ma bonne mère, poussa de gros gémissements, et se mit aussitôt à me sermonner sur mes péchés, et principalement sur la dernière horrible action que j'avais commise.

« Péchés ? dit ma mère se hérissant à cette attaque contre son fils, certainement nous sommes tous des pécheurs ; et c'est vous, monsieur Jowls, qui m'avez procuré l'inexprimable bonheur de savoir cela. Mais quelle autre conduite auriez-vous voulu que tînt le pauvre enfant ?

— J'aurais voulu que monsieur évitât de boire, de se quereller, et d'avoir cet abominable duel, » répondit l'ecclésiastique.

Mais ma mère lui coupa la parole en disant que ce genre de conduite pouvait être fort bon pour une personne de sa profession et de sa naissance, mais qu'il ne convenait ni à un Brady ni à un Barry. Dans le fait, elle était ravie de l'idée que j'avais blessé en duel le fils d'un marquis anglais : je lui racontai donc, pour la consoler, une vingtaine d'autres affaires que j'avais eues, et dont le lecteur connaît déjà quelques-unes.

Comme mon ex-antagoniste ne courait aucun danger quand je répandis le bruit de sa périlleuse situation, je n'avais aucun motif particulier pour que ma reclusion fût très-rigoureuse. Mais la veuve ne savait pas le fait aussi bien que moi; elle fit barricader sa maison, et Becky, sa servante aux pieds nus, était perpétuellement en sentinelle pour donner l'alarme en cas que les gens de police vinssent faire des perquisitions.

La seule personne que j'attendisse, toutefois, était mon cousin Ulick, qui devait m'apporter l'agréable nouvelle de l'arrivée de lady Lyndon; et j'avoue qu'après deux jours d'étroite reclusion à Bray, dans lesquels j'avais raconté à ma mère toutes les aventures de ma vie, et réussi à lui faire accepter les robes qu'elle avait refusées précédemment, et une addition considérable que je fus enchanté de faire à son revenu, je fus fort enchanté quand je vis ce réprouvé d'Ulick Brady, comme l'appelait ma mère, arriver à la porte dans ma voiture avec l'agréable nouvelle, pour ma mère, que le jeune lord était hors de danger, et, pour moi, que la comtesse de Lyndon était à Dublin.

« Je voudrais, Redmond, que ce jeune gentilhomme eût été en danger un peu plus longtemps, dit la veuve, ses yeux s'emplissant de larmes : vous en seriez resté d'autant plus avec votre pauvre mère. » Mais je séchai ses larmes en l'embrassant chaudement et promis de la voir souvent, et lui donnai à entendre que j'aurais peut-être bien une maison à moi et une noble fille pour la recevoir.

« Qui est-elle, cher Redmond? dit la vieille dame.

— Une des plus nobles et des plus riches femmes de l'empire, mère, répondis-je. Assez, Brady, pour cette fois, » ajoutai-je en riant; et, sur ces espérances, je laissai mistress Barry dans les meilleures dispositions.

Personne n'est moins rancunier que moi; et lorsqu'une fois j'en suis arrivé à mes fins, je suis la plus paisible créature du monde. Je fus une semaine à Dublin avant de juger nécessaire de quitter cette capitale. Je m'étais tout à fait réconcilié avec mon rival pendant ce laps de temps ; je m'étais fait un devoir de me présenter à son logis, et j'étais promptement devenu l'intime consolateur de son chevet. Il avait un valet de chambre envers qui je ne négligeai point d'être civil, et pour qui mes gens eurent ordre d'avoir des attentions toutes particulières, car j'avais un désir bien naturel d'apprendre sur quel pied milord George avait été avec la dame de Castle-Lyndon, s'il rôdait d'autres galants autour de la veuve, et comment elle avait supporté la nouvelle de sa blessure.

Le jeune seigneur lui-même m'éclaira quelque peu sur les choses que je tenais le plus à savoir.

« Chevalier, me dit-il un matin que je venais lui rendre mes devoirs, je vois que vous êtes une ancienne connaissance de ma parente, la comtesse de Lyndon. Elle m'écrit une page d'injures contre vous dans la lettre que voici ; et le plus étrange de l'histoire, c'est qu'un jour qu'on causait de vous au château de Lyndon, et du train splendide que vous meniez à Dublin, la belle veuve jura et protesta qu'elle n'avait jamais ouï parler de vous.

« — Oh ! si, maman, dit le petit Bullington : ce grand homme noir, à Spa, qui louchait, qui grisait mon gouverneur, et m'a envoyé mon épée, son nom est M. Barry. »

« Mais milady fit sortir l'enfant de la chambre, et soutint qu'elle ne vous connaissait pas du tout.

— Et vous êtes parent et ami de milady Lyndon, milord ? dis-je d'un ton de grave surprise.

— Oui, vraiment, répondit le jeune gentilhomme. Je n'ai quitté sa maison que pour recevoir de vous cette vilaine blessure ; et elle est venue bien mal à propos, qui plus est.

— Pourquoi plus mal à propos qu'en tout autre instant ?

— C'est que, voyez-vous, chevalier, je crois que la veuve avait un faible pour moi : je crois que j'aurais pu la décider à rendre nos liens plus intimes ; et, ma foi ! quoiqu'elle soit plus âgée que moi, c'est aujourd'hui le plus riche parti de l'Angleterre.

— Milord George, dis-je, permettez-moi de vous faire une franche mais étrange question : voulez-vous me montrer ses lettres ?

— Vraiment non ! je ne ferai pas une pareille chose, répliquat-il courroucé.

— Ne vous fâchez pas. Si je vous montre, moi, des lettres de lady Lyndon à moi adressées, me laisserez-vous voir celles que vous avez d'elle ?

— Où en voulez-vous venir, au nom du ciel, monsieur Barry? dit le jeune seigneur.

— J'en veux venir à ceci, que j'aime passionnément lady Lyndon; que je ne lui suis.... ou plutôt que je ne lui étais point indifférent; que je l'aime éperdûment en ce moment même, et que je mourrai moi-même ou tuerai l'homme qui me sera préféré.

— *Vous*, épouser la plus grande grande héritière et le plus noble sang d'Angleterre? dit lord George avec hauteur.

— Il n'est pas de sang plus noble que le mien, répondis-je; et, je vous le dis, je ne sais si je dois ou non espérer. Mais ce que je sais, c'est qu'il fut un temps où, tout pauvre que je suis, la grande héritière ne dédaignait pas d'abaisser ses regards sur ma pauvreté, et que tout homme pour l'épouser devra auparavant passer sur mon cadavre. Il est heureux pour vous, ajoutai-je d'un air sombre, que lors de ma rencontre avec vous, je n'aie pas su que vous eussiez des vues sur milady Lyndon. Mon pauvre enfant, vous êtes un garçon de cœur, et je vous aime. Mon épée est la première de l'Europe, et vous seriez étendu dans un lit plus étroit que celui que vous occupez à présent.

— Enfant! dit lord George, je n'ai pas quatre ans de moins que vous.

— Vous avez quarante ans de moins comme expérience. J'ai passé par tous les degrés de la vie. Par mon habileté et ma hardiesse, j'ai fait moi-même ma fortune. J'ai assisté à quatorze batailles rangées comme simple soldat, et j'ai été vingt-trois fois sur le terrain, et je n'ai jamais été touché qu'une fois, et c'était par l'épée d'un maître d'armes français, que je tuai. J'ai débuté dans la vie à dix-sept ans; j'étais un mendiant, et me voici, à vingt-sept, avec vingt mille guinées. Supposez-vous qu'un homme de mon courage et de mon énergie peut ne pas venir à bout de tout ce qu'il tente, et, qu'ayant des droits sur la veuve, je ne les ferai pas valoir? »

Ce discours n'était pas d'une exactitude parfaitement littérale (car j'avais multiplié mes batailles rangées, mes duels et ma fortune de quelque chose); mais je vis qu'il faisait l'impression que j'avais voulu produire sur l'esprit du jeune gentilhomme, qui écoutait mes allégations avec un sérieux tout particulier, et que je laissai présentement les digérer.

Une couple de jours après, je revins le voir, et je lui apportai quelques-unes des lettres échangées entre moi et milady Lyndon.

« Tenez, dis-je, regardez; je vous la montre en confidence,

voici une boucle de cheveux de Sa Seigneurie ; voici ses lettres
signées Calista et adressées à Eugenio. Voici une pièce de vers
adressée par Sa Seigneurie à votre humble serviteur :

> Quand Phœbus de ses feux inonde la prairie,
> Quand la pâle Cynthie y verse sa clarté,

— Calista ! Eugenio ! Phœbus de ses feux inonde la prairie !
s'écria le jeune lord. Est-ce un rêve ? Eh mais, mon cher Barry,
la veuve m'a envoyé à moi cette même pièce de vers :

> Heureuse du soleil dorant l'herbe fleurie,
> Ou rêveuse aux lueurs du bel astre argenté. »

Je ne pus m'empêcher de rire à cette citation. C'était, de fait,
mot pour mot, ce que ma Calista m'avait adressé. Et nous trouvâmes, en comparant les lettres, que des passages entiers, dus
à sa plume éloquente, figuraient également dans les deux cor-
respondances. Voyez ce que c'est que d'être un bas-bleu et d'a-
voir la passion d'écrire des lettres !

Le jeune homme posa les papiers, en proie à un grand trouble.

« Eh bien ! Dieu soit loué ! dit-il après une pause assez longue, Dieu soit loué ; et bon débarras ! Ah ! monsieur Barry, quelle
femme j'aurais pu épouser si ces bienheureux papiers ne m'é-
taient pas tombés sous la main ! Je croyais que milady Lyndon
avait un cœur, monsieur, je dois l'avouer, quoique pas très-
chaud, et que, du moins, on pouvait se fier à elle. Mais l'épouser
à présent ! j'aimerais autant envoyer mon domestique dans la rue
me chercher une femme, que de m'unir à cette matrone d'Éphèse.

— Milord George, dis-je, vous connaissez peu le monde. Rappelez-vous quel mauvais mari avait lady Lyndon, et ne soyez
pas étonné que, de son côté, elle ait été indifférente. Elle n'a
jamais non plus, j'ose en faire le pari, dépassé les bornes d'une
innocente galanterie, et ses péchés n'ont pas été au delà d'un
sonnet ou d'un billet doux.

— Ma femme, dit le petit lord, n'écrira ni sonnets ni billets
doux, et je suis profondément heureux de penser que j'ai connu
à temps cette femme sans cœur, dont j'ai cru un moment être
amoureux. »

Le jeune seigneur était, comme j'ai dit, très-novice dans les
choses de ce monde ; car de supposer qu'un homme voudrait
abandonner quarante mille livres sterling de rente, parce que
la dame en possession de cette fortune avait écrit quelques
lettres sentimentales à un jeune homme, c'est vraiment trop
absurde ; ou bien, comme je penche à le croire, il était bien aise

de trouver une excuse pour se retirer de la lice, ne se souciant nullement d'affronter une seconde fois la victorieuse épée de Redmond Barry.

Quand l'idée du danger de Poynings, ou les reproches adressés probablement par lui à la veuve à mon sujet, eurent amené à Dublin, comme je l'espérais, cette excessivement faible femme, et que mon digne Ulick m'eut informé de son arrivée, je quittai ma bonne mère, qui s'était tout à fait réconciliée avec moi (c'était le duel qui en était cause), et j'appris que l'inconsolable Caliste était sur le pied de rendre visite à son berger souffrant, au grand déplaisir de ce gentilhomme, à ce que me dirent les domestiques. Les Anglais sont trop souvent d'un rigorisme et d'un orgueil absurde en fait de point d'honneur; et, après la manière dont s'était conduite sa parente, lord Poynings avait juré de ne plus avoir rien de commun avec elle.

J'eus ce renseignement du valet de chambre de Sa Seigneurie, avec qui, je l'ai dit, j'avais pris grand soin d'être au mieux; et quand il me plaisait d'y passer, son portier ne me refusait plus l'entrée.

Milady avait sans doute gagné aussi cet homme, car elle avait pu monter, quoique milord eût défendu sa porte; le fait est que je l'avais suivie de chez elle chez lord George Poynings, et vu descendre de sa chaise et entrer, avant que je pusse le faire moi-même. Je me proposais de l'attendre paisiblement dans l'antichambre, de lui faire une scène et de lui reprocher son infidélité, si besoin était; mais les choses s'arrangèrent d'une façon bien plus commode pour moi, et comme j'entrais, sans être annoncé, dans la chambre qui précédait celle de milord, j'eus le bonheur d'entendre dans celle-ci, dont la porte était entr'ouverte, la voix de ma Caliste. Elle jetait les hauts cris, en appelant au pauvre patient, qui était retenu dans son lit, et parlant du ton le plus passionné.

« Qui peut vous porter, George, disait-elle, à douter de ma foi? Comment pouvez-vous me briser le cœur en me repoussant de cette façon monstrueuse? Voulez-vous la mort de la pauvre Calista? Eh bien, eh bien! je rejoindrai dans la tombe le pauvre ange qui n'est plus.

— Et qui y est entré il y a trois mois, dit lord George avec un rire sardonique; quelle merveille que vous lui ayez si long-temps survécu!

— Ne traitez pas votre pauvre Calista de cette cruelle, cruelle manière, Antonio! s'écria la veuve.

— Bah! dit lord George, ma blessure est mauvaise. Mes médecins me défendent de beaucoup parler. Supposez que votre Antonio soit fatigué, ma chère. Ne pouvez-vous vous consoler avec quelque autre?

— Ciel! lord George! Antonio!

— Consolez-vous avec Eugenio, » dit amèrement le jeune seigneur, et il se mit à sonner; sur quoi son valet, qui était dans l'intérieur de l'appartement, en sortit, et il lui dit de reconduire Sa Seigneurie.

Lady Lyndon quitta la chambre dans le plus vif émoi. Elle était en grand deuil, avec un voile sur la figure, et ne reconnut pas la personne qui attendait dans l'antichambre. Comme elle descendait, je la suivis d'un pied léger, et, au moment où son porteur lui ouvrait la portière, je m'élançai en avant et lui pris la main pour la mettre dans sa chaise.

« Très-chère veuve, dis-je, Sa Seigneurie a parlé comme il faut. Consolez-vous avec Eugenio! »

Elle était trop effrayée, même pour crier, quand son porteur l'emmena. Elle fut déposée à sa maison, et vous pensez bien que j'étais à sa portière, comme auparavant, pour l'aider à sortir de sa chaise.

« Monstre d'homme! dit-elle, je vous prie de me laisser.

— Madame, ce serait manquer à mon serment, répliquai-je; rappelez-vous le vœu qu'Eugenio a fait à Calista.

— Si vous ne me quittez pas, je vais vous faire chasser par mes domestiques.

— Eh quoi! quand je viens avec les lettres de ma Calista en poche, pour les lui rendre peut-être! Vous pouvez beaucoup par la douceur sur Redmond Barry, madame, mais rien par la violence.

— Que voulez-vous de moi, monsieur? dit la veuve passablement agitée.

— Laissez-moi monter, et je vous dirai tout, » repartis-je; et elle daigna me donner la main et me permettre de la conduire de sa chaise à son salon.

Quand nous fûmes seuls, je m'ouvris honorablement à elle.

« Très-chère madame, dis-je, que votre cruauté ne pousse pas un esclave désespéré à de funestes mesures. Je vous adore. Autrefois, vous me permettiez de vous exprimer tout bas ma passion sans contrainte; à présent, vous me chassez de chez vous, vous laissez mes lettres sans réponse, et vous me préférez un autre. Il m'est impossible de supporter un pareil traitement; voyez le châtiment que j'ai été forcé d'infliger; tremblez à la pensée de celui que je puis être obligé d'administrer encore à cet infortuné jeune homme; s'il vous épouse, madame, il est sûr de mourir.

— Je ne vous reconnais pas le moindre droit, dit la veuve, de faire la loi à la comtesse de Lyndon; je ne comprends rien à vos menaces, et je ne m'en soucie pas. Que s'est-il passé entre moi et un aventurier irlandais, qui autorise ces impertinentes libertés ?

— Voici ce qui s'est passé, madame, dis-je, les lettres de Calista à Eugenio. Elles peuvent avoir été fort innocentes, mais le monde le croira-t-il? Vous pouvez n'avoir pas eu d'autre intention que de vous jouer du cœur d'un pauvre innocent gentilhomme irlandais, qui vous adorait et avait confiance en vous. Mais qui croira à votre innocence en présence du témoignage irrécusable de votre propre écriture? Qui croira que vous avez pu écrire ces lettres par pur badinage de coquetterie, et non sous l'influence de l'affection.

— Scélérat! s'écria milady Lyndon, oseriez-vous donner à ces lettres frivoles aucun autre sens que celui qu'elles ont réellement?

— Je leur donnerai toute espèce de sens, dis-je, tant est forte la passion qui m'anime pour vous. Je l'ai juré, il le faut, vous serez à moi! M'avez-vous jamais vu promettre de faire une chose, et manquer à ma promesse? Que préférez-vous de moi? Un amour comme une femme n'en a jamais inspiré à un homme, ou une haine comme il n'en existe pas de pareille?

— Une femme de mon rang, monsieur, n'a rien à craindre de la haine d'un aventurier tel que vous, répliqua la dame en se redressant avec dignité.

— Regardez votre Poynings; était-il de votre rang? Vous êtes la cause de la blessure de ce jeune homme, madame, et si l'instrument de votre férocité n'avait eu pitié de lui, vous étiez l'auteur de sa mort, oui, de sa mort; car lorsqu'une femme est infidèle, n'arme-t-elle pas le mari qui punit le séducteur? et je vous regarde comme ma femme, Honoria Lyndon!

— Mari! femme, monsieur! cria la veuve toute stupéfaite.

— Oui, femme et mari! Je ne suis pas un de ces pauvres sires dont les coquettes peuvent se jouer, quitte à les jeter de côté ensuite. Vous voudriez oublier ce qui s'est passé entre nous à Spa; Calista voudrait oublier Eugenio, mais je ne me laisserai pas oublier de vous. Vous avez cru pouvoir vous amuser de mon cœur, n'est-il pas vrai? Une fois atteint, Calista, il l'est pour toujours. Je vous aime; je vous aime aussi passionnément à

cette heure que lorsque j'étais sans espoir; et à présent que je
puis vous obtenir, vous pensez que je renoncerai à vous! Cruelle,
cruelle Calista! Vous connaissez peu le pouvoir de vos charmes,
si vous croyez que leur effet s'efface si aisément; vous connaissez peu la constance de ce pur et noble cœur, si vous croyez
qu'une fois qu'il aime, il peut jamais cesser de vous adorer. Non!
Je jure, par votre cruauté, que je me vengerai d'elle; je jure,
par votre merveilleuse beauté, que je la conquerrai, que je serai digne de la conquérir. Charmante, séduisante, volage,
cruelle femme! Vous serez à moi, je le jure. Votre fortune est
grande, mais ne suis-je pas d'une nature assez généreuse pour
en user dignement? Votre rang est élevé, mais pas autant que
mon ambition. Vous vous êtes donnée jadis à un débauché sans
chaleur et sans énergie, donnez-vous maintenant, Honoria, à un
homme, à celui qui, si haut que soit votre rang, sera à sa hauteur et saura même le relever. »

En parlant de la sorte à la veuve étonnée, je me tenais debout
au-dessus d'elle; je la fascinais du regard, je la voyais rougir et
pâlir de crainte et de stupeur; je voyais que l'éloge de ses charmes et le tableau de ma passion n'étaient pas mal accueillis, et
je contemplais, avec un sang-froid triomphant, l'empire que je
prenais sur elle. La terreur, soyez-en sûr, n'est pas un mauvais
ingrédient de l'amour. Un homme qui veut à toute force conquérir le cœur d'une femme faible et vaporeuse, doit réussir, pour
peu que l'occasion le seconde.

« Homme terrible! dit lady Lyndon en reculant d'effroi aussitôt que j'eus cessé de parler (j'étais même à bout d'éloquence,
et cherchais un autre discours à lui faire). Homme terrible!
laissez-moi. »

Je vis, par ces paroles mêmes, que j'avais fait impression sur
elle. « Si elle me laisse entrer chez elle demain, dis-je, elle est à
moi. »

En descendant, je mis dix guinées dans la main du portier,
qui resta tout étonné d'un tel présent.

« C'est pour vous dédommager de la peine de m'ouvrir la
porte, lui dis-je; vous aurez souvent à le faire. »

CHAPITRE XVI.

Je pourvois noblement aux besoins de ma famille, et atteins le comble
des (soi-disant) faveurs de la fortune.

Le lendemain, quand je retournai chez la veuve, mes craintes
se réalisèrent; la porte me fut refusée; milady n'était pas à la
maison. Je savais que c'était faux; j'avais surveillé la porte
toute la matinée, d'un logement que j'avais loué en face.

« Votre maîtresse n'est pas sortie, dis-je; elle refuse de me
voir, et, comme de raison, je ne puis entrer de force chez elle.
Mais, écoutez, vous êtes Anglais?

— Oui, monsieur, dit mon homme de l'air de la plus grande
supériorité; Votre Honneur doit le voir à mon *haccent*. »

Je savais qu'il l'était et que je pouvais, par conséquent, lui
offrir de l'argent; un domestique irlandais en haillons, ses gages
ne lui fussent-ils jamais payés, vous aurait probablement jeté
votre argent au visage.

« Écoutez donc, lui dis-je. Les lettres de votre maîtresse pas-
sent par vos mains, n'est-ce pas? Une couronne pour chacune
de celles que vous m'apporterez à lire. Il y a un débit de whisky
dans la rue voisine, apportez-les quand vous y allez boire, et
demandez-moi sous le nom de Dermot.

— Je me souviens de Votre Honneur, à *Spar*, dit le drôle en
ricanant; sept est le point, eh? » Et, tout fier de cette réminis-
cence, je pris congé de mon inférieur.

Je ne défends pas cette pratique d'ouvrir les lettres dans la vie
privée, sauf les cas de la plus urgente nécessité, où alors nous
devons suivre l'exemple de nos supérieurs, les hommes d'État
de toute l'Europe, et, pour un grand bien, nous permettre une
petite infraction aux convenances. Les lettres de milady Lyndon
ne s'en trouvaient pas plus mal pour être ouvertes, et moi, je
m'en trouvais beaucoup mieux, la lecture de quelques-unes de
ces nombreuses lettres me donnant une connaissance plus intime
de son caractère à mille égards, et une influence sur elle, dont je
ne fus pas long à profiter. A l'aide de ces lettres et de mon ami
l'Anglais, que je régalais toujours de ce qu'il y avait de mieux en
fait de liquide, et que je gratifiais de présents en espèces encore
plus agréables (je mettais une livrée, pour le rencontrer, et une

perruque rousse, sous laquelle il était impossible de reconnaître le brillant et élégant Redmond Barry), j'étais au fait des mouvements de la veuve, de façon à la surprendre. Je savais d'avance les lieux publics où elle irait ; ils étaient peu nombreux, à cause de son veuvage : et partout où elle paraissait, à l'église ou au parc, j'étais toujours prêt à lui offrir son livre, ou à trotter à cheval à la portière de son carrosse.

Un bon nombre des lettres de Sa Seigneurie contenaient le plus étrange fatras qu'ait jamais écrit un bas-bleu. Je ne connais pas de femme qui prît et jetât de côté une quantité plus grande de bonnes amies. Elle se mit bientôt à écrire à plusieurs de ces chères créatures au sujet de mon indigne personne, et ce fut avec une extrême satisfaction que je remarquai enfin que la veuve se prenait d'une peur terrible de moi, m'appelant sa bête noire, son esprit de ténèbres, son sanguinaire adorateur, et mille autres noms qui indiquaient l'excès de son inquiétude et de son effroi. C'était : « Le misérable a suivi ma voiture tout le long du parc ; » ou : « Mon Destin m'a poursuivie à l'église ; » et : « Mon inévitable adorateur m'a donné la main pour sortir de ma chaise chez le mercier, » etc. Mon désir était d'augmenter en elle ce sentiment de crainte, et de lui faire croire que j'étais une personne à laquelle il était impossible d'échapper.

Dans ce but, je payai une devineresse qu'elle consulta, comme le faisaient à cette époque une foule des personnes les plus bêtes et les plus distinguées de Dublin, et qui, quoique la comtesse y fût allée sous le costume d'une de ses femmes de chambre, ne manqua pas de reconnaître son véritable rang, et de lui décrire, comme son futur mari, son persévérant adorateur Redmond Barry, esq. Cet incident la troubla beaucoup. Elle en écrivit à ses correspondantes dans des termes de stupéfaction et de terreur. « Ce monstre, écrivait-elle, peut-il, en effet, ce dont il se vante, faire plier le destin lui-même sous sa volonté ? Peut-il me contraindre à l'épouser, quoique je le déteste cordialement, et m'amener comme une esclave à ses pieds ? L'horrible regard noir de ses yeux de serpent me fascine et m'épouvante ; il semble me poursuivre partout ; et, même lorsque je ferme mes yeux, ce regard terrible me traverse la paupière et est encore sur moi. »

Quand une femme commence à parler ainsi d'un homme, âne est celui qui ne vient pas à bout d'elle ; et, pour ma part, je la suivais en tous lieux, et me posais en face d'elle, et « la fascinais du regard, » comme elle disait, fort assidûment. Lord George Poynings, son ancien adorateur, gardait, pendant ce temps, la chambre avec sa blessure, et avait paru déterminé à renoncer à toutes prétentions sur elle ; car il refusait de la recevoir lorsqu'elle se présentait, ne répondait point à ses lettres multipliées, et se contentait de dire généralement que son chirurgien lui avait défendu de recevoir des visites et de répondre aux lettres. Ainsi, tandis qu'il se retirait au dernier plan, j'avançais au premier, et prenais grand soin qu'il ne se présentât aucun rival avec quelque chance de succès ; car aussitôt que j'en entendais parler d'un, je lui cherchais querelle, et j'en poivrai deux de cette manière, en sus de ma première victime, lord George. Je prenais toujours un autre prétexte de querelle avec eux, que leurs attentions pour lady Lyndon, en sorte qu'il n'en pouvait résulter ni scandale ni offense pour Sa Seigneurie. Mais elle savait fort bien à quoi s'en tenir sur ces duels ; et les jeunes gens de Dublin aussi, en additionnant deux à deux, commencèrent à s'apercevoir qu'il y avait un dragon qui gardait la riche héritière, et qu'il fallait dompter ce dragon avant d'arriver à la dame. Je vous garantis qu'après ces trois premiers champions, il n'y en eut pas beaucoup de disposés à se mettre sur les rangs, et j'ai souvent ri (dans ma barbe) de voir plusieurs des jeunes mirliflors de Dublin, qui escortaient à cheval son carrosse, décamper dès que ma jument baie et ma livrée verte faisaient leur apparition.

Je voulais donner une grande et imposante preuve de mon pouvoir, et, à cet effet, j'avais résolu de rendre un important service à mon cousin Ulick, et d'enlever pour lui le bel objet de ses affections, miss Kiljoy, sous les yeux mêmes de sa tutrice et amie, lady Lyndon, et au nez des frères de la demoiselle, qui passaient la saison à Dublin, et faisaient autant d'embarras des dix mille livres irlandaises de leur sœur, que si elle avait eu des millions. La fille n'avait aucune répugnance pour M. Brady, et cela seul montre combien les hommes ont peu de cœur, et comment un génie supérieur peut triompher de difficultés qui, aux esprits communs, paraissent insurmontables, qu'il n'avait jamais songé à un enlèvement, comme je fis tout de suite avec audace. Miss Kiljoy avait été pupille de la cour de chancellerie jusqu'à sa majorité (époque avant laquelle il eût été dangereux pour moi de mettre à exécution le projet que j'avais sur elle) ; mais, quoique libre à présent d'épouser qui elle voudrait, c'était une jeune personne d'un caractère timide, et ayant aussi peur de ses frères et autres parents, que si elle n'eût pas été indépendante. Ils avaient en vue, pour elle, un de leurs amis, et avaient dédaigneusement rejeté la proposition d'Ulick Brady, gentilhomme ruiné qui, à ce que pensaient ces fats rustiques, était tout à fait indigne de la maison d'une héritière aussi prodigieusement riche que leur sœur.

Se trouvant trop seule dans sa grande maison de Dublin, la comtesse de Lyndon invita son amie, miss Amalia, à y passer la saison avec elle, et, dans un accès de tendresse maternelle, envoya aussi chercher son fils, le petit Bullingdon, et ma vieille connaissance, le gouverneur, pour lui tenir compagnie. Un carrosse de famille amena, du château de Lyndon, l'enfant, l'héritière et le précepteur, et je résolus de saisir la première occasion d'exécuter mon plan.

Cette chance ne se fit pas longtemps attendre. J'ai dit, dans un des précédents chapitres de ma biographie, que le royaume d'Irlande, à cette époque, était ravagé par diverses troupes de bandits qui, sous les noms de Whiteboys, Oakboys, Steelboys, ayant des capitaines à leur tête, tuaient les intendants, brûlaient les meules, mutilaient les bestiaux, et se faisaient justice eux-mêmes. Une de ces bandes, ou plusieurs autant que j'en sache, était commandée par un mystérieux personnage appelé le capitaine Thunder, dont l'occupation semblait être de marier les gens avec ou sans leur consentement, ou sans celui de leurs parents. Les *Gazettes* de Dublin et les *Mercures* de cette époque (1772), regorgent de proclamations du lord lieutenant, offrant des récompenses pour l'arrestation de ce redoutable capitaine Thunder et de sa troupe, et décrivant tout au long les divers exploits de ce féroce aide de camp du dieu d'hyménée. Je me déterminai à faire usage, sinon des services, du moins du nom de ce capitaine Thunder, et à mettre mon cousin Ulick en possession de sa belle et des dix mille livres. Ce n'était pas une grande beauté, et je présume qu'il aimait plutôt la bourse que la femme.

A cause de son veuvage, lady Lyndon ne pouvait pas encore fréquenter les bals et les routs que l'hospitalière noblesse de Dublin était dans l'habitude de donner; mais son amie, miss Kiljoy, n'avait pas les mêmes motifs de retraite, et ne demandait pas mieux que d'assister à toutes les soirées auxquelles elle pourrait être priée. Je fis cadeau à Ulick Brady d'une couple de beaux habits de velours, et, par mon influence, il fut invité à plusieurs des plus élégantes assemblées. Mais il n'avait pas mes avantages, ni mon expérience des manières de cour ; il était aussi timide avec les dames qu'un jeune cheval, et n'était pas plus en état de danser le menuet qu'un âne. Au milieu de ce monde civilisé, il fit peu de chemin dans le cœur de sa maîtresse; dans le fait, je pus voir qu'elle lui préférait plusieurs autres jeunes gentilshommes, plus à leur aise au bal que le pauvre

Ulick, qui avait fait sa première impression sur l'héritière, et avait brûlé pour elle de sa première flamme chez son père, à Ballykiljoy, où il chassait et se grisait avec le vieux.

« Je pourrais bien aussi venir à bout d'eux, de façon ou d'autre, disait Ulick en poussant un soupir; et, s'il ne s'agissait que de boire ou de courir la plaine, il n'est pas d'homme, en Irlande, qui aurait plus de chances auprès d'Amalia.

— N'ayez pas peur, Ulick, lui répondis-je, vous aurez votre Amalia, ou mon nom n'est pas Redmond Barry. »

Milord Charlemont, qui était un des seigneurs les plus élégants et les plus accomplis de l'Irlande à cette époque, un érudit et un bel esprit, qui avait beaucoup voyagé à l'étranger, où j'avais eu l'honneur de le connaître, donna un magnifique bal masqué dans sa maison de Marino, à quelques milles de Dublin, sur la route de Dunleary; et ce fut à cette fête que je me déterminai à rendre Ulick heureux pour la vie. Miss Kiljoy était invitée à ce bal, ainsi que le petit lord Bullingdon, qui se mourait d'envie de voir un tel spectacle; et il fut convenu qu'il irait sous la surveillance de son gouverneur, mon vieil ami le révérend M. Runt. Je sus dans quel équipage nos gens devaient se rendre au bal, et je pris mes mesures en conséquence.

Ulick Brady n'y était point; sa fortune et sa qualité n'étaient pas suffisantes pour obtenir une invitation dans un endroit si distingué, et le bruit avait couru, trois jours auparavant, qu'il avait été arrêté pour dettes, ce qui ne surprit aucun de ceux qui le connaissaient.

Je pris, pour cette soirée, un costume qui m'était très-familier, celui de simple soldat de la garde du roi de Prusse. Je m'étais fait faire un masque grotesque, avec un nez et une moustache énormes; je baragouinais un mélange confus d'anglais et d'allemand, où dominait surtout cette dernière langue; et j'avais autour de moi une foule qui riait de mon drôle d'accent, et dont la curiosité était accrue par ce qu'elle savait déjà de mon histoire. Miss Kiljoy était vêtue en princesse antique, avec le petit Bullingdon pour page du temps de la chevalerie; les cheveux du page étaient poudrés, son pourpoint couleur de rose, et vert-pomme et argent, et il avait très-bon air et très-effronté, se carrant avec mon épée au côté. Quant à M. Runt, il se promenait fort gravement en domino, et allait continuellement rendre visite au buffet, où il mangea assez de poulet froid, et but assez de punch et de vin de Champagne pour satisfaire une compagnie de grenadiers.

Le lord lieutenant arriva et partit en grand apparat. Le bal était magnifique. Miss Kiljoy eut des cavaliers en foule, parmi lesquels était votre serviteur, qui dansa un menuet avec elle (si le gauche dandinement de l'héritière irlandaise peut s'appeler de ce nom), et j'eus l'occasion de plaider la cause de ma passion pour lady Lyndon dans les termes les plus pathétiques, et de demander l'intercession de son amie en ma faveur.

Il était trois heures du matin quand les habitants de Lyndon-House s'en allèrent. Le petit Bullingdon s'était depuis longtemps endormi dans un des cabinets de chinoiserie de lady Charlemont. M. Runt avait la voix excessivement enrouée, et la démarche chancelante. Une jeune personne, aujourd'hui, serait alarmée de voir un gentleman dans cet état; mais c'était un spectacle fort commun à cette joyeuse époque, où un homme était regardé comme une poule mouillée, s'il ne se grisait pas de temps en temps. Je mis miss Kiljoy en voiture, avec plusieurs autres gentilshommes, et perçant du regard la foule de porteurs de torches en guenilles, de cochers, de mendiants, d'hommes et de femmes ivres, qui se tenaient invariablement aux portes des maisons où se donnaient des fêtes, je vis le carrosse partir avec un hourra de cette populace, et revins à la salle du souper, où je parlai allemand, régalai les trois ou quatre buveurs qui y étaient encore d'un chœur en hollandais, et attaquai les mets et le vin avec beaucoup de résolution.

« Comment pouvez-vous boire à votre aise avec ce grand nez? dit un des convives avec l'accent irlandais.

— Allez-vous faire pendre! » dis-je avec le même accent, et me remettant à boire; sur quoi les autres rirent, et je continuai mon souper en silence.

Il y avait parmi eux un gentilhomme qui avait vu partir les habitants de Lyndon, et avec qui j'avais fait une gageure que je perdis : le lendemain matin, j'allai la lui payer. Tous ces détails, le lecteur sera étonné de me les entendre énumérer; mais le fait est que ce ne fut pas moi qui retournai souper, mais mon ancien valet allemand, qui était de ma taille, et qui, revêtu de mon costume, pouvait parfaitement passer pour moi. Nous avions changé d'habits dans une voiture de place qui stationnait près du carrosse de lady Lyndon, et qui, courant après, l'eut bientôt rejoint.

Le fatal carrosse, qui emportait l'aimable objet de l'affection d'Ulick Brady, n'avait pas fait beaucoup de chemin, lorsque, au milieu d'une profonde ornière, il s'arrêta soudain avec une forte secousse, et le valet de pied, qui était derrière, sautant par terre, cria au cocher qu'une roue était tombée et qu'il serait dangereux de continuer n'en ayant que trois. Les boîtes de roues n'avaient pas été inventées alors, comme elles l'ont été depuis par les ingénieux carrossiers de Long-Acre. Et comment la clavette de la roue était partie, je ne prétends pas le dire, mais elle pouvait fort bien avoir été retirée par quelques-uns des drôles attroupés autour de la porte de lord Charlemont.

Miss Kiljoy mit la tête à la portière en criant comme font les dames ; M. Runt, le chapelain, s'éveilla de son sommeil d'ivrogne, et le petit Bullingdon, se levant et tirant sa petite épée, dit : « N'ayez pas peur, miss Amalia ; si ce sont des voleurs, je suis armé. » Le jeune vaurien avait un courage de lion, c'est une vérité que je dois reconnaître, en dépit de toutes mes querelles ultérieures avec lui.

La voiture de place, qui avait suivi le carrosse de lady Lyndon, arriva en ce moment, et le cocher, voyant l'accident, descendit de son siége et demanda poliment à Sa Seigneurie de lui faire l'honneur d'entrer dans sa voiture, qui était aussi propre et aussi élégante qu'une personne de la plus haute qualité pouvait le désirer. Cette invitation, après une minute ou deux, fut acceptée des gens du carrosse, le cocher de fiacre promettant de les mener à Dublin en toute hâte. Thady, le valet de pied, proposa d'accompagner son jeune maître et la jeune dame ; et le cocher, qui avait à côté de lui sur le siége un ami qui avait l'air ivre, lui dit avec un ricanement de monter derrière. Mais la planche de derrière étant couverte de piquants, comme défense contre les enfants des rues, qui aiment à aller en voiture gratis, la fidélité de Thady n'alla pas jusqu'à braver ce danger, et il consentit à rester avec le carrosse endommagé, pour lequel le cocher et lui fabriquèrent une clavette aux dépens d'une haie voisine.

Pendant ce temps-là, quoique la voiture de place allât rapidement, les gens qui étaient dedans parurent trouver la route bien longue ; et quel fut l'étonnement de miss Kiljoy, en regardant par la portière, de voir enfin autour d'elle une plaine solitaire, sans aucune apparence de ville ou de constructions. Elle cria sur-le-champ au cocher de s'arrêter ; mais l'homme n'en fit que fouetter ses chevaux plus vite, et dit à Sa Seigneurie de rester tranquille : il allait par le plus court.

Miss Kiljoy continua de crier, le cocher de fouetter, les chevaux de galoper, jusqu'au moment où, tout à coup, il sortit d'une haie deux ou trois hommes auxquels la belle demanda du secours ; et le jeune Bullingdon, ouvrant la portière, sauta vaillamment dehors, et, culbutant, alla rouler dans la poussière ; mais, il se remit sur pied en un instant, tira sa petite épée, et, courant vers la voiture, il s'écria : « De ce côté, messieurs ! arrêtez ce gredin !

— Arrêtez ! » crièrent les hommes ; sur quoi le cocher s'arrêta avec une obéissance extraordinaire. Runt, tout le temps, était étendu ivre dans la voiture, n'ayant qu'une demi-conscience de ce qui se passait.

Les champions qui venaient d'arriver au secours de la dame en détresse tinrent alors une consultation pendant laquelle ils regardèrent le jeune lord, et rirent considérablement.

« Soyez sans alarme, dit leur chef en se présentant à la portière ; un de mes hommes va monter sur le siége à côté de cet infâme traître, et, avec la permission de Votre Seigneurie, mon compagnon et moi nous entrerons dans la voiture, et nous vous reconduirons chez vous. Nous sommes bien armés, et pourrons vous défendre en cas de danger. »

Là-dessus, et sans plus de cérémonie, il allait sauter dans la voiture, suivi de son compagnon.

« Apprenez à vivre ! s'écria le petit Bullingdon indigné, et faites place au lord vicomte Bullingdon ! » Et il barra le passage à l'énorme personne du nouveau venu.

« Otez-vous de là, milord, » dit l'homme avec un fort accent irlandais, et le poussant de côté. Sur quoi l'enfant, criant : « Au voleur ! au voleur ! » tira sa petite épée et se jeta sur l'homme, et l'aurait blessé (car une petite épée blesse aussi bien qu'une grande), mais son adversaire, qui était armé d'un long bâton, fit heureusement sauter l'arme des mains de l'enfant ; elle vola par-dessus sa tête, et le laissa effaré et mortifié de sa déconfiture.

Alors il ôta son chapeau, en faisant au jeune lord un profond salut, et entra dans la voiture dont la portière fut refermée sur lui par son camarade, qui devait monter sur le siége. Miss Kiljoy aurait crié ; mais je présume qu'elle en fut empêchée par la vue d'un énorme pistolet d'arçon que produisit un de ses défenseurs en disant : « On ne veut vous faire aucun mal, madame ; mais si vous criez, nous serons forcés de vous bâillonner ; » sur quoi elle devint aussi muette qu'un poisson.

Tous ces événements s'étaient passés en fort peu de temps, et lorsque les trois étrangers eurent pris possession de la voiture, laissant le pauvre petit Bullingdon effaré et abasourdi sur la bruyère, l'un d'eux mit la tête à la portière et dit : « Milord, un mot.

—Qu'est-ce que c'est ? » dit l'enfant, commençant à pleurer; il n'avait que onze ans, et son courage avait été parfait jusque-là.

« Vous n'êtes qu'à deux milles de Marino. Retournez sur vos pas jusqu'à ce que vous arriviez à une grosse pierre, puis tournez à droite, et allez toujours tout droit jusqu'à ce que vous rencontriez la grande route, et alors vous trouverez aisément votre chemin. Et quand vous verrez milady votre maman, offrez-lui les compliments du CAPITAINE THUNDER, et dites-lui que miss Amalia Kiljoy va se marier.

— Oh ! ciel ! » soupira la jeune personne.

La voiture repartit rapidement, et le jeune seigneur fut laissé seul sur la bruyère, juste comme le matin commençait à poindre. Il fut pris d'une belle et bonne peur, et cela n'a rien d'étonnant : l'idée lui vint de courir après la voiture, mais son courage et ses petites jambes lui firent défaut, et il s'assit sur une pierre et pleura de dépit.

Ce fut de cette façon qu'Ulick Brady fit ce que j'appelle un mariage de Sabine. Lorsqu'il s'arrêta avec ses deux garçons d'honneur au cottage où la cérémonie devait avoir lieu, M. Runt, le chapelain, refusa d'abord de la célébrer. Mais un pistolet fut braqué sur la tête de cet infortuné précepteur, et il lui fut dit, avec de terribles serments, qu'on lui ferait sauter la cervelle, et alors il consentit à faire le service. La charmante Amalia avait, bien probablement, cédé à un motif semblable, mais de cela je n'ai rien su ; car je revins en ville avec le cocher aussitôt que nous eûmes déposé les gens de la noce, et j'eus la satisfaction de trouver Fritz, mon Allemand, arrivé avant moi dans ma voiture et sous mon costume, ayant quitté le bal sans avoir été découvert, et s'y étant acquitté de son rôle conformément à mes ordres.

Le pauvre Runt revint le lendemain dans un piteux état, gardant le silence sur la part qu'il avait prise aux événements de la soirée ; et avec une lugubre histoire d'avoir été grisé, d'avoir été arrêté, d'avoir été laissé pieds et poings liés sur la route et ramassé par une charrette de Wicklow qui apportait des provisions à Dublin. Il n'y avait pas moyen de l'accuser d'être du complot. Le petit Bullingdon, qui parvint aussi à retrouver sa maison, ne pouvait en aucune façon m'avoir reconnu. Mais lady Lyndon savait que j'avais pris part à la chose, car je rencontrai Sa Seigneurie le lendemain qui se rendait en toute hâte au Château, l'enlèvement ayant mis toute la ville en l'air. Et je la saluai avec un sourire si diabolique, que je vis bien qu'elle avait deviné ma participation à ce plan hardi et ingénieux.

Ce fut ainsi que je récompensai Ulick Brady de ses bontés pour moi dans mon enfance, et que j'eus la satisfaction de rétablir la fortune d'une branche méritante de ma famille. Il emmena sa femme dans le Wicklow, où il vécut avec elle dans la plus stricte reclusion jusqu'à ce que l'affaire fût apaisée, les Kiljoy s'efforçant partout en vain de découvrir sa retraite. Ils ne surent même pas de quelque temps quel était l'heureux mortel qui avait enlevé l'héritière; et ce fut seulement lorsqu'elle écrivit, au bout de quelques semaines, une lettre signée Amalia Brady, exprimant son parfait bonheur dans sa nouvelle condition, et disant qu'elle avait été mariée par le chapelain de lady Lyndon, M. Runt, que la vérité fut connue, et que mon digne ami confessa la part qu'il avait eue à l'affaire. Comme sa bonne maîtresse ne le renvoya point pour cela, chacun persista à supposer que la pauvre lady Lyndon était du complot, et l'histoire de l'attachement passionné de Sa Seigneurie pour moi obtint de plus en plus crédit.

Je ne fus pas long, vous le pensez bien, à profiter de ces bruits. Tout le monde pensait que j'avais participé au mariage de Brady, quoique personne ne pût le prouver. Tout le monde pensait que j'étais bien avec la comtesse, quoique personne ne pût affirmer que je l'eusse dit. Mais il y a manière de faire croire une chose même en la contredisant, et j'avais coutume de rire et de plaisanter si fort à propos, que tous les hommes commençaient à me complimenter sur ma bonne fortune, et à me regarder comme le fiancé de la plus grande héritière du royaume. Les papiers s'emparèrent de la chose, les amis de lady Lyndon lui firent des représentations et crièrent : Fi ! Même les journaux et *magazines* anglais, qui à cette époque aimaient fort le scandale, rapportèrent la nouvelle, et dirent qu'une veuve belle et accomplie, avec un titre et les plus grands biens des deux royaumes, était sur le point de donner sa main à un jeune gentilhomme de haute naissance, qui s'était distingué au service de sa M....é, le R.... de Pr.... Je ne dirai pas quel était l'auteur de ces articles, et comment deux portraits, le mien sous le titre de l'Irlandais prussien, et celui de lady Lyndon sous le titre de la comtesse d'Ephèse, parurent dans le *Magasine de la ville et de la campagne*, publié à Londres, et contenant le commérage fashionable du jour.

Lady Lyndon fut dans une telle perplexité et dans un tel effroi de cette obsession, qu'elle se détermina à quitter le pays. Elle le quitta donc ; et qui fut le premier à la recevoir lorsqu'elle débarqua à Holyhead? Votre humble serviteur, Redmond Barry, Esq.

Et, pour couronner le tout, le *Mercure* de Dublin, qui annonça le départ de milady, annonça le mien *le jour d'avant*. Il n'y eut pas une âme qui ne pensât qu'elle m'avait suivi en Angleterre, tandis qu'elle ne faisait que me fuir. Vain espoir !... On n'échappait pas ainsi à un homme de ma résolution. Elle eût fui aux antipodes, qu'elle m'y aurait trouvé ; oui, et je l'aurais suivie aussi loin qu'Orphée suivit Eurydice !

Sa Seigneurie avait à Londres, dans Berkeley-square, une maison plus magnifique que celle qu'elle possédait à Dublin, et, sachant qu'elle y devait venir, je la précédai dans la capitale anglaise, et pris un bel appartement dans Hill-street, tout à côté. Je m'étais assuré, dans sa maison de Londres, les mêmes intelligences que dans celle de Dublin. Le même fidèle portier était là pour me donner tous les renseignements dont j'avais besoin. Je promis de tripler ses gages aussitôt qu'arriverait certain événement. Je gagnai la dame de compagnie de lady Lyndon par un présent de cent guinées, et une promesse de deux mille quand je serais marié, et je m'assurai les bonnes grâces de sa femme de chambre favorite par un cadeau d'une valeur semblable. Ma réputation m'avait si bien devancé à Londres, qu'à mon arrivée, une foule de gens des plus distingués s'empressèrent de m'inviter à leurs soirées. Nous n'avons aucune idée, dans cet ennuyeux siècle, de la gaieté et de la splendeur de Londres à cette époque ; quelle passion pour le jeu avaient jeunes et vieux, hommes et femmes ; que de milliers de guinées on perdait et gagnait dans une nuit ; quelles beautés il y avait, quel éclat, quel entrain, quelle élégance ! Tout le monde était d'une délicieuse scélératesse. Les ducs de Gloucester et de Cumberland donnaient l'exemple, les seigneurs suivaient de près. Les enlèvements étaient à la mode. Ah ! c'était un agréable temps ; et heureux celui qui avait du feu, de la jeunesse, de l'argent, et pouvait y vivre ! J'avais tout cela, et les vieux habitués de White, de Wattier et de Goosetree, pourraient conter des histoires de la galanterie, de l'ardeur et du suprême bon ton du capitaine Barry.

Le récit détaillé d'une histoire d'amour est ennuyeux pour tous ceux qu'elle ne concerne point, et je laisse un pareil thème aux fades romanciers, et aux pensionnaires pour lesquelles ils les écrivent. Mon intention n'est nullement de suivre pas à pas les incidents de la mienne, ni de narrer les difficultés que je rencontrai, et ma triomphante manière de les surmonter. Qu'il me suffise de dire que je les surmontai, ces difficultés. Je suis d'avis, avec feu mon ami l'ingénieux M. Wilkes, que de tels obstacles ne sont rien pour un homme d'énergie, et qu'il

peut convertir l'indifférence et la haine en amour, s'il a suffisamment de persévérance et d'habileté. A l'époque où expira le
veuvage de la comtesse, j'avais trouvé moyen d'être reçu chez
elle; ses femmes parlaient continuellement en ma faveur,
exaltaient mon mérite, faisaient valoir ma réputation, et van-
taient mes succès et ma popularité dans le monde fashionable.

Mais les plus utiles auxiliaires que j'eusse dans ma tendre
poursuite étaient les nobles parents de la comtesse, qui étaient
loin de savoir le service qu'ils me rendaient : je demande la
permission de les remercier de tout mon cœur des noirceurs
dont ils me chargeaient alors, et je leur jette à la face mon profond mépris pour les calomnies et la haine dont ils me poursui-
virent ensuite.

La principale de ces aimables personnes était la marquise de
Tiptoff, mère du jeune gentilhomme dont j'avais puni l'audace
à Dublin. Cette vieille guenon, dès l'arrivée de la comtesse à
Londres, alla chez elle et la favorisa d'un déluge d'invectives
pour les encouragements qu'elle m'avait donnés, qui avança
plus, je crois, mes affaires, que n'auraient fait six mois de
cour, ou une demi-douzaine de rivaux laissés sur le carreau.
Ce fut en vain que la pauvre lady Lyndon allégua sa parfaite
innocence, et jura qu'elle ne m'avait jamais encouragé. « Jamais encouragé ! s'écria la vieille furie; n'avez-vous pas encouragé ce misérable à Spa du vivant même de sir Charles? N'avez-
vous pas marié une fille qui était dans votre dépendance à un
banqueroutier, cousin de ce mauvais sujet? Quand il est parti
pour l'Angleterre, ne l'avez-vous pas suivi, comme une folle,
dès le lendemain? N'a-t-il pas pris un logement presque à votre
porte? Et vous n'appelez pas cela un encouragement ! Fi, madame, fi ! Vous auriez pu épouser mon fils, mon cher et noble
George, s'il ne s'était pas retiré devant votre honteuse passion
pour ce mendiant parvenu par qui vous l'avez fait assassiner;
et le seul conseil que j'aie à donner à Votre Seigneurie, c'est de
légitimer les nœuds que vous avez contractés avec cet impudent
aventurier; de donner un caractère légal à cette liaison qui
outrage à la fois la décence et la religion; et d'épargner à
votre famille et à votre fils la honte de votre conduite présente. »

Là-dessus, la vieille furie de marquise sortit, laissant lady
Lyndon en larmes; et j'eus tous les détails de cette conversation par la dame de compagnie de Sa Seigneurie, et m'en promis les meilleurs résultats.

Ainsi, par la sage influence de milady Tiptoff, les amis naturels et la famille de lady Lyndon furent éloignés d'elle. Bien plus, lorsque lady Lyndon alla à la cour, la plus auguste dame du royaume la reçut avec une froideur si marquée, que l'infortunée veuve en tomba malade de vexation. Et ainsi je puis dire que la royauté elle-même devint un des instruments de mon succès, et servit les plans du pauvre enfant de l'Irlande. C'est ainsi que le sort se sert d'agents grands et petits et que, par des moyens sur lesquels ils n'ont aucune action, les destinées des hommes et des femmes s'accomplissent.

Je considérerai toujours la conduite de mistress Bridget (la femme de chambre favorite de lady Lyndon) en cette conjoncture comme un chef-d'œuvre d'adresse, et vraiment, j'eus une telle opinion de ses talents diplomatiques, qu'à l'instant même où je devins maître des domaines de Lyndon, et où je lui payai la somme promise, — je suis homme d'honneur, et, plutôt que de ne pas tenir ma parole à cette femme, j'empruntai de l'argent à des juifs, à un intérêt exorbitant, — aussitôt, dis-je, que j'eus triomphé, je pris mistress Bridget par la main, et dis : « Madame, vous avez montré une fidélité si inouïe à mon service que je suis heureux de vous récompenser conformément à ma promesse ; mais vous avez donné des preuves d'une habileté et d'une dissimulation si extraordinaires, que je dois m'abstenir de vous garder plus longtemps dans la maison de lady Lyndon, et je vous prie de la quitter aujourd'hui même. » Ce qu'elle fit, et elle passa à la faction Tiptoff, et m'a toujours déchiré depuis.

Mais il faut que je vous raconte ce qu'elle avait fait de si habile. Eh ! mon Dieu ! c'était la chose la plus simple du monde, comme le sont tous les chefs-d'œuvre. Quand lady Lyndon déplora sa destinée et, comme elle voulait bien l'appeler, ma honteuse conduite envers elle, mistress Bridget dit :

« Pourquoi Votre Seigneurie n'écrit-elle pas un mot à ce jeune gentilhomme pour se plaindre du mal qu'il lui fait ? Appelez-en à ses sentiments (qui, je l'ai entendu dire, sont vraiment très-bons, toute la ville ne parle que de sa chaleur d'âme et de sa générosité), et demandez-lui de se désister d'une poursuite qui cause tant de peine à la meilleure des dames. De grâce, milady, écrivez ; je sais votre style si élégant que, pour ma part, j'ai maintes fois fondu en larmes à la lecture de vos charmantes lettres, et je n'ai pas de doute que M. Barry ne sacrifie tout plutôt que de vous faire du chagrin. »

Et comme de raison, la soubrette en jura.

« Le croyez-vous, Bridget, » dit Sa Seigneurie ? Et ma maîtresse aussitôt m'écrivit une lettre, de son style le plus séduisant, le plus irrésistible.

« Pourquoi, monsieur, m'écrivait-elle, me poursuivez-vous? Pourquoi m'enlacer dans une intrigue si effroyable que mon courage y succombe, voyant qu'il est impossible d'échapper à votre redoutable, à votre diabolique adresse? On dit que vous êtes généreux pour les autres : soyez-le aussi pour moi. Je ne connais que trop votre bravoure : exercez-la sur des hommes qui soient en état d'affronter votre épée, et non sur une pauvre faible femme, qui ne saurait vous résister. Rappelez-vous l'amitié que vous professiez jadis pour moi. Et maintenant, je vous en supplie, je vous en conjure, donnez-m'en une preuve. Démentez les calomnies que vous avez répandues contre moi, et réparez si vous le pouvez, et s'il vous reste une étincelle d'honneur, les maux que vous avez causés au cœur brisé de

« H. LYNDON. »

Que voulait dire cette lettre, si ce n'est que j'y devais répondre en personne? Mon excellent allié me dit où je rencontrerais lady Lyndon, et, en conséquence, je la suivis et la trouvai au Panthéon. Je répétai la scène de Dublin; je montrai combien prodigieuse était ma puissance, tout humble que j'étais, et que mon énergie était loin encore de se lasser. « Mais, ajoutai-je, je suis aussi grand dans le bien que dans le mal, ami aussi tendre et aussi fidèle que je suis ennemi terrible. Je ferai, dis-je, tout ce que vous me demanderez, excepté lorsque vous m'ordonnerez de ne vous point aimer. C'est au-dessus de mes forces, et, tant que mon cœur battra, il faut que je vous suive. C'est ma destinée, c'est la vôtre. Cessez de lutter contre elle, et soyez à moi. O la plus aimable des femmes, avec la vie seule peut finir ma passion pour vous, et en effet, ce n'est qu'en mourant sur votre ordre que je pourrai vous obéir. Voulez-vous que je meure? »

Elle dit en riant (car c'était une femme d'une humeur vive et enjouée) qu'elle ne voulait pas me pousser au suicide, et je compris dès ce moment qu'elle était à moi.

. . . .

A un an de là, le 15 de mai 1773, j'eus l'honneur et le bonheur de conduire à l'autel Honoria comtesse de Lyndon, veuve de feu le très-honoré sir Charles Lyndon, chevalier du Bain. La cérémonie fut célébrée à l'église de Saint-George, Hanover-square, par le révérend Samuel Runt, chapelain de Sa Seigneurie. Un bal et un souper magnifiques furent donnés à notre maison de Berkeley-square, et le lendemain j'eus un duc, quatre comtes, trois généraux, et une foule de gens des plus distingués de Londres, à mon lever. Walpole fit une satire sur le mariage, et Selwyn en fit des plaisanteries au Cacaotier. La vieille lady Tiptoff, quoiqu'elle l'eût recommandé, fut près de s'en mordre les doigts de dépit, et quant au jeune Bullingdon, qui était devenu un grand garçon de quatorze ans, lorsqu'il fut invité par la comtesse à embrasser son papa, il me montra le poing et dit : « Lui, mon père ! J'aimerais autant appeler papa un des laquais de Votre Seigneurie. »

Mais je pouvais rire de la fureur de l'enfant et de la vieille femme, et des plaisanteries des beaux esprits de Saint-James. J'envoyai un récit flambant de nos noces à ma mère et à mon oncle, le bon chevalier, et alors, arrivé au comble de la prospérité, et m'étant, à l'âge de trente ans, par mon propre mérite et mon énergie, élevé à une des plus hautes positions sociales qu'aucun homme pût occuper en Angleterre, je résolus d'en jouir, comme il convenait à un homme de qualité, le reste de mes jours.

Après que nous eûmes reçu les félicitations de nos amis de Londres, car, à cette époque, les gens n'étaient pas honteux d'être mariés, comme ils le paraissent maintenant, Honoria et moi (elle était toute complaisance, et une très-belle, vive et agréable compagne), nous allâmes visiter nos propriétés dans l'ouest de l'Angleterre, où je n'avais jamais encore mis le pied. Nous quittâmes Londres dans trois voitures, chacune à quatre chevaux, et mon oncle aurait été bien aise s'il avait pu voir sur leurs panneaux la couronne d'Irlande et l'ancien écusson des Barry à côté de la couronne de la comtesse et du noble cimier de la noble famille de Lyndon.

Avant de quitter Londres, j'obtins de Sa Majesté la gracieuse permission d'ajouter à mon nom celui de ma charmante lady, et pris désormais les nom et titre de Barry Lyndon, comme je l'ai écrit dans cette autobiographie.

CHAPITRE XVII.

Je fais l'ornement de la société anglaise.

Tout le trajet jusqu'à Hackton-Castle, la plus grande et la plus ancienne de nos résidences patrimoniales du Devonshire, se fit avec la lenteur et la dignité qui convenaient à des gens de la première qualité du royaume. Un piqueur à ma livrée allait devant nous et retenait nos logements de ville en ville; et c'est dans cet apparat que nous nous arrêtâmes à Andover, Ilminster et Exeter, et le quatrième soir nous arrivâmes, à temps pour souper, devant l'antique manoir baronnial, dont la porte était dans un odieux goût gothique qui aurait rendu M. Walpole fou de plaisir.

Les premiers jours d'un mariage sont d'ordinaire une terrible épreuve; et j'ai vu des couples qui vécurent ensemble comme des tourtereaux le reste de leur vie s'arracher quasi les yeux pendant leur lune de miel. Je n'échappai point au lot commun; dans notre voyage à l'Ouest, milady Lyndon se mit à me chercher querelle parce que je tirai une pipe de tabac (j'avais contracté l'habitude de fumer en Allemagne, quand j'étais soldat au régiment de Bulow, et je n'ai jamais pu m'en défaire) et la fumai dans la voiture; et Sa Seigneurie prit ombrage aussi à Ilminster et à Andover, parce que les soirs où nous couchâmes là, la fantaisie me vint d'inviter les aubergistes de la Cloche et du Lion à vider une bouteille avec moi. Lady Lyndon était une femme hautaine, et je hais l'orgueil, et je vous promets que dans les deux cas je réprimai ce vice en elle. Le troisième jour de notre voyage, je me fis allumer l'amadou de ma pipe par elle de ses propres mains, et me le remettre les larmes aux yeux; et à l'auberge du Cygne, à Exeter, je l'avais si complétement domptée, qu'elle me demanda humblement si je ne voulais pas que l'hôtesse aussi bien que l'hôte montât dîner avec nous. A cela je n'aurais rien eu à redire, car vraiment mistress Bonnyface était une femme de fort bonne mine; mais nous attendions la visite de milord l'évêque, un parent de lady Lyndon, et les bienséances ne me permirent pas de satisfaire au désir de ma femme. Je parus avec elle au service du soir, par politesse pour notre très-révérend cousin, et souscrivis vingt-cinq guinées en son nom et cent au mien, pour le fameux nouvel orgue que l’on construisait alors pour la cathédrale. Cette conduite, au début de ma carrière dans le comté, ne me rendit pas peu populaire ; et le chanoine tenu à résidence, qui me fit la faveur de souper avec moi à l’auberge, se retira après la sixième bouteille, faisant, au milieu de ses hoquets, les vœux les plus solennels pour le bonheur d’un si p-p-pieux gentilhomme.

Avant d’atteindre le château de Hackton, nous eûmes à faire dix milles à travers les terres des Lyndon ; le peuple était hors des maisons pour nous voir, les cloches sonnaient, le ministre et les fermiers étaient assemblés dans leurs plus beaux habits, le long de la route, et les enfants des écoles, et les laboureurs poussaient de bruyantes acclamations en l’honneur de milady. Je jetai de l’argent à ces braves gens, je m’arrêtai pour causer avec le révérend et les fermiers ; et si je trouvai que les filles du Devonshire étaient les plus belles du royaume, est-ce ma faute ? Cette remarque-ci, milady Lyndon l’eut particulièrement sur le cœur ; et je crois qu’elle fut plus irritée de mon admiration pour les joues rouges de miss Betsy Quarringdon, de Clumpton, que d’aucune de mes paroles ou actions précédentes pendant le voyage. « Ah ! ah ! ma belle dame, vous êtes jalouse ! » me dis-je, et je réfléchis, non sans un profond chagrin, avec quelle légèreté elle s’était conduite du vivant de son mari, et que ceux-là sont les plus jaloux qui donnent eux-mêmes le plus de sujets de jalousie.

Autour du village de Hackton, l’accueil fut spécialement animé ; on avait fait venir des musiciens de Plymouth, élevé des arcs de triomphe et arboré des drapeaux, surtout devant les maisons du procureur et du médecin, qui étaient tous deux employés par la famille. Il y avait plusieurs centaines de vigoureux gaillards à la grande loge qui, avec le mur du parc, borne d’un côté Hackton-Green, et d’où se prolonge, ou plutôt se prolongeait, pendant trois milles, une majestueuse avenue d’ormes, jusqu’aux tours du vieux château. J’aurais bien voulu que ce fussent des chênes, quand je les abattis en 79, car j’en aurais retiré le triple d’argent, et je ne connais rien de plus coupable que cette insouciance des ancêtres, de planter leurs terres de bois de peu de valeur, quand ils pourraient tout aussi aisément faire venir des chênes. Aussi j’ai toujours dit que le Lyndon Tête-Ronde, de Hackton, qui planta ces ormes du temps de Charles II, m’avait frustré de dix mille livres.

Les premiers jours de notre arrivée, mon temps fut agréablement occupé à recevoir les visites de la noblesse et de la *gentry*

qui venaient présenter leurs devoirs au noble couple nouvelle-
ment marié, et, comme la femme de Barbe-Bleue, dans le conte de
fées, à inspecter les trésors, les meubles et les nombreuses chambres du château. C'est un énorme endroit qui date d'aussi loin
que Henry V, qui fut assiégé et battu en brèche par les gens de
Cromwell dans la révolution, et changé et rafistolé, dans un
odieux goût suranné, par le Lyndon Tête-Ronde qui hérita de
la propriété à la mort d'un frère dont les principes étaient excel-
lents et dignes d'un vrai cavalier, mais qui se ruina principalement à boire, à jouer aux dés, et à mener une vie dissolue, et
un peu aussi à soutenir la cause du roi. Le château est situé au
milieu d'une belle chasse qui était toute parsemée de daims; et
je dois avouer que j'éprouvais dans les commencements beaucoup de plaisir quand j'étais assis dans le parloir de chêne, les
soirs d'été, fenêtres ouvertes, la vaisselle d'or et d'argent brillant de mille lueurs éblouissantes sur les buffets, une douzaine
de joyeux compagnons autour de la table, et que je contemplais
l'immense parc tout verdoyant, et les bois agités par la brise,
et le soleil se couchant sur le lac, et que j'entendais les daims
s'appeler l'un l'autre.

L'extérieur était, la première fois que j'y arrivai, un bizarre
mélange de toute espèce d'architecture, de tours féodales et de
pignons dans le style de la reine Bess (Élisabeth), et de murs
grossièrement rapiécés pour réparer les ravages du canon des
Têtes-Rondes; mais je n'ai pas besoin de m'étendre là-dessus,
ayant fait faire à très-grands frais une façade neuve, par un architecte à la mode, dans le plus nouveau et très-classique style
gallo-grec. Il y avait auparavant des fossés et des ponts-levis,
et des murs extérieurs : je les fis raser et remplacer par d'élégantes terrasses, agréablement disposées en parterre d'après les
plans de M. Cornichon, le grand architecte parisien, qui vint
tout exprès en Angleterre.

Après avoir monté les degrés extérieurs, vous entriez dans
une antique salle de vastes dimensions, boisée de chêne noir
sculpté, et ornée de portraits de nos ancêtres, depuis la barbe
carrée de Brook Lyndon, le grand homme de loi du temps de la
reine Bess, jusqu'au corsage lacé et fort ouvert et aux longues
boucles de lady Sacharissa Lyndon, que Van Dyck peignit lorsqu'elle était fille d'honneur de la reine Henriette-Marie, et jusqu'à sir Charles Lyndon, avec son cordon de chevalier du Bain;
et milady, peinte par Hudson, en robe de satin blanc avec les
diamants de famille, telle qu'elle fut présentée au vieux roi
George II. Les diamants étaient fort beaux; je les fis d'abord

remonter par Boehmer, quand nous parûmes devant Leurs Majestés françaises à Versailles, et, finalement, en tirai dix-huit mille livres, après cette infernale veine de malheur à Goosetree, où Jemmy Twitcher (comme nous appelions milord Sandwich), Carlisle, Charles Fox et moi, jouâmes l'hombre pendant quarante-quatre heures sans désemparer. Des arcs et des piques, d'énormes têtes de cerfs, des instruments de chasse, et de vieilles armures rouillées qui avaient dû être portées du temps de Gog et de Magog, pour ce que j'en sais, complétaient la vieille décoration de cette immense salle et étaient disposés autour d'une cheminée où aurait pu tourner un carrosse à six chevaux. Je conservai à cette salle à peu près son cachet antique, mais je fis définitivement porter les vieilles armures au grenier, les remplaçant par des monstres en porcelaine, des canapés dorés de France, et des marbres élégants, dont les nez, les membres brisés et la laideur prouvaient incontestablement l'antiquité, et qu'un agent avait achetés pour moi à Rome. Mais tel était le goût du temps (et peut-être aussi la friponnerie de mon agent), qu'une partie de ces merveilles de l'art, qui m'avait coûté trente mille livres, ne rapporta que trois cents guinées, lorsque, plus tard, je fus dans la nécessité de battre monnaie avec mes collections.

De cette pièce principale partait de chaque côté la longue suite des appartements de réception, pauvrement meublés avec des siéges à dossiers élevés, et de longues et bizarres glaces de Venise, quand j'entrai en possession du domaine, mais rendus plus tard si splendides par moi avec les damas d'or de Lyon et les magnifiques tapisseries des Gobelins que je gagnai au jeu à Richelieu. Il y avait trente-six chambres de maître, dont je ne conservai que trois dans leur ancienne condition: la chambre aux revenants, comme on l'appelait, où s'était commis l'assassinat du temps de Jacques II, le lit où avait couché Guillaume après son débarquement à Torbay, et la chambre d'apparat de la reine Élisabeth. Tout le reste fut décoré à nouveau par Cornichon, dans le goût le plus élégant, au grand scandale des vieilles douairières empesées du pays; car j'eus pour orner les pièces principales des peintures de Boucher et de Vanloo, où les Cupidons et les Vénus étaient peints d'une façon si naturelle, qu'il me souvient que cette vieille pomme cuite de comtesse de Frumpington attacha les rideaux de son lit avec des épingles et envoya sa fille, lady Blanche Whalebone, coucher avec sa femme de chambre, plutôt que de lui permettre de dormir dans une chambre toute garnie de glaces, sur le modèle exact du cabinet de la reine à Versailles.

Pour beaucoup de ces ornements, je n'étais pas responsable au même degré que Cornichon, que m'envoya Lauraguais, et qui fut l'intendant de mes bâtiments pendant mon absence à l'étranger. Je lui avais donné carte blanche, et lorsqu'il tomba et se cassa la jambe, comme il décorait un théâtre dans la salle qui avait été anciennement la chapelle du château, les gens du pays pensèrent que c'était une punition du ciel. Dans sa fureur d'amélioration, cet homme osait tout. Sans mes ordres, il abattit un vieux bois hanté des corneilles, qui était sacré dans le pays, et sur lequel il y avait une prophétie disant :

> Le jour où tombera le bois de la Corneille,
> Hackton-Hall tombera d'une chute pareille.

Les corneilles s'en allèrent s'établir dans les bois de Tiptoff, qui étaient près de nous (qu'elles aillent à tous les diables!), et Cornichon bâtit à cet endroit un temple de Vénus et deux charmantes fontaines. Les Vénus et les Cupidons étaient l'adoration du drôle; il voulut enlever la séparation gothique de notre banc à l'église, et la remplacer par des Cupidons; mais le vieux docteur Huff, le recteur, sortit avec un gros bâton de chêne et adressa au malencontreux architecte un discours en latin dont il ne comprit pas un mot, mais où il lui fit entendre qu'il lui romprait les os s'il touchait du bout du doigt le saint édifice. Cornichon se plaignit de « l'abbé Huff, » comme il l'appelait « et quel abbé, grand Dieu! ajoutait-il tout ébouriffé, un abbé avec douze enfants! » mais j'encourageai l'église sous ce rapport, et ordonnai à Cornichon de n'exercer ses talents que sur le château.

Il y avait une magnifique collection d'ancienne vaisselle plate, à laquelle j'en ajoutai beaucoup de moderne; une cave qui, toute bien garnie qu'elle était, demandait continuellement à être remplie, et une cuisine que je réformai complétement. Mon ami, Jack Wilkes, m'envoya un cuisinier de Mansion-House pour la cuisine anglaise, le département de la tortue et de la venaison; j'eus un chef (qui provoqua l'Anglais, soit dit en passant, et se plaignit amèrement de ce gros cochon qui voulait se battre à coups de poing), deux aides de Paris et un confiseur italien pour officiers de bouche : toutes choses indispensables à un homme de haute condition, que ce vieil odieux pince-maille de Tiptoff, mon parent et voisin, affecta de voir avec horreur, faisant courir le bruit dans le pays que je faisais faire ma cuisine par des papistes, que je vivais de grenouilles, et, vraiment il le croyait, que je fricassais des petits enfants.

Mais les squires mangeaient très-volontiers mes dîners, malgré tout, et le vieux docteur Huff lui-même fut forcé de convenir que ma venaison et ma soupe à la tortue étaient parfaitement orthodoxes. Je savais aussi une autre manière de me faire bien venir des premiers. On n'avait dans le pays pour chasser le renard qu'une meute de chiens formée par souscription, et quelques malheureuses paires de bigles galeux, avec lesquels le vieux Tiptoff arpentait ses terres ; je bâtis un chenil et des écuries qui coûtèrent trente mille livres, et les garnis d'une façon digne de mes ancêtres, les rois d'Irlande. J'avais deux meutes, et j'entrais en plaine dans la saison quatre fois la semaine, suivi de trois gentilshommes revêtus de mon uniforme, et j'avais maison ouverte à Hackton pour tous ceux qui étaient de la chasse.

Ces changements et ce train de vie demandaient, comme on peut le supposer, de grands déboursés ; et je confesse avoir en moi fort peu de ce vil esprit d'économie que certaines gens possèdent et admirent. Par exemple, le vieux Tiptoff entassait sou sur sou pour réparer les extravagances de son père et dégager ses biens : une bonne partie de l'argent qui provenait de ce dégrèvement, mon agent se le procurait en hypothéquant les miens. Et, en outre, il faut se rappeler que je n'avais que la jouissance viagère des biens de ma femme, que j'ai toujours été très-facile dans mes transactions avec les prêteurs d'argent, et que j'avais à payer gros pour assurer la vie de milady.

A la fin de l'année, lady Lyndon me fit présent d'un fils : je l'appelai Bryan Lyndon, en mémoire de ma descendance royale ; mais qu'avais-je à lui laisser de plus qu'un noble nom ? Le bien de sa mère n'était-il pas assuré, à titre de majorat, à cet odieux petit Turc, lord Bullingdon, dont, par parenthèse, je n'ai encore rien dit, quoiqu'il demeurât à Hackton, confié à un nouveau gouverneur. L'insubordination de cet enfant était terrible. Il citait des passages de *Hamlet* à sa mère, ce qui l'irritait fort. Un jour que je pris un fouet pour le châtier, il tira un couteau et voulut m'en frapper ; et ma foi je me souvins de ma propre enfance, qui était assez semblable ; et, lui tendant la main, j'éclatai de rire et lui proposai d'être amis. Nous nous réconciliâmes pour cette fois, et la suivante, et la suivante ; mais il n'y avait pas d'amour perdu entre nous, et sa haine pour moi semblait croître avec lui, et il croissait à vue d'œil.

Je résolus d'assurer moi aussi du bien à mon cher petit Bryan ; et, dans ce but, j'abattis pour douze mille livres de haute futaie sur les domaines d'Yorkshire et d'Irlande de lady Lyndon : sur quoi le tuteur de Bullingdon, Tiptoff, jeta les hauts cris, comme de coutume, et jura que je n'avais pas le droit de toucher à une branche de ces arbres; mais ils n'en tombèrent pas moins, et je chargeai ma mère de racheter les anciennes terres de Ballybarry et Barryogue, qui avaient jadis fait partie des immenses possessions de ma maison. Ces terres, elle les racheta avec une prudence parfaite et une joie extrême; car son cœur se réjouissait de l'idée qu'il m'était né un fils et que j'étais puissamment riche.

Pour dire la vérité, maintenant que je vivais dans une sphère toute différente de la sienne, j'avais passablement peur qu'elle ne vînt me rendre visite, et étonner mes amis anglais de sa forfanterie et de son *brogue*[1], de son rouge et de ses vieux paniers et falbalas du temps de George II, sous lesquels elle avait avantageusement figuré dans sa jeunesse, et qu'elle croyait encore pleinement être l'apogée de la mode. Je lui écrivis donc pour retarder sa visite, lui demandant de venir quand l'aile gauche du château serait achevée, ou que les écuries seraient bâties, etc. Il n'était pas besoin de cette précaution. « Je comprends à demi-mot, Redmond, me répondit la vieille dame. Je ne veux pas vous déranger, au milieu de vos gros messieurs anglais, avec mes manières irlandaises passées de mode. C'est un bonheur pour moi de penser que mon garçon chéri a obtenu la position que je savais bien lui être due, et en vue de laquelle je me suis privée pour lui donner une éducation qui l'y rendît propre. Il faut m'amener le petit Bryan un de ces jours, afin que sa grand'mère l'embrasse. Présentez ma respectueuse bénédiction à milady sa maman. Dites-lui qu'elle a dans son mari un trésor qu'elle n'aurait pas eu, eût-elle épousé un duc, et que les Barry et les Brady, quoique sans titres, ont le meilleur sang dans les veines. Je n'aurai pas de repos que je ne vous aie vu comte de Ballybarry, et mon petit-fils lord vicomte de Barryogue. »

La singulière chose que ces mêmes idées vinssent à l'esprit de ma mère et au mien! Les mêmes titres auxquels elle s'était arrêtée avaient été aussi (assez naturellement) choisis par moi; et je ne ferai pas difficulté d'avouer que j'avais rempli une douzaine de feuilles de papier avec ma signature, sous les noms de Ballybarry et de Barryogue, et avais résolu, avec mon impétuosité naturelle, d'en arriver à mes fins. Ma mère alla s'établir à Ballybarry, vivant chez le prêtre en attendant qu'on pût y élever une habitation, et datant de Ballybarry-Castle, que, vous le pensez bien, je ne donnai pas pour un endroit de mince importance. J'avais un plan de cette terre dans mon cabinet,

_____
1. Patois.

tant à Hackton que dans Berkeley-square, et les plans aussi de Ballybarry-Castle, résidence patrimoniale de Barry Lyndon, Esq., avec les embellissements projetés, dans lesquels le château était représenté de la dimension à peu près de Windsor, avec plus d'ornements d'architecture; et huit cents acres de tourbière se trouvant disponibles, je les achetai à raison de trois livres l'acre, en sorte que mon domaine sur la carte n'avait pas l'air de peu de chose [1]. Je m'arrangeai aussi dans l'année pour acheter les terres et mines de Polwellan dans le Cornwall de sir John Trecothick, pour soixante-dix mille livres, marché imprudent, qui m'attira plus tard bien des discussions et des procès. Les ennuis de la propriété, la scélératesse des agents, les arguties des gens de loi, sont sans fin. Les petites gens nous envient, et s'imaginent que toute notre existence n'est que plaisir. Maintes fois, dans le cours de ma prospérité, j'ai soupiré après les jours de ma plus humble fortune, et envié les joyeux compagnons assis à ma table, n'ayant sur le dos que les habits que mon crédit leur procurait, sans une guinée que celle qui leur venait de ma poche, mais sans aucun de ces soucis et de ces responsabilités qui sont le douloureux apanage de la grandeur et de la fortune.

Je ne fis qu'une apparition et une prise de possession dans mes terres du royaume d'Irlande, récompensant généreusement les personnes qui avaient été bonnes pour moi dans mes jours d'adversité, et prenant la place qui m'était due dans l'aristocratie du pays. Mais, à vrai dire, le lieu avait peu d'attraits pour moi après avoir goûté des plaisirs plus distingués et plus complets de la vie anglaise et continentale, et nous passâmes nos étés à Buxton, à Bath, à Harrogate, tandis que Hackton-Castle s'embellissait de l'élégante manière que j'ai déjà décrite, et la saison de Londres dans notre hôtel de Berkeley-square.

C'est étonnant combien la richesse donne de vertus à un homme, ou, au moins, leur sert de vernis et de lustre, et en fait ressortir le brillant et le coloris d'une façon dont on n'avait pas d'idée quand l'individu était plongé dans la froide et

---

1. Sur la foi de ce magnifique domaine, et sur sa parole d'honneur qu'il n'était point grevé d'hypothèques, M. Barry Lyndon emprunta 17 000 livres, en 1786, du jeune capitaine Pigeon, le fils du négociant de la cité, qui venait d'entrer en jouissance de sa fortune. Quant aux terres et mines de Polwellan, cette cause de procès sans fin, il faut reconnaître que notre héros les acheta; mais sur le prix d'achat il ne paya jamais que les premières 5000 livres. De là le procès dont il se plaint, et la fameuse affaire en chancellerie de « Trecothick *versus* Lyndon, » dans laquelle M. John Scott se distingua beaucoup. — (*Note de l'éditeur.*)

grise atmosphère de la pauvreté. Je vous assure que je ne fus pas longtemps à être un charmant garçon du premier ordre, à faire passablement de sensation dans les cafés de Pall-Mall, et ensuite dans les plus fameux clubs. Mon style, mes équipages et mes élégantes réceptions, étaient dans toutes les bouches, et décrits dans toutes les feuilles du matin. La portion la plus besoigneuse des parents de lady Lindon, et ceux qui avaient été offensés par l'intolérable importance du vieux Tiptoff, commencèrent à paraître à nos routs et à nos assemblées, et quant à ma parenté personnelle, je trouvai à Londres et en Irlande plus de cousins se réclamant de moi, que je ne m'en étais soupçonné. Ils étaient, comme de raison, de mon pays (dont je n'étais pas particulièrement fier), et je reçus des visites de trois ou quatre élégants râpés de Temple-Bar, avec des galons ternis et le *brogue* de Tipperary, s'ouvrant à coups de fourchette la route du barreau de Londres ; de plusieurs aventuriers joueurs, habitués des eaux, que j'eus bientôt remis à leur place ; et d'autres de condition plus convenable. Je puis citer dans le nombre mon cousin le lord Kilbarry, qui, à cause de sa parenté, m'emprunta trente livres pour payer son hôtesse dans Swallow-street, et à qui, pour raisons à moi connues, je permis de maintenir et d'accréditer une parenté que le collége des Hérauts n'autorisait en aucune manière. Kilbarry avait son couvert à ma table, pontait au jeu, et payait quand bon lui semblait, ce qui était rare ; était intime avec mon tailleur, et lui avait des obligations considérables ; enfin se vantait toujours de son cousin, le grand Barry Lyndon de l'Ouest.

Milady et moi, au bout de quelque temps, ne vécûmes guère ensemble à Londres. Elle préférait le repos, ou, pour dire la vérité, je le préférais pour elle, étant grand ami d'une conduite modeste et tranquille chez une femme, et d'un goût pour les plaisirs domestiques. Aussi je l'encourageais à dîner chez elle avec ses dames de compagnie, son chapelain et quelques-unes de ses amies ; j'admettais trois ou quatre personnes décentes et discrètes pour l'accompagner à l'Opéra ou à la Comédie, dans des occasions convenables ; et, ma foi, je refusais pour elle les trop fréquentes visites de ses amis et de sa famille, préférant les avoir seulement deux ou trois fois par saison, dans nos grands jours de réception. D'ailleurs, elle était mère, et c'était une grande ressource pour elle que d'habiller, d'élever et de dorloter notre petit Bryan, pour qui il était bon qu'elle renonçât aux plaisirs et aux frivolités du monde ; en sorte qu'elle laissait à ma charge cette partie des devoirs de toute famille de distinc-

tion. A parler franchement, la tournure et l'apparence de lady
Lyndon n'étaient nullemenl propres à briller dans le monde
fashionable. Elle avait beaucoup engraissé, avait la vue basse,
le teint pâle, négligeait sa toilette, avait l'air maussade ; ses
conversations avec moi étaient empreintes d'un stupide désespoir, entremêlé de sottes et gauches tentatives de gaieté forcée,
encore plus désagréables ; aussi nos rapports étaient fort peu
fréquents, et mes tentations de l'emmener dans le monde ou de
lui tenir compagnie étaient nécessairement on ne peut plus faibles.
Elle mettait aussi à la maison mon humeur à l'épreuve de mille
manières. Lorsqu'elle était requise par moi (souvent assez rudement, je l'avoue) d'amuser la compagnie soit par sa conversation, son esprit et ses connaissances, dont elle ne manquait
pas, soit en faisant de la musique, où elle était passée maîtresse, une fois sur deux elle se mettait à pleurer, et quittait
la chambre. Les assistants, comme de raison, étaient disposés à
en conclure que je la tyrannisais, tandis que j'étais simplement
le mentor sévère et vigilant d'une sotte personne, faible d'esprit
et d'un mauvais caractère.

Heureusement, elle aimait beaucoup son plus jeune fils, et
par lui j'avais sur elle une prise salutaire et efficace ; car si
dans un de ses accès de maussaderie ou de hauteur (cette
femme était insupportablement orgueilleuse, et à plusieurs reprises, au commencement, dans nos querelles, elle osa me jeter
au nez ma pauvreté originelle et ma basse naissance), si, dis-je,
dans nos disputes elle prétendait avoir le dessus, revendiquer
son autorité en présence de la mienne, refuser de signer les
papiers que je pouvais juger nécessaires à l'administration de
notre fortune si vaste et si compliquée, je faisais transporter
maître Bryan à Chiswick pour une couple de jours ; et je vous
garantis que Mme sa mère n'y pouvait tenir plus longtemps,
et consentait à tout ce qu'il me plaisait de proposer. J'avais
soin que les domestiques qui l'entouraient fussent à mes gages
et non aux siens ; la bonne principale de l'enfant était sous mes
ordres et non sous ceux de milady ; et c'était une très-belle,
très-fraîche et très-impudente drôlesse, qui me fit faire bien
des folies. Cette femme était plus maîtresse au logis que le
pauvre esprit de femme à qui il appartenait. Elle faisait la loi
aux domestiques ; et si je témoignais quelque attention particulière à aucune des dames qui nous faisaient visite, la coquine
ne se gênait pas pour montrer sa jalousie, et trouver moyen de
les envoyer paître. Le fait est qu'un homme généreux est toujours mené par une femme ou par une autre ; et celle-ci avait

sur moi une telle influence, qu'elle pouvait me faire aller du
bout du doigt[1].

Son infernal caractère (mistress Stammer était le nom de la
drôlesse) et le maussade abattement de ma femme ne rendaient
pas ma maison et mon intérieur fort agréables : aussi étais-je
fortement poussé au dehors, où, comme le jeu était à la mode
dans tous les clubs, tavernes et assemblées, je fus naturellement obligé de reprendre mon ancienne habitude, et de recommencer comme amateur ces parties dans lesquelles je n'avais
pas jadis de rivaux en Europe. Mais soit que le caractère de
l'homme change avec la prospérité, soit que son habileté l'aban-
donne lorsqu'il n'a plus de compère, et que, ne faisant plus du

1. D'après ces curieuses confessions, il paraîtrait que M. Lyndon mal-
traitait sa femme de toutes les manières possibles; qu'il la privait de
société, la forçait de signer l'abandon de sa fortune, qu'il dépensait au
jeu et dans les tavernes, qu'il lui était ouvertement infidèle; et que,
lorsqu'elle se plaignait, il la menaçait de lui retirer ses enfants. Et
vraiment il n'est pas le seul mari qui en ait fait autant et ait passé pour
n'être « l'ennemi de personne que de lui-même, » un bon garçon, d'humeur joviale. Le monde contient des milliers de ces aimables gens, et
vraiment c'est parce qu'on ne leur a pas rendu justice, que nous avons
publié cette autobiographie. Si c'eût été celle d'un simple héros de roman, un de ces héroïques jeunes gens qui figurent dans les romans de
Scott et de James, il n'y aurait pas eu lieu de présenter au lecteur
un personnage si souvent et si agréablement peint. M. Barry Lyndon
n'est pas, nous le répétons, un héros taillé sur un patron ordinaire;
mais que le lecteur regarde autour de lui et se demande : « Est-ce
qu'il n'y a pas autant de coquins qui réussissent dans la vie que d'honnêtes gens? plus de sots que d'hommes de talent? Et n'est-il pas juste
que la vie de cette sorte d'individus soit décrite par celui qui étudie la
nature humaine, aussi bien que l'est celle de ces princes de contes de
fées, de ces parfaits héros si impossibles, que nos écrivains aiment à
nous décrire? » Il y a quelque chose de naïf et de simple dans ce genre de
romans honorés de longue date, où le prince Jolicœur, à la fin de ses
aventures, entre en possession de tous les biens de ce monde, comme il
a déjà été doué de toute espèce de perfections morales et physiques. Le
romancier ne croit pas pouvoir mieux faire pour son héros chéri que
d'en faire un lord. N'est-ce pas là un pauvre échantillon du *summum*
bonum? Le plus grand bien dans la vie n'est pas d'être un lord, n'est
peut-être même pas d'être heureux. La pauvreté, la maladie, une bosse
sur le dos, peuvent être des récompenses et des conditions de bien,
tout comme cette prospérité physique que nous érigeons en culte sans
en avoir conscience. Mais c'est là le sujet d'un essai de morale plutôt
que d'une note; et il vaut mieux laisser M. Lyndon reprendre le récit
candide et ingénieux de ses vertus et de ses défauts. (*Note de l'éditeur.*)

jeu une profession, il n'y prend part que par passe-temps comme
le reste du monde, ce qu'il y a de certain c'est que dans les sai-
sons de 1774-5 je perdis beaucoup d'argent chez White et au
Cocotier, et fus forcé pour subvenir à mes pertes d'emprunter
largement sur les annuités de ma femme, sur l'assurance de sa
vie, etc. Les conditions auxquelles je me procurais ces sommes
nécessaires, et les déboursés qu'exigeaient mes embellissements
étaient, comme de raison, fort onéreux, et rognaient considérablement la fortune ; et c'étaient quelques-uns de ces papiers-
là que milady Lindon (qui était d'un esprit étroit, timide et
avare) refusa plusieurs fois de signer, jusqu'à ce que je l'eusse
persuadée, comme je l'ai fait voir ci-dessus.

Mes opérations sur le *turf* doivent être mentionnées, comme
faisant partie de mon histoire à cette époque ; mais franchement, je n'ai pas un plaisir particulier à me rappeler mes faits
et gestes à Newmarket. J'ai été effroyablement étrillé et dupé
dans presque toutes mes transactions ; et quoique je susse
monter un cheval aussi bien que qui que ce fût en Angleterre,
je n'étais pas de la force des seigneurs anglais quand il s'agissait de parier pour lui. Quinze ans après que mon cheval bai
Bulow, de Sophy Hardcastle par Éclipse, eut perdu à Newmarket, quoiqu'il y fût le favori, je sus qu'un noble comte, dont
je tairai le nom, était entré dans son écurie le matin de la
course, et la conséquence fut qu'un cheval, sur lequel on ne
comptait pas, gagna, et que votre humble serviteur en fut pour
quinze mille livres. Les étrangers n'avaient aucune chance aux
courses de cette époque, et quoique, ébloui par la splendeur et
la fashion assemblées là, et entouré des plus grands personnages du pays,—les princes du sang, avec leurs femmes et leurs
brillants équipages, le vieux Grafton, avec son singulier en-
tourage, et des hommes tels qu'Ancaster, Sandwich, Lorn,—un
homme eût dû se croire certain d'avoir affaire à de beaux joueurs,
et n'être pas médiocrement fier de la société qu'il fréquentait,
cependant je vous promets que, toute haute qu'elle était, il n'y avait
pas de réunion d'hommes en Europe qui sût voler plus élégamment,
duper un étranger, corrompre un jockey, ou falsifier un livre
de paris. Moi-même je ne pouvais pas tenir tête à ces joueurs
accomplis des plus hautes familles de l'Europe. Était-ce mon
manque de style, ou mon manque de fortune? je ne sais. Mais
maintenant que j'étais arrivé au comble de mon ambition, mon
habileté et mon bonheur semblaient m'abandonner à la fois.
Tout ce que je touchais s'écroulait sous ma main ; toutes mes
spéculations manquaient ; chaque agent en qui j'avais confiance

me trompait. Le fait est que je suis de ces gens nés pour faire
leur fortune, et non pour la conserver ; car les qualités et l'é-
nergie qui mènent un homme au succès dans le premier cas
sont souvent la cause même de sa ruine dans le second; je ne
sais vraiment pas d'autres raisons des malheurs qui finirent
par m'accabler [1].

J'ai toujours eu du goût pour les hommes de lettres, et peut-
être, s'il faut dire la vérité, je n'ai pas de répugnance à me
poser en grand seigneur et en Mécène avec les beaux esprits.
Ces gens-là sont ordinairement besoigneux et de basse naissance, et ils ont un respect et un amour instinctif pour les gentilshommes et les habits brodés, comme doivent l'avoir remarqué
tous ceux qui les ont fréquentés. M. Reynolds, fait depuis chevalier, et certainement le peintre le plus élégant de son temps,
était un assez adroit courtisan de la tribu des beaux esprits ; et
ce fut par ce gentleman, qui fit de moi, de lady Lyndon et de notre
petit Bryan, un tableau fort admiré à l'exposition (j'étais représenté quittant ma femme, dans le costume de la milice de Tippleton, dont j'étais major : l'enfant se rejetant en arrière effrayé de
mon casque comme.... comment l'appelez-vous?... le fils d'Hec-
tor, tel que l'a décrit M. Pope dans son *Iliade*), ce fut par M. Reynolds que je fus présenté à une vingtaine de ces messieurs, et à
leur grand chef, M. Johnson. J'ai toujours pensé que leur grand
chef était un grand ours. Il prit le thé deux ou trois fois dans ma
maison, où il se comporta fort grossièrement, traitant mes opinions sans plus de respect que celles d'un écolier, et me disant
de m'occuper de mes chevaux et de mes tailleurs, et de ne pas
me mêler de littérature. Son cornac écossais, M. Boswell, était
un plastron de première qualité. Je n'ai jamais vu de figure
comme celle que fit cet homme dans ce qu'il appelait un costume de Corse, à un des bals de mistress Cornely, à Carliste-
house, Soho. N'était que les histoires relatives à cette maison
ne sont pas des plus profitables du monde, je pourrais en raconter des vingtaines d'étranges anecdotes. Toutes les demi-
vertus de haut et bas étage affluaient là, depuis Sa Grâce d'Ancaster jusqu'à mon compatriote, le pauvre M. Oliver Goldsmith,
le poëte, et depuis la duchesse de Kingston jusqu'à l'Oiseau de
Paradis, ou Kitty Fisher. J'ai rencontré là de drôles de personnages, qui venaient dans de drôles de buts aussi; le pauvre
Hackman, qui plus tard fut pendu pour avoir tué miss Ray,

---

1. Ces mémoires paraissent avoir été écrits vers l'année 1814, dans cette
paisible retraite que la fortune réservait à l'auteur sur la fin de sa vie.

et (à la sourdine) Sa Révérence le docteur Simony, que mon ami Sam Foote, du Little-Theatre, fit vivre, même après que des faux et le gibet eurent abrégé la carrière du malheureux ecclésiastique.

C'était un joyeux endroit que Londres, à cette époque, il n'y a pas à dire. Me voici maintenant écrivant dans ma vieillesse goutteuse, et l'on est devenu considérablement plus moral et plus positif qu'on ne l'était à la fin du siècle dernier, alors que le monde était jeune ainsi que moi. Il y avait une différence entre un gentilhomme et un homme du commun, en ce temps-là. Nous portions alors de la soie et des broderies. A présent tout le monde a le même air de cocher, dans son foulard et son carrick, et il n'y a pas de différence extérieure entre un lord et son groom. Alors il fallait à un homme à la mode une couple d'heures pour faire sa toilette, et il pouvait faire preuve de goût en la choisissant. Quelle réunion de splendeurs à la cour ou à l'Opéra, un jour de gala! Quelles sommes d'argent se perdaient et se gagnaient à cette délicieuse table de pharaon! Mon curricle doré et mes éblouissants piqueurs vert et or, étaient autre chose que ces équipages que vous voyez aujourd'hui à la promenade, avec leurs grooms rabougris derrière. Un homme pouvait boire quatre fois autant que peuvent le faire les poules mouillées d'à présent; mais il est inutile de m'étendre sur ce sujet. Les gentilshommes sont morts et enterrés. La mode a tourné aux soldats et aux marins, et je deviens tout triste et maussade quand je me reporte à trente ans d'ici.

Ce chapitre-ci est consacré aux souvenirs de ce qui était pour moi une très-heureuse et brillante époque; mais cette époque ne présente rien de bien saillant en fait d'aventures, comme c'est généralement le cas quand la vie est douce et heureuse. Il paraîtrait oiseux de remplir des pages du tableau des occupations journalières d'un homme à la mode, des belles dames qui lui souriaient, des toilettes qu'il faisait, des parties qu'il gagnait ou perdait au jeu. A présent que les jeunes gens sont occupés à couper la gorge aux Français en Espagne et en France, à coucher au bivouac, et à manger le bœuf et le biscuit du commissariat des vivres, ils ne comprendraient pas la vie que leurs ancêtres menaient. Je m'abstiendrai donc d'en dire plus long sur une époque où le prince lui-même était à la lisière, où Charles Fox n'était pas descendu au simple rôle d'homme d'État, et où Bonaparte était un misérable petit morveux dans son île natale.

Tandis que ces embellissements s'effectuaient dans mes terres, ma maison, d'ancien château normand, étant changée en élégant temple ou palais grec, mes jardins et mes bois perdant leur apparence rustique pour être adaptés au style français le plus distingué, mon fils arrivant au genou de sa mère, et mon influence dans le pays grandissant plus encore que lui, on ne doit pas s'imaginer que je restai tout ce temps dans le Devonshire, et que je négligeai de faire des visites à Londres, et dans mes divers domaines d'Angleterre et d'Irlande.

J'allai résider sur le domaine de Trecothick et le Polwellan-Wheel, où je trouvai, au lieu de revenus, toute espèce de tracasseries et de chicanes; je passai de là en grand apparat sur nos terres d'Irlande, où je traitai la noblesse d'un style que le lord-lieutenant lui-même ne put égaler; je donnai la mode à Dublin (vraiment c'était un misérable et sauvage endroit en ce temps-là, et depuis il y a eu des criailleries au sujet de l'Union et des malheurs qui en sont résultés, et je ne m'explique pas les folles louanges que les patriotes irlandais se sont imaginé de faire de l'ancien ordre de choses), je donnai, dis-je, la mode à Dublin, et le mérite en est mince, car c'était alors une pauvre ville, quoi qu'en puisse dire le parti irlandais.

Je vous en ai fait la description dans un précédent chapitre. C'était la Varsovie de notre partie du monde; il y avait là une noblesse brillante, ruinée, à demi civilisée, régnant sur une population à demi sauvage. Je dis avec intention à demi sauvage. Les habitants, dans les rues, avaient un air inculte, avec leurs longues crinières et leurs haillons. Les lieux les plus fréquentés n'étaient pas sûrs lorsqu'il ne faisait plus jour. Le collége, les bâtiments publics, et les maisons des grands, étaient magnifiques (ces dernières non terminées pour la plupart); mais les gens du commun étaient dans un état plus misérable qu'aucun de ceux que j'aie jamais vus. L'exercice de leur religion ne leur était accordé qu'à moitié; leur clergé était forcé de faire son éducation hors du pays; leur aristocratie leur était tout à fait étrangère; il y avait une noblesse protestante; et, dans les villes, de pauvres et insolentes corporations protestantes, avec un cortége de maires, d'aldermen et d'officiers municipaux sans le sou, qui tous figuraient dans les adresses, et avaient la voix du pays; mais il n'y avait ni sympathie, ni communion entre les hautes et les basses classes irlandaises. Pour quelqu'un qui avait passé autant d'années que moi à l'étranger, cette différence entre les catholiques et les protestants était doublement frappante; et, quoique aussi ferme qu'un roc dans ma propre foi, cependant je ne pouvais m'empêcher de me rappeler que mon grand-père en avait une autre, et de m'étonner qu'il y eût une différence politique si grande entre les deux. Je fus considéré, parmi mes voisins, comme un dangereux niveleur, pour avoir exprimé ces opinions, et surtout pour avoir invité à ma table, au château de Lyndon, le prêtre catholique de la paroisse. Il avait été élevé à Salamanque, et, à mon sens, était beaucoup mieux appris et d'une compagnie plus agréable que son camarade le recteur, dont la congrégation ne se composait que d'une douzaine de protestants, qui était fils d'un lord, il est vrai, mais il savait fort peu l'orthographe, et sa plus grande occupation était le chenil et les combats de coqs.

Je n'agrandis ni n'embellis les bâtiments de Lyndon-Castle comme j'avais fait des autres domaines, et je me contentai d'y aller de temps en temps, exerçant une hospitalité presque royale, et tenant maison ouverte pendant mon séjour. En mon absence, je permettais à ma tante, la veuve Brady, et à ses six filles non mariées (quoique toujours détesté d'elles) d'y demeurer, ma mère préférant ma nouvelle maison de Barryogue.

Et comme milord Bullingdon était, sur ces entrefaites, devenu excessivement grand et incommode, je résolus de le laisser sous la surveillance d'un gouverneur convenable en Irlande, avec mistress Brady et ses six filles pour prendre soin de lui; et libre à lui de devenir amoureux de toutes ces vieilles dames si le cœur lui en disait et d'imiter en cela l'exemple de son beau-père. Quand il était las de Castle-Lyndon, Sa Seigneurie avait la permission de venir résider dans ma maison avec ma maman; mais il n'y avait pas d'amour perdu entre elle et lui, et, à cause de mon fils Bryan, je crois qu'elle le haïssait aussi cordialement que j'aie jamais pu le faire.

Le comté de Devon n'est pas aussi heureux que son voisin, le comté de Cornwall, et n'a pas en partage autant de représentants que l'autre, où j'ai connu un gentilhomme campagnard, d'aisance médiocre, qui tirait par an quelques milliers de livres sterling de sa terre, et triplait son revenu en envoyant trois ou quatre membres au parlement, et par le crédit que ces sièges lui donnaient auprès des ministres. L'influence parlementaire de la maison Lyndon avait été honteusement négligée durant la minorité de ma femme, et l'incapacité du comte son père; ou, pour parler plus exactement, elle avait été escamotée à la famille Lyndon par l'adroit vieil hypocrite de Tiptoff Castle, qui agissait comme la plupart des parents et tuteurs font envers leurs pupilles et parents mineurs, et les volait. Le marquis de Tiptoff envoyait quatre membres au parlement; deux pour le bourg de Tippleton, qui, comme tout le monde sait, est au bas de notre domaine de Hackton, borné de l'autre côté par le parc de Tiptoff.

De temps immémorial nous avions nommé les membres de ce bourg, jusqu'au jour où Tiptoff, profitant de l'imbécillité du feu lord, fit passer ses propres candidats. Quand son fils aîné fut majeur, comme de juste, milord dut siéger pour Tippleton; quand mourut Rigby (le nabab Rigby, qui fit sa fortune sous Clive dans l'Inde), le marquis jugea à propos de faire venir son second fils, milord George Poynings, que j'ai présenté au lecteur dans un chapitre précédent, et arrêta, dans sa haute puissance, qu'il irait aussi grossir les rangs de l'opposition, les grands vieux whigs, avec lesquels le marquis agissait de concert.

Rigby avait été malade pendant quelque temps avant sa mort, et vous pensez bien que le déclin de sa santé n'avait pas passé inaperçu parmi la gentry du comté, qui était pour la plus grande partie très-gouvernementale, et haïssait les principes de milord Tiptoff comme dangereux et subversifs. « Nous avons cherché un homme en état de lutter contre lui, me dirent les squires; nous ne pouvons lui trouver de concurrent qu'à Hackton-Castle. Vous êtes notre homme, monsieur Lyndon, et à la prochaine élection du comté nous prenons l'engagement de vous nommer. »

Je détestais tellement les Tiptoff, que je les aurais combattus dans n'importe quelle élection. Non-seulement ils ne voulaient point me faire visite à Hackton, mais ils refusaient leur porte à ceux qui nous visitaient; ils empêchaient les femmes du comté de recevoir la mienne; ils inventaient la moitié des histoires dont on régalait le voisinage au sujet de mes déréglements et de mes folles dépenses; ils disaient que je m'étais fait épouser par peur, et que ma femme était une femme perdue; ils donnaient à entendre que la vie de Bullingdon n'était pas en sûreté sous mon toit, qu'il était traité d'une façon odieuse, et que je voulais le mettre à l'ombre pour faire place à mon fils Bryan. Ils éventaient mes affaires avec mes hommes de loi et mes agents. Si un créancier n'était pas payé, chaque article de son mémoire était connu au château de Tiptoff; si je regardais la fille d'un fermier, on disait que je l'avais séduite. Mes défauts sont nombreux, je le confesse, et, dans mon intérieur, je ne puis pas me vanter d'être d'une régularité ou d'une douceur toute particulière; mais lady Lyndon et moi, nous ne nous querellions pas plus que ne font les gens fashionables, et, dans les commencements, nous nous raccommodions toujours assez bien. Je suis un homme plein d'erreurs, mais non le démon que ces odieuses langues de Tiptoff me représentaient. Pendant les trois premières années, jamais je n'ai battu ma femme que lorsque j'avais bu. Quand je lançai le couteau à découper à Bullingdon, j'étais gris, comme tous les assistants peuvent le certifier; mais quant à avoir aucun plan systématique contre le pauvre enfant, je puis déclarer solennellement que, sauf la haine que je lui portais (et on n'est pas maître de ses inclinations), je ne suis coupable de rien envers lui.

J'avais donc des motifs suffisants d'inimitié contre les Tiptoff, et je ne suis pas homme à laisser dormir un sentiment de cette espèce. Quoique whig, ou peut-être parce que whig, le marquis était un des hommes les plus hautains qu'il y eût, et il traitait les roturiers comme les traitait son idole, le grand comte, lorsqu'il eut lui-même obtenu la couronne de perles, comme autant de vils vassaux, qui devaient être fiers de lécher la boucle de son soulier. Quand le maire et la corporation de Tippleton se rendaient auprès de lui, il les recevait la tête couverte, n'offrait jamais une chaise à M. le maire, et se retirait lorsqu'on apportait les rafraîchissements, ou les faisait servir aux honorables aldermen dans la chambre de l'intendant. Ces honnêtes Bretons ne se révoltèrent jamais contre un pareil traitement, avant que mon patriotisme leur eût appris à le faire. Non, les chiens aimaient à être rudoyés, et, dans le cours d'une longue expérience, j'ai rencontré peu d'Anglais qui ne fussent pas dans les mêmes idées.

Ce ne fut que lorsque je leur eus ouvert les yeux, qu'ils s'aperçurent de leur dégradation. J'invitai le maire à Hackton, et fis asseoir Mme la mairesse (c'était une joyeuse et jolie épicière, par parenthèse) à côté de ma femme, et les menai toutes deux aux courses dans mon curricle. Lady Lyndon s'opposa violemment à cet acte de condescendance; mais je savais m'y prendre avec elle, comme on dit, et si elle avait du caractère, j'en avais aussi. Du caractère! bah! un chat sauvage a du caractère, mais son gardien en vient à bout, et je connais fort peu de femmes au monde que je ne pusse dompter.

Je m'occupai donc beaucoup du maire et de la corporation; je leur envoyai de la venaison pour leurs dîners, ou les invitai à en venir manger chez moi; je me fis un devoir d'assister à leurs assemblées, de danser avec leurs femmes et leurs filles, m'acquittant, en un mot, de tous les actes de politesse nécessaires en pareille occasion; et, quoique le vieux Tiptoff dût voir ce que je faisais, sa tête était tellement dans les nuages, qu'il ne daigna jamais supposer que sa dynastie pût être renversée dans sa propre ville de Tippleton; il rendait ses décrets avec autant de sécurité que s'il eût été le Grand-Turc, et que les Tippletoniens eussent été autant d'esclaves de ses volontés.

Chaque poste qui nous apportait la nouvelle que la maladie de Rigby empirait était sûre de me faire donner un dîner; à tel point que mes amis de la chasse avaient coutume de rire et de dire : « Rigby va plus mal; il y a dîner de corporation à Hackton. »

C'était en 1776, quand éclata la guerre américaine, que j'entrai au parlement. Milord Chatham, dont la sagesse était traitée alors par son parti de surhumaine, éleva sa voix d'oracle dans la chambre des pairs contre la lutte avec l'Amérique; et mon compatriote, M. Burke, un grand philosophe, mais un orateur qui avait l'haleine furieusement longue, était le champion des rebelles dans la chambre des Communes, où cependant, grâce au patriotisme britannique, il trouva fort peu de gens pour l'appuyer. Le vieux Tiptoff aurait juré que noir était blanc, si le grand comte le lui eût enjoint; et il fit donner à son fils sa démission d'officier des gardes, à l'imitation de milord Pitt, qui renonça à son grade d'enseigne plutôt que de se battre contre ce qu'il appelait ses frères d'Amérique.

Mais c'était là un excès de patriotisme extrêmement peu goûté en Angleterre, où, depuis le commencement des hostilités, notre peuple haïssait cordialement les Américains, et où, quand nous apprîmes le combat de Lexington et la glorieuse victoire de Bunker's Hill (comme nous l'appelions en ce temps-là), la nation entra dans la violente colère à laquelle elle est sujette. Il n'y eut qu'une voix après cela contre les philosophes, et le peuple fut d'un royalisme inébranlable. Ce ne fut que lors de l'augmentation de l'impôt territorial que la gentry commença à grogner un peu, mais mon parti dans l'Ouest était toujours très-fort contre les Tiptoff, et je résolus d'entrer en champ clos, et de vaincre selon mon habitude.

Le vieux marquis négligea toutes les précautions convenables qui sont requises dans une campagne parlementaire. Il signifia à la corporation et aux francs tenanciers son intention de présenter son fils, lord George, et son désir que ce dernier fût élu représentant de leur bourg; mais c'est à peine s'il donna un verre de bière pour arroser le dévouement de ses adhérents, et moi, je n'ai pas besoin de le dire, je retins pour les miens toutes les tavernes de Tippleton.

Je ne ferai pas, après vingt autres, le récit d'une élection. J'arrachai le bourg de Tippleton des mains de lord Tiptoff et de son fils, lord George. J'eus ainsi une sorte de satisfaction sauvage à forcer ma femme, qui avait été un temps extrêmement éprise de son cousin, comme je l'ai déjà raconté, de prendre parti contre lui, et de porter et distribuer mes couleurs quand vint le jour de l'élection. Et lorsque nous parlâmes l'un contre l'autre, je dis à la foule que j'avais battu lord George en amour, que je l'avais battu en guerre, et que je le battrais à présent en parlement; et ainsi fis-je, comme l'événement le prouva : car, à l'inexprimable fureur du vieux marquis, Barry Lyndon, Esquire, fut élu membre du parlement pour Tippleton, à la place de John Rigby, Esquire, décédé; et je le menaçai à la prochaine élection de l'expulser de ses deux siéges; puis j'allai remplir mes devoirs au parlement.

Ce fut alors que je résolus sérieusement d'obtenir pour moi une pairie irlandaise, dont jouirait après moi mon bien-aimé fils et héritier.

CHAPITRE XVIII.

Dans lequel ma bonne fortune commence à chanceler.

Et maintenant, si quelqu'un était disposé à trouver mon histoire immorale (car j'ai entendu des gens prétendre que j'étais un homme qui ne méritait pas que tant de prospérité lui échût en partage), je demanderai à ces ergoteurs de me faire la faveur de lire le dénoûment de mes aventures, où ils verront que je n'avais pas déjà fait une affaire si avantageuse, et que la richesse, la magnificence, trente mille livres sterling par an, et un siége au parlement, sont souvent achetés trop cher, lorsqu'on les paye au prix de sa liberté personnelle, et qu'on s'est mis sur les bras une femme tracassière.

C'est le diable que ces femmes tracassières, il n'y a pas à dire. Nul ne sait, avant d'en avoir fait l'épreuve, quel fardeau assommant c'est pour un mari, et combien l'ennui qu'elles lui causent croît d'année en année, tandis que le courage diminue en proportion; en sorte que le tourment qui semblait insignifiant la première année devient intolérable au bout de dix ans. J'ai ouï dire d'un de ces individus qui figurent dans le dictionnaire classique, qu'ayant commencé à monter chaque jour une colline avec un veau sur ses épaules, il continua de le porter encore lorsque le veau fut devenu bœuf; mais, croyez-en ma parole, jeunes célibataires, une femme est une charge plus dure à porter que la plus grosse génisse de Smithfield; et si je puis empêcher un d'entre vous de se marier, les Mémoires de Barry Lyndon, Esq., n'auront pas été écrits en vain. Non que milady fût grondeuse ou acariâtre, comme le sont certaines femmes; j'aurais trouvé moyen de la guérir de cela : mais elle était d'une humeur poltronne, pleurnicheuse, mélancolique et hébétée, qui m'est encore plus odieuse; et, n'importe ce qu'on faisait pour lui plaire, elle n'était jamais heureuse ni gaie. Je la laissai donc à elle-même au bout de quelque temps, et aussi parce que, comme c'était naturel dans mon cas, où un intérieur désagréable m'obligeait à chercher amusement et compagnie au dehors, elle ajoutait à tous ses autres défauts une basse et détestable jalousie; et je ne pus de quelque temps faire la plus simple attention à toute autre femme, sans que milady Lyndon se mît à pleurer, et à se tordre les mains, et à menacer de commettre un suicide, et je ne sais quoi.

Sa mort n'aurait pas été avantageuse pour moi, comme je laisse à imaginer à toute personne douée de quelque prudence; car ce gredin de jeune Bullingdon (qui était devenu un grand nigaud basané, et allait être ma plus grande plaie) aurait hérité de la fortune jusqu'au dernier sou, et je serais resté considérablement plus pauvre même qu'avant d'avoir épousé la veuve : car j'avais dépensé ma fortune personnelle aussi bien que le revenu de ma femme à tenir notre rang, et j'ai toujours eu trop d'honneur et de cœur pour économiser un sou de l'argent de lady Lyndon. Que ceci soit jeté à la tête de mes détracteurs, qui disent que je n'aurais pas fait tant de tort à la fortune de la famille Lyndon, si je ne m'étais pas fait une bourse secrète, et qui croient que, même dans ma pénible situation présente, j'ai des monceaux d'or en réserve quelque part, et que je pourrais faire le Crésus, si je voulais. Je n'ai jamais pris un schelling de la fortune de lady Lyndon sans le dépenser en homme d'honneur; sans compter que je souscrivais des obligations personnelles pour avoir de l'argent qui allait tout au fonds commun. Indépendamment des hypothèques et de tout ce qui grève le bien des Lyndon, je dois moi-même au moins cent vingt mille livres, que j'ai dépensées tandis que j'étais en possession du bien de ma femme : en sorte que je puis dire en toute justice que la fortune m'est redevable de la somme ci-dessus mentionnée.

Quoique j'aie décrit le dégoût et la répugnance profonde que j'éprouvai promptement pour lady Lyndon; et quoique je ne prisse pas un soin tout particulier (car je suis toute franchise et tout en dehors) pour déguiser mes sentiments en général, elle avait l'âme si basse, qu'elle me poursuivait de son affection en dépit de mon indifférence, et qu'elle était toute rayonnante au moindre mot aimable qu'il m'arrivait de lui adresser. Le fait est, entre mon honoré lecteur et moi, que j'étais un des plus beaux et des plus brillants jeunes gens d'Angleterre à cette époque, et que ma femme était éperdument éprise de moi; et, quoique ce ne soit pas à moi d'en parler, comme on dit, lady Lyndon n'était pas la seule femme de qualité à Londres qui eût une opinion favorable de l'humble aventurier irlandais. Quelle énigme que ces femmes! ai-je souvent pensé. J'ai vu les plus élégantes créatures, à Saint-James, devenir folles d'amour pour les plus grossiers et les plus vulgaires des hommes; les femmes les plus spirituelles admirer passionnément les plus illettrés de notre sexe, et ainsi de suite. Il n'y a pas de fin aux contradictions de ces sottes créatures; et, quoique je n'entende pas dire que je sois vulgaire ou illettré, comme les personnes mentionnées ci-dessus (je couperais la gorge à tout homme qui oserait souffler mot contre ma naissance ou mon éducation), cependant j'ai montré que lady Lyndon avait plus d'un motif de me haïr si elle le voulait bien : mais, comme le reste de son sexe stupide, elle était gouvernée par l'engouement et non par la raison; et, jusqu'au dernier jour que nous passâmes ensemble, elle se réconciliait avec moi et me prodiguait des caresses, si je lui adressais une seule parole aimable.

« Ah! disait-elle dans ces moments de tendresse, ah! *Redmond*, si vous vouliez être toujours ainsi! » Et, dans ces accès d'amour, elle était la créature la plus facile du monde à persuader, et eût signé l'abandon de tout son bien, si c'eût été possible. Et, je dois l'avouer, il fallait fort peu d'attentions de ma part pour lui rendre sa bonne humeur. Me promener avec elle au Mall, ou au Ranelagh, l'escorter à l'église de Saint-James, lui acheter quelque bijou ou autre petit présent, c'était assez pour l'amadouer. Telle est l'inconséquence des femmes! Le lendemain, elle m'appelait « Monsieur Barry » probablement, et déplorait son misérable destin de s'être jamais unie à un tel monstre. C'est de ce nom qu'il lui plaisait d'appeler un des hommes les plus brillants des trois royaumes de Sa Majesté; et j'ai lieu de croire que d'autres dames avaient de moi une opinion beaucoup plus flatteuse.

Puis elle menaçait de me quitter; mais je la tenais par son fils qu'elle aimait à la passion, je ne sais pourquoi, car elle avait toujours négligé Bullingdon l'aîné, et n'avait pas le moindre souci de sa santé, de son bien-être ou de son éducation.

C'était donc notre jeune enfant qui formait le grand lien entre

moi et Sa Seigneurie; et il n'était pas de plan d'ambition que je
pusse proposer auquel elle ne souscrivît dans l'intérêt du pauvre
garçon, pas de dépenses qu'elle n'approuvât avec empressement,
si elles pouvaient tendre le moins du monde à le mettre en
meilleure position. Je puis vous dire qu'il y eut des gens achetés,
et dans de hauts emplois, qui plus est, si près de la royale personne de Sa Majesté, que vous seriez étonné si je citais les
grands personnages qui daignèrent accepter notre argent. Je fis
faire par les hérauts anglais et irlandais une description et une
généalogie détaillée de la baronnie de Barryogue, et demandai
respectueusement à être réintégré dans les titres de mes ancêtres, et aussi à être gratifié de la vicomté de Ballybarry. « Cette
tête siérait bien à une couronne, » disait parfois milady dans
ses moments de tendresse, en passant la main sur mes cheveux;
et, en effet, il y a plus d'un blanc-bec à la chambre des lords qui
n'a ni ma tournure, ni mon courage, ni ma généalogie, ni
aucun de mes mérites.

Je considère mes efforts pour obtenir cette pairie comme une
des plus malheureuses de mes malheureuses affaires de cette
époque. Je fis des sacrifices inouïs pour y arriver, je prodiguai
l'argent ici et les diamants là. Je payai des terres dix fois leur
valeur; j'achetai à des prix ruineux des tableaux et des objets de
curiosité; je donnais sans cesse des festins splendides aux gens
favorables à mes prétentions, qui, étant auprès de la personne
du roi, paraissaient en passe de les faire réussir. Je perdis plus
d'un pari contre les ducs, frères de Sa Majesté; mais oublions
ces choses, et que mes griefs privés ne me fassent pas manquer
au respect que je dois à mon souverain.

La seule personne que je nommerai dans cette transaction,
c'est ce vieux chenapan et escroc de Gustave-Adolphe, trei-
zième comte de Crabs. Ce seigneur était un des gentilshommes
de la chambre du roi, et sur un pied de grande intimité avec ce
vénéré monarque. Cette familiarité avait pris naissance du temps
du vieux roi, où Son Altesse Royale, le prince de Galles, jouant
au volant avec le jeune lord sur le perron du grand escalier à
Kew, dans un moment d'irritation jeta à coups de pieds, du
haut en bas des degrés, le jeune comte, qui, en tombant, se
cassa la jambe. Le profond repentir qu'eut le prince de sa violence le porta à se lier étroitement avec celui qui en avait été
victime; et quand Sa Majesté monta sur le trône, il n'y eut personne, dit-on, dont le comte de Bute fût aussi jaloux que de
milord Crabs. Ce dernier était pauvre et dissipateur, et Bute,
pour s'en débarrasser, l'envoya en ambassade en Russie et ail-

leurs ; mais, lors du renvoi de ce favori, Crabs revint en toute hâte du continent, et fut nommé presque aussitôt à un poste auprès de la personne de Sa Majesté.

Ce fut avec ce seigneur mal famé que je contractai une malencontreuse intimité, quand, novice et sans défiance, je m'établis pour la première fois en ville, après mon mariage avec lady Lyndon ; et, comme Crabs était vraiment un des garçons les plus amusants du monde, je pris un sincère plaisir dans sa compagnie, outre le désir intéressé que j'avais de cultiver la connaissance d'un homme qui approchait de si près le personnage le plus élevé du royaume.

A l'entendre, vous auriez cru qu'il ne se faisait pour ainsi dire pas de nomination à laquelle il n'eût pris part. Il m'apprit, par exemple, la destitution de Charles Fox un jour avant que le pauvre Charley lui-même en fût instruit. Il me dit quand les Howe revenaient d'Amérique, et qui devait obtenir le commanment là-bas. Pour ne pas multiplier les exemples, ce fut sur lui que je fondai mon principal espoir pour le succès de ma prétention sur la baronnie de Barryogue et la vicomté que je sollicitais.

Une des principales dépenses que cette ambition m'occasionna, fut d'équiper et d'armer une compagnie d'infanterie levée sur les domaines de Castle-Lyndon et de Hackton, et que j'offris à mon gracieux souverain pour la campagne contre les rebelles américains. Ces troupes, magnifiquement équipées et habillées, furent embarquées à Portsmouth en 1778 ; et le patriotisme du gentilhomme qui les avait levées fut si agréable à la cour, qu'ayant été présenté par milord North, Sa Majesté daigna m'honorer de son attention particulière, et dit : « C'est bien, monsieur Lyndon, levez une autre compagnie, et partez avec elle aussi ! » Mais ceci n'était aucunement dans mes idées, comme le lecteur peut le supposer. Un homme qui a trente mille livres sterling de rente serait bien bête de risquer sa vie comme le premier mendiant venu ; et, sous ce rapport, j'ai toujours admiré la conduite de mon ami Jack Bolter, qui avait été très-actif et très-résolu comme cornette de cavalerie, et, comme tel, s'était jeté dans toutes les bagarres et les escarmouches qui s'étaient présentées ; mais juste avant la bataille de Minden, il reçut la nouvelle que son oncle, le grand fournisseur de l'armée, était mort, et lui avait laissé cinq mille livres sterling de rente. Jack, sur-le-champ, demanda son congé ; et, comme on le lui refusa à la veille d'une action générale, mon gentilhomme le prit et ne tira plus jamais un seul coup de pistolet, excepté contre un officier qui mettait en question son courage, et qu'il vous blessa d'une façon si froide et si résolue, que tout le monde vit bien que c'était par prudence et désir de jouir de sa fortune, et non par poltronnerie qu'il quittait la profession des armes.

Quand cette compagnie de Hackton fut levée, mon beau-fils, qui n'avait pas seize ans, avait le plus grand désir d'en faire partie, et je ne demandais pas mieux que de me débarrasser du jeune homme; mais son tuteur, le vieux Tiptoff, qui me contrecarrait en tout, refusa la permission, et l'ardeur de notre jeune militaire fut arrêtée dans son élan. S'il avait pu aller à cette expédition, et qu'une balle rebelle eût mis fin à ses jours, je crois, à parler franchement, que je n'en aurais pas été affligé plus que de raison, ayant le plaisir de voir mon autre fils hériter de la fortune que son père avait conquise avec tant de peine.

L'éducation du jeune comte avait été, je le confesse, des plus négligées; et peut-être, dans ce fait, ai-je à m'accuser de cette négligence. C'était une nature si indépendante, si sauvage, si insubordonnée, que je n'ai jamais eu la moindre affection pour lui; et, devant sa mère et moi, du moins, il était si maussade et si endormi, que je jugeai que ce serait du temps perdu que de l'instruire, et je l'abandonnai la plupart du temps à lui-même. Il resta deux années entières en Irlande, loin de nous; et quand nous étions en Angleterre, nous le tenions principalement à Hackton, ne nous souciant pas d'avoir ce garçon grossier et gauche au milieu de la compagnie distinguée que nous fréquentions naturellement dans la capitale. Mon pauvre garçon à moi, au contraire, était l'enfant le plus poli et le plus avenant qu'on ait jamais vu; c'était plaisir de le traiter avec bonté et avec égards; et avant l'âge de cinq ans, le petit gaillard était la fine fleur de la mode, de la beauté et des bonnes manières.

Au fait, il ne pouvait pas être autrement, après le soin que ses parents prenaient de lui, et les attentions de toute espèce qu'on lui prodiguait. Lorsqu'il avait quatre ans, je me querellai avec la bonne anglaise qui l'avait élevé, et dont ma femme avait été si jalouse, et je lui donnai une gouvernante française qui avait vécu à Paris dans des familles de la première qualité, et qui, comme de raison, inspira aussi de la jalousie à milady Lyndon. Entre les mains de cette jeune femme, mon petit drôle apprit à babiller le français à ravir. Cela vous aurait réjoui le cœur d'entendre le petit garnement jurer : « Mort de ma vie! » et de le voir frapper de son petit pied et envoyer ces manants et cette canaille de domestiques aux trente mille diables. Il était pré-

côce en tout; dès l'âge le plus tendre, il contrefaisait tout le
monde ; à cinq ans, il tablait et buvait son verre de vin de Champagne avec le meilleur d'entre nous ; et sa bonne lui apprenait
de petits airs français et les dernières chansons de Vadé et de
Collard, et c'étaient, ma foi, de bien jolies chansons ; et cela
faisait éclater de rire ceux de ses auditeurs qui comprenaient le
français, et scandalisait, je vous en réponds, quelques-unes des
oreilles des vieilles douairières qui étaient admises dans la société de ma femme : ce n'est pas qu'il y en eût beaucoup, car je
n'encourageais pas les visites de ce que vous appelez les personnes respectables chez lady Lyndon. Ce sont de cruels trou-
ble-fêtes, des colporteuses d'histoires, des envieuses, des esprits étroits, semant la zizanie entre mari et femme. Toutes les
fois qu'un de ces graves personnages en paniers et hauts talons
faisait son apparition à Hackton ou dans Berkeley-square, mon
grand plaisir était de les mettre en fuite ; à mon instigation,
mon petit Bryan dansait, chantait, faisait le diable à quatre, et
je l'aidais moi-même à effaroucher les vieilles radoteuses.

Je n'oublierai jamais les solennelles remontrances de notre
vieux magister de recteur à Hackton, qui fit une ou deux vaines
tentatives pour enseigner le latin au petit Bryan, et qui avait d'innombrables enfants auxquels je permettais quelquefois à mon fils
de se réunir. Ils apprenaient de Bryan quelques-unes de ses chansons françaises, que leur mère, une pauvre âme qui entendait
mieux les conserves de vinaigre et les œufs au lait que la langue
française, les encourageait chaudement à chanter ; mais qui, étant
venues un jour aux oreilles du père, furent causes qu'il consi-
gna miss Sarah dans sa chambre pour une semaine, au pain et
à l'eau, et fouetta solennellement master Jacob en présence de
tous ses frères et sœurs, et de Bryan, à qui il espéra que cette
correction servirait de leçon. Mais mon petit vaurien s'en prit
à coups de pieds, à coups de poings, aux jambes du vieux ministre, qui fut obligé de le faire tenir par son sacristain, et il
jura corbleu, morbleu, ventrebleu, que son jeune ami Jacob ne
devait pas être maltraité. Après cette scène, Sa Révérence in-
terdit le rectorat à Bryan ; sur quoi je jurai que son fils aîné,
qui se destinait à l'état ecclésiastique, n'aurait jamais le bénéfice
de Hackton, que j'avais songé à lui donner après son père ; et
celui-ci dit, d'un air cafard que je déteste, que la volonté du ciel
fût faite ; qu'il ne voudrait pas pour un évêché que ses enfants
fussent désobéissants ou corrompus ; et il m'écrivit une lettre
pompeuse et solennelle, lardée de citations latines, pour prendre congé de moi et de ma maison. « Je le fais à regret, ajoutait

le vieux gentleman, car j'ai reçu tant de marques de bienveillance de la famille Hackton , que cela me saigne le cœur de me séparer d'elle. Mes pauvres, j'en ai peur, pourront souffrir de cette séparation et de l'impossibilité où je vais être désormais de vous faire savoir quand ils seront dans la détresse ou dans l'affliction; car, lorsque vous en aviez connaissance , je vous dois la justice de dire que votre générosité fut toujours prompte à les soulager. »

Il pouvait bien y avoir là quelque chose de vrai, car le vieillard était toujours là à m'assiéger de demandes, et, je le sais de source certaine, par suite de ses propres charités, était souvent sans un schelling dans sa poche; mais je soupçonne les bons dîners de Hackton d'avoir eu une part considérable dans ses regrets de la rupture de notre intimité, et je sais que sa femme était désolée de renoncer à ses accointances avec la gouvernante de Bryan, Mlle Louison, qui savait sur le bout du doigt toutes les modes françaises les plus nouvelles, et qui n'allait jamais au rectorat, que vous ne vissiez les filles de la maison paraître en robes ou mantes neuves, le dimanche d'après.

Je punissais le vieux rebelle en ronflant très-fort dans mon banc les dimanches pendant le sermon; et je pris un gouverneur pour Bryan, et un chapelain à moi, lorsque l'enfant devint d'âge à être séparé de la société et de la tutelle des femmes. Je mariai sa bonne anglaise à mon jardinier en chef, avec une belle dot; je donnai sa gouvernante française à mon fidèle Allemand, Fritz, sans oublier la dot dans ce dernier cas, et ils ouvrirent un restaurant français dans Soho, et je crois qu'au moment où j'écris, ils sont plus riches, quant à ce qui est des biens de ce monde, que leur généreux et libéral maître.

Pour Bryan, j'avais fait venir un jeune homme d'Oxford, le révérend Edmund Lavender, qui fut chargé de lui enseigner le latin, quand l'enfant était en humeur de l'apprendre, et de lui donner les premiers éléments de l'histoire, de la grammaire et de ce que doit savoir un gentilhomme. Lavender était une précieuse acquisition pour notre société à Hackton. Il y répandait beaucoup de gaieté. Il était le point de mire de toutes nos plaisanteries, et il les supportait avec la patience la plus admirable, en vrai martyr. C'était un de ces gens qui aimeraient mieux recevoir des coups de pied d'un grand que de ne pas en être remarqué ; j'ai souvent jeté sa perruque au feu devant la compagnie, et il était le premier à en rire. C'était un plaisir de le mettre sur un cheval fougueux et de le lancer après les chiens, pâlé, en sueur, nous criant d'arrêter pour l'amour du ciel, et s'accrochant aux crins et à la croupière pour sauver son précieux cou. Comment il se fit que le gaillard ne se tuât point, je n'y comprends rien, à moins que ce ne soit la corde qui soit chargée de le lui rompre. Il ne lui arriva jamais dans nos chasses d'accident sérieux; mais vous étiez parfaitement sûr à dîner de le trouver à sa place, au bout de la table, faisant le punch, d'où on l'emportait gris dans son lit avant que la soirée fût achevée. Maintes fois, Bryan et moi, en pareil cas, nous lui avons peint le visage en noir; nous le mettions dans une chambre à revenants, et nous lui faisions des peurs à lui troubler la cervelle; nous lâchions des cargaisons de rats sur son lit; nous criions au feu et emplissions ses bottes d'eau; nous coupions les pieds du fauteuil de sa chaire, et saupoudrions ses sermons de tabac. Le pauvre Lavender supportait tout avec patience, et dans nos soirées, ou quand nous venions à Londres, était amplement dédommagé par la permission de rester avec les gens de qualité, et par l'illusion qu'il se faisait d'être de leur société. Il faisait bon d'entendre avec quel mépris il parlait de notre recteur : « Il a un fils, monsieur, qui est étudiant-servant, et cela dans un petit collége, disait-il. Comment avez-vous pu, mon cher monsieur, songer à donner la survivance de Hackton à une créature de si bas étage? »

Je dois maintenant parler de mon autre fils, celui, du moins, de milady Lyndon, je veux dire le vicomte Bullingdon. Je le gardai en Irlande quelques années sous la tutelle de ma mère, que j'avais installée à Castle-Lyndon; et grande, je vous le promets, était sa tenue dans cette résidence, et prodigieuse la splendeur de la bonne âme et son attitude hautaine. Malgré toutes ses bizarreries, la terre de Castle-Lyndon était la mieux administrée de toutes nos propriétés; les rentes étaient admirablement payées, les frais de recouvrement moindres qu'ils n'auraient été sous la direction d'aucun intendant. C'était étonnant combien peu dépensait la bonne veuve, quoiqu'elle soutînt la dignité des deux familles, comme elle disait. Elle avait un tas de domestiques pour le service du jeune lord; elle ne sortait jamais elle-même que dans un vieux carrosse doré à six chevaux; la maison était propre et en ordre; l'ameublement et les jardins dans le meilleur état; et, lors des visites qu'il nous arrivait de faire en Irlande, nous ne trouvions jamais d'habitation aussi bien tenue que la nôtre. Il y avait au château une vingtaine de servantes accortes et moitié autant d'hommes de bonne mine, et toutes choses en aussi belle condition qu'aurait pu les mettre

la meilleure femme de charge. Tout cela, elle le faisait presque
sans frais pour nous, car elle faisait paître les moutons et le
bétail dans les parcs et en tirait un beau profit à Ballinasloe; elle
fournissait je ne sais combien de petites villes de beurre et de lard;
et les fruits et légumes des jardins de Castle-Lyndon étaient ceux
qui se payaient le plus cher au marché de Dublin. Il n'y avait pas
de gaspillage à la cuisine, comme il y en avait dans la plupart
de nos maisons irlandaises, et il n'y avait pas de consommation
de liquide dans les caves, car la vieille dame buvait de l'eau et
voyait peu ou point de monde. Toute sa société se composait de
deux filles de mon ancienne passion, Nora Brady, à présent
mistress Quin, qui s'était presque ruinée avec son mari, et qui
était venue me voir une fois à Londres, l'air vieux, grasse, malpropre, avec deux sales enfants à ses côtés. Elle pleura fort
quand elle me vit, m'appela monsieur, et monsieur Lyndon,
ce dont je ne fus pas fâché, et me pria de venir au secours de
son mari; ce que je fis, obtenant pour lui, par mon ami lord
Crabs, une place dans l'accise en Irlande, et payant le passage
de sa famille et le sien dans ce pays. C'était maintenant un sale,
découragé, pleurnicheur d'ivrogne; et, regardant la pauvre
Nora, je ne pus m'empêcher de m'étonner de l'avoir considérée
jadis comme une divinité. Mais si j'ai jamais éprouvé quelque
chose pour une femme, je lui garde toute ma vie une amitié
constante, et je pourrais citer mille cas de cette généreuse et fidèle
disposition.

Le jeune Bullingdon, toutefois, était presque la seule des personnes auxquelles elle avait affaire que ma mère ne pût pas
maintenir dans l'ordre. Les rapports qu'elle m'envoya dans le
commencement sur son compte étaient faits pour causer beaucoup de peine à mon cœur paternel. Il ne reconnaissait ni règle
ni autorité, il partait pour la chasse ou autres expéditions et restait absent des semaines. A la maison il était silencieux et tout
étrange, refusant de faire le piquet de ma mère les soirs et se
plongeant dans toute sorte de bouquins moisis, qui lui brouil-
laient la cervelle; plus à son aise à rire et jaser avec les méné-
triers et les servantes à l'office, qu'avec les gens comme il faut
au salon; lançant toujours à mistress Barry des plaisanteries et
des quolibets qui (comme elle n'avait pas la repartie très-vive)
la mettaient dans de violentes colères; dans le fait, menant une
vie d'insubordination et de scandale. Et, pour couronner le tout,
le jeune garnement se mit à fréquenter la société du prêtre catholique de la paroisse, un drôle tout râpé, de quelque séminaire
papiste de France ou d'Espagne, plutôt que celle du vicaire de

Castle-Lyndon, un élève de la Trinité, qui avait une meute et buvait ses deux bouteilles par jour.

L'intérêt que je prenais à l'orthodoxie du jeune garçon ne me permit pas d'hésiter sur la conduite que je devais tenir envers lui. Si j'ai un principe qui m'ait guidé dans la vie, ç'a été le respect pour la religion établie, et un mépris profond et une horreur cordiale pour toute autre forme de croyance. J'envoyai donc mon domestique français en 17.. à Dublin, avec la commission de ramener le jeune réprouvé; et le compte qui me fut rendu fut qu'il avait passé la dernière soirée de son séjour en Irlande avec son cher papiste, à l'église; que ma mère et lui avaient eu, ce même dernier jour, une violente querelle; qu'au contraire, il avait embrassé Biddy et Dosy, ses deux nièces, qui semblaient très-peinées qu'il partît; et qu'étant pressé d'aller rendre visite au recteur, il avait formellement refusé, disant que c'était un méchant vieux pharisien chez qui il ne mettrait jamais le pied. Le docteur m'écrivit une lettre pour me mettre en garde contre les déplorables erreurs de ce rejeton d'iniquité, comme il l'appelait, et je pus voir qu'il n'y avait pas d'affection perdue entre eux. Mais il paraissait que, s'il n'était pas agréable aux gens comme il faut du pays, le jeune Bullingdon jouissait d'une grande popularité parmi les gens du commun. Il y eut une véritable foule pleurant autour de la porte, lorsque sa voiture partit. Des vingtaines de ces ignorants et sauvages misérables l'accompagnèrent en courant, à plusieurs milles de distance, et plusieurs même allèrent jusqu'à s'éclipser avant son départ, et paraître au Pigeon-house, à Dublin, pour lui dire un dernier adieu. Ce fut avec beaucoup de peine qu'on empêcha quelques-uns de ces hommes de se cacher dans le bâtiment, et de suivre leur jeune seigneur en Angleterre.

Pour rendre justice au jeune garnement, lorsqu'il arriva parmi nous, c'était un garçon à l'air viril et noble, et tout dans son maintien et dans son extérieur annonçait le sang distingué d'où il était sorti. C'était l'image même de quelques-uns de ces bruns cavaliers de la race des Lyndon, dont les portraits étaient dans la galerie de Hackton, où il aimait à passer la plus grande partie de son temps, occupé des vieux livres moisis qu'il prenait dans la bibliothèque, et dans lesquels je déteste de voir s'absorber un jeune homme de cœur. Toujours, dans ma compagnie, il observait le plus rigoureux silence, et avait une attitude hautaine et dédaigneuse qui était d'autant plus désagréable, qu'il n'y avait rien dans sa conduite qui pût me donner prise, quoiqu'elle fût arrogante au suprême degré. Sa mère était très-agitée lorsqu'elle le reçut à son arrivée; s'il éprouva aussi de l'agitation, il ne le laissa certes pas voir. Il lui fit un profond et cérémonieux salut quand il lui baisa la main; et quand je tendis la mienne, il mit ses deux mains derrière son dos, me regarda à la face et inclina la tête en disant : « Monsieur Barry Lyndon, je crois? » tourna sur ses talons et se mit à causer du temps qu'il faisait avec sa mère, qu'il appelait toujours Votre Seigneurie. Elle fut irritée de cette allure impertinente, et lorsqu'ils furent seuls, elle le gronda vivement de n'avoir pas donné la main à son père.

« Mon père, madame! dit-il; à coup sûr, vous faites erreur. Mon père était le très-honorable sir Charles Lyndon. Moi, du moins, je ne l'ai point oublié, si d'autres l'ont fait. »

C'était une déclaration de guerre contre moi, je le vis tout de suite; et pourtant, je le déclare; j'eusse été assez disposé à le bien recevoir à son arrivée parmi nous et à vivre avec lui dans des termes d'amitié. Mais comme on me traite, je traite. Qui peut me blâmer de mes querelles subséquentes avec ce jeune réprouvé, ou mettre sur mon compte le mal qui en résulta plus tard? Peut-être perdis-je patience, et le traitai-je avec dureté. Mais ce fut lui qui commença la querelle et non pas moi; et les fâcheuses conséquences qui s'ensuivirent furent tout à fait de sa faute.

Comme il vaut mieux couper le mal dans sa racine et, pour un maître de maison, exercer son autorité de telle sorte qu'elle ne puisse être mise en question, je saisis la première occasion d'en venir aux mains avec master Bullingdon, et, dès le lendemain de son arrivée parmi nous, sur son refus de remplir quelque devoir que je requérais de lui, je le fis amener à mon cabinet, et l'étrillai d'importance. Cette exécution, je le confesse, m'agita d'abord beaucoup, car jusque-là je n'avais pas donné de coups de cravache à un lord; mais j'en pris promptement l'habitude, et son dos et mon fouet firent si bien connaissance, qu'au bout de peu de temps je vous promets qu'il y eut entre eux fort peu de cérémonie.

Si je devais relater tous les cas d'insubordination et de brutalité du jeune Bullingdon, je fatiguerais le lecteur. Sa persévérance à me résister était, je crois, plus grande encore que la mienne à le corriger : car un homme, si résolu qu'il soit à faire son devoir de père, ne saurait fouetter ses enfants toute la journée, ou pour chaque faute qu'ils commettent; et, quoique j'eusse la réputation d'être pour lui un beau-père si cruel, je donne ma parole que je lui épargnai plus de corrections lorsqu'il en méritait que je ne lui en administrai. D'ailleurs, il y avait huit mois pleins dans l'année où il était quitte de moi, pendant que j'allais à Londres faire acte de présence au parlement et à la cour de mon souverain.

A cette époque, je ne fis aucune difficulté de lui permettre de faire son profit du latin et du grec du vieux recteur qui l'avait baptisé et avait une influence considérable sur le jeune indiscipliné. Après une scène où une querelle entre nous, c'était généralement au rectorat que le jeune rebelle allait chercher refuge et conseil, et je dois convenir que le ministre était un assez équitable arbitre entre nous dans nos disputes. Une fois, il ramena le garçon à Hackton par la main, et le conduisit en ma présence, quoiqu'il eût fait vœu de ne plus rentrer dans la maison de mon vivant, et il dit qu'il avait amené Sa Seigneurie pour reconnaître son erreur et se soumettre à toute punition que je croirais devoir lui infliger. Sur quoi je le bâtonnai en présence de deux ou trois de mes amis avec qui j'étais à boire sur le moment, et, il faut lui rendre justice, il supporta ce châtiment assez rude sans regimber ni pleurer le moins du monde. Ceci prouvera que je n'étais pas trop sévère dans la façon dont je le traitais, puisque j'étais autorisé par le ministre lui-même à lui infliger telle correction que je jugerais convenable.

Deux ou trois fois, Lavender, le gouverneur de Bryan, essaya de punir milord Bullingdon; mais je vous promets que le vaurien fut trop fort pour lui, et qu'il vous étendit l'homme d'Oxford par terre avec une chaise, à la grande joie de Bryan, qui criait : « Bravo, Bully! tape dessus, tape dessus! » Et Bully, effectivement, en donna tout son soûl au gouverneur, qui ne se permit plus avec lui de châtiments corporels, mais se contenta de me rapporter les méfaits de Sa Seigneurie, à moi, son protecteur et son tuteur naturel.

Avec l'enfant, Bullingdon était, cela est étrange à dire, assez traitable. Il avait pris en goût le petit bonhomme, comme, du reste, faisaient tous ceux qui voyaient ce garçon, et l'aimait en outre, disait-il, d'être un demi-Lyndon. Et il pouvait bien l'aimer; car mainte fois, à l'intercession du cher ange : « Papa, ne fouettez pas Bully aujourd'hui! » ma main s'est arrêtée, et lui a épargné une rossée qu'il méritait richement.

Avec sa mère, d'abord, il daignait à peine avoir aucune communication. Il disait qu'elle n'était plus de la famille. Pourquoi l'aimerait-elle? Jamais elle n'avait été une mère pour lui. Mais le lecteur aura une idée de l'inconcevable entêtement et du caractère hargneux de ce garçon, quand j'aurai cité un trait qui le concerne. On m'a reproché de lui avoir refusé l'éducation qui convient à un gentilhomme, et de ne l'avoir jamais envoyé au collége ou à l'école ; mais le fait est que s'il n'y alla point, ce fut de son propre choix. Je le lui proposai à plusieurs reprises (dans mon désir de voir le moins possible son impudence), mais il me refusa autant de fois ; et, pendant tout le temps, je ne pouvais deviner quel était le charme qui le retenait dans une maison où il devait être loin d'être agréablement.

Je finis, toutefois, par le découvrir. Il y avait de très-fréquentes disputes entre milady Lyndon et moi, dans lesquelles c'était tantôt l'un, tantôt l'autre, qui avait tort, et qui, comme aucun de nous n'avait un caractère fort angélique, allaient ordinairement très-loin. J'étais souvent dans les vignes du Seigneur ; et, dans cet état, quel gentilhomme est maître de lui? Peut-être, étant ainsi, ai-je pu traiter milady un peu rudement, lui jeter un verre ou deux à la tête, et l'appeler de noms peu complimenteurs. Je peux l'avoir menacée de la tuer (ce qu'évidemment il n'aurait pas été de mon intérêt de faire), et l'avoir, en un mot, effrayée considérablement.

Après une de ces disputes, dans laquelle elle s'enfuit en criant dans les corridors, et moi, gris comme un lord, je courus en trébuchant après elle, il paraît que Bullingdon fut attiré hors de sa chambre par ce bruit. Comme je l'avais rejointe, l'audacieux gredin profita de ce que je n'étais pas très-solide pour me donner un croc-en-jambe ; et, saisissant dans ses bras sa mère, qui se pâmait, il l'emporta chez lui, où, sur ses instances, il lui promit de ne jamais quitter la maison tant qu'elle vivrait avec moi. Je ne savais rien de ce vœu, ni même de la facétie d'homme ivre qui y avait donné lieu ; je fus emporté *glorieux*, comme nous disons, par mes domestiques, et me mis au lit, et le lendemain matin je n'avais pas plus de souvenir de ce qui était arrivé que de ce qui avait pu se passer quand j'étais à la mamelle. Lady Lyndon me raconta le fait des années après ; et je le cite ici, parce qu'il me permet de me justifier honorablement d'une des plus absurdes imputations de cruauté soulevées contre moi au sujet de mon beau-fils. Que mes détracteurs excusent, s'ils l'osent, la conduite d'un abominable brigand qui donne un croc-en-jambe à son tuteur naturel et beau-père après dîner.

Cette circonstance servit à rapprocher pour un peu de temps la mère et le fils, mais leurs caractères étaient trop différents. Je crois qu'elle m'aimait trop pour jamais lui permettre de se réconcilier sincèrement avec elle. A mesure qu'il devenait homme, sa haine envers moi prit une intensité tout à fait horrible à penser (et que, je vous en réponds, je rendis avec les intérêts); et ce fut à l'âge de seize ans, je pense, que l'impudent jeune pendard, à mon retour du parlement, un été, quand je voulus le bâtonner comme d'habitude, me donna à entendre qu'il ne souffrirait plus de moi aucun châtiment semblable, et dit, en grinçant des dents, qu'il me brûlerait la cervelle si je levais la main sur lui. Je le regardai; il était devenu, dans le fait, un grand jeune homme, et je renonçai à cette partie nécessaire de son éducation.

Ce fut vers ce temps que je levai la compagnie qui devait servir en Amérique; et mes ennemis dans le pays (depuis ma victoire sur les Tiptoff, je n'ai pas besoin de dire que j'en avais beaucoup) commencèrent à faire courir les bruits les plus honteux sur ma conduite envers ce précieux garnement, mon beaufils, et à insinuer que je voulais tout à fait me débarrasser de lui. Ainsi, mon dévouement à mon souverain fut transformé en une infâme tentative de ma part contre la vie de Bullingdon; et il fut dit que j'avais levé ce corps destiné à l'Amérique, dans le seul but d'en donner le commandement au jeune vicomte, et de me défaire ainsi de lui. Je ne suis pas bien sûr qu'on n'ait pas désigné l'homme de la compagnie qui avait ordre de l'expédier à la première action générale, et la somme que je lui avais donnée pour ce service délicat.

Mais la vérité est que mon opinion alors (et, quoique l'accomplissement de ma prédiction ait été retardé, je ne fais pas de doute qu'elle ne se réalise bientôt) était que milord Bullingdon n'avait pas besoin de mon aide pour aller dans l'autre monde, et qu'il en saurait heureusement bien trouver le chemin de lui-même. Le fait est qu'il en prit la route de bonne heure; de tous les violents, audacieux, désobéissants garnements qui avaient fait de la peine à un affectionné père, il était certes le plus incorrigible; il n'y avait pas à le battre, à l'amadouer, à l'apprivoiser.

Par exemple, à propos de mon petit Bryan, quand son gouverneur l'amenait dans la salle où nous étions à boire après dîner', milord commençait à me lancer ses violents et irrespectueux sarcasmes. « Cher enfant, disait-il en se mettant à le choyer et à le caresser, quel dommage pour toi que je ne sois pas mort! Les Lyndon alors auraient un plus digne représentant, et tout le bénéfice de l'illustre sang des Barry de Barryogue; n'est-il pas vrai, monsieur Barry-Lyndon? »

Il ne manquait pas de choisir les jours où il y avait du

monde, des ecclésiastiques ou des propriétaires du voisinage, pour m'adresser ces insolents discours.

Une autre fois (c'était le jour de naissance de Bryan), nous donnions un grand bal et gala à Hackton, et c'était le moment pour mon petit Bryan de faire son apparition parmi nous, ce qu'il avait coutume de faire dans le plus pimpant petit habit de cour que vous ayez jamais vu (hélas ! il me vient des larmes à mes vieux yeux de penser à la brillante mine de ce cher petit) ; on s'attroupa et on rit beaucoup lorsque l'enfant entra, mené par son demi-frère, qui s'avança dans la salle de bal (le croiriez-vous ?) chaussé seulement de ses bas, et tenant par la main le petit Bryan qui patrouillait dans les grands souliers de son aîné. « Ne trouvez-vous pas que mes souliers lui vont très-bien, sir Richard Wargrave ? » dit le jeune réprouvé : sur quoi les assistants se mirent à se regarder les uns les autres et à rire sous cape ; et sa mère, allant à lord Bullingdon avec beaucoup de dignité, saisit l'enfant dans ses bras, et dit : « A la manière dont j'aime cet enfant, milord, vous devriez savoir combien j'aurais aimé son frère aîné, s'il s'était montré digne de l'affection d'une mère ! » Et, fondant en larmes, lady Lyndon sortit de la chambre, laissant le jeune lord assez déconfit pour cette fois.

Enfin, un autre jour, sa conduite envers moi fut si outrageante (c'était à la chasse et en public, devant une compagnie nombreuse), que je perdis toute patience, courus droit au marmot, l'arrachai de sa selle de toute ma force, et le jetant rudement par terre, y sautai moi-même, et administrai au petit gredin un telle correction à coups de cravache sur la tête et les épaules, qu'elle aurait bien pu finir par le tuer, si je n'eusse été retenu à temps ; car je n'étais plus maître de ma colère, et j'étais dans un état à commettre un meurtre ou tout autre crime.

Le drôle fut emmené et mis au lit, où il resta un jour ou deux avec la fièvre, autant de rage et de dépit que du châtiment qu'il avait reçu ; et, trois jours après, quand j'envoyai à sa chambre savoir s'il voulait rejoindre la famille à table, on trouva chez lui un billet, et son lit vide et froid. Le petit scélérat avait pris la fuite, et avait eu l'audace d'écrire sur mon compte dans les termes suivants à ma femme, sa mère :

« Madame, disait-il, j'ai supporté, aussi longtemps que morte pouvait le faire, les mauvais traitements de l'insolent parvenu irlandais que vous avez admis à partager votre lit. Ce n'est pas seulement la bassesse de sa naissance et la brutalité générale de ses manières qui me dégoûtent et me le feront haïr aussi longtemps que j'aurai l'honneur de porter ce nom de Lyndon, dont il est indigne, mais la nature honteuse de sa conduite envers Votre Seigneurie, sa brutalité et ses procédés de rustre envers vous, ses infidélités patentes, ses extravagantes dépenses, son ivrognerie, ses impudentes escroqueries et filouteries de ma fortune et de la vôtre. Ce sont ces insultes envers vous qui me choquent et me révoltent plus que l'infâme conduite de ce chenapan à mon égard. J'aurais voulu rester auprès de Votre Seigneurie, comme je l'avais promis, mais vous paraissez dans ces derniers temps avoir pris le parti de votre mari ; et comme je ne puis châtier personnellement l'ignoble chenapan qui, cela soit dit à notre honte, est l'époux de ma mère, que je ne puis supporter d'être témoin de la façon dont il vous traite, et que son affreuse société me fait plus d'horreur que la peste, je suis décidé à quitter mon pays natal, du moins tout le temps de sa vie abhorrée ou de la mienne. Je tiens de mon père une petite rente, que, je n'en doute pas, M. Barry m'escroquera s'il peut, mais que Votre Seigneurie m'adjugera peut-être, s'il lui reste au cœur quelques sentiments maternels. MM. Childs, les banquiers, peuvent avoir l'ordre de me la payer quand elle sera due; s'ils ne reçoivent pas cet ordre, je ne serai nullement surpris, sachant que vous êtes dans les mains d'un scélérat qui ne se ferait pas scrupule de voler sur le grand chemin, et je chercherai à trouver quelque moyen de vivre plus honorable que celui par lequel ce mendiant d'aventurier irlandais est parvenu à me dépouiller de mes droits et à me chasser de chez ma mère. »

Cette extravagante épître était signée « Bullingdon, » et tous les voisins jurèrent que j'avais eu connaissance de sa fuite, et que je la mettrais à profit; quoique je déclare sur mon honneur qu'à la lecture de cette infâme lettre, mon vrai et sincère désir était d'en tenir l'auteur sous ma main, afin de lui faire savoir ce que je pensais de lui. Mais il n'y avait pas moyen d'ôter de l'esprit des gens que je voulais tuer Bullingdon, tandis que le goût du sang, comme j'ai dit, n'a jamais été un de mes défauts; et, quand même j'aurais eu d'aussi mauvaises intentions contre mon jeune ennemi, la simple prudence m'aurait mis l'âme en repos, puisque je savais qu'il courait de lui-même à sa perte.

Nous fûmes longtemps avant de savoir ce qu'était devenu cet audacieux petit vagabond; mais, au bout d'une quinzaine de mois, j'eus le plaisir d'être à même de réfuter les accusations calomnieuses d'assassinat qui avaient été portées contre moi, en produisant une traite signée de la propre main de Bullingdon, et datée de l'armée du général Tarleton, en Amérique, où ma compagnie se couvrait de gloire, mon jeune lord y servant en qualité de volontaire. Il y eut de mes bons amis qui persistèrent à m'attribuer toutes sortes de mauvaises intentions. Lord Tiptoff ne voulut jamais croire que je consentisse à payer aucun billet, à plus forte raison un billet de lord Bullingdon; la vieille lady Betty Grimsby, sa sœur, s'obstina à déclarer que le billet était faux et le pauvre lord défunt, jusqu'à l'arrivée d'une lettre de lord Bullingdon lui-même à sa mère, où il disait être à New-York, au quartier général, et décrivait tout au long la fête splendide donnée par les officiers de la garnison à nos chefs distingués, les deux Howe.

En attendant, j'eusse réellement assassiné milord que je n'aurais pas été en butte à plus de honteuses attaques et de diffamations que je n'en essuyais à la ville et à la campagne. « Vous apprendrez la mort du jeune homme, à coup sûr, s'écriait un de mes amis. — Et puis viendra celle de sa femme, ajoutait un autre. — Il épousera Jenny Jones, » ajoutait un troisième, et ainsi de suite. Lavender m'apportait la nouvelle de ces propos; tout le pays était soulevé contre moi. Les fermiers, les jours de marché, portaient la main à leurs chapeaux d'un air sombre et se détournaient de moi; les gentilshommes qui suivaient ma chasse se retirèrent brusquement et quittèrent mon uniforme; au bal du comté, où j'avais invité lady Suzanne Capermore et pris ma place le troisième dans la danse, après le duc et le marquis, selon mon habitude, tous les couples se détournèrent quand nous vînmes à eux, et nous laissèrent danser tout seuls. Sukey Capermore a une passion pour la danse qui la ferait danser à un enterrement pour peu qu'on l'invitât, et j'avais trop de cœur pour plier devant une insulte si signalée; de sorte que nous dansâmes avec les gens du plus bas étage, aux derniers rangs, — des apothicaires, des marchands de vin, des procureurs et toute cette écume que nous tolérons dans nos assemblées publiques.

L'évêque, qui était parent de milady Lyndon, s'abstint de nous inviter au palais épiscopal lors des assises; en un mot, on me fit toutes les indignités qu'il est possible d'accumuler sur un innocent et honorable gentilhomme.

Ma réception à Londres, où je menai alors ma femme et ma famille, ne fut guère plus cordiale. Quand je présentai mes respects à mon souverain, à Saint-James, Sa Majesté me demanda, d'un ton épigrammatique, quand j'avais eu des nouvelles de lord Bullingdon. Sur quoi je répliquai, avec une présence d'esprit peu commune : « Sire, milord Bullingdon se bat pour Votre

Majesté contre les rebelles d'Amérique. Votre Majesté désire-
t-elle que j'envoie à son aide un autre régiment? » Là-dessus
le roi tourna sur ses talons, et je me retirai en saluant. Quand
lady Lyndon alla au baise-main chez la reine, j'appris que la
même question précisément avait été adressée à Sa Seigneurie,
et elle revint tout agitée de l'affront qui lui avait été fait. Voilà
comme on récompensait mon dévouement et de quel œil on en-
visageait mes sacrifices en faveur de mon pays! J'emmenai
brusquement ma maison à Paris, où je reçus un accueil fort
différent; mais mon séjour au milieu des plaisirs enchanteurs
de cette capitale fut extrêmement court, car le gouvernement
français qui, depuis longtemps, favorisait sous main les rebelles
d'Amérique, venait de reconnaître ouvertement l'indépendance
des États-Unis. Il s'ensuivit une déclaration de guerre; nous
tous, heureux Anglais, nous fûmes renvoyés de Paris, et je
crois que j'y laissai une ou deux belles dames inconsolables.
C'est le seul endroit où un gentilhomme puisse vivre comme il
lui plaît, sans être incommodé de sa femme. La comtesse et moi,
durant le séjour que nous y fîmes, nous nous vîmes à peine,
excepté dans les occasions publiques, à Versailles ou au jeu de
la reine, et notre cher petit Bryan acquit mille perfections élégantes qui le rendirent les délices de tous ceux qui le connaissaient.

Je ne dois pas oublier de mentionner ici ma dernière entrevue
avec mon bon oncle, le chevalier de Ballybarry, que j'avais laissé
à Bruxelles avec la ferme intention de faire son salut, et qui s'y
était retiré dans un couvent. Depuis lors il était rentré dans le
monde, à son grand ennui et repentir, étant tombé amoureux fou,
sur ses vieux jours, d'une actrice française qui avait fait comme
la plupart des dames de cette espèce, l'avait ruiné, l'avait planté
là et s'était moqué de lui. Son repentir était vraiment édifiant.
Sous la direction de MM. du collége irlandais, il avait tourné de
nouveau ses pensées vers la religion, et la seule prière qu'il
m'adressa, quand je le vis et lui demandai en quoi je pouvais
l'assister, fut de faire une belle donation au couvent où il se
proposait d'entrer.

Ceci, comme de raison, je ne le pouvais faire, mes principes
religieux m'interdisant d'encourager la superstition d'aucune
manière; et le vieux gentilhomme et moi nous nous séparâmes
assez froidement, en conséquence de mon refus d'assurer, comme
il dit, le bien-être de ses vieux jours.

J'étais fort pauvre à cette époque, voilà le fait; et, entre nous,
la Rosemont de l'Opéra français, danseuse médiocre, mais une

tournure et un pied charmant, me ruinait en diamants, équipages et mémoires de tapissier; ajoutez à cela que j'avais une mauvaise veine au jeu et que j'étais forcé, pour faire face à mes pertes, de me soumettre aux plus honteuses exigences des usuriers, de mettre en gage les diamants de lady Lyndon (cette maudite petite Rosemont m'en soutira quelques-uns), et de recourir à mille autres moyens de battre monnaie. Mais quand l'honneur est en jeu, m'a-t-on jamais vu sourd à son appel? et quel homme peut dire que Barry Lyndon ait perdu un pari sans le payer?

Quant à mes espérances ambitieuses au sujet de la pairie irlandaise, je commençai, à mon retour, à trouver que j'avais terriblement fait fausse route, grâce à ce gredin de lord Crabs, qui aimait fort à prendre mon argent, mais n'avait pas plus le crédit de m'avoir une couronne nobiliaire que de me procurer la tiare du pape. Le roi ne fut pas du tout plus gracieux pour moi, à mon retour du continent, qu'il ne l'avait été avant mon départ, et je sus d'un des aides de camp des ducs, ses frères, que ma conduite et les distractions que j'avais prises à Paris avaient été présentées sous un jour odieux par des espions là-bas, et avaient été l'objet d'augustes commentaires, et que Sa Majesté, influencée par ces calomnies, avait positivement dit que j'étais l'homme le plus taré des trois royaumes. Moi, taré! Moi, un déshonneur pour mon nom et mon pays! Quand j'appris ces faussetés, je fus dans une telle rage que j'allai tout aussitôt trouver lord North pour lui faire des représentations, pour demander instamment qu'il me fût permis de paraître devant le roi et de me laver des imputations dirigées contre moi, d'exposer les services que j'avais rendus au gouvernement en votant pour lui, et m'informer quand la récompense qui m'avait été promise, à savoir le titre porté par mes ancêtres, serait rétabli en ma personne.

Ce gros lord North était d'une froideur somnolente qui avait, plus que toute autre chose, irrité l'opposition contre lui. Il m'avait écouté les yeux à demi fermés. Quand j'eus fini un long et violent discours que je fis en arpentant sa chambre de Downing-street, et en gesticulant avec toute l'énergie d'un Irlandais, il ouvrit un œil, sourit et me demanda doucement si c'était tout. Sur ma réponse affirmative, il dit : « Eh bien, monsieur Barry, je vous répondrai point par point. Le roi a une répugnance excessive à faire des pairs, comme vous savez. Vos droits, comme vous les appelez, ont été mis sous ses yeux, et la gracieuse réplique de Sa Majesté a été que vous étiez l'homme le plus impudent de ses États, et méritiez une corde plutôt qu'une

couronne. Quant à nous ôter votre appui, vous êtes parfaitement bienvenu à vous transporter, vous et votre vote, partout
où il vous plaira. Et maintenant, comme j'ai beaucoup d'occupations, peut-être voudrez-vous me faire la faveur de vous retirer. » A ces mots il leva sa main nonchalamment vers la sonnette
et me congédia avec un salut, me demandant d'un ton douce-
reux s'il était quelque autre chose au monde en quoi il me pût
obliger.

Je rentrai chez moi dans une fureur impossible à décrire, et
ayant lord Crabs à dîner ce jour-là, je me vengeai de Sa Seigneurie en lui arrachant sa perruque, l'étouffant avec, et l'attaquant
dans cette partie de sa personne qui, selon la rumeur publique,
avait déjà été assaillie par Sa Majesté. Toute l'histoire courait la
ville le lendemain, et les clubs et magasins d'estampes étaient
tapissés de gravures me représentant dans l'opération ci-dessus
mentionnée. Ce fut à qui rirait du lord et de l'Irlandais, et je
n'ai pas besoin de dire que les originaux des deux portraits
furent reconnus. Quant à moi, j'étais un des personnages les
plus célèbres de Londres à cette époque, ma toilette, mon style
et mes équipages étant aussi connus que ceux d'aucun chef de
la fashion, et ma popularité, si elle n'était pas grande dans la
plus haute classe, était, du moins, considérable ailleurs. Le
peuple m'acclama dans les Gordon-Rows, alors qu'il tuait presque mon ami Twitcher et brûlait la maison de lord Mansfield.
Dans le fait, j'étais connu comme zélé protestant, et, après ma
querelle avec lord North, je passai droit dans l'opposition, et le
vexai par tous les moyens qui étaient en mon pouvoir.

Ils n'étaient malheureusement pas très-grands, car je parlais
mal, et la Chambre ne voulait pas m'écouter ; bientôt même, en
1780, après les troubles de Gordon, elle fut dissoute et une élection générale eut lieu. Cela m'arriva, comme m'arrivaient toutes
mes mésaventures, à un moment bien inopportun. Je fus obligé
de me procurer encore plus d'argent, aux taux les plus coûteux,
pour faire face à cette maudite élection, et j'eus contre moi les
Tiptoff, plus actifs et plus virulents que jamais.

Le sang me bout même aujourd'hui quand je songe à l'atroce
conduite de mes ennemis dans cette infâme élection. On me fit
passer pour une Barbe-Bleue irlandaise, on imprima contre moi
des libelles et de grossières caricatures qui me représentaient
fouettant lady Lyndon, cravachant lord Bullingdon, le mettant
à la porte par une tempête, et je ne sais quoi. Il y avait des
estampes d'une pauvre cabane d'Irlande, d'où l'on prétendait
que je venais ; d'autres où j'étais représenté comme un laquais

et un décrotteur. On avait répandu sur moi un déluge de calomnies, sous lequel tout homme qui aurait eu moins d'énergie aurait succombé.

Mais j'eus beau tenir hardiment tête à mes accusateurs; j'eus
beau prodiguer l'argent dans cette élection, ouvrir à deux bat-
tants Hackton-Hall et faire couler à flots le vin de Champagne et
de Bourgogne chez moi et dans toutes les auberges de la ville,
je n'eus pas la majorité. Cette canaille de gentry avait tourné
tout entière contre moi et passé à la faction Tiptoff; on me représenta même comme retenant ma femme de force, et vainement je l'envoyai seule dans la ville, portant mes couleurs, avec
Bryan sur ses genoux, et lui fis faire des visites à la femme du
maire et aux principales dames du pays, rien ne put ôter de l'i-
dée qu'elle ne vivait pas dans une crainte perpétuelle de moi, et
la brutale populace eut l'insolence de lui demander pourquoi
elle osait s'en retourner et comment elle pouvait aimer à avoir
des coups de cravache pour son souper.

Je fus battu aux élections, et tous les mémoires fondirent
ensemble sur moi, tous les billets que j'avais souscrits pour les
années qui suivraient mon mariage, et que les créanciers, avec
une infâme unanimité, m'envoyèrent en si grand nombre, qu'il
y en avait des monceaux sur ma table. Je n'en citerai pas le
montant; il était effroyable, Mes intendants et hommes de loi
empirèrent la chose; je fus enlacé dans une toile inextricable
de billets et de mémoires, d'hypothèques et d'assurances, et de
tous les horribles maux qui s'y attachent. Il arrivait de Londres
hommes de loi sur hommes de loi; il fut fait transaction sur
transaction, et le revenu de lady Lyndon fut engagé à peu près
sans retour pour satisfaire ces cormorans. C'est une justice à lui
rendre; elle se conduisit avec passablement d'obligeance dans
ces moments d'ennui : car, toutes les fois que j'avais besoin d'argent, il me fallait la cajoler, et, toutes les fois que je la cajolais,
j'étais sûr de ramener à la bonne humeur ce pauvre esprit
de femme, d'une nature si faible et si craintive, que, pour
une semaine de repos, elle m'aurait signé l'abandon de mille
livres sterling de rente. Et quand mes tracas commencèrent à
Hackton et que je m'arrêtai à la dernière chance qui me restât,
à savoir de me retirer en Irlande et de retrancher sur mes dépenses, abandonnant à mes créanciers, jusqu'à entière satisfaction, la meilleure partie de mon revenu, milady fut tout à fait
joyeuse à l'idée de partir, et dit que, si nous voulions rester tran-
quilles, elle ne doutait pas que tout n'allât bien; elle était même
charmée de subir la pauvreté relative dans laquelle il nous fal-

lait vivre à présent, pour l'amour de la retraite et de la paix domestique dont elle espérait jouir.

Nous partîmes assez subitement pour Bristol, laissant les odieux et ingrats misérables de Hackton nous vilipender sans doute en notre absence. Mes écuries et mes meutes furent vendues immédiatement; les harpies auraient bien voulu se jeter sur ma personne, mais la chose n'était pas en leur pouvoir. J'avais su, par mon habileté, tirer de mes mines et de mes terres à moi tout ce qu'elles pouvaient rendre, en sorte que les scélérats furent déçus dans cette espérance, et, quant à la vaisselle plate et au mobilier de la maison de Londres, ils n'y pouvaient toucher, vu que c'était la propriété des héritiers de la famille Lyndon.

Je passai donc en Irlande, et fixai pour quelque temps ma résidence à Castle-Lyndon, tout le monde s'imaginant que j'étais entièrement ruiné, et que le fameux et brillant Barry Lyndon ne reparaîtrait plus jamais dans les cercles dont il avait fait l'ornement; mais il n'en fut pas ainsi. Au milieu de mes perplexités, la fortune me réservait encore une grande consolation. Il arriva des dépêches d'Amérique annonçant la défaite, par lord Cornwallis, du général Gates dans la Caroline, et la mort de lord Bullingdon, qui était présent comme volontaire.

Quant à mes propres désirs de posséder un piètre titre irlandais, ils n'étaient pas bien vifs. Mon fils maintenant héritait d'une comté anglaise, et je lui fis prendre sur-le-champ le titre de lord vicomte Castle-Lyndon, le troisième des titres de la famille. Ma mère faillit devenir folle de joie en saluant son petit-fils de « milord, » et je me sentis payé de toutes mes souffrances et privations quand je vis cet amour d'enfant parvenu à un tel poste d'honneur.

CHAPITRE XIX.

Conclusion.

Si le monde ne se composait pas d'une race de misérables ingrats, qui prennent leur part de votre prospérité tant qu'elle existe, et même, tout gorgés de votre venaison et de votre vin de Bourgogne, médisent du généreux amphitryon, je suis sûr

que j'aurais un nom excellent et une haute réputation, en Irlande du moins, où ma libéralité fut sans bornes, et où la splendeur de ma maison et de mes fêtes n'était égalée par aucun autre
seigneur de mon temps. Tant que dura ma magnificence, tout le
pays fut libre de la partager ; j'avais dans mes écuries assez de
chevaux de chasse pour monter un régiment de dragons, et des
tonneaux de vin de quoi griser des comtés entiers pendant des
années. Castle-Lyndon était devenu le quartier général d'une
foule de gentilshommes besoigneux, et je n'allais jamais à la
chasse sans avoir une douzaine de jeunes gens des meilleures
familles du pays pour écuyers et veneurs. Mon fils, le petit
Castle-Lyndon, était un prince ; son éducation et ses manières,
si jeune qu'il fût, étaient dignes des deux nobles familles dont il
descendait, et je ne sais pas quelles espérances je ne fondais
pas sur cet enfant, quelles idées je ne me faisais pas de ses succès futurs et de la figure qu'il ferait dans le monde. Mais le cruel
destin avait décidé que je ne laisserais personne de ma race
après moi, et arrêté que je finirais ma carrière telle que je la
vois près de se fermer, pauvre, solitaire, sans enfant. Je puis
avoir eu des défauts, mais personne n'osera dire de moi que je
ne fus pas un bon et tendre père. J'aimais cet enfant passionnément, peut-être avec une aveugle partialité ; je ne lui refusais
rien ; avec joie, avec joie, je le jure, je serais mort pour détour-
ner de lui cette fin prématurée. Je ne crois pas qu'il se soit passé
un jour depuis que je l'ai perdu sans que sa radieuse face et son
joli sourire m'aient apparu du haut des cieux où il est, et
sans que mon cœur se soit élancé vers lui. Ce cher enfant
me fut enlevé à l'âge de neuf ans, en pleine beauté, en pleines
promesses, et son souvenir s'est gravé si fortement dans mon
âme, que je n'ai jamais pu l'oublier ; sa petite ombre revient la
nuit à mon chevet sans repos et solitaire ; maintes fois, au milieu de la plus ardente, de la plus folle compagnie, quand la
bouteille circule et que retentissent les chansons et les éclats de
rire, je pense à lui. J'ai en ce moment même une boucle de ses
doux cheveux bruns suspendue à mon cou ; elle m'accompagnera
à l'humiliante fosse du pauvre, où bientôt, sans doute, seront
déposés les vieux os usés de Barry Lyndon.

Mon Bryan était un garçon d'une énergie étonnante (et en
effet, venant d'une telle souche, pouvait-il être autrement ?), im-
patient de mon autorité même, contre laquelle il arrivait souvent
au cher petit vaurien de se révolter vaillamment, et à plus forte
raison de celle de sa mère et des femmes dont les tentatives de
contrôle ne lui inspiraient que rire et mépris. Ma propre mère

elle-même (mistress Barry de Lyndon, comme s'appelait à présent la bonne âme par compliment pour ma nouvelle famille) était tout à fait incapable de le tenir en bride, et vous pouvez vous figurer d'après cela quelle volonté il avait. Sans cela, il serait probablement encore en vie ; il pourrait.... mais à quoi bon se lamenter? N'est-il pas dans un lieu meilleur? L'héritage d'un mendiant lui serait-il d'aucune utilité? La chose est mieux comme elle est! Que le ciel soit bon pour nous! Hélas! faut-il que moi, son père, je sois resté pour le pleurer !

C'était au mois d'octobre que j'avais été à Dublin pour voir un homme de loi et un capitaliste, qui étaient venus en Irlande pour se consulter avec moi au sujet de ventes que j'avais à faire et de la coupe des bois de Hackton, dont, tant parce que je détestais l'endroit que parce que j'avais grand besoin d'argent, j'étais déterminé à abattre jusqu'au dernier arbre. La chose avait présenté quelques difficultés. On disait que je n'avais pas le droit d'y toucher. Ces brutes de paysans autour du domaine en étaient venus à un tel degré d'animosité contre moi, que les gredins refusaient littéralement d'employer leurs cognées contre les arbres, et que mon agent (ce gueux de Larkins) déclara que sa vie était en danger parmi eux s'il tentait davantage de dilapider, comme ils disaient, la propriété. Tout notre magnifique mobilier avait été vendu à cette époque, je n'ai pas besoin de le dire, et, quant à la vaisselle plate, j'avais pris grand soin de l'emporter en Irlande, où elle était dans les meilleures mains possibles, celles de mon banquier, qui avait avancé dessus six mille livres, somme dont j'eus bientôt besoin.

J'allai donc à Dublin pour y rencontrer ces hommes d'affaires anglais, et je réussis si bien à persuader M. Splint, grand constructeur de vaisseaux et marchand de bois de construction de Plymouth, de mes droits sur le bois de Hackton, qu'il convint de me l'acheter à vue de nez environ un tiers de sa valeur, et il me remit cinq mille livres, qu'étant alors accablé de dettes je fus bien forcé d'accepter. Il n'eut pas, lui, de difficulté à abattre le bois, je vous en réponds. Il prit un régiment de charpentiers et scieurs de long de ses chantiers et de ceux du roi à Plymouth, et, en deux mois, le parc de Hackton fut aussi dénué d'arbres que le marais d'Allen.

Cette maudite expédition me porta malheur. Je perdis la plus grande partie de mon argent au jeu en deux nuits chez Daly, en sorte que je me trouvai juste aussi endetté que ci-devant, et le vaisseau qui emportait mon vieux filou de marchand de bois n'avait pas fait voile pour Holyhead, que déjà, de l'argent qu'il m'avait apporté, il ne me restait qu'une couple de cent livres, avec lesquelles je m'en retournai chez moi fort désolé, et fort subitement aussi, car mes fournisseurs de Dublin étaient acharnés après moi, ayant su que j'avais dépensé la somme reçue, et deux de mes marchands de vin avaient des prises de corps contre moi pour plusieurs milliers de livres.

J'achetai à Dublin, toutefois, suivant ma promesse (car lorsque je fais une promesse) je la tiens à tout prix, j'achetai un petit cheval pour mon cher petit Bryan, comme cadeau pour le dixième anniversaire de sa naissance, qui allait arriver. C'était une magnifique petite bête, et elle me coûta gros. Je n'ai jamais regardé à l'argent quand il s'est agi de ce cher enfant. Mais elle était très-sauvage. Elle jeta par terre un de mes garçons d'écurie qui fut le premier à la monter, et lui cassa la jambe; et quand je me chargeai moi-même de la ramener à la maison, il fallut mon poids et mon adresse pour la faire tenir tranquille.

Quand nous fûmes arrivés, j'envoyai mon cheval par un de mes palefreniers chez un fermier pour le dresser à fond, et je dis à Bryan, qui se mourait d'envie de voir son petit cheval, qu'il l'aurait pour son jour de naissance, où il chasserait dessus avec ma meute, et je ne me promis pas peu de plaisir de lui faire faire, ce jour-là, son début sur le terrain où j'espérais le voir primer par la suite à la place de son tendre père. Hélas! ce noble enfant ne devait jamais chasser le renard, ni prendre parmi les gentilshommes de son pays la place que lui assignaient sa naissance et son mérite.

Quoique je ne croie ni aux rêves ni aux prédictions, cependant je ne peux pas ne pas reconnaître que, lorsqu'un homme est menacé d'une grande calamité, il en a souvent d'étranges et terribles présages. Je m'imagine en avoir eu plusieurs alors. Lady Lyndon, particulièrement, rêva deux fois que son fils était mort; mais comme elle était devenue extraordinairement nerveuse et sujette aux vapeurs, je traitai ses craintes avec mépris, et les miennes aussi, comme de juste. Et, dans un moment d'abandon, tout en buvant après dîner, je dis au pauvre Bryan, qui me questionnait toujours au sujet du petit cheval et du jour où il devait venir, qu'il était arrivé, qu'il était à la ferme de Doolan, où Mick, le groom, le dressait. « Promettez-moi, Bryan, s'écria sa mère, que vous ne monterez le cheval qu'en compagnie de votre père. » Mais je me bornai à dire : « Bah! madame, vous êtes un âne! » étant irrité de sa sotte timidité, qui maintenant se montrait toujours de mille manières désagréables; et me tournant vers Bryan, je dis : « Je promets à Votre

Seigneurie une bonne correction si vous le montez sans ma permission. »

Je suppose que le pauvre enfant ne s'effraya pas d'acheter à ce prix le plaisir qu'il se promettait, ou qu'il pensa peut-être bien qu'un tendre père lui ferait remise entière de la peine, car le lendemain matin, quand je me levai, un peu tard, ayant passé la nuit à boire, j'appris que l'enfant avait décampé au point du jour, s'étant glissé par la chambre de son gouverneur (c'était Redmond Quin, notre cousin, qui était venu vivre chez moi), et je n'eus pas de doute qu'il ne fût allé à la ferme de Doolan.

Je pris un grand fouet de cheval et galopai après lui en fureur, jurant de tenir ma promesse. Mais, que le ciel me pardonne! j'y songeais peu, lorsqu'à trois milles du château je vis venir à moi une triste procession, des paysans gémissant et hurlant comme font nos Irlandais, le cheval noir mené en laisse, et, sur une porte dont on avait fait une civière, mon pauvre cher, cher petit garçon. Il était là, gisant dans ses petites bottes à éperons et dans son petit habit écarlate et or. Sa chère face était toute blanche, et il sourit en me tendant la main, et dit péniblement : « Vous ne me donnerez pas le fouet, n'est-ce pas, papa ? » Je ne pus que fondre en larmes pour toute réponse. J'ai vu mourir bien des gens, et il y a dans les yeux un regard sur lequel on ne peut se méprendre. Il y avait un petit tambour que j'aimais, qui fut atteint, devant ma compagnie, à Kühnersdorf; quand j'accourus lui donner de l'eau, il avait exactement le même air qu'avait maintenant mon cher Bryan : il n'y a pas à se tromper sur cette terrible expression des yeux. Nous le portâmes à la maison et cherchâmes partout des médecins pour examiner sa blessure.

Mais à quoi sert un médecin dans une lutte avec le sombre, l'invincible ennemi? Ceux qui vinrent ne purent que confirmer notre désespoir par le rapport qu'ils firent sur l'état du pauvre enfant. Il avait monté vaillamment son cheval, s'était tenu en selle avec intrépidité, en dépit de tous les plongeons et de toutes les ruades de l'animal, et, ayant dompté son premier mauvais vouloir, il lui fit sauter une haie au bord de la route. Mais il y avait au milieu un amas de pierres, et le pied du cheval se prit dedans, et lui et son beau petit cavalier roulèrent ensemble par-dessus. Les témoins dirent avoir vu le noble petit garçon se relever soudain après sa chute, et courir après le cheval qui s'était enfui après lui avoir donné un coup de pied dans le dos, à ce qu'on crut voir, tandis qu'ils étaient par terre. Le pauvre Bryan courut quelques pas, et puis tomba comme frappé d'une balle. Son visage devint tout pâle, et on le crut mort. Mais on lui versa du wiskey dans la bouche, et le pauvre enfant se ranima ; cependant il ne pouvait pas bouger, l'épine dorsale était endommagée, et la partie inférieure de son corps était morte quand on le mit au lit. Le reste ne dura pas longtemps. Dieu m'assiste ! Il demeura encore deux jours avec nous, et ce fut une triste consolation de penser qu'il ne souffrait pas.

Durant ce temps, le caractère du cher ange parut tout à fait changer ; il demanda pardon à sa mère et à moi de tous les actes de désobéissance dont il avait pu être coupable envers nous ; il dit souvent qu'il aimerait à voir son frère Bullingdon. « Bully valait mieux que vous, papa, dit-il ; il ne jurait pas tant, et il me contait et m'apprenait beaucoup de bonnes choses quand vous n'étiez pas là. » Et prenant la main de sa mère et la mienne dans chacune de ses petites mains gluantes, il nous supplia de ne pas nous quereller ainsi, mais de nous aimer, de façon à pouvoir nous retrouver au ciel, où Bully lui avait dit que les gens querelleurs n'allaient point. Sa mère fut très-affectée des admonitions du pauvre ange, et moi aussi. Je voudrais qu'elle m'eût permis de suivre le conseil que nous avait donné le petit moribond.

Enfin, au bout de deux jours, il mourut. Il était là, gisant, l'espoir de ma famille, l'orgueil de mon âge mûr, le lien qui nous avait retenus ensemble, moi et lady Lyndon. « O Redmond ! dit-elle en s'agenouillant devant le corps du cher enfant, de grâce, écoutons la vérité sortie de cette bienheureuse bouche ; amendez-vous, et traitez votre pauvre, aimante et tendre femme, comme son enfant mourant vous l'a recommandé. » Et je dis que je le ferais ; mais il est des promesses qu'il n'est pas au pouvoir d'un homme de tenir, surtout avec une femme comme elle. Mais nous nous rapprochâmes après ce triste événement, et fûmes bons amis pour plusieurs mois.

Je ne vous raconterai pas avec quelle magnificence nous l'enterrâmes. A quoi servent les panaches des pompes funèbres et les vanités du blason ? J'allai tirer un coup de pistolet au fatal cheval noir qui l'avait tué, à la porte du caveau où nous avions déposé mon enfant. J'étais tellement éperdu que j'aurais pu aussi me brûler la cervelle. N'était le crime, il eût peut-être mieux valu que je le fisse ; car qu'a été ma vie depuis que cette aimable fleur a été arrachée de mon sein ? Une succession de misères, d'injustices, de désastres et de souffrances morales et physiques, comme il n'en est jamais échu à personne autre dans toute la chrétienté.

Lady Lyndon, qui avait toujours été tourmentée par ses nerfs et ses vapeurs après la catastrophe de notre enfant béni, devint plus agitée que jamais, et se jeta dans la dévotion avec tant de ferveur, qu'il était des moments où vous l'auriez crue presque folle. Elle s'imaginait avoir des visions. Elle prétendait qu'un ange lui avait dit que la mort de Bryan était une punition dont le ciel la frappait pour avoir négligé son premier-né. Puis elle déclarait que Bullingdon était vivant, elle l'avait vu en rêve. Puis de nouveau elle tombait dans de violents chagrins au sujet de sa mort, et le pleurait avec autant d'amertume que si c'eût été lui qui fût mort le dernier, et non notre adoré Bryan, qui, comparé à Bullingdon, était ce qu'un diamant est à une pierre. Ses accès étaient pénibles à voir et difficiles à réprimer. On commença à dire dans le pays que la comtesse devenait folle. Mes gueux d'ennemis ne manquèrent pas de confirmer et d'exagérer ce bruit, et ajoutaient que j'étais la cause de sa démence. Je l'avais poussée à l'égarement, j'avais tué Bullingdon, j'avais assassiné mon propre fils ; je ne sais ce qu'ils mettaient encore à ma charge. Leurs odieuses calomnies m'atteignirent jusqu'en Irlande ; mes amis s'éloignèrent de moi. Ils commencèrent à déserter mes chasses comme on avait fait en Angleterre, et, quand j'allais à des courses ou à un marché, ils trouvaient de subites raisons pour éviter mon voisinage. Je reçus les noms de Barry le Méchant, Lyndon le Diable, à votre choix ; les gens de la campagne faisaient de merveilleuses légendes à mon sujet ; les prêtres catholiques disaient que j'avais massacré je ne sais combien de religieuses allemandes dans la guerre de Sept ans ; que l'ombre de Bullingdon assassiné hantait ma maison. Un jour, à la foire d'une ville voisine, où j'eus envie d'acheter une veste pour un de mes gens, un drôle, qui se tenait là, dit : « C'est une camisole de force qu'il achète pour milady Lyndon. » Et de cet incident sortit une légende sur ma cruauté envers ma femme, et on raconta plusieurs détails circonstanciés sur ma manière ingénieuse de la torturer.

La perte de mon cher garçon ne m'atteignit pas seulement au cœur comme père, mais elle porta un préjudice très-considérable à mes intérêts personnels ; car, comme il n'y avait plus à présent d'héritier direct de la fortune, et que lady Lyndon était d'une faible santé et ne paraissait nullement devoir laisser de famille, celle qui devait hériter, cette détestable famille de Tiptoff, commença à m'ennuyer de cent manières, et se mit à la tête des ennemis qui répandaient des bruits tendant à me discréditer. Ils m'entravèrent dans l'administration de la fortune de mille façons différentes, jetant les hauts cris si je coupais un bâton, ouvrais un puits, vendais un tableau ou envoyais refondre quelques onces de vaisselle plate. Ils me harcelaient de procès continuels, obtenaient des arrêts de sursis de la chancellerie, entravaient mes agents dans l'exécution de leurs ordres, à tel point que vous vous seriez figuré que ce qui était à moi n'était point à moi, mais à eux, et qu'ils en pouvaient faire ce qu'ils voulaient. Qui pis est, j'ai lieu de croire qu'ils avaient sous mon propre toit des intelligences avec mes propres domestiques : car je ne pouvais pas avoir la moindre discussion avec lady Lyndon qu'on ne le sût au dehors, ni me griser avec mon chapelain et mes amis que quelques infâmes béats ne s'emparassent de la nouvelle et ne fissent le compte de toutes les bouteilles que j'avais bues et de tous les jurements qui m'étaient échappés. Que le nombre en fût grand, je le reconnais. Je suis de l'ancienne école, j'ai toujours été libre dans mes actions et dans mes propos ; et du moins, si je faisais et disais ce qu'il me plaisait, je n'ai jamais été aussi mauvais que maint gredin de cafard de ma connaissance, qui, à l'abri du soupçon, couvre d'un masque de sainteté ses péchés et ses faiblesses.

Puisque je me purge la conscience et que je ne suis point un hypocrite, je puis aussi bien confesser maintenant que je tâchai de déjouer les menées de mes ennemis par un artifice qui n'était peut-être pas strictement justifiable. Tout dépendait pour moi d'avoir un héritier de la fortune : car si lady Lyndon, qui était d'une faible santé, était morte, le lendemain j'étais réduit à la mendicité ; tous mes sacrifices d'argent, etc., pour améliorer le bien, on n'en aurait tenu aucun compte ; toutes les dettes me seraient restées sur le dos ; et mes ennemis auraient triomphé, ce qui, pour un homme d'un cœur honorable comme le mien, était « le plus dur de tous les coups, » comme a dit quelque poëte.

Je confesse donc que je voulais supplanter ces coquins, et, comme je ne le pouvais faire sans un héritier, *je me déterminai à en trouver un.* Si je l'avais sous la main, et de mon sang qui plus est, quoique avec la barre senestre, là n'est pas la question. Ce fut alors que je découvris les indignes machinations de mes ennemis : car ayant touché un mot de ce plan à lady Lyndon, dont j'avais fait, au moins en apparence, la plus obéissante des femmes, quoique je ne lui permisse jamais d'écrire ou de recevoir une lettre sans qu'elle me passât sous les yeux, ni de recevoir d'autres personnes que celles que je jugeais être une société convenable pour elle, dans l'état délicat de sa santé, cependant cette infernale famille des Tiptoff eut vent de mon projet et protesta aussitôt, non-seulement par lettres, mais dans d'ignobles libelles imprimés, et me dénonça à la haine publique, comme un forgeur d'enfant, c'est le nom qu'elle me donnait. Comme de raison, je repoussai l'imputation, je ne pouvais pas faire autrement, et j'offris de me rencontrer sur le champ d'honneur avec n'importe lequel des Tiptoff, et de prouver qu'il était un gredin et un menteur, ce qu'il était effectivement, quoique peut-être pas dans cette circonstance. Mais ils se contentèrent de me répondre par l'entremise d'un homme de loi, et déclinèrent une invitation que tout homme de cœur eût acceptée. Mes espérances d'avoir un héritier avortèrent ainsi complétement; le fait est que lady Lyndon (quoique, comme j'ai dit, je compte son opposition pour rien), avait résisté à ma proposition avec autant d'énergie qu'en pouvait déployer une femme de sa faiblesse, et dit qu'elle avait commis un grand crime à cause de moi, mais qu'elle aimerait mieux mourir que d'en commettre un autre. J'aurais pu aisément ramener Sa Seigneurie à la raison, néanmoins; mais mon plan était éventé, et je ne pouvais plus songer à l'exécuter. Nous aurions eu une douzaine d'enfants légitimes que l'on aurait dit qu'ils étaient supposés.

Quant à me procurer de l'argent sur du viager, je puis dire que j'avais absorbé tout celui de ma femme. Il y avait, de mon temps, fort peu de ces compagnies d'assurances qui se sont élevées depuis dans la ville de Londres; c'étaient des individus qui faisaient l'affaire, et la vie de lady Lyndon était aussi bien connue d'eux que celle, je crois, d'aucune femme de la chrétienté. En dernier lieu, quand je voulus me procurer une somme, les gredins eurent l'impudence de dire que la manière dont je la traitais ne leur laissait pas une année de chance, comme si mon intérêt était de la tuer! Si mon garçon eût vécu, c'eût été bien différent; sa mère et lui auraient pu entre eux annuler une bonne partie de la substitution, et remettre de l'ordre dans mes affaires. A présent, elles étaient vraiment en bien mauvais état. Tous mes plans avaient échoué; mes terres, que j'avais achetées avec de l'argent d'emprunt, ne me rapportaient rien, et j'étais obligé de payer des intérêts ruineux pour les sommes qu'elles m'avaient coûtées. Mon revenu, quoique considérable, était grevé de centaines d'annuités, et de milliers de frais d'hommes de loi, et je me sentais enveloppé de plus en plus dans ce réseau, sans aucun moyen de m'en tirer.

Pour ajouter à toutes mes perplexités, deux ans après la

mort de mon pauvre enfant, ma femme, dont je supportais depuis douze années les bizarreries de caractère et les humeurs extravagantes, voulut me quitter, et fit positivement des tentatives pour se soustraire à ce qu'elle appelait ma tyrannie.

Ma mère, la seule personne qui, dans mes infortunes, me fût restée fidèle (le fait est qu'elle m'a toujours rendu justice, parlant de moi comme d'un martyr de la coquinerie des autres et d'une victime de ma généreuse et confiante disposition), ma mère découvrit le complot qui se tramait, et dont ces artificieux et malfaisants Tiptoff étaient, comme de coutume, les principaux promoteurs. Mistress Barry vraiment, malgré sa violence et ses singularités, était inappréciable pour moi dans ma maison, qui aurait été depuis longtemps ruinée de fond en comble, sans son esprit d'ordre et de conduite, et sans la parfaite intelligence avec laquelle elle gouvernait tout mon monde, qui était fort nombreux. Quant à milady Lyndon, la pauvre âme! elle était bien trop grande dame pour s'occuper des choses du ménage; elle passait ses journées avec son médecin, ou avec ses livres de piété, et ne paraissait jamais parmi nous que contrainte par moi, et alors ma mère et elle étaient sûres d'avoir une querelle.

Mistress Barry, au contraire, avait le génie de l'administration. Elle tenait les servantes en haleine, et les valets en bride; avait l'œil sur le claret dans la cave, et sur l'avoine et le foin dans l'écurie; surveillait les salaisons et les conserves au vinaigre, les approvisionnements de pommes de terre et de tourbe, le cochon qu'on tuait et la volaille, la lingerie et la boulangerie, et les dix mille minuties d'un grand établissement. Si toutes les ménagères irlandaises étaient comme elle, je réponds que plus d'un feu flamberait là où l'on ne voit maintenant que des toiles d'araignée, et que plus d'un parc serait couvert de gras troupeaux qui, à présent, est presque tout envahi par les chardons. Si quelque chose eût pu me soustraire aux conséquences de la scélératesse d'autrui, et (je le confesse, car je ne regarde pas comme au-dessous de moi d'avouer mes défauts), de mon trop facile, généreux et insouciant caractère, c'eût été l'admirable prudence de cette digne créature. Jamais elle ne se mettait au lit que toute la maison ne fût tranquille, et que toutes les chandelles ne fussent éteintes; et vous pouvez croire que ce n'était pas chose aisée avec un homme de mes habitudes, qui avait communément une douzaine de joyeux compagnons (d'artificieux drôles et de faux amis pour la plupart!) à boire avec lui chaque nuit, et qui, pour sa part, allait rarement se coucher sobre. Mainte et mainte fois, sans que j'eusse conscience de son attention, cette bonne âme m'a tiré mes bottes, et m'a vu déposé par mes domestiques dans un bon lit, et a emporté elle-même la chandelle, et été la première aussi le matin à m'apporter mon verre de petite bière. Ce n'était pas un siècle de poules mouillées que le mien, je vous le garantis. Un gentilhomme ne se faisait pas prier pour boire sa demi-douzaine de bouteilles, et quant à votre café et à vos rinçures, on les laissait à lady Lyndon, à son docteur et aux autres vieilles femmes. C'était l'orgueil de ma mère que je pusse boire plus qu'aucun homme du pays, autant, à une pinte près, que mon père avant moi, disait-elle.

Que lady Lyndon la détestât, c'était fort naturel. Elle n'est pas la première personne de son sexe ou du mien qui ait haï une belle-mère. J'avais chargé ma mère de surveiller de près les caprices de Sa Seigneurie, et c'était, comme vous pensez bien, une des raisons pour lesquelles cette dernière ne l'aimait pas. L'assistance et la surveillance de mistress Barry étaient pour moi d'un prix inestimable ; et j'aurais payé vingt espions pour faire cette besogne, que je n'aurais pas été aussi bien servi que par la sollicitude et la vigilance de mon excellente mère. Elle dormait les clefs de la maison sous son oreiller, et avait l'œil partout. Elle suivait tous les mouvements de la comtesse, comme son ombre ; elle trouvait moyen d'avoir connaissance, du matin au soir, de tout ce que faisait milady. Si celle-ci se promenait dans le jardin, un regard vigilant en observait la porte ; et si elle sortait en voiture, mistress Barry l'accompagnait, et une couple d'hommes à ma livrée étaient à cheval à côté du carrosse, afin qu'il ne lui arrivât point de mal. Quoiqu'elle fît des difficultés, et voulût garder la chambre dans un silence maussade, j'établis comme règle que nous irions ensemble à l'église dans notre carrosse à six chevaux tous les dimanches, et qu'elle assisterait aux bals des courses avec moi, toutes les fois que je n'aurais pas à craindre les maudits recors qui m'assiégeaient. Cela donnait un démenti aux méchantes langues qui disaient que je voulais emprisonner ma femme. Le fait est que connaissant sa légèreté, et voyant l'aversion insensée pour moi et les miens qui commençait à l'emporter en elle sur la tendresse, également insensée peut-être, qu'elle avait eue pour moi, j'étais forcé d'être sur mes gardes pour qu'elle ne me faussât point compagnie. Si elle m'eût quitté, j'étais ruiné le lendemain. Cette considération, qui était connue de ma mère, nous obligeait à l'observer de près ; mais, quant à l'emprisonner, je repousse cette imputation avec mépris. Tout homme emprisonne sa femme jusqu'à un certain point ; le monde serait dans un joli état si les femmes pouvaient sortir de chez elles et y rentrer quand il leur plaît. En surveillant lady Lyndon, ma femme, je ne faisais qu'exercer l'autorité légitime qui confère à tout mari le droit d'être honoré et obéi.

Tel est, toutefois, l'artifice des femmes, qu'en dépit de toute ma vigilance il est probable que milady m'aurait échappé, si je n'avais pas eu une alliée aussi fine ; car, de même que le proverbe dit que le meilleur moyen d'attraper un voleur est de lui en mettre un autre aux trousses, de même le meilleur moyen de venir à bout d'une femme est de charger une autre rusée femelle de la garder. On aurait cru que, suivie comme elle l'était, toutes ses lettres lues, et toutes ses connaissances strictement surveillées par moi, vivant dans une partie reculée de l'Irlande, loin de sa famille, lady Lyndon n'avait aucune chance de communiquer avec ses partisans, ou de rendre publics ses griefs, comme il lui plaisait de les appeler ; et cependant elle entretint pendant quelque temps une correspondance à mon nez, et organisa subtilement une conspiration pour me fuir, comme il sera dit.

Elle avait toujours une passion désordonnée pour la toilette, et, comme elle n'était jamais contrecarrée dans ses fantaisies de cette espèce (car je n'épargnais rien pour la contenter, et parmi mes dettes il y a des mémoires de marchandes de modes pour plusieurs milliers de livres), c'était une continuelle allée et venue de boîtes de Dublin, contenant toutes sortes de robes, de bonnets, de volants et de falbalas, selon sa fantaisie. A ces envois étaient jointes des lettres de sa marchande de modes, en réponse aux commandes de milady, et le tout passait par mes mains, sans éveiller en moi le moindre soupçon, pendant quelque temps. Et cependant ces mêmes papiers, par le facile moyen d'une encre sympathique, contenaient toute la correspondance de Sa Seigneurie, et Dieu sait (car je fus quelque temps, comme j'ai dit, sans découvrir le tour) quelles accusations contre moi.

Mais l'habile mistress Barry remarqua que toujours, avant d'écrire à sa marchande de modes, Sa Seigneurie avait besoin de citrons pour faire, soi-disant, sa boisson ; et ce fait qui me fut rapporté me donna à penser ; j'exposai donc une des lettres au feu, et ce noir complot fut démasqué. Je vais donner un échantillon d'une des horribles lettres si artificieuses de cette malheureuse femme. D'une grosse écriture, à lignes espacées,

était écrite une série de commandes à sa couturière, indiquant
les robes dont milady avait besoin, la forme à leur donner, les
étoffes qu'elle voulait avoir, etc. Elle dressait de longues listes
de ce genre, écrivant chaque article à la ligne, de manière à
avoir plus de place pour détailler toutes mes cruautés et ses
effroyables griefs. Entre ces lignes, elle tenait un journal de sa
captivité; il y aurait eu de quoi faire la fortune d'un romancier
de ce temps-là, que d'en avoir une copie et de la publier sous le
titre de *l'Aimable prisonnière ou le féroce époux*, ou tout autre
également saisissant et absurde. Ce journal contenait ce qui suit :

. . . .

« *Lundi*. — Hier on m'a forcée d'aller à l'église. Mon odieux,
monstrueux, vulgaire dragon de belle-mère, en satin jaune et rubans rouges, prenant la première place dans la voiture; M. L.
à la portière, sur le cheval qu'il n'a jamais payé au capitaine
Hurdlestone. L'infâme hypocrite m'a menée à notre banc, chapeau bas et mine souriante, et m'a baisé la main quand je suis
remontée en voiture après le service, et a caressé mon lévrier
italien, le tout afin que le peu de gens réunis là pussent le voir.
Le soir il m'a fait descendre pour faire le thé à sa compagnie,
dont les trois quarts, lui compris, étaient ivres, comme d'habitude. Ils ont peint en noir la face du ministre, quand Sa Révérence en était à sa septième bouteille et dans son état ordinaire
d'insensibilité, et ils l'ont attaché sur la jument grise, le visage
vers la queue. Le dragon femelle a lu toute la soirée jusqu'à
l'heure du coucher, *The Whole Duty of Man* (le Devoir complet de
l'homme), et alors elle m'a reconduite à mon appartement, m'y
a enfermée, et est allée s'occuper de son abominable fils, qu'elle
adore pour sa perversité, je le croirais, *comme Sycorax faisait
Caliban*. »

. . . .

Il fallait voir la fureur de ma mère à la lecture de ce passage! Dans le fait, j'ai toujours eu le goût de la plaisanterie
(celle que nous fîmes au ministre fut, je le confesse, telle qu'elle
a été décrite ci-dessus), et j'avais grand soin de donner connaissance à mistress Barry de tous les compliments que lui
adressait lady Lyndon. Le dragon était le nom sous lequel elle
était connue dans cette précieuse correspondance; quelquefois
aussi elle était désignée sous celui de la sorcière irlandaise.
Quant à moi, c'était « mon geôlier, mon tyran, le noir esprit qui
me tient en son pouvoir, » et ainsi de suite, dans des termes
toujours flatteurs pour mon empire, s'ils l'étaient fort peu pour
mon amabilité. Voici un autre extrait de son journal de prison.

dans lequel on verra que milady, quoiqu'elle prétendît n'avoir
que de l'indifférence pour mes faits et gestes, avait un œil perçant de femme, et pouvait être aussi jalouse qu'une autre :

. . . .

« *Mercredi*. — Il y a eu deux ans aujourd'hui, mon dernier
espoir et plaisir dans la vie m'a été enlevé, et mon cher enfant
a été appelé au ciel. Y a-t-il rejoint son pauvre frère, que j'ai
laissé grandir sans soins à mon côté, et que la tyrannie du
monstre auquel je suis unie a poussé à l'exil et peut-être à la
mort? Charles Bullingdon! viens au secours d'une malheureuse
mère qui reconnaît ses crimes, sa froideur envers toi, et maintenant paye cruellement son erreur! Mais non, il ne peut être
en vie! Je suis folle, ma seule espérance est en vous, mon cousin, vous que j'avais jadis songé à saluer *d'un nom plus tendre
encore*, mon cher George Poynings! Oh! soyez mon chevalier et
mon sauveur, le vrai cœur chevaleresque que vous fûtes toujours, et arrachez-moi aux fers de l'indigne félon qui me tient
captive; arrachez-moi à lui, et à Stycorax, la vile sorcière irlandaise, sa mère! »

(Ici sont des vers, comme Sa Seigneurie était dans l'habitude
d'en composer à la rame, dans lesquels elle se compare à Sabra,
dans les *Sept Champions*, et supplie son George de l'arracher au
dragon, voulant dire mistress Barry. Je passe la poésie et con-
tinue :)

« Même mon pauvre enfant, qui est mort si prématurément
en ce triste anniversaire, le tyran qui m'opprime lui avait appris à me mépriser et à me haïr. C'est contrairement à mes ordres, à mes prières, qu'il fit cette course fatale. Quelles souffrances, quelles humiliations j'ai eues à endurer depuis lors! Je
suis prisonnière chez moi. Je craindrais d'être empoisonnée, si
je ne savais que le misérable a un intérêt sordide à me conserver vivante, et que ma mort serait le signal de sa ruine. Mais je
n'ose bouger sans mon odieuse, hideuse, ignoble geôlière, l'horrible Irlandaise qui poursuit chacun de mes pas. Je suis enfermée la nuit dans ma chambre, comme une criminelle, et on ne
m'en laisse sortir que lorsqu'il m'est *ordonné* de me présenter
devant mon maître (ordonné *à moi!*) pour assister à ses orgies
avec ses compagnons, et entendre son odieuse conversation
lorsqu'il tombe dans la dégoûtante folie de l'ivresse! Il a renoncé à l'apparence même de la constance, lui qui jurait que je
pouvais seul l'attacher ou le charmer! Maintenant il amène ses
maîtresses de bas étage jusque sous mes yeux, et veut me faire

reconnaître comme héritier de ma fortune l'enfant qu'il a d'une autre!

« Non, je ne m'y soumettrai jamais ! Toi, toi seul, mon George, mon ami d'enfance, tu seras l'héritier des biens de Lyndon. Pourquoi la destinée ne m'a-t-elle pas unie à toi, au lieu de l'odieux homme qui me tient sous sa domination, et n'a-t-elle pas rendu la pauvre Calista heureuse! »

. . . .

C'est ainsi que ces lettres s'exprimaient de page en page, de l'écriture la plus fine et la plus serrée; et je laisse à juger à tout lecteur sans préventions si celle qui les avait écrites n'était pas la plus sotte et la plus vaine de toutes les créatures, et s'il n'y avait pas nécessité de prendre soin d'elle. Je pourrais transcrire des aunes de rapsodies à lord George Poynings, son ancienne flamme, dans lesquelles elle lui donnait les noms les plus tendres, et le conjurait de lui trouver un refuge contre ses oppresseurs; mais le lecteur serait fatigué de les lire, comme moi de les copier. Le fait est que cette malheureuse femme avait le tic d'écrire plus long qu'elle n'en voulait dire. Elle était toujours à lire des romans et autres fariboles ; se supposant dans des rôles imaginaires, s'égarant dans l'héroïque et le sentimental, et, avec aussi peu de cœur qu'aucune femme que j'aie connue, manifestant la plus violente disposition à l'amour. Elle écrivait toujours comme si elle était dans le feu de la passion. J'ai une élégie sur son petit chien, la plus pathétique chose qu'elle ait jamais écrite; et les plus tendres remontrances à Betty, sa femme de chambre favorite ; à sa femme de charge, après une querelle; à une douzaine de connaissances, à chacune desquelles elle s'adressait comme au plus cher ami qu'elle eût au monde, et qu'elle oubliait aussitôt qu'il lui prenait une autre fantaisie. Quant à son amour pour ses enfants, le passage ci-dessus montrera jusqu'à quel point elle était capable de véritable sentiment maternel; la phrase même où elle rappelle la mort d'un de ses enfants lui sert à trahir sa personnalité et à assouvir sa rancune contre moi, et elle ne désire rappeler l'autre du tombeau qu'afin qu'il lui soit de quelque utilité à elle-même. Si je me suis conduit sévèrement envers cette femme, en l'éloignant de ses flatteurs qui auraient semé la discorde entre nous, et en lui ôtant les moyens de mal faire, qui pourra dire que j'avais tort? Si jamais femme mérita une camisole de force, ce fut milady Lyndon; et j'ai connu dans mon temps des hommes chargés de fers et la tête rasée, sur la paille, qui n'avaient pas commis la moitié des folies de cette sotte, vaine, infatuée créature.

Ma mère fut si irritée des accusations contre moi et contre elle que contenaient ces lettres, que j'eus la plus grande difficulté à l'empêcher de découvrir à lady Lyndon que nous en avions connaissance, quelque intérêt que j'eusse, comme de raison, à le cacher; car j'avais à cœur de savoir jusqu'où allaient les desseins de ma femme, et jusqu'à quel point elle pousserait l'artifice. L'intérêt des lettres allait toujours croissant, comme on dit des romans. La manière dont je la traitais était présentée sous des couleurs à faire frémir. Je ne sais pas de quelles monstruosités elle ne m'accusait pas, et quelles misères et privations elle ne prétendait pas subir, tandis qu'elle vivait extrêmement grasse et satisfaite, en apparence, dans notre maison de Castle Lyndon. La lecture des romans et la vanité lui avaient tourné la cervelle. Je ne pouvais pas lui dire une parole rude (et elle en méritait des milliers par jour, je puis vous l'assurer) qu'elle ne déclarât que je la mettais à la torture; et ma mère ne pouvait lui faire de remontrances qu'elle n'eût aussitôt une attaque de nerfs, dont elle protestait que la digne vieille dame était la cause.

A la fin, elle se mit à menacer de se tuer; et quoique je ne tinsse nullement les couteaux hors de sa portée, que je ne la privasse point de jarretières et que la pharmacie de son docteur restât tout entière à son service, connaissant parfaitement son caractère, et sachant qu'il n'était pas de femme moins disposée dans la chrétienté à attenter à ses précieux jours, cependant ces menaces firent évidemment de l'effet du côté auquel elles s'adressaient; car les paquets de la marchande de modes commencèrent à arriver très-fréquemment, et les mémoires qui lui étaient envoyés contenaient des assurances d'assistance prochaine. Le chevaleresque lord George Poynings accourait au secours de sa cousine, et me fit le compliment de dire qu'il espérait délivrer sa chère parente des griffes du plus atroce scélérat qui eût jamais déshonoré l'humanité, et que, lorsqu'elle serait libre, des mesures seraient prises pour un divorce motivé sur des cruautés et sur toute espèce de mauvais traitements de ma part.

Je fis faire des copies de tous ces précieux documents par mon susnommé parent, filleul et secrétaire, M. Redmond Quin, présentement le *digne* agent de la propriété de Castle Lyndon. C'était un fils de mon ancienne flamme Nora, que je lui avais pris dans un accès de générosité, promettant d'avoir soin de son éducation au collége de la Trinité, et de pourvoir à toute son existence; mais après que le jeune homme eut été un an à l'Université, les professeurs ne voulurent pas l'admettre à la table ni aux cours jusqu'à ce que ses mémoires du collége fussent payés ; et, offensé de cette insolente manière de demander le payement de cette misérable somme, je leur retirai ma protection et rappelai mon gentilhomme à Castle Lyndon, où je me le rendis utile de cent manières. Du vivant de mon cher petit garçon, il lui servit de précepteur autant que l'esprit indépendant du pauvre petit le laissait faire ; mais je vous promets que le cher enfant ne se donna jamais beaucoup de mal avec les livres. Ensuite, il tenait les comptes de mistress Barry, copiait mon interminable correspondance avec mes hommes de loi et les agents de toutes mes diverses propriétés ; faisait une partie de piquet ou de trictrac le soir avec moi et ma mère ; ou, étant un garçon assez bien doué (quoique avec le cœur bas d'un rustre, comme il convenait au fils d'un tel père), il accompagnait avec son flageolet l'épinette de milady Lyndon, ou lisait avec elle du français et de l'italien, deux langues que Sa Seigneurie possédait à fond, et où il devint lui-même parfaitement versé. Cela irritait fort ma vigilante vieille mère de les entendre parler ces langues ; car, n'en entendant pas un mot, elle disait toujours que c'était quelque complot qu'ils tramaient. Aussi, pour ennuyer la vieille dame, lady Lyndon ne manquait jamais, quand ils étaient seuls tous les trois, de s'adresser à Quin dans l'une ou l'autre de ces langues.

J'étais parfaitement tranquille quant à la fidélité de ce garçon, car je l'avais élevé, accablé de bienfaits, et, de plus, j'avais eu diverses preuves de la confiance qu'il méritait. C'était lui qui m'avait apporté trois lettres de lord George en réponse à des plaintes de milady, et qui étaient cachées entre le cuir et les planches d'un livre que le cabinet de lecture avait envoyé à lire à Sa Seigneurie. Milady et lui aussi avaient de fréquentes querelles. Elle contrefaisait sa démarche dans ses moments de gaieté ; dans ses humeurs hautaines, elle ne voulait pas s'asseoir à table avec le petit-fils d'un tailleur. « Donnez-moi toute autre compagnie que celle de cet odieux Quin, » disait-elle, quand je proposais qu'il vînt l'amuser avec ses livres et sa flûte : car, quelque discorde qui régnât entre nous, il ne faut pas croire que nous fussions toujours à couteaux tirés ; j'étais parfois attentif pour elle. Il nous arrivait d'être amis ensemble un mois de suite ; puis nous nous querellions pendant quinze jours ; puis elle restait un mois chez elle : détails de ménage qui étaient tous notés, à sa manière, dans le journal de captivité de Sa Seigneurie, comme elle l'appelait ; et c'est un joli document ! Tantôt elle écrit : « Mon monstre a été presque aimable aujourd'hui ; » ou : « Mon chenapan a daigné sourire. » Puis elle éclatait en expressions de haine féroce ; mais, pour ma pauvre mère, c'était *toujours* de la haine. C'était : « Le dragon femelle est malade aujourd'hui ; plût au ciel qu'elle mourût ! » Ou : « La hideuse vieille poissarde irlandaise m'a régalée aujourd'hui d'un échantillon de son vocabulaire, » et ainsi de suite : toutes phrases qui, lues à mistress Barry, ou traduites du français et de l'italien, langues dans lesquelles il y en avait beaucoup d'écrites, ne manquaient pas de tenir la vieille dame dans une fureur perpétuelle contre l'objet de sa surveillance, et ainsi j'avais mon chien de garde, comme je l'appelais, toujours en alerte. En traduisant ces langues, le jeune Quin m'était d'une grande utilité : car j'avais une faible teinture du français ; et le hollandais, quand j'étais à l'armée, comme de raison, je le savais bien ; mais l'italien, je n'en possédais pas un mot, et j'étais charmé d'avoir à si bon marché un si fidèle interprète.

Cet interprète fidèle à si bon marché, ce filleul et ce parent, sur la tête et sur la famille duquel j'avais entassé les bienfaits, essayait en ce moment de me trahir, et, depuis plusieurs mois du moins, était ligué avec l'ennemi contre moi. Je crois que la raison pour laquelle ils n'avaient pas agi plus tôt, était le manque de ce grand mobile de toutes trahisons, l'argent, dont il y avait dans toute ma maison une déplorable disette ; mais aussi ils tâchèrent de s'en procurer par l'entremise de mon gredin de filleul, qui pouvait aller et venir sans exciter de méfiance ; et toutes ces combinaisons furent faites sous nos propres yeux, et la chaise de poste commandée, et les moyens d'évasion préparés sans que j'eusse aucun soupçon de leur dessein.

Un pur hasard me mit au fait de leur plan. Un de mes houilleurs avait une jolie fille ; et cette jolie enfant avait pour amoureux, pour *bachelor*, comme on les appelle en Irlande, certain garçon qui faisait le service de la poste aux lettres pour Castle Lyndon (et Dieu sait que de lettres tourmentantes il m'apportait !) ; et ce facteur raconta à sa bonne amie comme quoi il avait reçu à la ville un sac d'argent pour maître Quin ; et comme quoi Tim, le postillon, lui avait dit qu'il devait à une certaine heure amener une chaise jusqu'à l'eau ; et miss Rooney, qui n'avait pas de secrets pour moi, ne put garder le secret, et me demanda ce que je manigançais, quelle pauvre malheureuse j'allais enlever dans la chaise que j'avais commandée, et séduire avec l'argent que j'avais fait venir de la ville.

Ce fut comme un trait de lumière, et je devinai que le serpent que j'avais réchauffé dans mon sein allait me trahir. Je

songeai d'abord à surprendre le couple en flagrant délit d'évasion ; à les noyer à moitié lorsqu'ils passeraient le bac pour
gagner leur chaise , et à brûler la cervelle au perfide sous les
yeux de lady Lyndon ; mais, après réflexion, il était évident
que la nouvelle de l'évasion ferait du bruit dans le pays, qu'elle
m'attirerait sur les bras les gens de justice , que Dieu confonde,
et que le tout finirait mal pour moi. Je fus donc obligé d'étouffer
ma juste indignation, et de me contenter d'écraser dans l'œuf
cet infâme complot.

Je rentrai, et au bout d'une demi-heure, avec quelques-uns
de mes terribles regards, j'eus lady Lyndon à mes genoux, me
suppliant de lui pardonner ; faisant une pleine et entière con-
fession ; toute prête à jurer qu'elle ne recommencerait jamais
une tentative semblable ; et déclarant qu'elle avait été cinquante
fois sur le point de m'avouer tout, mais qu'elle avait craint
mon ressentiment envers ce pauvre jeune homme, son com-
plice , qui était, dans le fait, l'auteur et l'inventeur de tout le
mal. Quoique je susse parfaitement à quoi m'en tenir sur la
fausseté de ces paroles, je fus forcé de faire semblant d'y croire ;
je l'engageai donc à écrire à son cousin lord George , qui lui
avait fourni de l'argent, elle en convenait, et avec qui le plan
avait été concerté, pour lui dire brièvement qu'elle avait
changé d'avis au sujet de la partie de campagne projetée, et
que, comme son cher mari était un peu indisposé, elle préférait
rester à le soigner.

J'ajoutai un post-scriptum fort sec, où je disais que Sa Seigneurie me ferait grand plaisir si elle voulait venir nous voir à
Castle Lyndon, et que je brûlais de renouveler une connaissance
qui m'avait procuré jadis tant de satisfaction. J'irais le chercher,
ajoutais-je, aussitôt que je serais dans son voisinage, et me
promettais un vif plaisir de ma rencontre avec lui. Je crois qu'il
dut parfaitement bien comprendre le sens de mes paroles, qui
était qu'à la première occasion je lui passerais mon épée au travers du corps.

Ensuite, j'eus une scène avec mon perfide gredin de neveu ,
dans laquelle le jeune réprouvé montra une audace et une énergie
que je n'attendais nullement. Quand je le taxai d'ingratitude :
« Qu'est-ce que je vous dois ? dit-il. J'ai travaillé pour vous
comme nul homme ne l'a fait pour un autre, et cela sans un
sou de salaire ; c'est vous-même qui m'avez soulevé contre vous,
en me donnant une tâche contre laquelle mon âme s'est révol-
tée, en me faisant espionner votre infortunée femme, dont la
faiblesse est aussi déplorable que le sont ses malheurs et vos

infâmes traitements. Il faudrait n'avoir pas de sang dans les veines pour supporter de voir comme vous en usez avec elle. J'ai essayé de l'aider à vous échapper, et je le ferais encore, si l'occasion s'en présentait, je vous le déclare en face ! » Quand je le menaçai de lui faire sauter la cervelle pour son insolence : « Bah ! dit-il, tuer l'homme qui sauva jadis la vie à votre pauvre enfant, et qui s'efforçait de le préserver de la ruine et de la perdition où l'entraînait son coupable père, quand une puissance miséricordieuse est intervenue et l'a retiré de ce séjour de crimes ! Il y a plusieurs mois que je vous aurais quitté, si je n'avais compté sur quelque chance de sauver cette pauvre dame. J'ai juré de le tenter, le jour que je vous vis la frapper. Tuez-moi, homme brave avec les femmes ! Vous le feriez, si vous l'osiez, mais vous n'en avez pas le cœur. Vos propres domestiques me sont plus attachés qu'à vous. Touchez-moi, et ils se lèveront et vous enverront à la potence que vous méritez ! »

J'interrompis ce charmant discours en lançant à la tête du jeune gentilhomme une carafe qui le jeta par terre ; et alors, j'allai méditer sur ce qu'il m'avait dit. Il était vrai qu'il avait sauvé la vie au pauvre petit Bryan, et que l'enfant l'aimait tendrement. « Soyez bon pour Redmond, papa, » étaient presque les dernières paroles qu'il eût prononcées ; et j'avais promis au pauvre enfant, à son lit de mort, de faire ce qu'il me demandait. Il était vrai aussi que, si je le traitais mal, cela ne serait pas vu de bon œil par mes gens, dont il avait trouvé moyen de devenir le grand favori ; tandis que moi, je ne sais pourquoi, j'avais beau me griser souvent avec ces drôles et être plus familier avec eux que ne l'est d'ordinaire un homme de mon rang, je savais n'être pas bien vu d'eux, et que les faquins murmuraient continuellement contre moi.

Mais j'aurais pu m'épargner la peine de délibérer sur son sort, car notre jeune homme en disposa lui-même de la façon la plus simple du monde ; à savoir, en se lavant et se bandant la tête dès qu'il revint à lui, en prenant son cheval dans l'écurie ; et, comme il était libre d'aller et venir dans la maison et dans le parc à sa fantaisie, il disparut sans le moindre empêchement ; et laissant le cheval au bac, il partit dans la chaise de poste même qui attendait lady Lyndon. De longtemps je ne le vis ni n'entendis parler de lui, et une fois hors de la maison, je ne le considérai pas comme un ennemi fort inquiétant.

Mais l'artifice de la femme est tel, qu'à la longue je crois que Machiavel en personne ne saurait y échapper ; et quoique

dans la circonstance ci-dessus, où les perfides desseins de ma
femme avaient été déjoués par ma prévoyance et par sa propre
écriture, j'eusse d'amples preuves de la fausseté de son caractère et de sa haine pour moi, cependant elle parvint encore à
me tromper, en dépit de toutes mes précautions et de la vigilance de ma mère. Si j'eusse suivi les conseils de cette bonne
dame, qui flairait le danger d'une lieue, pour ainsi dire, je ne
serais point tombé dans le piége qui m'était tendu, et qui le fut
d'une manière aussi heureuse qu'elle était simple.

Les relations de milady Lyndon avec moi étaient singulières.
Sa vie se passait dans une sorte d'extravagante alternative d'a-
mour et d'aversion pour moi. Si j'étais de bonne humeur avec
elle, ce qui arrivait quelquefois, il n'était rien qu'elle ne fît
pour entretenir et accroître ces bonnes dispositions, et elle était
aussi absurde et véhémente dans ses expressions de tendresse
qu'elle l'était, à d'autres moments, dans ses démonstrations de
haine. Ce ne sont pas les faibles et faciles époux qui sont le
plus aimés, d'après mon expérience. Je crois que les femmes
préfèrent un peu de violence de caractère, et ne pensent pas
plus mal d'un mari parce qu'il exerce son autorité haut la main.
J'avais su faire une telle peur de moi à milady, que, lorsque je
souriais, c'était vraiment une ère de bonheur pour elle; et, sur
un signe de mon doigt, elle arrivait en rampant comme un
chien. Je me souviens que, pendant le peu de jours que je passai
à l'école, je voyais rire mes plats et lâches camarades, dès que
notre maître daignait faire une plaisanterie. Il en était de même
au régiment toutes les fois qu'un matamore de sergent était
disposé à être jovial; il n'y avait pas une bouche de conscrit
qui ne se fendît jusqu'aux oreilles. Eh bien, un mari sensé et
résolu amènera sa femme à cet état de discipline; et j'amenai,
moi, la mienne, toute grande dame qu'elle était, à me baiser
la main, à me tirer mes bottes, à aller et venir pour moi
comme une servante, et, qui plus est, à être aux anges quand
j'étais de bonne humeur. Je me fiai trop, peut-être, à la durée
de cette obéissance passive, et j'oubliai que l'hypocrisie même
qui en fait partie (tous les gens timides sont menteurs dans
l'âme) peut s'exercer d'une façon qui n'est rien moins qu'agréable, afin de vous tromper.

Après le mauvais succès de sa dernière aventure, qui me
fournit d'inépuisables occasions de la railler, on aurait pu croire
que je me méfierais de ses intentions réelles; mais elle trouva
moyen de me fourvoyer avec un art de dissimulation tout à fait
admirable, et m'endormit dans une funeste sécurité : car, un jour

que je la plaisantais, et lui demandais si elle voulait encore
passer l'eau, si elle avait trouvé un autre amoureux, etc., elle
fondit soudain en larmes, et, me saisissant la main, elle s'écria
avec véhémence :

« Ah! Barry, vous savez bien que je n'ai jamais aimé que
vous! Ai-je jamais été si malheureuse, qu'un mot aimable de
vous ne m'ait rendu le bonheur? jamais si irritée, que le moindre
témoignage de votre bon vouloir ne m'ait ramenée près de vous?
Ne vous ai-je pas donné une preuve suffisante de mon affection
en vous apportant une des premières fortunes de l'Angleterre?
Avez-vous entendu de moi des plaintes ou des reproches sur la
manière dont vous l'aviez dissipée? Non, je vous aimais trop,
trop tendrement; je vous ai toujours aimé. Du premier moment où je vous ai vu, je me suis sentie attirée irrésistible-
ment vers vous. Je voyais vos mauvaises qualités, et tremblais
de votre violence; mais je ne pouvais m'empêcher de vous aimer.
Je vous ai épousé, quoique sachant que c'était signer mon arrêt
que de le faire, et en dépit de la raison et du devoir. Quel sa-
crifice voulez-vous de moi? je suis prête à tout, pourvu que vous
m'aimiez, ou du moins que vous me traitiez avec douceur. »

J'étais particulièrement de bonne humeur ce jour-là, et nous
eûmes une sorte de réconciliation, quoique ma mère, lorsqu'elle
entendit ce discours, et qu'elle vit que je faiblissais, m'eût
averti solennellement, et m'eût dit : « Soyez-en sûr, la rusée
drôlesse a en ce moment même quelque autre plan en tête. » La
vieille dame avait raison, et je gobai l'amorce que me tendait Sa
Seigneurie aussi bêtement qu'un goujon se prend à l'hameçon.

J'avais essayé de négocier avec un homme un emprunt dont
j'avais un besoin pressant; mais, depuis notre dispute au sujet
de l'affaire de la succession, milady avait résolûment refusé
de signer aucun papier à mon avantage, et sans son nom, je
suis fâché de le dire, le mien avait peu de valeur sur la place, et
je ne pouvais obtenir une guinée d'aucun prêteur d'argent de
Londres ou de Dublin. Je ne pouvais pas non plus décider les
drôles de cette dernière ville à me venir trouver à Castle Lyndon,
à cause de la malheureuse affaire que j'avais eue avec l'homme de
loi Sharp, où je me fis prêter par lui l'argent qu'il apportait, et
le vieux juif Salomon ayant été volé, au retour de chez moi, du
billet que je lui avais fait[1], nos gens ne voulaient plus s'aven-

[1] Les exploits de M. Lyndon ne sont pas relatés dans sa narration.
Probablement, dans les cas auxquels il est fait allusion, il s'était fait
justice lui-même. (*Note de l'éditeur.*)

turer dans ma maison. Nos rentes aussi étaient touchées par des *receveurs* à cette époque, et c'était tout ce que je pouvais faire que d'obtenir de ces coquins assez d'argent pour payer les mémoires de mes marchands de vin. Nos propriétés anglaises, comme j'ai dit, étaient pareillement engagées, et, chaque fois que je m'adressais à mes hommes de loi et à mes agents pour avoir de l'argent, ils me répondaient par une demande semblable, motivée sur des dettes et de prétendus droits que cette canaille rapace disait avoir à faire valoir contre moi.

Ce fut alors que je reçus avec un certain plaisir une lettre de mon homme de confiance de Gray's-Inn, à Londres, où il était dit, en réponse à une quatre-vingt-dix-neuvième demande de moi, qu'il pensait pouvoir me procurer quelque argent, et où était incluse une lettre d'une maison respectable de la Cité de Londres, et s'occupant d'affaires de mines, laquelle offrait de dégager, moyennant un long bail, certaine propriété à nous qui n'était pas encore par trop grevée, pourvu que la comtesse donnât sa signature, et qu'on eût la certitude que c'était de son plein et libre arbitre. Ils avaient entendu dire qu'elle vivait dans la terreur, croyant sa vie menacée par moi, et qu'elle méditait une séparation, auquel cas elle pourrait désavouer tout acte signé par elle durant sa captivité, et exposer les contractants à une procédure dont les résultats seraient incertains et les frais considérables, et ils demandaient à être assurés de la parfaite liberté d'action de Sa Seigneurie avant d'avancer un schelling de leur capital.

Leurs conditions étaient si exorbitantes, que je vis tout de suite que leur offre devait être sincère, et, comme milady était dans une disposition gracieuse, je lui persuadai sans peine d'écrire une lettre de sa propre main, pour déclarer que ce que l'on disait de notre mésintelligence était une pure calomnie, que nous vivions en parfaite harmonie, et qu'elle était toute prête à signer tel acte que son mari pourrait désirer.

Cette proposition venait fort à propos, et me remplissait d'espérance. Je n'ai pas ennuyé mes lecteurs du détail de mes dettes et de mes procès, qui étaient à cette époque si nombreux et si compliqués que je n'y ai jamais vu bien clair moi-même, et que j'en étais harcelé à en perdre la tête. Qu'il me suffise de dire que je n'avais plus ni argent ni crédit. Je vivais à Castle Lyndon de mon bœuf et de mon mouton, du pain, de la tourbe et des pommes de terre de mon propre domaine ; j'avais un œil sur lady Lyndon au dedans, et l'autre sur les recors au dehors. Depuis deux ans, depuis que j'avais été à Dublin toucher de l'argent que

j'avais eu le malheur d'y perdre au jeu, au grand désappointement de mes créanciers, je ne m'étais pas aventuré à me montrer dans cette ville, et tout ce que je pouvais faire, c'était de
paraître au chef-lieu de notre comté, à de rares intervalles, et
parce que je connaissais les shériffs, que j'avais juré de tuer s'il
m'arrivait aucun malheur. La perspective d'un bon emprunt
était donc aussi bienvenue que possible, et je la saluai avec
toute l'ardeur imaginable.

En réponse à la lettre de lady Lyndon, arriva une autre lettre
de ces maudits négociants de Londres, disant que si Sa Seigneurie
voulait confirmer de vive voix, à leur comptoir de Birchin-Lane,
Londres, ce qu'elle leur avait écrit, sans doute, examen fait de
la propriété, ils concluraient l'affaire; mais ils refusaient de
courir le risque d'une visite à Castle Lyndon pour négocier, sachant comment y avaient été traitées d'autres personnes respectables, telles que MM. Sharp et Salomon de Dublin. Ceci était à
mon adresse; mais il est des situations où on ne peut pas im-
poser ses conditions, et, ma foi, j'avais un tel besoin d'argent,
que j'aurais pu signer un engagement avec Satan lui-même, s'il
s'était présenté muni d'une bonne somme bien ronde.

Je résolus de mener la comtesse à Londres. Ce fut en vain que
ma mère me supplia et m'avertit. « Soyez-en sûr, dit-elle, il y a
là-dessous quelque artifice. Une fois dans cette maudite ville,
vous n'êtes plus en sûreté. Ici vous pouvez vivre des siècles
dans le luxe et la splendeur, sauf le claret et les fenêtres brisées; mais dès qu'ils vous tiendront à Londres, ils seront maîtres
de mon pauvre innocent garçon; et la première chose que j'ap-
prendrai de vous, c'est que vous êtes dans l'ennui.

— Pourquoi y aller, Redmond? dit ma femme. Je suis heureuse
ici, tant que vous serez bon pour moi comme vous l'êtes maintenant. Nous ne pouvons faire à Londres la figure que nous
devrions; le peu d'argent que vous recevrez sera dépensé
comme l'a été le reste. Faisons-nous berger et bergère: gar-
dons nos troupeaux et soyons contents. » Et elle me prit la main
et la baisa, tandis que ma mère se bornait à dire : « Hum! je la
crois du complot, l'infâme traîtresse! »

Je dis à ma femme qu'elle était une bête; j'invitai mistress Barry
à ne pas s'inquiéter; j'avais à cœur de partir et ne voulus entendre à rien. Comment me procurer l'argent du voyage, là était
la question; mais la difficulté fut levée par ma bonne mère, qui
était toujours prête à m'aider dans l'embarras, et qui tira d'un
bas soixante guinées, qui étaient tout l'argent comptant dont
pouvait disposer Barry Lyndon, de Castle Lyndon, qui avait

épousé une fortune de vingt mille livres sterling de rente : tant avait été grand le ravage fait dans cette belle fortune par ma propre extravagance (je dois le confesser), mais surtout par ma confiance si mal placée, et par la scélératesse des autres.

Nous ne partîmes pas en grand apparat. comme vous devez bien penser. Nous ne laissâmes pas savoir dans le pays que nous partions, et ne fîmes pas d'adieux à nos voisins. Le fameux M. Barry Lyndon et sa noble épouse se rendirent à Waterford en chaise de louage à deux chevaux, sous le nom de M. et mistress Jones, et de là s'embarquèrent pour Bristol, où ils arrivèrent sans accident. Quand un homme va au diable, comme le voyage est facile et agréable ! L'idée de cet argent me mit tout à fait de bonne humeur, et ma femme, appuyée sur mon épaule dans la chaise de poste qui nous menait à Londres, dit que c'était le voyage le plus heureux qu'elle eût fait depuis notre mariage.

Un soir, nous nous arrêtâmes à Reading, d'où j'envoyai un billet à mon agent de Gray's-Inn, pour lui dire que je serais auprès de lui dans la journée du lendemain, et le prier de me procurer un logement et de hâter les préparatifs de l'emprunt. Milady et moi nous convînmes que nous irions en France attendre de meilleurs temps, et ce soir-là, à souper. nous fîmes une vingtaine de projets de plaisir et d'économie. Vous nous auriez pris pour Philémon et Baucis soupant ensemble. O femme ! femme ! Quand je me rappelle les sourires et les cajoleries de lady Lyndon, combien elle semblait heureuse ce soir-là ! Quel air d'innocente confiance elle avait dans son maintien, et de quels noms affectueux elle m'appelait ! Je suis confondu de la profondeur de son hypocrisie. Qui peut s'étonner qu'une personne aussi peu soupçonneuse que moi ait été victime d'une fourbe si consommée ?

Nous étions à Londres à trois heures; et, une demi-heure avant celle du rendez-vous, notre chaise nous mena à Gray's-Inn. Je trouvai sans peine l'appartement de M. Tapewell : c'était un antre obscur, et malheureuse fut l'heure où j'y entrai ! Comme nous montions ce sale escalier de derrière, éclairé par une faible lampe et par le sombre ciel d'une lugubre après-midi de Londres, ma femme parut agitée et défaillante. « Redmond, dit-elle quand nous arrivâmes à la porte, n'entrez pas ; je suis sûre qu'il y a du danger. Il est temps encore, retournous-nous-en, en Irlande, n'importe où ! » Elle se mit devant la porte, dans une de ses attitudes théâtrales, et me prit la main.

Je l'écartai : « Lady Lyndon, dis-je, vous êtes une vieille bête !

— Vieille bête ! » dit-elle, et elle sauta sur la sonnette, à laquelle répondit promptement un homme qui avait l'air moisi, en perruque non poudrée, auquel elle cria : « Dites que lady Lyndon est ici; » et elle traversa à grands pas le couloir, en murmurant : « Vieille bête! » C'était l'épithèthe de vieille qui l'avait piquée. J'aurais pu lui donner impunément tout autre nom que celui-là.

M. Tapewell était dans une chambre qui sentait le renfermé, entouré de ses parchemins et de ses boîtes d'étain. Il s'avança et salua, pria Sa Seigneurie de s'asseoir, me montra de la main une chaise, que je pris, assez surpris de son insolence, puis sortit par une porte de côté, disant qu'il allait revenir dans un instant.

Et en effet, il revint dans un instant, ayant avec lui.... qui croyez-vous?... un autre homme de loi, six constables en vestes rouges, avec gourdins et pistolets, milord George Poynings et sa tante lady Jane Peckover.

Quand milady Lyndon vit son ancien amoureux, elle s'élança dans ses bras avec une impétuosité nerveuse; elle l'appela son sauveur, son libérateur, son galant chevalier, et alors, se tournant vers moi, m'accabla d'un torrent d'invectives dont je fus tout stupéfait.

« Toute vieille bête que je suis, dit-elle, j'ai dupé le monstre le plus habile et le plus traître qu'il y ait sous le soleil. Oui, j'étais une bête quand je vous ai épousé, et que pour vous j'ai abandonné d'autres plus nobles cœurs.... oui, j'étais une bête quand j'ai oublié mon nom et ma naissance pour m'unir à un aventurier de basse extraction; une bête de supporter, sans me plaindre, la plus monstrueuse tyrannie que jamais femme ait endurée; de laisser dissiper ma fortune, de voir des femmes aussi viles et d'aussi bas étage que vous....

— Pour l'amour du ciel, soyez calme! » s'écria l'homme de loi; et il recula précipitamment derrière les constables, voyant dans mon œil un regard menaçant, que le coquin n'aimait pas.

Le fait est que j'aurais pu le mettre en pièces, s'il fût venu près de moi. Pendant ce temps, milady continuait, dans sa fureur, de déblatérer à tort et à travers contre moi et contre ma mère surtout, qu'elle accablait d'injures dignes d'une harengère, et commençant toujours et finissant ses phrases par le mot de bête.

« Vous ne répétez pas tout, milady, repartis-je amèrement : j'ai dit vieille bête.

— Je ne doute pas que vous n'ayez dit et fait, monsieur, tout ce qu'un chenapan peut dire ou faire, dit à son tour le petit Poynings. Madame est maintenant en sûreté sous la protection de ses parents et de la loi, et n'a plus à craindre vos infâmes persécutions.

— Mais vous, vous n'êtes pas en sûreté, criai-je; et, aussi vrai que je suis homme d'honneur et que j'ai déjà eu de votre sang, j'aurai cette fois celui de votre cœur.

— Prenez note de ses paroles, constables; faites-lui prêter serment de ne pas se battre! s'écria le petit homme de loi de derrière ses estafiers.

— Je ne voudrais pas souiller mon épée du sang d'un tel gredin! cria milord comptant sur la même vaillante protection. Si le drôle reste à Londres encore un jour, il sera arrêté comme escroc. »

Et cette menace effectivement me fit reculer, car je savais qu'il y avait des vingtaines de prises de corps contre moi en ville, et qu'une fois en prison, mon cas était désespéré.

« Où est l'homme qui m'arrêtera? m'écriai-je tirant mon épée et m'adossant à la porte; qu'il vienne, le drôle.... Vous, vous, lâche fanfaron, venez le premier, si vous avez du cœur.

— Nous n'allons pas vous arrêter! » dit l'homme de loi, milady, sa tante et une division de recors se retirant comme il parlait. « Mon cher monsieur, nous ne désirons point vous arrêter; nous vous donnerons une bonne somme pour quitter le pays; seulement laissez Sa Seigneurie en paix!

— Et ce sera un bon débarras pour le pays que le départ d'un tel misérable! » dit milord en se retirant aussi, assez satisfait d'être hors de ma portée; et le coquin d'homme de loi le suivit, me laissant en possession de la chambre et en compagnie de trois butors de la police qui étaient armés jusqu'aux dents.

Je n'étais plus le même homme qu'à vingt ans, où j'aurais chargé ces gredins l'épée à la main, et en aurais envoyé au moins un rendre ses comptes. J'étais découragé, pris au trébuchet, complétement joué et battu par cette femme. Était-ce qu'elle s'attendrissait lorsqu'elle s'arrêta à la porte et me demanda de nous en retourner? N'avait-elle pas encore un reste d'amour pour moi? Sa conduite le montrait, quand je vins à y réfléchir. C'était la seule chance que j'eusse au monde : je posai donc mon épée sur le bureau de l'homme de loi.

« Messieurs, dis-je, je n'userai pas de violence; vous pouvez dire à M. Tapewell que je suis prêt à lui parler quand il aura le loisir de m'entendre. »

Et je m'assis les bras croisés d'un air tout à fait pacifique. Quelle différence avec le Barry Lyndon d'autrefois! Mais, comme j'ai lu dans un vieux livre au sujet d'Annibal, le général carthaginois, ses troupes qui, lorsqu'il attaqua les Romains, étaient les plus vaillantes du monde et emportaient tout devant elles, entrèrent en cantonnement dans une ville où elles furent si gorgées de toutes les jouissances de la vie, qu'elles furent aisément battues à la campagne suivante. Il en était ainsi de moi à présent. Ma force d'âme et de corps n'était plus celle de ce jeune brave qui, à quinze ans, avait tué son homme, et dans les six années d'après avait assisté à une vingtaine de batailles. Maintenant, dans la prison de la Fleet, où j'écris ceci, il y a un petit homme qui est toujours à me railler et à se jouer de moi, qui me propose de me battre avec lui, et je n'ai pas le courage de le toucher. Mais j'anticipe sur les sombres et déplorables événements de mon humiliante histoire, et je ferais mieux de procéder par ordre.

Je pris un logement dans un café de Gray's Inn, ayant soin de faire savoir mon adresse à M. Tapewell, et attendant avec anxiété sa visite. Il vint et m'apporta les conditions que me proposaient les amis de lady Lyndon, — une misérable pension annuelle de trois cents livres sterling, payables à condition que je resterais hors des Trois-Royaumes, et qu'elle cesserait sitôt mon retour. Il me dit que je savais fort bien que mon séjour à Londres me plongerait infailliblement en prison, qu'il y avait d'innombrables prises de corps décernées contre moi, ici et dans l'ouest de l'Angleterre; que mon crédit était tellement détruit par là, que je ne pouvais espérer de me procurer un schelling, et il me laissa une nuit pour réfléchir sur sa proposition, disant que, si je la refusais, la famille aurait recours aux tribunaux; si je l'acceptais, un trimestre me serait payé dans tel port étranger que je préférerais.

Qu'avait à faire le pauvre homme, seul et le cœur brisé? J'acceptai la pension, et fus déclaré proscrit dans le cours de la semaine suivante. Ce gredin de Quin avait été, après tout, je le reconnus, la cause de ma perte. Ce fut lui qui inventa le plan pour m'attirer à Londres, scellant la lettre du procureur d'un sceau qui avait été précédemment convenu entre lui et la comtesse; il avait même été toujours pour ce plan, et l'avait proposé dès le principe; mais Sa Seigneurie, avec son amour désordonné pour le romanesque, avait préféré le projet d'évasion. Ces particularités me furent mandées par ma mère dans mon exil solitaire, qu'elle m'offrait en même temps de venir partager, mais je déclinai la proposition. Elle quitta fort peu de temps après moi Castle Lyndon, et le silence régna dans ce château, qui sous mon autorité s'était signalé par tant d'hospitalité et de splendeur. Elle croyait ne jamais me revoir, et me reprocha amèrement de la négliger; mais elle se trompait en cela comme dans le jugement qu'elle portait sur moi. Elle est très-vieille, et en ce moment elle est assise travaillant près de moi dans la prison, et elle a une chambre dans Fleet-Market, de l'autre côté de la chaussée, et la rente viagère de cinquante livres, qu'elle a su conserver avec une sage prudence, nous aide à mener une existence misérable, tout à fait indigne du fameux et fashionable Barry Lyndon.

Les Mémoires de M. Barry Lyndon ne vont pas plus loin; la main de la mort en interrompit en cet endroit l'ingénieux auteur, après dix-neuf ans de séjour dans la prison de la Fleet, dont les registres constatent qu'il mourut du *delirium tremens*. Sa mère atteignit un âge prodigieusement avancé, et les habitants du lieu qui l'ont connue se rappellent fidèlement les disputes quotidiennes qui s'élevaient entre la mère et le fils, jusqu'au jour où ce dernier, par suite de ses habitudes d'ivrognerie, tombant dans un état voisin de l'imbécillité, fut soigné presque comme un petit enfant par sa robuste vieille mère, et pleurait lorsqu'il était privé de son indispensable verre d'eau-de-vie.

Nous ne sommes pas à même de suivre pas à pas la vie qu'il mena sur le continent; il paraît avoir repris son ancienne profession de joueur, mais sans ses anciens succès.

Il retourna secrètement en Angleterre au bout de quelque temps, et fit une infructueuse tentative pour extorquer de l'argent à lord George Poynings, en le menaçant de publier sa correspondance avec lady Lyndon, et d'empêcher le mariage de Sa Seigneurie avec miss Driver, grande héritière à principes sévères, et immensément riche en esclaves dans les Indes occidentales. Il s'en fallut bien peu que Barry ne fût arrêté par les recors qu'avait lancés sur lui Sa Seigneurie, qui voulait lui supprimer sa pension; mais sa femme ne voulut pas consentir à cet acte de justice, et même elle rompit avec milord George aussitôt qu'il épousa la dame des Indes occidentales.

Le fait est que la vieille comtesse croyait ses charmes éternels, et qu'elle ne cessa jamais d'aimer son mari. Elle vivait à Bath, ses biens étant tout particulièrement soignés par ses nobles parents les Tiptoff, à qui ils devaient revenir à défaut d'héritiers directs; et telle était l'adresse de Barry et l'influence qu'il conservait encore sur cette femme, qu'il lui avait presque persuadé de revenir vivre avec lui, lorsque leur plan à tous deux fut dérangé par l'apparition d'une personne qu'on croyait morte depuis plusieurs années.

Cette personne n'était autre que le vicomte Bullingdon, qui

ressuscita à la surprise de tous, et principalement à celle de son parent de la maison de Tiptoff. Ce jeune seigneur fit son apparition à Bath, muni de la lettre de Barry à lord George, où le premier menaçait de divulguer sa liaison avec lady Lyndon ; liaison, nous n'avons pas besoin de le dire, qui ne jetait pas le moindre déshonneur sur aucune des deux parties, et prouvait seulement que milady avait l'habitude d'écrire des lettres extrêmement sottes, comme beaucoup de femmes, et même d'hommes, ont fait avant elle. Pour avoir mis en question l'honneur de sa mère, lord Bullingdon se livra à des voies de fait contre son beau-père (qui vivait à Bath sous le nom de M. Jones), et lui administra une terrible correction dans le salon de conversation.

L'histoire du jeune lord, depuis son départ, était un roman que nous ne nous considérons pas comme tenu de raconter. Il avait été blessé dans la guerre d'Amérique, cru mort, fait prisonnier, et s'était échappé. L'argent qu'on lui avait promis n'avait jamais été envoyé ; la pensée de cette négligence avait presque brisé le cœur de ce fougueux et romanesque jeune homme, et il résolut de demeurer mort, pour le monde du moins et pour la mère qui l'avait renié. Ce fut dans les bois du Canada, et trois années après cet événement, qu'il vit la mort de son demi-frère insérée dans le *Gentleman's Magazine*, sous le titre de : « Fatal accident arrivé à lord vicomte Castle Lyndon ; » sur quoi il se détermina à revenir en Angleterre, où, quoiqu'il se fût fait connaître, ce fut avec une très-grande difficulté qu'il convainquit lord Tiptoff de l'authenticité de ses droits. Il allait rendre visite à sa mère à Bath, lorsqu'il reconnut M. Barry Lyndon, en dépit du modeste déguisement que portait ce gentilhomme, et il vengea sur lui les insultes des anciens jours.

Lady Lyndon fut furieuse lorsqu'elle sut cette rencontre ; elle refusa de voir son fils, et voulait se jeter sur-le-champ dans les bras de son adoré Barry ; mais, dans l'intervalle, ce gentilhomme avait été transféré de prison en prison, jusqu'à ce qu'il fût déposé aux mains de M. Bendigo, de Chancery Lane, *assistant* du shériff de Middlesex, de chez qui il alla à la prison de la Fleet. Le shériff et son assistant, le prisonnier et la prison elle-même, n'existent plus aujourd'hui.

Tant que vécut lady Lyndon, Barry toucha sa pension, et fut peut-être aussi heureux en prison qu'à aucune époque de son existence ; quand Sa Seigneurie mourut, son héritier supprima impitoyablement la rente consacrant la somme à des charités, ce qui en serait, dit-il, un meilleur emploi que de la laisser au misérable qui en avait joui jusqu'alors. A la mort du lord, dans la guerre d'Espagne, en 1811, sa fortune échut à la famille des Tiptoff, et son titre s'absorba dans leur titre supérieur; mais il ne paraît pas que le marquis de Tiptoff (lord George succéda au titre à la mort de son frère) ait rétabli la pension de M. Barry, ni continué les charités que le feu lord avait fondées. La fortune fut considérablement améliorée sous la soigneuse administration de Sa Seigneurie. Les arbres de Brackton-Park ont tous environ quarante ans, et la propriété irlandaise est louée en toutes petites fermes aux paysans, qui racontent encore aux étrangers les histoires de l'audace, de la diablerie, de la perversité et de la chute de Barry Lyndon.

FIN.

TABLE DES MATIÈRES.

FIN DE LA TABLE DES MATIÈRES.

Imprimerie générale de Ch. Lahure, rue de Fleurus, 9, à Paris.

ÉDITIONS A 1 FRANC LE VOLUME

FORMAT IN-18 JÉSUS.

I. ŒUVRES DES PRINCIPAUX ÉCRIVAINS FRANÇAIS.

Barthélemy : *Voyage du jeune Anacharsis en Grèce dans le IVe siècle avant l'ère chrétienne.* 3 vol. *Atlas dressé pour cet ouvrage.* In-8.   » 50
Boileau : *Œuvres complètes.* 2 vol.
Bossuet : *Œuvres choisies.* 5 vol.
Corneille : *Œuvres complètes.* 7 vol.
Fénelon : *Œuvres choisies.* 4 vol.
La Fontaine : *Œuvres complètes.* 3 vol.
Marivaux : *Œuvres choisies.* 2 vol.
Molière : *Œuvres complètes.* 3 vol.
Montaigne : *Essais*, précédés d'une lettre à M. Villemain sur l'éloge de Montaigne, par P. Christian. 2 vol.

Montesquieu : *Œuvres complètes.* 3 vol.
Pascal : *Œuvres complètes.* 3 vol.
Racine : *Œuvres complètes.* 3 vol.
Rousseau (J. J.) : *Œuvres complètes.* 13 vol.
Saint-Simon (le duc de) : *Mémoires complets et authentiques sur le siècle de Louis XIV et la Régence*, collationnés sur le manuscrit original, avec une notice de M. Sainte-Beuve. 13 vol.
Sédaine : *Œuvres choisies.* 1 vol.
Voltaire : *Œuvres complètes.* 35 vol.

II. AUTEURS CONTEMPORAINS.

1° ROMANS.

Arnould (A.) : *Les trois Poëtes.* 1 vol.
Assollant (A.) : *Jean Rosier.* 1 vol. ; — *La mort de Roland.* 1 vol.
Aunet (Mme L. d') : *Étiennette*; — *Silvère*; — *Le Secret.* 1 vol.
— *Un Mariage en province.* 3e édit. 1 vol.
Barbara (Ch.) : *L'assassinat du pont Rouge.* 2e édit. 1 vol.
— *Les Orages de la vie.* 1 vol.
— *Mes petites Maisons.* 1 vol.
Bast (A. de) : *Contes à ma voisine.* 2 vol. Chaque vol. se vend séparément.
— *Les Fresques*, contes et anecdotes. 1 v.
Bréhat (Alf. de) : *Les filles du Boër.* 1 vol.
Claveau (A.) : *Nouvelles contemporaines.* 1 vol.
Deslys (Ch.) : *Le Mesnil-aux-Bois;* — *La mère Jeanne.* 1 vol.
— *Les Compagnons de minuit.* 1 vol.
Didier (Ch.) : *Les Nuits du Caire.* 1 vol.
Du Bois (Ch.) : *Nouvelles d'atelier.* 1 vol.
Enault (Louis) : *Christine.* 1 vol.
Forgues (E) : *Le Rose et le Gris.* 1 vol.
Gauthier (Th.) : *Militona.* 1 vol.
Goudall (L.) : *Le Martyr des Chaumières.* 1 vol.

Laboulaye (Éd.) : *Abdallah, ou le trèfle à quatre feuilles*, conte arabe. 1 vol.
— *Souvenirs d'un voyageur.* 1 vol.
Lecomte (J.) : *Les Secrets de famille.* 1 v.
Legouvé (Ern.) : *Édith de Falsen*, suivi de *l'Éducation d'un père* et d'*Un lâche.* 6e édit. 1 vol.
— *Béatrix.* 1 vol.
Lennep (J. van) : *La dame de Wardenbourg.* 1 vol.
Marchand-Gerin (Eug.) : *La Nuit de la Toussaint;* — *Il Cantatore.* 1 vol.
Marcoy (P.) : *Souvenirs d'un mutilé.* 1 v.
Masson (M.) : *Les Contes de l'atelier.* 1 v.
— *La Voix du sang* (2e série des Contes de l'atelier.) 1 vol.
— *Une Couronne d'épines.* 1 vol.
Monnier (M.) : *Les Amours permises.* 1 v.
Montemerli (la comtesse Marie) : *Les Sensations d'une morte.* 1 vol.
Mussard (Mme J.) : *Mieux vaut tard que jamais.* 1 vol.
Renaut (Ém.) : *Rose-André.* 1 vol.
Reybaud (Mme Ch.) : *Le Cabaret de Gaubert.* 1 vol.
— *L'Oncle César.* 1 vol.
Rivière (H.) : *Pierrot;* — *Caïn.* 1 vol.
Robert (A.) : *Contes excentriques.* 1 vol.
— *Nouveaux contes excentriques.* 1 vol.

Sand (George) : *André.* 1 vol.
Vilbort (G.) : *Les Héroïnes*, nouvelles polonaises. 1 vol.
Vitu (A.) : *Contes à dormir debout.* 1 v.
Wailly (J. de) : *Henriette;* — *Les Mortes aimées.* 1 vol.
Wailly (L. de) : *Angelica Kauffmann.* 2 v.
— *Les deux filles de M. Dubreuil.* 2 vol.
— *Stella et Vanessa.* 1 vol.
Weill (A.) : *Histoires de village.* 1 vol.
Wey (Fr.) : *Gildas.* 1 vol.
— *Le Bouquet de cerises.* 1 vol.
Yvan (le Dr) : *Légendes et récits.* 1 vol.

2° VOYAGES.

Castella (Hub. de) : *Les Squatters australiens.* 1 vol.
Colet (Mme L.) : *Promenade en Hollande.* 1 vol.
Deschanel (Ém) : *A pied et en wagon.* 1 vol.
Gérardy-Saintine : *Trois ans en Judée.* 1 vol.

Gobineau (comte A. de) : *Voyage à Terre-Neuve.* 1 vol.
Léouzon-Leduc : *La Baltique.* 1 vol.
Marcoy (P.) : *Scènes et paysages dans les Andes.* 2 vol.
Perron d'Arc (H.) : *Les Champs d'or de Bendigo* (Nouv.-Holl.). 1 vol.
Pichot (A.) : *Les Mormons.* 1 vol.
Piotrowski (Rufin) : *Souvenirs d'un Sibérien.* 1 vol.
Reclus (Él.) : *Voyage à la Sierra-Nevada de Sainte-Marthe.* 1 vol.

3° ŒUVRES DIVERSES.

About (Ed.) : *Nos artistes au Salon de 1857.* 1 vol.
Lasteyrie (Ferd. de) : *Causeries artistiques.* 1 vol.
Perrens (F. T.) : *Deux ans de révolution en Italie* (1848-1849). 1 vol.
Révoil : *Pêches dans l'Amérique du Nord.* 1 vol.
Viennet : *Épîtres et Satires.* 1 vol.

III. BIBLIOTHÈQUE DES MEILLEURS ROMANS ÉTRANGERS.

Ainsworth (W. Harrisson) : *Abigaïl*, roman hist. tr. de l'angl. 1 vol.
— *Crichton*, tr. de l'angl. 1 vol.
— *La Tour de Londres*, tr. de l'anglais. 1 v.
Anonymes : *César Borgia, ou l'Italie en 1500*, trad. de l'anglais. 1 vol.
— *Les Pilleurs d'épaves*, tr. de l'angl. 1 v.
— *Paul Ferroll*, trad. de l'angl. 1 vol.
— *Violette; Éléanor Raymond.* 1 vol.
— *Whitehall*, tr. de l'angl. 1 vol.
— *Whitefriars*, trad. de l'angl. 1 vol
Beecher-Stowe (Mrs) : *La Case de l'oncle Tom*, trad. de l'anglais. 1 vol.
— *La Fiancée du ministre.* 1 vol.
Bersezio (V.) : *Nouvelles piémontaises*, tr. de l'italien. 1 vol.
Bulwer-Lytton (sir Edward) : *Œuvres*, trad. de l'anglais, sous la direction de P. Lorain. 19 vol.
Devereux. 2 vol.
Ernest Maltravers. 1 vol.
Le Dernier des barons. 2 vol.
Le Désavoué. 2 vol.
Les Derniers jours de Pompéi. 1 vol.
Mémoires de Pisistrate Caxton. 2 vol.
Mon roman. 2 vol.
Paul Clifford. 2 vol.
Qu'en fera-t-il? 2 vol.
Rienzi. 2 vol.
Zanoni. 1 vol.
Caballero (F.) : *Nouvelles andalouses*, trad. de l'espagnol. 1 vol.
Cervantès : *Nouvelles*, trad. 1 vol.

Cummins (miss) : *L'Allumeur de réverbères*, traduit de l'anglais. 1 vol.
— *Mabel Vaughan*, traduit. 1 vol.
— *La Rose du Liban*, trad. 1 vol.
Currer-Bell (miss Brontë) : *Jane Eyre*, traduit de l'anglais. 1 vol.
— *Le Professeur*, traduit. 1 vol.
— *Shirley*, traduit. 2 vol.
Dickens (Charles) : *Œuvres*, trad. de l'anglais de P. Lorain. 23 vol.
Aventures de M. Pickwick. 2 vol.
Barnabé Rudge. 2 vol.
Bleak-House. 2 vol.
Contes de Noël. 1 vol.
David Copperfield. 2 vol.
Dombey et fils. 3 vol.
La petite Dorrit. 2 vol.
Le Magasin d'antiquités. 2 vol.
Les Temps difficiles. 1 vol.
Nicolas Nickleby. 2 vol.
Olivier Twist. 1 vol.
Paris et Londres en 1793. 1 vol.
Vie et aventures de Martin Chuzzlewit. 2 vol.
Disraeli : *Sybil*, trad. de l'anglais. 1 vol.
Freytag (G.) : *Doit et Avoir.* 2 vol.
Fullerton (lady) : *L'Oiseau du bon Dieu*, trad. de l'anglais. 1 vol.
Fullon (S. W.) : *La comtesse de Mirandole*, traduit de l'anglais. 1 vol.
Gaskell (Mrs) : *Œuvres*, traduites de l'anglais. 6 vol.
Autour du sofa, traduit. 1 vol.

Marie Barton, trad. 1 vol.
Cranford, traduit. 1 vol.
Marguerite Hale (Nord et Sud). 2 vol.
Ruth, traduit par M***. 1 vol.
Gerstäcker : *Les deux Convicts.* 1 vol.
— *Les Pirates du Mississipi.* 1 vol.
— *Aventures d'une colonie d'émigrants en Amérique,* trad. de l'allem. 1 vol.
Goethe : *Werther.* 1 vol.
Gogol (N.) : *Les Ames mortes.* 2 vol.
Grant (J.) : *Les Mousquetaires écossais,* trad. de l'anglais. 2 vol.
Hackländer : *Boutique et Comptoir,* trad. de l'allem. 1 vol.
Hauff (W.) : *Nouvelles.* 1 vol.
— *Lichtenstein,* trad. 1 vol.
Hawthorne (N.) : *La Lettre rouge.* 1 v.
Heiberg (L.) : *Nouvelles danoises.* 1 v.
Hildreth : *L'Esclave blanc.* 1 vol.
Immermann : *Les Paysans de Westphalie,* trad. de l'allem. 1 vol.
James : *Léonora d'Orco.* 1 vol.
Kavanagh (J.) : *Tuteur et Pupille.* 1 vol.
Kingsley : *Il y a deux ans.* 2 vol.
Lennep (J. van) : *La Rose de Dekama,* trad. du hollandais. 2 vol.
— *Les Aventures de Ferdinand Huyck,* trad. du hollandais. 1 vol.
Lever (Ch.) : *Harry Lorrequer.* 2 vol.
— *L'Homme du jour.* 1 vol.
Ludwig (O.) : *Entre ciel et terre.* 1 vol.

Lutfullah : *Mémoires d'un gentilhomme mahométan.* 1 vol.
Marvel (I.) : *Le Rêve de la vie.* 1 vol.
Mathews : *Légendes indiennes.* 1 vol.
Mayne-Reid : *La Piste de guerre.* 1 vol.
— *La Quarteronne.* 1 vol.
Mugge (Th.) : *Afraja.* 1 vol.
Pouchkine : *La Fille du capitaine.* 1 v.
Smith (J. F.) : *La Femme et son maître,* trad. de l'anglais. 3 vol.
— *L'Héritage* (Dick Tarleton). 2 vol.
Sollohoub (comte) : *Nouvelles choisies,* trad. du russe. 1 vol.
Stephens (miss A. S.) : *Opulence et Misère,* trad. de l'anglais. 1 vol.
Thackeray : *Œuvres,* trad. de l'anglais. 8 vol.
  Henry Esmond. 1 vol.
  Histoire de Pendennis. 3 vol.
  La Foire aux vanités. 2 vol.
  Le Livre des Snobs. 1 vol.
  Mémoires de Barry Lyndon. 1 vol.
Tourguéneff : *Scènes de la vie russe,* trad. du russe. 2 vol.
— *Mémoires d'un seigneur russe.* 1 vol.
Trollope (Mrs) : *La Pupille.* 1 vol.
Wieland (C.-M.) : *Obéron,* poëme historique, trad. de l'allemand. 1 vol.
Wilkie Collins : *Le Secret.* 1 vol.
Zschokke : *Addrich des Mousses.* 1 vol.
— *Le château d'Aarau.* 1 vol.

IV. LITTÉRATURE POPULAIRE,

SPÉCIALEMENT DESTINÉE AUX OUVRIERS DES VILLES ET DES CAMPAGNES.

Cette collection comprendra environ deux cents volumes.

Le cartonnage en percaline gaufrée se paye 40 cent. en sus par volume.

Barrau (Th. H.) : *Conseils aux ouvriers* sur les moyens d'améliorer leur condition. 1 vol.
Galemard de la Fayette : *Petit-Pierre, ou le bon cultivateur.* 1 vol.
— *La Prime d'honneur.* 1 vol.
Carraud (Mme) : *La Petite-Jeanne ou le Devoir.* 1 vol.
— *Maurice ou le Travail.* 1 vol.
Charton (Éd.) : *Histoires de trois enfants pauvres,* racontées par euxmêmes et abrégées par É. Charton. 1 v.
Corneille (Pierre) : *Chefs-d'œuvre.* 1 v.

DelaPalme. *Le premier Livre du citoyen.* 1 vol.
Homère : *Les beautés de l'Iliade et de l'Odyssée,* par Guiguet. 1 vol.
Joinville (sire de) : *Histoire de saint Louis,* texte rapproché du français moderne, par Natalis de Wailly. 1 vol.
La Fontaine : *Choix de fables.* 1 vol.
Molière : *Chefs-d'œuvre.* 2 vol.
Racine (Jean) : *Chefs-d'œuvre.* 2 vol.
Shakspeare : *Chefs-d'œuvre.* 3 vol.
Véron (Eugène) : *les Associations ouvrières* en Allemagne, en Angleterre et en France. 1 vol.

ATLAS UNIVERSEL
D'HISTOIRE
ET
DE GÉOGRAPHIE

CONTENANT

1° LA CHRONOLOGIE :

Notions préliminaires (principales ères; concordance des années olympiques
et des années de Rome avec les années avant et après Jésus-Christ ;
Concordance des années de l'ère chrétienne et des années de l'hégire ;
Table des archontes d'Athènes, des consuls de Rome ;
Catalogue des Saints, Calendriers, etc., etc.)

SUIVIES

de Tables chronologiques universelles
contenant tous les faits de l'histoire universelle classés à leur date, année par année,
depuis la création du monde jusqu'en 1865 ;

2° LA GÉNÉALOGIE :

Tableaux généalogiques des dieux et de toutes les familles historiques de l'antiquité
et des temps modernes, des souverains, des princes,
des grands personnages de toutes les époques de l'histoire ;

ACCOMPAGNÉS :

1° de neuf planches de blason coloriées, avec l'explication de chaque planche,
et un traité élémentaire de blason ;
2° d'une planche coloriée des principaux ordres de chevalerie ou décorations
avec la nomenclature, l'origine historique et l'explication des insignes ;
3° de deux planches coloriées de pavillons
des principales puissances ;

3° LA GÉOGRAPHIE :

88 cartes gravées et coloriées, faisant connaître la géographie physique et historique
de tous les pays du monde ;
(39 cartes sont consacrées à la géographie ancienne et moderne,
et 49 à la géographie contemporaine) ;
Cette troisième partie comprend en outre des tableaux explicatifs de ces cartes
indiquant les ressources commerciales et industrielles,
les divisions politiques, militaires, administratives, judiciaires, financières,
universitaires et religieuses de chaque pays ;

PAR M.-N. BOUILLET,

Auteur du *Dictionnaire universel des Sciences, des Lettres et des Arts*,
et du *Dictionnaire universel d'Histoire et de Géographie.*

Un beau volume gr. in-8 broché :

Le cartonnage en percaline gaufrée se paye en sus 1 fr. 25.
La demi-reliure en chagrin 4 fr.
La demi-reliure en chagrin avec tranches et gardes peignes, 5 fr.

Imprimerie générale de Ch. Lahure, rue de Fleurus, 9, à Paris.